CHIRCOE.
PHRYSTAHITE.
Sindecae.
Malichi.
Trapehunte
Orgibate.
Zacoria.xxvi.
Helega.xii.
Hautagmo.xx
Missos.
Chene.viii.
Heraclion.
amasia.
Tonea.xxx
Garh.xxx.
xv. Palalce.xii.
Color.x.
Pidis.xvi.
Neocesaria
Mirones.x
xxxviii.
Rogmoy.xxxvi.
degonne.xxviii.
ptemari.xxvi.
Zela.
Stabulum.xxii.
Seramisa.xvi.
Comba.xxii.
Comana pontica
a comana pon
ad stabulum.xxii.
Mesyla.xvii
Evagina.xxiii.
Sarabo.xxii.
Zama.xxxv.
aquas drauenas.xx.
Dona.xx.
Sermusa.xvi.
Siua.xxii.
Cambe
x Salabe
rina.xvi.
Caena.xvi.
Tyana.
Tracias.xvi.
xxvii. addauatis.xv.
Scolla.xxii.
Cibistra.ix.
Comitanasso.xii.
Ubinnaca.xxix.
aquis calidis.
Sabatra.
xxiii.
Pyrgos.
xx.
Barathe.
x.
paduand
Mis.xxxvi.
ycomo.
apamea ciboton.
ad uicum.xiii.
xxiii
appollonia.xlv.
Laudicium pilycum.
Talpa.
xxiiii.
ad fines
Temissonio.
Cormassa.xii.
Perge.
Syllio.xi.
isaria.
Selinunte.
Lycia.
Chidum.
Cano.xv.
aspendo.xvii.
Sidi
Patras.
Patamo.
xxv.
animurio.
xxiiii.
antifillon.
Coridallo.
Phaselis.
atalia
INSULA. RHODOS.
Papho
Ioppe.
appollonia
Cesaria.
Iudis.xii.
Thora.
Ptoloma
Neapoli.xxxi
Tyro.
Sydone.
Berito.
Balbyblos
xxxii.
caporcotani.
Cosna.xx
Scytopoli.
Tyberias.
Herichonte.
Nonsoliuen.
arcelais.xii.
Coabis.xii.
Cesarea paneas.
Fl. IORDANIS.
Bostris.
Thanna.xxiiii.
adraha.xvi.
Capitoliade.xvi.
Gadara
ad ammon
Hanta.ix
RHOSE.
Chanata.
xxxvii.
denos.
Fl. HENOMICAS.

Vardiman
Die große Zeitwende

E. E. Vardiman

DIE GROSSE ZEITWENDE

Zwischen Hellenismus und Urchristentum

Econon Verlag
Wien · Düsseldorf

Fotonachweis:
Sämtliche Fotos und Illustrationen hat der Autor zur Verfügung gestellt
Zitate in der Regel verkürzt wiedergegeben

1. Auflage 1978

Gesetzt aus der Times der Linotype GmbH
Papier: Papierfabrik Schleipen GmbH, Bad Dürkheim
Druck und Bindearbeiten: Mohndruck, Gütersloh
Printed in Germany
ISBN 3 430 19331 1

Für Gili und Alexander

INHALT

EINLEITUNG

Wir leben im Atomzeitalter, das eine Wende aller Werte brachte und noch bringen wird. Die heutige Generation muß zu Neuem aufbrechen, um *ihren* Weg und *ihre* Orientierung zu finden. In diesem Zusammenhang scheint es nützlich zu sein, einen Blick auf die Vergangenheit zu werfen. Vielleicht kann sie unsere Sorgen um die Zukunft beschwichtigen, denn auch im Altertum gab es eine Zeitwende.

Sie begann, als Alexander der Große und die nachfolgenden hellenistischen Könige den einzigartigen Versuch unternahmen, das vielzerstrittene und zerrissene Morgen- und Abendland zu einer euro-asiatischen Kultur- und Wirtschaftseinheit zu verschmelzen. Die Menschen von Spanien bis China rückten näher aneinander, lernten sich kennen, lernten voneinander. Nach der Errichtung eines »Weltreiches« brachte der durch keine Grenzen und Zölle gehemmte »Welthandel« nie dagewesenen Wohlstand. Eine gemischte »Weltkultur« entstand. Mit zwei Sprachen, dem Griechischen und dem Aramäischen, konnte man sich in der gesamten zivilisierten Welt verständigen. Durch die Erweiterung des geographischen und kulturellen Horizontes und durch gegenseitige internationale Kontakte wurden die Menschen, Sieger und Besiegte, reifer, schöpferischer, sensitiver, aber nicht friedliebender oder zufriedener. Im Gegenteil: Es kam zu permanenten blutigen Auseinandersetzungen zwischen den Diadochen. Durch das zu schnelle Anwachsen von Konsum und Produktionskräften, durch zu rapide Entwicklung der Markt- und Geldwirtschaft wuchs der Wohlstand, aber auch die Unersättlichkeit der Lebensansprüche. Eine soziale Umstrukturierung der menschlichen Gesellschaft machte die Reichen noch reicher, die Armen noch ärmer. Aus der Befreiung der Menschheit wurde die Versklavung der Massen, aus der Freiheit die Diktatur.

Dauernde Expansionen erschöpften die Kraft der Makedonier und Griechen. Es waren die orientalischen Hellenisten in Alexandrien, Antiochien, Ephesos und Jerusalem, die das Banner des Geistes weitertrugen; die gegen den krassen Rationalismus und Materialismus »den Glauben« zu erhalten oder zu erneuern versuchten.

Es kam zur »Zeit der Ekstase«.

Der imperialistische Hellenisierungsprozeß brachte auch eine nie dagewesene Technisierung aller Lebensbereiche und eine tiefgreifende soziale Umwälzung der menschlichen Gesellschaft; in keinem der unterdrückten Völker wurde der Prozeß mit leidenschaftlicherem Für und Wider ausgefochten als in Judäa. Die weltlichen und geistlichen Aristokraten akzeptierten und profitierten als Hellenistenfreunde von der Überlegenheit der westlichen Zivilisation. Die Hellenistengegner rekrutierten sich aus den durch zunehmende soziale Differenzierung verarmten Schichten. Sie setzten den von außen aufgenommenen anorganischen Anpassungserscheinungen der Hellenistenfreunde die im Judentum gewachsene messianische Erwartung entgegen, und zwar in mehreren ideologisch sich widersprechenden Formen. Die einen, eine volkstümliche radikale Unabhängigkeitsbewegung, widersetzten sich mit bewunderungswertem Kampfgeist und Patriotismus der griechischen, dann der römischen Machtpolitik; die anderen, eine elitäre Minderheit, flohen vor dem reglementierten Leben und aus Zivilisationsüberdruß in die Wüsteneinsamkeit, monastisch-asketisch eine Erneuerung des Menschen und des Glaubens suchend (Essener); die dritte, eine galiläische Gruppe, von transzendierenden Erneuerungshoffnungen erfüllt, wollte nicht wie die Essener in die Wüste und Isolierung gehen, sondern ihr neues Evangelium, dem hellenistischen Weltgedanken entsprechend, unter allen durch die griechische Sprache vereinigten Völkern verbreiten (Urchristen).

Erst die letzten Ausgrabungen in Israel und die literarischen Funde am Toten Meer gaben uns die Möglichkeit, den spannungsreichen weltgeschichtlichen Umwandlungsprozeß zu verifizieren. Im Lichte der bis heute bekannten Fakten sowie vor dem Hintergrund massenpsychologischer Analysen der »großen Ekstase« können die meisten bisherigen Darstellungen nicht mehr bestehen.

Die große Zeitwende mit ihrem Glanz und ihren Abgründen, wohl die bedeutendste Epoche der Antike, können wir erst richtig verstehen, wenn wir uns über die alten idealisierenden Historiker und interpretierenden Religionsgeschichtler hinwegsetzen und diese Epoche zu den existentiellen Erfahrungen des Heute in Verbindung setzen, dabei aber auch die einfachsten kausalen Alltagsfakten nicht übersehen und an ihrer gegenseitigen Ausstrahlung messen. Den modernen Historiker

König Darius I. von Persien mit dem Kronprinz Xerxes. Sein Thron wird von 28 unterworfenen Völkerschaften getragen. Über seinem Thron schwebt das Symbol des Gottes Ahura Mazda. Darius der Große schuf die Einheit des persischen Reiches, verlor aber in Fortsetzung seiner Expansionspolitik gegen die Griechen bei Marathon (490). (Aus der Audienzhalle, Apadana, in Persepolis)

interessiert die Überlieferung nicht als Legende oder Sage, nicht als Verherrlichung des Ruhmes oder als Rechtfertigung menschlichen Versagens der Helden. Ihn interessiert lediglich die Epoche als Ganzes, weil sie in der Gegenwart fortwirkt und als Orientierungshilfe für die Zukunft gelten kann...

Die Vergangenheit ist nicht tot, sie ist nicht einmal vergangen, sie lebt noch immer in uns fort.

Tel Aviv – Köln, August 1978 E. E. Vardiman

AUFTAKT

Hoffnung und Enttäuschung

Perser

Im Frühjahr 539 v.C. erweckte die Nachricht vom Anmarsch der persischen Armee auf Babylon bei allen Völkern des Orients, die von den Babyloniern unterdrückt wurden, neue Hoffnung auf Befreiung. Der persische König Kyros II., als Staatsmann bedächtig und human, als Feldherr von stürmischer Ungeduld, sandte, noch ehe die Hauptmacht seines Heeres eingetroffen war, unverzüglich Späher aus, um eine geeignete Stelle für einen massiven Sturmangriff zu finden. Die Späher prüften über den Wehrgraben hinweg die 18 km lange Außenmauer Babylons, die so breit war, daß zwei Fuhrwerke auf ihr nebeneinander Platz hatten. Hinter der Mauer lag ein Doppelwall mit 360 vorspringenden Wehrtürmen, ein jeder 24 m hoch. Sprachlos vor Staunen kehrten die Späher zurück. Ein derartiges Bollwerk hatten sie noch nie gesehen. Weder Sturmleitern, Widder, Schleudermaschinen noch gepanzerte Belagerungstürme konnten die wuchtigen Quadern erschüttern. Der König berief seinen Rat ein. Mit den Satrapen, Strategen und Technikern versuchte er, gemeinsam einen zeitintensiven Belagerungsplan aufzustellen. Vergebens! Die vorzügliche, aber kleine Armee konnte die Stadtmauer nicht hermetisch abriegeln, außerdem fehlte es in der Umgebung an Baumbeständen, die das Holz für den Bau von Sturmmaschinen hätten liefern können. Die persische Kavallerie war auf blitzschnelle Attakken, aber auf keinen Stellungskrieg eingerichtet. Durften diese toten Steine ihren Siegeszug aufhalten? Nein und abermals nein! Dennoch konnte trotz stundenlanger Beratung keine Lösung gefunden werden.

Da trat der Wachoffizier ins Zelt der Obersten Heeresleitung und meldete, eine Abordnung geistlicher Würdenträger aus Babylon wünsche Kyros zu sprechen. Was wollten die Würdenträger, was planten sie?

Am Morgen, als die persischen Späher um die Stadtmauer galoppierten, ergriff lähmende Angst die Belagerten. Die Straßen waren leer und totenstill. Die babylonischen Steinschleuderer, hinter Schilden verborgen, warteten auf den Angriff. Als bis zum Abend kein Artilleriebeschuß erfolgte, stürzte das Volk auf die Straße und feierte ausgelassen einen Sieg, den es nicht seinem Mut, sondern seinen Festungsanlagen zu verdanken schien. Den Stimmungsumschwung lösten Gerüchte aus – wahrscheinlich durch Laienpriester von Mund zu Mund wie ein Lauffeuer übertragen –, daß Marduk sich seiner Stadt annehmen werde und seine irdischen Vertreter bereits zu Kyros gesandt habe.

Die Verteidigung der Stadt leitete der Prinz Belsazar (Bel-Scharza-ussar) in Abwesenheit seines Vaters, König Nabonid (556–539 v.C.), der sich auf der Suche nach einer besseren Religion vor Jahren in die Oase Feima in der arabischen Wüste zurückgezogen hatte. Angeekelt von dem Einfluß und dem Machtmißbrauch der Priesterschaft Marduks, suchte er wieder den altsemitischen Mondgott Sin als Nationalgott zu verehren. Die Riesenstatuen Marduks und der übrigen Götter hatte er in die Kellerräume des Tempels verbannt. Belsazar erkannte den politischen Fehler, den sein Vater begangen hatte, und ließ beim Nahen des Feindes die Mardukstatue mit allen abgesetzten Göttern ausgraben und längs der Wälle postieren.

Um angesichts der persischen Gefahr unerschütterlichen Optimismus zu demonstrieren – so berichtet die Legende –, lud Belsazar am Abend desselben Tages die weltliche Elite aufs Schloß – die geistliche war aus Protest gegen die Reformation ferngeblieben – und hielt im lichtüberfluteten Festsaal ein Zechgelage ab. Das Volk bewirtete er in den mit Fackeln beleuchteten Hauptstraßen aus den königlichen Keltereien reichlich mit Wein. Um Mitternacht, als der Siegestrubel seinen Höhepunkt erreichte, erschienen plötzlich auf der Wand des Festsaales drei chaldäische Worte: Mene, tekel upharsin. – Von allen Anwesenden konnte nur ein Page namens Daniel die Zeichen entziffern: MENE – *gezählt* (ist die Herrschaft Nabonids), TEKEL – *gewogen* (ist der Ketzer-König und zu leicht befunden), UPHARSIN* – *geteilt* (wird sein Reich unter den Feinden).

Die opportunistischen Mardukpriester deuteten die Orakelworte in einem ihnen günstigen Sinn, öffneten nach geheimer Verhandlung der geistlichen Würdenträger Kyros nachts die Tore und bejubelten ihn als Befreier und Erlöser. –

Soweit die Legende. Tatsache ist, daß die babylonische Metropole durch den Verrat der beleidigten Mardukpriester fiel.

Kyros' bestechendste Eigenschaft war echte Toleranz, die vorher im Orient unbekannt war. Keineswegs versuchte er den beherrschten Völkern die Verehrung des altiranischen Gottes Ahura Mazda aufzuzwingen; er ließ die angestammten Kulte nicht nur gewähren, sondern auch wiederherstellen, oder, wie es in einem amtlichen Erlaß nach der Eroberung Babylons auf einem beschrifteten Tonzylinder, der heute im Britischen Museum, London aufbewahrt wird, heißt: »Ich befehle, daß die von den Babyloniern verschleppten Götter wieder in ihre Heimat zurückgeführt werden.«

Der große Prophet Deutero-Jesaja nannte Kyros II. überschwenglich »Messias«; durch ihn hoffte er, daß Israels universale Sendung von allen Völkern der Welt anerkannt werde.

Einer kleinen Gruppe judäischer Gefangener erlaubte Ky-

* Wirtschaftshistoriker fanden eine sachliche Erklärung für diese dunklen Worte; sie wiesen darauf hin, daß die Edelmetallwährung die Basis für die Geldwirtschaft gewesen war, bevor es geprägte Münzen gab, d. h., ein Stück Silberblech wurde entsprechend dem gewünschten Wert abgeschnitten und auf einer Waage gewogen. Daher folgerten sie, daß ebenso wie das Silberblech auch die Herrschaft Nabonids geprüft, gewogen, aufgehoben und weitergegeben werde.

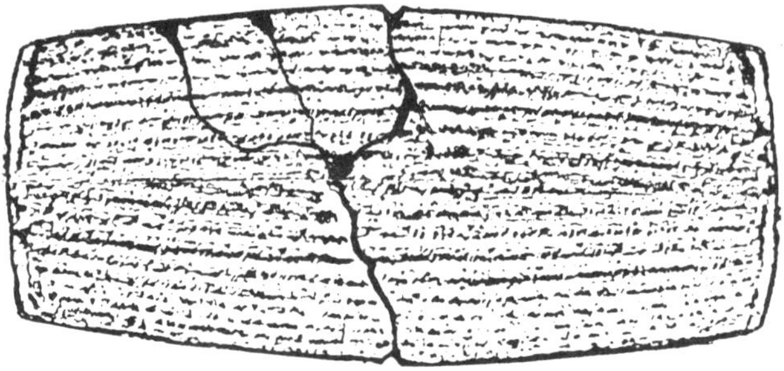

Kyros II. brachte die vom Norden eingewanderten indoeuropäischen Reiternomaden zur weltgeschichtlichen Geltung durch die Eroberung von Medien (550), Lydien (546) und Babylon (539). Der Schriftzylinder enthält den Bericht über die kampflose Einnahme der Stadt u. die Repatriierung der gefangenen Völker; wörtlich heißt es: »Alle Götter, die unter ihnen (den Babyloniern) zwangsweise wohnten, ließ ich an ihre Orte zurückführen.« (Britisches Museum, London)

ros, ins ersehnte Zion zurückzukehren und eine kirchenstaatlich geformte Gemeinschaft zu gründen. Es waren nicht mehr als einige Hunderte. Mit ihnen begann der hoffnungsvolle Neubeginn Judäas.

Den winzigen Stadtstaat Jerusalem regierte eine von Persern gestützte erbliche Hierarchie. Den Clerus minor bildeten die plebejischen Leviten. Monarchistische Bestrebungen waren nach persischem Gesetz verboten, der weltliche Adel war entmachtet, das Militär aufgelöst, die Davidische Dynastie entfernt. Stadtmauern, Stadttore, Schloß und Zitadelle durften nicht restauriert werden, damit Jerusalem nicht wieder seine gefährliche Größe erreichte. Erst König Darius I. (521–486 v.C.) erlaubte, den Tempel in bescheidenem Umfang mit staatlicher Unterstützung aufzubauen. Als im März 515 v.C. der Tempelbau beendet war, enttäuschte der unscheinbare Fachwerkbau die kleine Gruppe der Rückkehrer; die Hochbetagten, die die Pracht des Salomonischen Tempels noch gesehen hatten, konnten die Tränen nicht zurückhalten. Sie hatten erwartet, daß ein Blitz aufzucken würde, wenn zum ersten Mal der Brandopferaltar feierlich entzündet werde: ein Blitz, der die Feindvölker vernichtet und die Heimkehrer innerlich erleuchtet. Doch das Wunder blieb aus. Auf diese jämmerliche Baracke wollte Gottes Herrlichkeit sich nicht herabsenken. Trotz Hierarchie war aus dem wiedererbauten Jerusalem keine »Civitas Dei« geworden. Durch die allgemeine Niedergeschlagenheit kam es zum Stillstand der Einwanderung, sogar zur teilweisen Auswanderung frisch Eingewanderter, sowie zur Wirtschaftskrise und Verelendung.

Krugstempel Pentagramm m.d. Aufschrift »Jerusalem«, Königskreis m. »Jehud« (Judäa) (pers. Zeit)

Nach 100 Jahren trat eine zeitweilige Wendung ein. König Artaxerxes I. (465–424 v.C.), der Niederlagen in Griechenland und Aufstände in Ägypten zu überwinden hatte, beauftragte seinen Minister Nehemia, nach Jerusalem zu reisen, um die Lage an der judäisch-ägyptischen Grenze zu stabilisieren. In seinen Memoiren schildert der persische Bevollmächtigte den katastrophalen Eindruck, den Jerusalem nachts bei seiner Ankunft auf ihn machte:

Alles war dunkel. Zwischen den Ruinen des zerstörten Stadtwalls und dem geschleiften Gelände heulten Schakale. Dauernd von philistäischen, arabischen, ammonitischen Räubern erpreßt, lebten die nach Zion Zurückgekehrten wie Mäuse in Löchern verborgen und wagten kein Öllämpchen anzuzünden. Der energische Nehemia ließ in 52tägiger Arbeit, an der sich alle Familien des Kleinstaates beteiligten, die Befestigungswerke der Stadt »mit Kelle und Schwert« restaurieren und befahl jedem zehnten durch das Los bestimmten Landmann der Umgebung, in die Hauptstadt umzusiedeln, um das Potential der Stadtbevölkerung zu stärken. Es gab außer den äußeren Feinden auch Zerstörer »von innen«, und gegen diese ging Nehemia ebenso energisch vor. Hier sein Bericht:

»Da erhob sich ein großes Geschrei unter den armen Leuten und ihren Frauen gegen die (reichen) judäischen Brüder. Die einen sagten: ›Wir müssen unsere Söhne und Töchter verpfänden, damit wir uns Getreide (zur Aussaat) verschaffen und unser Leben fristen können.‹ Andere sagten: ›Wir müssen unsere Äcker, Weinberge und Häuser verpfänden, damit wir uns Brotgetreide verschaffen in der Hungersnot.‹ Wieder andere klagten: ›Wir haben Geld leihen müssen auf unsere Äcker und Weinberge, damit wir dem (persischen) König die Steuern zahlen können‹« (Neh. 5,1 ff.).

Man muß unter »armen Leuten« klägliche, schlechternährte Heimkehrer verstehen; unter reichen »Brüdern« Großgrundbesitzer, die von der Emigration verschont oder durch die Emigration reich geworden waren und die schlechte Konjunktur ausnützten. Es war das alte Lied, das alte Leid. Nichts hatte sich trotz verlorenen Krieges und bitterer Gefangenschaft geändert.

Seine wichtigste Aufgabe sah Nehemia darin, die Produktionskraft des winzigen hierarchischen Stadtstaates, der kaum 40 km (im Radius) maß, zu heben, das soziale Gefüge wieder in Ordnung zu bringen und die Kleinbauern nicht hoffnungslos völliger Verschuldung auszuliefern. Eine in der Geschichte einzigartige staatsmännische Tat vollbrachte Nehemia, als er die Geldverleiher, Bodenspekulanten und Großgrundbesitzer zwang, einem allgemeinen Schuldenerlaß und einer Güterrückerstattung zuzustimmen. Nehemia beendete die Zeit der Improvisation und damit auch der Machtkämpfe zwischen Daheimgebliebenen und Zurückgekommenen. Er war ohne Zweifel ein Genie der wirtschaftlichen und politischen Planung. Er wußte, daß ohne gesunde Basis keine national-religiöse Erneuerung entstehen konnte. Es ist erstaunlich, wie ausführlich in Nehemias autobiographischem Bericht ökonomische Ursachen für das erste Versagen des neugegründeten Staates erwähnt werden. Der überraschende Sanierungserfolg des Statthalters beunruhigte die Perser, und sie beriefen den tüchtigen Mann nach Susa zurück. An seiner Stelle wurde ein »Kirchenkommissar für Jerusalem« namens Esra aus der persischen Hauptstadt in den Grenzbezirk beordert. Esra rettete durch Isolationsmaßnahmen Judäa vor der physischen und geistigen Auflösung, zugleich aber schrumpfte das Land durch seine Maßnahmen zu einer winzigen Insel im Völkermeer. Der Tempelstadtstaat, von den großen Entscheidungen ausgeschlossen, war während der gesamten persischen Epoche ohne politische Einflußnahme. Die archäologischen Funde bestätigen dies. Viele von den Babyloniern zerstörte Provinzorte wurden nie wieder besiedelt, andere erst zur Zeit der Griechen, und die dezimierten Orte, die erhalten blieben, erreichten ihren alten

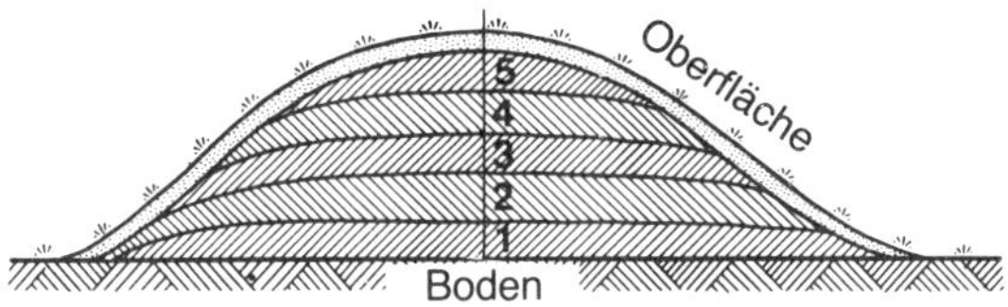

Schematischer Schnitt durch ein Tell (Trümmerhügel), von denen es in Israel zahlreiche gibt. Wie es das deutsche Wort Ge*schichte* richtig ausdrückt, werden die »Schichten« der Geschichte in den Trümmerhügeln sichtbar; über den Trümmern jeder von Kriegskatastrophen zerstörten Stadt wurde eine neue erbaut. Schichte 1 = prähistorische, 2 = kanaanäische, 3 = israelitische, 4 = griechisch-römische und 5 = byzantinische Schicht. Eine persische Schichte ist in Judäa nicht erkennbar.

Wohlstand nicht. Alles, was die Archäologen in Judäa aus persischer Epoche fanden, war so unbedeutend, daß sie das *wenige* teils zur vorangegangenen »neubabylonischen« oder zur nachfolgenden »hellenistischen« Epoche zählten. Von den großartigen Leistungen der persischen Architektur und von den Kostbarkeiten der Kleinkunst, wie sie aus Pasargadae, Persepolis und Susa bekannt sind, ist im Boden Judäas *nichts* zu finden. Alle Ausgrabungsstätten aus dieser Epoche waren voll von griechischer Importware oder einheimischer Gebrauchskeramik, die den griechischen Stil imitierte.

Attische Amphore, in Israel gefunden

Wie kam es zu dem dominierenden ökonomischen griechischen Einfluß im persischen Weltreich? Bereits vor der Zeit Kyros' hatten die tüchtigen, seefahrenden Griechen längs der kleinasiatischen Küste ihre kaufmännischen Tätigkeiten entfaltet. Überall in dieser Region fand man bei Ausgrabungen griechische Gefäße mit dem charakteristischen schwarzen Glanzton: Öllämpchen und Amphoren.

Allein aus Rhodos wurden von Karthago bis nach Afghanistan 20 000 Gefäßreste ausgegraben. Noch zahlreicher waren die attischen Münzfunde aus dieser Zeit in den gesamten östlichen Mittelmeerländern, und zwar Originalmünzen und auch lokale Nachahmungen attischer Münzen.

Mit der Erfindung und Verbreitung des gemünzten Geldes begann das kapitalistische Zeitalter. Im 4. Jahrhundert erlaubten die persischen Finanzbehörden dem Hohenpriester in Jerusalem, eigene Münzen von lokalem Wert zur Deckung des Kultbedarfes zu prägen. Zum Erstaunen der Numismatiker verstoßen die ersten hebräischen Münzen des Tempels gegen das Bildverbot; nicht hebräische Kultzeichen, sondern heidnische Symbole schmücken sie!

Attische Münze

Noch verblüffender war, daß auf einigen Münzbildern der Jerusalemer Tempelbank Zeus erscheint. Der olympische Göttervater sitzt auf einem Schicksalsrad und hält einen Adler in der Hand. Die Aufschrift der Münze entzifferten Sachverständige als IHWH, das sind die Konsonanten des Gottesnamens

Geprägte Münzen als Zahlungs- und Umlaufmittel entstanden um 600 v.C. (in Lydien?). Die meiste Verbreitung fanden die Münzen Athens, die auf der Vorderseite den Kopf der Stadtgöttin Athena und auf der Rückseite die ihr heilige Eule zeigten. Man nannte sie Glaukophoroi (Eulenträger); das Sprichwort »Eulen nach Athen tragen« geht auf diese Münzen zurück. Die ältesten hebräischen Münzen wurden um 400 v.C. von der Tempelverwaltung geprägt und tragen erstaunlicherweise heidnische attische Münzsymbole: (links) Zeus sitzt auf dem geflügelten Schicksalsrad und hält einen Vogel in der Hand; (rechts) attische Eule mit hebräischer Inschrift »Jehud« und »des (Tempelschatzmeisters) Jehezekia, der Pascha«.

Jahwe. In der Weltpresse erschien die Sensationsmeldung mit der Balkenüberschrift: Jahwe als Zeus! Erst 1933 gelang es Prof. E.L. Sukenik von der Universität Jerusalem, nachzuweisen, daß die Münzaufschrift in althebräischen Quadratlettern als *Jehud* zu lesen ist. Das bedeutet Judäa. Der Staat der Hasmonäer, der Staat Herodes', ebenso wie die römische Provinz, trugen den griechischen Namen Ioudaia = Judäa*.

* Im vorliegenden Buch werden deshalb die zeitgenössischen Bezeichnungen »Judäa« und »Judäer« für Land und Leute gebraucht.

Das griechische Geld war das älteste und am weitesten verbreitete. Den athenischen Silberdrachmen gelang es, die persische Golddareika zu verdrängen und den asiatischen Wirtschaftsraum zu erobern. Der Hohepriester in Jerusalem sah in den bildlichen Darstellungen keine Symbole des Synkretismus, kein MENE-TEKEL des religiösen Untergangs, sondern nur Geldstücke, die zweckdienlich auf allen Märkten der Welt kursieren konnten.

Bei der Wahl der Münzbilder wurde die Tempelbank von Jerusalem außer von vernünftigen ökonomischen Überlegungen vielleicht unbewußt auch durch ein politisches Zeitgefühl geleitet. Griechische Kultur, unter Perikles zur Blüte gekommen, durchdrang die Alte Welt. Mit ihren hochwertigen Waren und ihrer stabilen Währung exportierten die Griechen neue Ideen von Freiheit und Fortschritt in die persischen Provinzen. Sie widersetzten sich ständig und manchmal erfolgreich den Persern in Kleinasien und Hellas. Thermopylä und Salamis sind weltgeschichtlich leuchtende Namen, die jeder Schüler kennt! Den nun von den Persern unterdrückten Völkern erschienen sie als Verkünder und Boten einer neuen Hoffnung.

Das Persische Weltreich versank schließlich in selbstgefälliger, satter Steifheit und Stumpfheit. Aus Milde wurde Laxheit, aus Mäßigung Unfähigkeit.

Alexander der Große erschien und nahm in leichtem Anlauf dem müden persischen Riesen seinen Besitz ab. Bald vergaßen die Völker, von dem mazedonischen König geblendet, Kyros' tolerante Politik, die bis in die neueste Zeit einhelliges Lob erntete und den abendländischen Kulturliberalismus seit dem 18. Jahrhundert immer wieder aufs neue entzückte. Schnell vergaßen die Judäer, daß dieser außerordentliche persische Herrscher im Gegensatz zu den früheren assyrischen und babylonischen Unterdrückern einen zweiten Exodus, eine Rückkehr und einen Neubeginn erlaubt hatte. Sie hatten allen Grund, ihm dankbar zu sein. Ohne Kyros – das kann wohl gesagt werden – gäbe es heute kein Judentum und kein daraus gewachsenes Christentum.

Alexander der Große (Münze aus Akko)

Der griechische Frühling

Der Legende nach soll Alexander im Jahre 326 v.C., als er von Sieg zu Sieg eilend den Indus erreichte, geweint haben, weil es keine Welt mehr zu erobern gab. Kurze Zeit darauf starb er, kaum 33 Jahre alt. Sein Reich fiel auseinander. Jeder der Generäle riß an sich, was er erraffen konnte. Ptolemäus (323–285 v.C.), Sohn des Lager, erhielt Ägypten, später auch Judäa und Phönizien. Die klugen, vielseitigen Lagidenkönige, die den erblichen Namen Ptolemäus trugen, verstanden es, durch Industrialisierung, Großhandel und landwirtschaftliche Planung ihr Herrschaftsgebiet zu dem reichsten aller hellenistischen Länder zu entwickeln. Sie waren tolerant, beließen Judäa weiterhin ohne eigenen Satrapen, als autonomen Tempelstadtstaat. Ptolemäus II. Philadelphos (283–246 v.C.) baute die größte land-

Ptolomäus II. Philadelphos, liberaler hellenistisch-ägyptischer König und hervorragender Wirtschaftsplaner.
Er besiedelte das Fajum-Gebiet. Als großer Förderer der Wissenschaft und Künste gründete er das Museion und die Bibliothek in Alexandrien. In seiner Regierungszeit soll die Bibel ins Griechische übersetzt worden sein. (Museum Nikosia, Zypern)

wirtschaftliche Planwirtschaftsorganisation der antiken Welt auf. In Alexandrien, seiner Hauptstadt, ließ er einen Garten anlegen, wo die aus dem Orient und Europa importierten Gewächse nach pflanzengeographischem Gesichtspunkt angebaut, ihre morphologische Besonderheit untersucht und die Möglichkeit ihrer Kreuzungen und Anpflanzungen experimentell erforscht wurden. Neben diesem Labor für Nutzpflanzen ließ der intelligente König in einem zoologischen Garten 500

Tiere aus aller Welt sammeln, sie beobachten, züchten, kreuzen und heimisch werden. Zu diesem Zweck ließ er sich von seinen Gouverneuren, wie zum Beispiel Tobias von Amman, Wildtiere und Zuchttiere in die Hauptstadt senden. Der alexandrinische Zoo genoß Weltruhm und wurde auf zahlreichen Fresken und Mosaikbildern dargestellt, aber er war mehr! Man könnte ihn das erste Forschungsinstitut für Kreuzung, Zucht und Tierkrankheiten nennen. In der antiken Zeit wurden die Viehbestände häufig durch verheerende Seuchen dezimiert oder gänzlich ausgerottet. Es ist erstaunlich, wie intensiv griechische und alexandrinische Forscher sich mit diesem Übel befaßten und nach therapeutischer Abhilfe suchten. Da Ptolemäus seine Staatseinnahmen hauptsächlich aus der Landwirtschaft bezog, entschloß er sich konsequenterweise, die Landwirtschaft zu verbessern und durch Erschließung neuer Anbauflächen zu erweitern. Sein Reich bestand zu 90 Prozent aus Wüste, und hier hatte er Hervorragendes geleistet. Er war einer der wenigen Herrscher, die versuchten, Land nicht mit dem Schwert, sondern mit dem Pflug zu erobern. Die zahlreich errichteten Meliorations-, Drainage- und Bewässerungsanlagen erreichten in der grandiosen Entsumpfung des Fajum-Bezirkes, südlich von Kairo, ihren Höhepunkt. Hier wurde ein gewaltiges Stück gelbbrauner libyscher Wüste in einen grünen Teppich verwandelt. Die Kolonisten, mazedonische Mitläufer, Soldaten und entlassene Kriegsgefangene – darunter auch Judäer – bildeten in Fajum bevölkerungsmäßig eine Oase. Davon zeugen die zahlreichen Dokumente, die hier gefunden wurden; denn die Griechen waren ein Volk, das gerne schrieb. Die großen Städte, die prächtigen Tempel und die Verwaltungsarchive von höchster Perfektion sind verschwunden. In dem einst dichtbesiedelten Gebiet sind heute nur dürftige arabische Dörfer zu sehen.

Mit dem lehmigen Bauschutt alter Herrlichkeit düngen heute die Fellachen ihre Felder und streuen verrottete griechische Papyri als Humus auf ihre Stoppelfelder. Diesen alten Dung erklärten Engländer Ende des vorigen Jahrhunderts zur Verwunderung der Fellachen zu kostbaren Schätzen. Der »Egypt Explorations Fund« beauftragte 1895/96 B.P. Grenfell und

A.S. Hunt, systematisch nach weiteren Papyri in Fajum zu suchen. Die beiden Forscher durchstöberten alle übelriechenden Müllhalden nach griechischem »Altpapier«. Im antiken Oxyrhynchos, dem heutigen el-Behnesa, 200 km südlich von Kairo, konnten sie an einem einzigen Tag 36 Körbe, am nächsten Tag 25 Körbe mit über 2000 Jahre alten Papyri füllen, von denen einige 1 bis 3 m lang waren. Eine wilde Schatzgräberei nach den kostbaren Manuskripten setzte ein, an der sich selbstverständlich auch die Ägypter beteiligten. Bei Dar el-Gerze, dem antiken Philadelphia, stießen 1915 Fellachen, als sie eine Schutthalde abkratzten, auf die Korrespondenz des Griechen Zenon von Karien, der als Wirtschaftsagent des Finanzministers und Großgrundbesitzers Apollonios von 260 bis 258 v.C. Palästina, Syrien und Phönizien bereiste. Die 2000 Briefe dieses Archivs

Fahrbares Bienenhaus

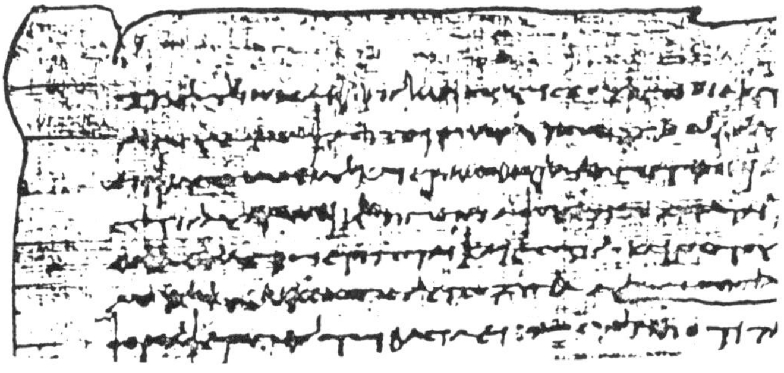

Zenon aus Karien (274–229 v.C.) besuchte als Güterverwalter des Diolketen (= Finanzminister) des Königs Ptolomäus' II. Palästina und hinterließ 2000 Urkunden, darunter die ersten Berichte von Judäa aus hellenistischer Zeit. Der abgebildete Papyrus behandelt die Bienenzucht. (Nach Bodenheimer)

enthalten die erste schriftliche Nachricht über Palästina in der hellenistischen Zeit. 37 Orte werden aufgezählt, aber nicht Jerusalem, das abseits der merkantilen Interessen des Griechen lag. Zugleich geben die Zenonpapyri einen hervorragenden Einblick in den landwirtschaftlichen Fortschritt jener Zeit, über den wir später ausführlich berichten werden.

Ptolemäus II. Philadelphos wird von den dankbaren judäischen Historikern als »gottesfürchtig« bezeichnet, das höchste

Prädikat für einen Nichtjudäer. Während seiner 37jährigen Regierungszeit bevorzugte er aus geopolitischen Gründen die judäischen Mitbürger als Siedler, Soldaten und Hofleute. Er ließ sie in Alexandrien, Fajum und anderen Entwicklungsgebieten ansiedeln und warb judäische Krieger als Besatzung für die wichtigsten Festungen an. Papyri von judäischen Siedlern und Soldaten wurden in Fajum gefunden. In dem sogenannten »Aristeabrief« ist folgende Verfügung dieses Königs überliefert:

> »In Anbetracht dessen, daß viele Judäer in unserem Reich leben, die in der Zeit der Perserherrschaft(!) aus Jerusalem vertrieben wurden oder die von meinem Vater (im Zug der Diadochenkriege) als Gefangene hierher kamen ..., haben wir mehr als 100 000 freigelassen. Wir haben ihren Eigentümern den Marktpreis für sie bezahlt und haben die Judäer für alle Untaten entschädigt.«

Wenn auch die Angabe von »100 000« übertrieben erscheint, so steht doch fest, daß durch die loyale Minderheitenpolitik des hellenistischen Königs die Zahl der Judäer in Ägypten zunahm und die der Bevölkerung im Heimatland überstieg. Bald vergaßen die schnell etablierten und assimilierten Auslandsjudäer ihre Heimatsprache. Deshalb ließ Ptolemäus II. – so jedenfalls übermittelt es die Tradition – die hebräische Bibel ins Griechische übersetzen.* Diese wohlwollende Gesinnung muß sich auch auf das kleine Judäa, das seiner Herrschaft unterstand, ausgewirkt haben. Er unterhielt zu dem Hohenpriester Eleasar freundschaftliche Beziehungen, übersandte für den Tempel kostbare Weihgeschenke und führte an seiner Tafel mit den 70 Weisen (»die Siebzig«*) aus Jerusalem philosophische Gespräche.

In einem Brief an den Hohenpriester Eleasar drückt Ptolemäus II. die Bereitschaft aus, Judäa an seinem Reichtum teilnehmen zu lassen. Das muß relativ verstanden werden. Vom hellenistisch-ägyptischen Wirtschaftswunder fiel für Judäa

* Die griechische Bibelübersetzung ist nach der Legende das Werk von 70 judäischen Weisen; daher ihr Name Septuaginta, »Die Siebzig«.

wahrscheinlich so viel ab wie vom Tisch der Reichen Brosamen für die Armen, genug aber, um die ökonomische Lage Judäas zu verbessern, das zweihundert Jahre unter der persischen Vernachlässigung gelitten hatte. – Doch zurück zu den Zenon-Papyri.

Zenon von Karien reiste nicht nur in politischem Auftrag, sondern auch in einer Handelsmission nach Palästina. Hauptsächlich galt sein Besuch dem Finanzmagnaten Tobias in Tyros, dem heutigen Arak el-Emir, 17 km südwestlich von Amman (Alt-Philadelphia) gelegen. Noch heute sind Ruinen mit einem gewaltigen Löwenfries von der Residenz dieser Dynastie zu sehen. Die Briefe des Tobias an Zenon, in elegantem griechischen Stil geschrieben, zeigen seine Aufgeschlossenheit; hellenistische Kultur war in diesem Judäer gereift. Tobias exportierte neben Sklaven und Eunuchen Zuchtrinder aus den Golan-Höhen, arabische Vollblutpferde, Jagdhunde, Kamele und Eselshengste in das Nilland und importierte Zivilisationsgüter und hellenistisch-fortschrittliche landwirtschaftliche Errungenschaften vom ptolemäischen Ägypten nach Judäa. Als Folge von Alexanders ökumenischem Machtanspruch begannen Menschen wie Tobias, die bis dahin in Abgeschiedenheit gelebt hatten, sich mit neuen Gedankengängen auseinanderzusetzen.

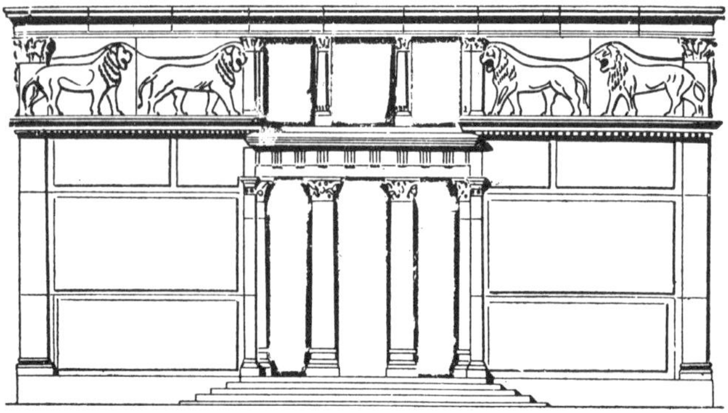

Palast der Tobiaden (18,5 x 37 m) in Tyros, heute Araq el-Emir, mit dem 2 m hohen Löwenfries an der Eingangsfront (2. Jh. v.C.). Die Tobiaden waren sowohl in persischer als auch hellenistischer Zeit Kommissare von Ammon (ostjordanische Provinz) (Nh. 2,10 u.ö.). (Nach Butler)

Nichts übernimmt der intelligente Mensch schneller als technische Neuerungen, die sein Dasein erleichtern. Das Neue brachte Judäa viele Vorteile, es wäre sonst sicher hinter der Zivilisation meilenweit zurückgeblieben. Dazu eine heutige Parallele: Mögen die Chinesen, Inder, Japaner und Israelis noch so stolz auf ihre altehrwürdige Kultur sein und sich ihr treu verbunden fühlen, sie müssen dennoch, um in der modernen Welt zu bestehen, die westliche Technik und damit westliche Sitten übernehmen.

Unter den hellenistischen Judäern galt aber der Grundsatz: Das Höchstmaß an Hellenisierung übernehmen und das Höchstmaß an Treue zur eigenen Tradition wahren. – –

So wurde es lange in der Schule gelehrt: Der große Kulturaustausch zwischen Europa und Asien begann mit dem Alexanderzug. Alexander habe den Asiaten – wie Kolumbus den Amerikanern – als erster das Licht der westlichen Zivilisation gebracht. Das Gegenteil entspricht der historischen Wahrheit: »Aus dem Osten kam das Licht.« Im Osten sind die Hochkulturen der Menschheit entstanden. Vor 3000 Jahren nannten die

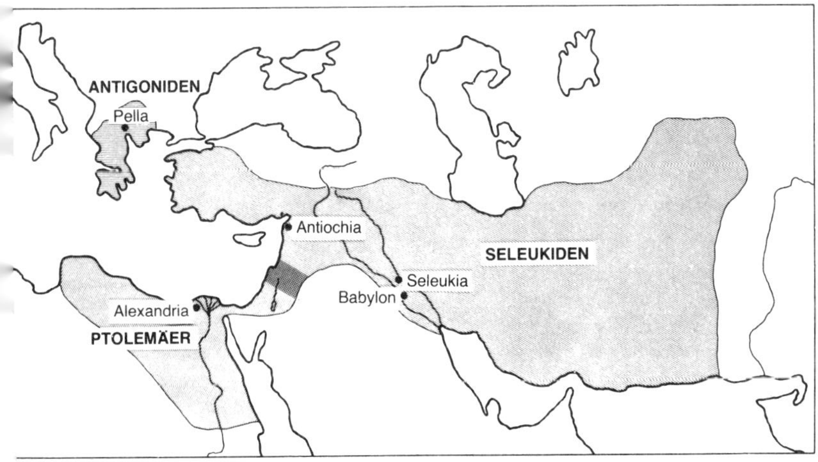

Die Diadochen-Reiche nach 281 v.C. Judäa lag als winziger Pufferstaat zwischen dem ptolomäischen und seleukidischen Reich und war oft Schlachtfeld der Machtkämpfe beider rivalisierenden Staaten.

Phönizier Europa »Ereb«, das Land des Abends und des Dunkels. Sie brachten in ihren ruderbemannten Küstenseglern das Erbe des Ostens nach Europa. Europa empfing vom alten Orient Schrift, Töpferscheibe, Pflug, Wagen, Brotofen, das Geheimnis der Metallbearbeitung, die Nutzbarmachung der Wasserkraft und viele ihm unbekannte Pflanzen und Tiere; die Neuerungen, die Europa Asien zu verdanken hat, sind so zahlreich, daß sie Lexikonbände füllen können.

Was Alexander der Große wirklich bewirkte, war ein weltgeschichtlicher Sturm, der alles Alte und Erstarrte hinwegfegte und eine überkontinentale Kultur- und Völkerverbindung erzwang.

Das syrische Frostwetter

Am Ende des 3. Jahrhunderts v.C. wurde Judäa, das geographisch genau in der Mitte der beiden hellenistischen Großmächte des Ostens lag, in die Diadochenkämpfe hineingezogen und geriet 198 v.C. unter die unduldsame seleukidisch-syrische Oberherrschaft. Dem milden ptolemäischen Frühling folgte syrisches Frostwetter, als Antiochus IV. Epiphanes (175–163 v.C.) an die Regierung kam. Der ehrgeizige Herrscher, der sich bezeichnenderweise »siegbringender Gott in Menschengestalt« nannte (s. Abb. S. 31), erstrebte nicht mehr und nicht weniger als die Erneuerung des Reiches Alexanders des Großen in seinem ursprünglichen Umfang. Er versuchte gewaltsam, die panhellenistische Kultidee des Zeus Olympios in seinem gemischten seleukidischen Reich als einigendes Band durchzusetzen. Religionsverfolgungen, Tempelschändung, Sabbat-Verbot, Verbot der Beschneidung und Zwangsbekehrungen folgten. Wer sich den Bekehrungsbestimmungen entzog, hatte kein besseres Schicksal als das der Zwangserziehung oder Vernichtung als »Feind des ganzen menschlichen Geschlechtes« verdient (so in einem panhellenistischen Pamphlet). Es war ein empfindsamer Schlag gegen jene Oberschicht in Jerusalem, die loyal der ptolemäischen Regierung ergeben war, sich freiwillig griechischer

Kultur, Sprache und Lebensweise angeschlossen hatte und nur ihrer religiösen Tradition die Treue hielt bzw. die Treue halten durfte. Ein anderer Teil der Oberschicht aus rivalisierenden Priesterkreisen gründete eine pro-seleukidische Partei, die das Dekret Antiochus' IV. als unabwendbar hinnahm.

Antiochus IV. Epiphanes ließ sich auf Münzen als Zeus Olympios mit der Siegesgöttin Nike in der Hand darstellen. Inschrift: »König Antiochus, der siegbringende Gott in Menschengestalt.« Alexander der Große nannte sich Gottessohn, Antiochus IV. aber Gott selbst. Als Verehrer des Griechentums »hellenisierte« er gewaltsam alle Judäer seines Landes. Das gab den Anlaß zum Unabhängigkeitskampf der Makkabäer. (Münzkabinett Berlin)

Die Katastrophe des ersten west-östlichen Zusammenpralls, die des Dekrets Antiochus' IV., kann verschieden interpretiert werden, ihre Auswirkung muß aber gewaltig gewesen sein, sie klingt noch heute im Judentum nach: Vergessen ist das gute Zusammenleben Judäas mit den Ptolemäern, das Bündnis der Makkabäer mit Sparta, vergessen sind die Seleukiden und der Hellenismus. Die Konfrontation wird auf den einfachen Nenner gebracht: Hier Juden, da Griechen. Unter Griechen verstanden strengreligiöse Moralisten Menschen, die Nacktkultur als Sport betreiben, dem Lebensgenuß verfallen sind, mystische Orgien feiern, Knaben lieben, mit Dionysos bechern und vor allem durch epikureische, philosophische Spitzfindigkeit Gottlosigkeit verbreiten. Ein Epikureer bedeutet für sie einen gottlosen Heiden. Jüngere Forscher erklären die blutige west-östliche Auseinandersetzung gemäß materialistischer Geschichtsauffassung:

Der makkabäische Aufstand brach 166 v.C. nicht in der Hauptstadt aus, die sich widerstandslos der Zwangshellenisierung beugte, sondern im entlegenen kleinen Grenzort Modeïn (heute el-Midje, südlich vom Flugplatz Lydda gelegen), wo es nur hundert Kleinbauern gab. Was trieb die politisch und religiös nicht ambitiösen Bauern zur Rebellion? Der makkabäische Aufstand wird heute allgemein mit dem Modewort »Nationale Erhebung« bezeichnet. Der Begriff »Nation« entwickelte sich aber erst im 18. Jahrhundert zum Kernbegriff staatlichen Denkens, der heute verschieden interpretiert wird. Damals war an Nationalbewußtsein gar nicht zu denken. Der Aufstand hatte zweifellos neben tiefreligiösen Reaktionen, zu denen nur das judäische Volk fähig war, auch sozial-politische

Schweineopfer. Alle Völker brachten, um Hilfe und Segen zu erbitten, um Unheil abzuwenden oder zum Dank ihren unterschiedlichen Göttern dieselben Opfer dar. Doch das Schwein, bei den Griechen als Opfer besonders beliebt, verabscheuten die Judäer als dämonische Macht. Ein Schwein zu opfern hieß den Teufel anzubeten. (Schalenbild)

existenzbedrohende Gründe: Den Bauern drohte bei der gewaltsamen Besetzung und Hellenisierung die Okkupation ihrer Scholle. Anführer des Bauernaufstandes war ein Dorfpriester namens Mattathias aus dem Hause der Hasmonäer, ein greiser, jähzorniger, trotziger Bauernschädel, der fünf Söhne hatte. Aus Bergverstecken, die nur die Hirten kannten, führte er mit seinen Söhnen und einer Handvoll Lehnsbauern einen zähen Guerillakrieg gegen die syrischen Eindringlinge und die Landbarone. Die Hohen Behörden in Jerusalem, die mit Antiochus IV. kollaborierten, verrieten prompt die ihnen unbequemen Rebellen. Die Aufständischen, durch Mitläufer verstärkt, flohen in die Wüste. Der greise Mattathias starb unter den Strapazen. Sein Sohn Judas Makkabäus (»der Hämmerer«), eine militärische und politische Kraftgestalt, konnte mit seinen rauhen Kämpfern durch verlustreiche Überraschungsangriffe die syrischen Einheiten bei Samaria, Beth Haron, Emmaus und Beth-Zur schlagen und anschließend Jerusalem stürmen, den synkretischen Tempel radikal reinigen, den Zeus-Altar zerstören und den proseleukidischen Hohenpriester entamten. Das geschah im Dezember 164 v.C.

Der ungleiche Kampf der judäischen Bauern gegen die hellenistischen Ritter forderte unzählige Opfer, das apokalyptische Grauen wurde durch metaphysische Versprechen gedämpft. Die Anwerber der Makkabäer sind die Erfinder der heiligen Märtyrergeschichte, sie verhießen den Bauern, falls sie als Helden auf dem Schlachtfeld starben, baldige Auferstehung; falls sie als Sieger überlebten, sollten sie mit erobertem Land belohnt werden.

Als die mit Fellen bekleideten Bauern sich fürchteten, die gepanzerten seleukidischen Ritter anzugreifen, erfanden die Makkabäer den Talisman (hebr.: Talit), ein miederartiges

Mit Kriegselefanten, dem antiken Tankgeschwader, versuchten die Seleukiden die hasmonäischen Rebellen zu vernichten. Jonathan, einer der Makkabäer, stürzte sich unter den ersten Elefanten, schlitzte ihm den Bauch auf und wurde vom zusammenbrechenden Tier erdrückt. Viele ähnliche Helden- und Märtyrerlegenden des hasmonäischen Aufstandes erzählen die Makkabäerbücher.

Kleidungsstück mit zauberabwehrenden geknoteten Quasten an den Ecken. Von Daniel werden die Makkabäer allzu päpstlich als »kleine Hilfe« bezeichnet, denen sich viele »aus Heuchelei« angeschlossen hätten (Dan. 11,34). Das ist mystisch, aber deutlich formuliert! Viele Mitstreiter der Makkabäer gaben vor, für himmlischen Lohn zu streiten, kämpften aber nur, um mit Landbesitz belohnt zu werden. Fritz M. Heichelheim, Professor für Wirtschaftsgeschichte in Cambridge, schreibt:

> »In Judäa kam eine eingeborene Bauernschicht mit den Makkabäern an die Regierung. Neben den Königsgütern breiteten sich Kleingüter in großer Zahl aus.«

Von nun an wurden die zur Regierung gelangten makkabäischen Fürsten mit ihrem dynastischen Namen »Hasmonäer« bezeichnet.

Die landwirtschaftliche Revolution und die politische Reaktion

In den friedlichen Pausen zwischen den Kriegen lernten die Hasmonäer von den Hellenen, den Garten- und Weinbau zu verfeinern, das Saatgut entsprechend auszuwählen und mit künstlicher Bewässerung und rationeller Düngung das Land, das sie in reichem Maße erobert hatten, besser zu nutzen. Dies alles erhöhte die Ernteergebnisse und führte schließlich zum Nahrungsmittelüberschuß und zum Export. Die besser ernährte Landbevölkerung vermehrte sich zusehends, ja es kam zur Zeit der Hasmonäer zu einer Bevölkerungs-Expansion. Der Anstieg der Bevölkerungszahl in den ländlichen Gegenden spiegelte die Dynamik des makkabäischen Wirtschaftsaufschwungs wider. Nach neueren Berechnungen bestand das »Imperium Romanum« in seiner Blütezeit aus etwa 67 Millionen Menschen. Der Anteil der Judäer einschließlich der weitverzweigten Diaspora betrug etwa 7 Prozent der Gesamtbevölkerung; das waren $4^1/_2$ Millionen Menschen. Das Bevölkerungswachstum zwischen dem 2. Jahrhundert vor und dem 2. Jahrhundert n.C. soll demnach zehnmal größer als während der »stillen« persischen Epoche gewesen sein. Ein solches Wachstum – ein Sieg der menschlichen Vitalität über Armut, Stagnation und Unfreiheit – setzt starke seelische Kräfte, einen optimistischen Glauben an die Zukunft und positive wirtschaftliche (was heißt: landwirtschaftliche) Bedingungen voraus, die einerseits durch den vergrößerten Landbesitz, andererseits durch fortschrittliche Bodenbearbeitung ermöglicht wurden.

In der Antike lebte der überwiegend größte Teil der Menschheit von der Landwirtschaft.

Nur zweimal verzeichnet die Weltgeschichte landwirtschaftliche Revolutionen von universalem Ausmaß: im 4. Jahrhundert v.C., als Alexander der Große die Völkervereinigung von Asien und Europa erzwang, und im 15. Jahrhundert, als mit der Entdeckung Amerikas neue Pflanzen und Tiere nach Europa bzw. nach Amerika gelangten. Es ist nicht anzunehmen, daß die hellenistische Agrarrevolution sofort im unentwickelten Judäa spürbar wurde. Dazu war das Land zu klein, zu gebirgig und zu wasserarm. Spürbar wurde sie erst, als der geschrumpfte Kleinstaat durch die makkabäischen Befreiungskriege seine alten Reichsgebiete – das fruchtbare Küstengebiet, das Obstland Samaria, die Kornkammer Jesreel, das fisch- und ölreiche Galiläa und die Weidentrifte von Peräa – zurückerhielt und sogar noch erweiterte. Da erst waren die territorialen und autonomen Bedingungen für einen Agrarfortschritt hergestellt. Die landwirtschaftlichen Überschüsse mußte der Staat exportieren und dafür fehlende Rohstoffe, insbesondere Metalle, importieren. Als Handelspartner kamen nur die hellenistischen Nachbarstaaten oder die Römer in Frage. Aus ehemaligen verbissenen Feinden wurden zweckmäßig Handelspartner. Erinnert das nicht an die wirtschaftliche Situation, die zur EG (Europäische Gemeinschaft) führte? Judäische Agenten und Korrespondenten mußten die damalige Diplomatensprache, das Griechische, beherrschen. Die beiden Diplomaten, die der hasmonäische Fürst Jonathan (161–143 v.C.) nach Sparta sandte, trugen die griechischen Namen Numenius, Sohn des Antiochus, und Antipater, Sohn des Jason. Sie sprachen ein gebildetes Griechisch und waren mit griechischen Umgangsformen vertraut. Das ihnen mitgegebene Schreiben lautete:

»... bereits vorher hat euer König Areus an unseren Hohenpriester Onias geschrieben, daß ihr unsere Brüder seid ... wir senden eine Botschaft zu euch, um die Bruderschaft und Freundschaft zwischen uns zu erneuern und zu bestätigen...«

Der ursprüngliche Brief des spartanischen Königs hieß:

»... wir finden in unseren alten Schriften, dieweil beide Völker von Abraham abstammen... Und so es euch gefällt, so soll unser Vieh, unser Gut und Vermögen sein, als wäre es euer eigen; und das eure soll sein, als wäre es unser eigen.«

Als Gesamtbilanz der hasmonäischen Erfolge muß verzeichnet werden: Gegen alle Erfahrung und Vernunft unternahmen sie den utopischen Versuch, mit Intelligenz, Willensstärke und Mut die alte Größe Israels zu erneuern, und zwar nicht durch Charisma, sondern durch ihre Leistung, indem sie nicht das Rad der Geschichte zurückdrehten, sondern indem sie eine Wandlung erzwangen. Den neuen geographischen Grenzen mußte auch eine geistige Verwandlung folgen. Von den tüchtigen Herrschern wurden das Bodenrecht zugunsten der Kleinbauern geändert, die Verwaltung verweltlicht, das Heerwesen verstärkt, der Außenhandel und die diplomatischen Beziehungen ausgebaut. Daraus ergaben sich kulturelle Rückwirkungen: nicht nur die Sprache, auch der Lebensstil verwandelte sich zwangsläufig; durch internationale Beziehungen verlor Judäa seine Sonderstellung, sein Horizont wurde weiter, es nahm am universalen Kulturaufschwung teil.

Israel gelangte durch die Hasmonäer zu einem Höhepunkt

Das Idealreich Judäa gab es nur zur Zeit des König David. Es reichte von Damaskus bis zum Roten Meer. 40 Jahre nach seinem Tod zerfiel es in zwei Staaten, Israel im Norden, Judäa im Süden. Erst den tüchtigen Hasmonäern gelang es in zähen Kämpfen das Idealreich Davids wieder herzustellen.
Karte 1) zeigt die eingeschrumpfte persische Provinz Judäa von 536–145 v.C. und die durch die hasmonäischen Fürsten Jonathan und Simon zwischen 153 bis 134 v.C. erworbenen Gebiete, Karte 2) weitere Gebietserwerbungen durch Fürst Hyrkanus I., 134 v.C., Karte 3) die Gebietserwerbungen (Galiläa) des Königs Aristobul im Jahre 104/103 v.C., des Alexander Janäus 103 bis 76 v.C. und des Herodes I. bis 6 v.C.

Karte 1 (134 v.C.)

Karte 2 (104 v.C.)

Karte 3 (76 v.C. und 6 v.C.)
Gebiete Judäas von den Hasmonäern erworben

Text auf der Nebenseite

seiner militanten und kolonisatorischen Geschichte, wie es ihn nie wieder erreichte. Immer vorwärtstreibend, oft rücksichtslos, spektakulär alles verändernd, alles verwandelnd, scheiterte die hasmonäische Dynastie zuletzt an den nicht verkrafteten inneren Krisen. Die frommen, reaktionären Parteien hatten den Makkabäern »die kleinen Hilfen« nie verziehen, daß sie das »große« Idealreich der reinen Theokratie nicht errichteten und nicht allesamt auf dem Schlachtfeld umgekommen waren. Nach einer alten Weisheit gefallen uns Märtyrer im Grab besser als Sieger auf dem Königsthron. 63 v.C. – nach hundertjähriger hasmonäischer Regierung – erschien eine Abordnung der pharisäischen Partei vor dem römischen Feldherrn Pompejus und bat ihn,

> »das Königtum der Hasmonäer voll und ganz zu beseitigen, da das Volk von alters her gewohnt sei, unter der Herrschaft der Theokraten zu leben« (Jos. ant. 14,3,2).

Die Abordnung der Pharisäer vor dem Römer erinnert an die Abordnung der Mardukpriester vor Kyros. Die Pharisäer ahnten nicht, daß ihre Audienz den ersten Schritt zum Untergang der hasmonäischen Dynastie und damit zum Untergang Judäas bilden würde.

Damit haben wir den geschichtlichen Ereignissen vorweggegriffen und müssen zunächst analysieren, welche *Verwandlungen* der Aufstand und der zusätzliche Landgewinn bei den zerlumpten Bauern und Pächtern auslösten.

1. LANDWIRTSCHAFT

Kleingehöfte als königlicher Besitz

Die Welt des Hellenismus ist eine Welt der Stadtkulturen. Wie gering die Hellenen Dorfgemeinschaften einschätzten, zeigte der Seleukide Antiochus II., der 254 v.C., um Geld für militärische Unternehmen zu beschaffen, ganze Dörfer mit Gehöften und Bauern an das Ausland verkaufte. Anders Judäa: Es blieb trotz des territorialen Zuwachses durch die Hasmonäer das, was es von Anfang an war, ein Hirten- und Bauernstaat. Die alte biblische Überlieferung, daß man nur »im Schweiße des Angesichts« dem widerspenstigen Boden sein Brot abgewinnen muß, behielt weiter ihre Gültigkeit. Weder zur Zeit der Hasmonäer noch zu der des Herodes entstanden Feudalwirtschaften oder Güter großen Stils. Der Kleinbauernhof dominierte, die Naturverbundenheit war groß. Josephus Flavius (37–100/110 n.C.), der judäische Geschichtsschreiber dieser Epoche, schreibt:

Füllhorn u. Ähre als Symbol des agrarischen Reichtums in hasmon. Zeit (hebr. Münze)

> »Wir bewohnen kein Küstenland, noch erfreuen wir uns am Handel, nur den guten Boden, den wir besitzen, bearbeiten wir« (c. Ap. 1,60).

Ebenso erklärt der römische Historiker Tacitus (55–116 n.C.):

> »Ein großer Teil Judäas ist von Dörfern bedeckt.« Noch bezeichnender ist seine Feststellung: »Sie haben auch Städte« (His. 5,8).

Dieser Nachsatz und das Wort *»auch«* beweisen die Bedeutungslosigkeit des urbanen Lebens.

Um die Zeitwende entstand aus der merkwürdigen übersteigerten Sehnsucht nach Land und Landleben ein intensives Naturgefühl. Ein treffendes Beispiel dafür ist die dramatische Dialogdichtung Hiob. Mit bildreichen Worten werden darin der Mensch und seine kurze Lebenszeit als Teil der Natur dargestellt: ein vom Wind abgerissenes Blatt, ein Halm, der plötzlich verdorrt, ein Schatten, der flüchtig über Felder eilt, eine Eintagsblume, die über Nacht verwelkt (Hi. 8,9; 13,25; 14,2). Im 37. Kapitel werden Witterungserscheinungen differenziert beschrieben, die der deutsche Naturforscher Alexander von Humboldt folgendermaßen rühmt:

> »Die meteorologischen Prozesse, welche in der Wolkendecke vorgehen, die Formbildung und Auflösung der Dünste bei verschiedener Windrichtung, ihr Farbenspiel, die Erzeugung des Hagels und des rollenden Donners werden mit individueller Anschaulichkeit beschrieben; auch viele Fragen vorgelegt, die unsere Physik in wissenschaftlichen Ausdrükken zu formulieren, aber nicht befriedigend zu lösen vermag.«
> (Kosmos, Cotta III, 35)

»Der Regen gibt der Erde ihr Gesicht«, heißt es so schön bei Hiob (5,10). Ohne Regen wäre die Erde kahl und häßlich. Es gab um die Zeitwende besonders »wetterempfindliche« Propheten, wie Choni, den Regenmacher, die das Wetter des nächsten Tages vorhersagten, oder nach dem ersten Regen, wenn sie an der Erde gerochen hatten, die zu erwartende Regenmenge der Wintermonate bestimmen konnten. R'Simon ben Schelech wollte Choni, den Zauberverdächtigen, in Bann legen, gab es aber auf, »denn du sündigst vor Gott, er aber tut deinen Willen«.

Bis zur Zeitwende wurde jedes Naturgefühl unterdrückt. Die grandiose Dichtung des Dulders Hiob ist in griechischer Zeit entstanden. Fast klingt es wie eine Zurechtweisung, wenn Jesus zu den pharisäischen und saduzäischen Gelehrten spricht:

> »Wenn es Abend geworden ist, sagt ihr: Es wird schön, denn der Himmel ist rot; und am Morgen: Heute kommt ein Unwetter, denn der Himmel ist (rot und) trübe. Das Ausse-

hen des Himmels versteht ihr zu unterscheiden…«
(Mat. 16,2ff.).

Es muß noch geprüft werden, inwieweit die Naturnähe jener Zeit sich im Neuen Testament als Naturgewordenes weiterentwickelte bis zum Gleichnis vom sterbenden und auferstehenden Saatkorn.

»Die synoptischen Evangelien«, schreibt Adolf Deissmann, »werden am besten unter freiem Himmel bei den aufgeschichteten Garben eines Erntefeldes verstanden.«

In der Sprache der Evangelien geht es bäuerlich-demokratisch zu. Daher übersetzte Luther die Texte so, als hätte er dem einfachen Landvolk »aufs Maul geschaut«, als spreche der Text wie sie und handle nicht nur von ihnen.

Um das Wesen der bäuerlichen Menschen der Zeitwende, ihre Eigenart und ihren Lebensbereich zu verstehen, reichen die Mitteilungen der ausgegrabenen wirtschaftlichen und juristischen Urkunden nicht aus; zwischen den Zeilen des Neuen Testaments spürt man lebensnah die kleinbäuerliche Atmosphäre und ein tiefes Verständnis dafür. Nur war die harte Wirklichkeit viel grauer. Hier ein authentischer Bericht aus einer etwas späteren Epoche:

Nach einem Fragment des Hegesipp, das der Kirchenlehrer Euseb aus Cäsarea (229–239 n.C.) überlieferte, wurden zwei Enkel des Herrenbruders Judas mit Namen Zoker und Jakobus, Bauern aus Judäa, unter dem Verdacht des Hochverrates um 80 n.C. zum Kaiser Domitian nach Rom gebracht. Im Verhör stellte er ihnen die Frage, ob sie Nachkommen des judäischen Königs David seien. Sie bejahten es. Er fragte weiter, wieviel Grundbesitz und Barvermögen sie besäßen. Sie antworteten, 1000 Denare, aber nicht in harter Münze, sondern als Schätzwert von 39 Plethren Ackerland (etwa 3,7 Hektar). Sie äßen nicht bloß müßig ihr Brot, sondern legten selbst Hand an den Pflug. Um das zu bezeugen, zeigten die davidischen Nachkommen dem Kaiser ihre schwieligen Hände (Eus. eccl. 3,20). 3,7 Hektar bedeuteten einen königlichen Besitz! Urkunden um 130 n.C. vom Wadi Murabba'at am Toten Meer nennen Feldeinheiten von 2,7 und 4 Hektar. Beim akademischen Disput über die Mindestgröße von Feldwirtschaften gibt der Talmud 1, 2, 3 und 4 Hektar an. Nach Errechnung von Fachleuten konnten diese Flächen bei gut bewässertem Boden eine sechsköpfige Familie mit einer Kalorienmenge von ca. 2000 Einheiten täglich versorgen. Im hasmonäischen Annona-Gesetz, das Getreideablieferungen nach Gehöftgröße festsetzt, wird als Mindestmaß ein Joch Land genannt, das ist $^1/_4$ Hektar. Ein Rechenschaftsbericht der UNO aus dem Jahre 1975 gibt im Reisland Indonesien Feldeinheiten von 1 bis $1^1/_2$ Hektar pro Familie an.

Selbstverständlich gab es schon in Alt-Judäa Königsland, Bodenbesitz des Tempels und Domäne der Fürsten. Großbetriebe sind aus soziologisch-ökonomischen Gründen für die nationale Wirtschaft lebensnotwendig, sie können billiger produzieren und größere Mengen für den Export liefern. Über die Größe oder Existenz des Tempellandes schweigen die Quellen. Eine Legende behauptet, König Alexander Jannäus (103–76 v.C.) hätte 800 000 Einheiten (?) auf dem Königsberg besessen. Der reichste Großgrundbesitzer war zweifellos König Herodes I. (73–4 v.C.). Er erbte väterlicherseits idumäische, mütterlicherseits nabatäische und durch Heirat hasmonäische Güter; von Kaiser Augustus und Marcus Agrippa erhielt er große Ländereien geschenkt und zog zudem Liegenschaften seiner Gegner ein. Das Königsland verteilte er großzügig an Königstreue, Herodianer, Verwandte, Beamte und ausgediente Soldaten. Außerdem machte er große Wüstenflächen fruchtbar. Der Geschichtsschreiber Josephus, von hasmonäischer Herkunft, absolut kein Freund Herodes' I., rühmt uneingeschränkt die großen Entwicklungsprojekte des Königs hinsichtlich der Urbarmachung der Wüstensteppen in Peräa, in der Tetrachie des Zenodoros, nördlich und nordöstlich des Sees Genezareth, in der judäischen Wüste, in Jericho und bei Phasaelis (Chirbet Fasa'il). Hier heißt es:

> »Auch das umliegende Land, das *wüst* dalag, machte er (durch umfangreiche Wasseranlagen) fruchtbar.«

Wer heute unterentwickelte orientalische Länder bereist, sie zum Vergleich mit der »alten guten Zeit« um die große Zeitwende heranzieht, bekommt ein falsches Bild von der damaligen Landwirtschaft. Wo einst jedes Fleckchen ausgenutzt war, jeder Bergabhang terrassiert, jeder Regentropfen zisterniert, jedes Quellwasser über Aquädukte kilometerweit zu den Siedlungen geleitet wurde, gibt es heute nur noch vernachlässigte wüstenartige Fluren. Zur Zeitwende aber sorgte der Staat für eine hochentwickelte hydraulische Intensivwirtschaft, verbunden mit moderner Technik, in dem selbst kleinste landwirtschaftliche Betriebe exportträchtige Überschüsse produzieren mußten, um den hohen Lebensstandard des Landes und das Entwicklungstempo zu wahren.

Ähnlich versucht heute auch das moderne Israel im Negev, das 60 Prozent seiner Staatsfläche bildet, das Wüstengebiet mit den Waffen modernster landwirtschaftlicher Technik in Fruchtland zu verwandeln.

Soziale Umwälzung durch Technisierung

»Mit den Waffen moderner Technik«, zitierte der Reiseführer einen Ausspruch Ben-Gurions mit ausgestrecktem Zeigefinger, »will unser junger Staat die Wüste erobern.« Die amerikanischen Touristen auf einer Wüstensafari in den Negev, die er betreute, blickten jedoch nicht dorthin, wohin er zeigte: eine Kolonne von zwölf hochmodernen Mähdreschern, die durch ein Kornfeld beim Kibbuz S'de Boker, einer Gründung des ersten israelischen Staatschefs Ben-Gurion, wie ein Panzergeschwader hindurchratterte, sondern zu einer Gruppe zerlumpter Beduinen hinüber, die auf der anderen Seite der Wüstenpiste hockten und mit primitiven Sicheln Gerstenähren köpften. Verhüllte Frauen und Mädchen sammelten die Ähren in ihren Gewandzipfel und lasen jedes herabgefallene Körnchen auf. »Wie biblisch«, rief ein Baptist aus Cincinnati, »genau wie zu der Zeit, als Jesus von Nazareth hier wandelte.«

Ein ähnliches Bild ungleicher Technik muß Jesus, wenn er während der Erntezeit von Nazareth nach Kapernaum ging, an den Ufern des Sees Genezareth gesehen haben. Auf der einen

Die ältesten technischen Zeichnungen zum Ausbau von Entwässerungs- und Bewässerungsanlagen sowie mechanischer Brunnenanlagen stammen aus Fajum (250 v.C.).
a) Durch die Erfindung des Tret- und Zahnrades mit Schöpfkästen konnte Wasser aus einem tiefen Brunnen oder tieferen Kanal gehoben werden.
b) Wasserrad mit Schöpfkästen in Beerseba, noch heute in Betrieb.

Straßenseite, wo die königlichen Domänen lagen, arbeiteten die Knechte mit stählernen Karrenpflügen und mit von Zugtieren gezogenen Erntemaschinen, die wie riesige Gabeln mit geschärften Zinken aussahen. Auf der anderen Seite der Straße, die in Richtung Nazareth zum galiläischen Bergland hinaufstieg, mühten sich Kleinbauern ab mit Kratzstock, Breithacke und Feuersteinsicheln wie zu Methusalems Zeiten. Unter den Hellenen gab es keine arbeitstechnische Verbesserung. Erst die Römer brachten durch Neuorganisation und Erfindung landwirtschaftlicher Maschinen Landbau und Landleben aus dem Gleichgewicht. Carl Schneider schreibt in seiner »Kulturgeschichte des Hellenismus«:

»Über das Verhältnis des Hellenismus zur Technik herrschen zwei entgegengesetzte Meinungen unter den Forschern. Die einen nennen den Hellenismus ein technisches Zeitalter, die anderen dagegen sprechen von einem stümperhaften Steckenbleiben in den Ansätzen, ja geradezu einer gewissen Unfähigkeit, die auf keinem Gebiet große technische Schöpfungen hervorbrachte. Eindeutig war das Urteil des Archimedes: Er wollte kein Techniker sein, sondern ein abstrakter Mathematiker, und nur die äußeren Notwendigkeiten zwangen ihn zu einer Tätigkeit, die er für banausenhaft-ungeistig hielt. Das ist da verständlich, wo auch bei technisch begabten Geistern die Herrschaft der Theorie über die Praxis Lebensgrundlage blieb.«

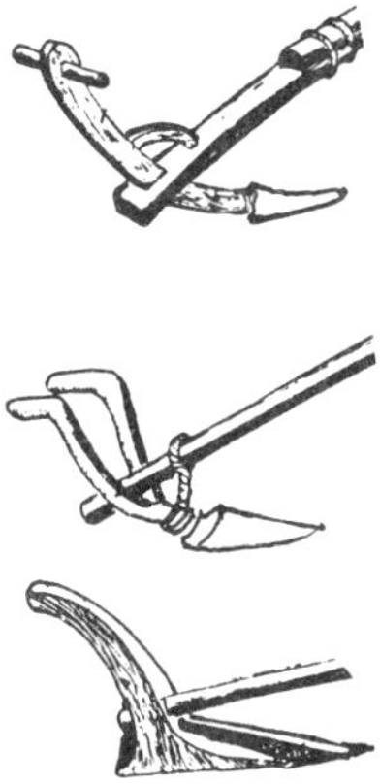

Griech.-röm. Pflugscharen

Die Römer mit ihrem nüchternen Sinn für das Praktische und Gewinnbringende verstanden es, die rein spekulativen Theorien der Hellenen in die Praxis umzusetzen. Bei den Hellenen war, so könnte man sagen, die Welt noch heil, die Römer stürzten sie ins Unheil. Die durch die Römer verursachte Technisierung und Industrialisierung lassen sich nur bedingt mit denen der englischen Industrieentwicklung des 19. Jahrhunderts vergleichen, aber ihre Auswirkung war ähnlich.

Von den technischen Neuerungen der Römer in der Landwirtschaft wollen wir zunächst die Bodenbearbeitungsmethoden untersuchen. Epochal war die Erfindung des Stahles im 1. Jahrhundert v.C. Stahlpflüge konnten tiefer in die Erde dringen, Wasserreserven erschließen, unfruchtbaren Boden durch neuen ersetzen und selbst den schwersten Boden, der sich bisher jeder Bearbeitung widersetzt hatte, aufbereiten. Die Intensivwirtschaft konnte damit durchgeführt werden, was eine gewaltige Produktionssteigerung gegenüber dem Kratzpflug be-

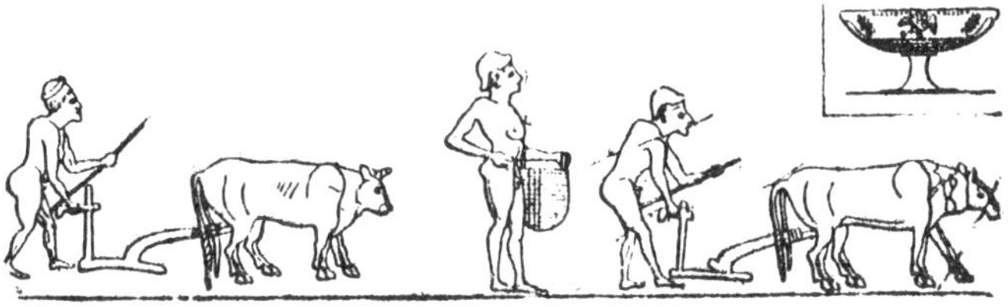

Das Pflügen erweckte in den antiken Menschen religiöse Gedanken; darum pflügten die alten Griechen nackt, genau wie die Vorväter nackt ihren Göttern opferten. (Attisch. Vasenbild, rechts oben)

deutete. Die Einführung des Räderpfluges mit Streichbrett um 35 v.C. kam einer »Agrarrevolution« gleich. Mit diesem Pflug konnten Sümpfe trockengelegt, Wüsten fruchtbar gemacht und Wälder gerodet werden. Seine Arbeitsleistung pro Tag war um vieles höher wie die des bis dahin gebräuchlichen Kratzpfluges, der für keine gründliche Bearbeitung des Bodens ausreichte und nur die Oberfläche für die Einsaat lockerte. Seine einzige gute Eigenschaft, die Leichtigkeit, war allerdings für den armen Bauern von großer Bedeutung; denn er mußte sich öfters selbst, an Stelle der Zugtiere, »ins Joch« spannen. Diese Methode war noch zu Beginn unseres Jahrhunderts in vielen europäischen Gebirgsgegenden üblich! Die symbolische Sprache der Bibel ist dem realen Leben entnommen; denn wenn es heißt: Unrecht ist es, einem Menschen ein untragbares Joch aufzulasten (Apg. 15,3) oder es sich auflasten zu lassen (Gal. 5,1), so ist an menschliche Zugtiere gedacht.

Pflug, von Menschen gezogen

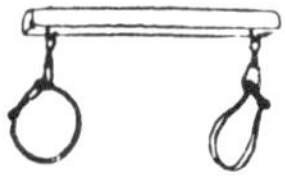

Doppeljoch

Pflüge können Wunder bewirken. Antike Völker wußten es und glaubten, daß dieses nützlichste Gerät der Nahrungsbeschaffung kein Mensch erfunden, sondern ein Gott oder ein Götterbote den Menschen gebracht habe. Der Pflug drang in den Mutterschoß der Erde, und die gebärende Erde brachte Nahrung für den Menschen hervor. Pflügen war, religiös gesehen, ein Akt der »Heiligen Hochzeit«, und deswegen pflügten die alten Griechen nackt. In Zentralasien gibt es noch heute Bauernstämme, die auf dem Acker, bevor sie ihn pflügen, mit ihren Frauen den Koitus vollziehen. Bei einer Trauung im alten Rom mußten Mann und Frau einen Pflug berühren. Unter der Erde wohnten weibliche chthonische Mächte, die der Pflug durch sein gewaltsames Aufbrechen der Erde reizte. Ein Schutzgeist vom Himmel mußte den Pflüger führen, um ihn vor den chthonischen Mächten zu schützen. Das Leben des Landmanns war erfüllt von einem Gefühl der ständigen Gegenwart übernatürlicher guter und böser Mächte. Wie die Geier dem Krieger, so folgten Feldgeister dem Ackersmann auf den Fersen.

»Niemand«, sagt Jesus, »der seine Hand in den Pflug legt und zurückblickt, ist tauglich für das Reich Gottes« (Lk. 9,62).

Die Frau des Patriarchen Lot, die aus dem brennenden Sodom flüchtete, und ebenso Orpheus, der mit seiner Gattin Eurydike aus der Unterwelt floh, wurden von den Dämonen eingeholt, weil sie sich neugierig umgewandt hatten.

Genügt Pflügen allein, um die Kraft der Erde erfolgreich zu erschließen? Darauf antwortete der römische Schriftsteller und Politiker M.P. Cato (234–149 v.C.):

> »Die beste Methode der Bodenbearbeitung ist pflügen.« Und die zweitbeste? »Nochmals pflügen.« Und die drittbeste? »Düngen.« Auf weitere drängende Fragen erwiderte der Römer: »Ein Minimum an billigen Arbeitskräften und ein Maximum an Technik.«

Alte und neue Sämethoden

In einem Edikt erlegte Julius Cäsar den Judäern eine »herabgesetzte« Kornsteuer von über 20 000 Modii (17 400 hl) Getreide auf. Diese 20 000 Modii beweisen, daß die judäischen Bauern in der hasmonäischen Ära bereits beachtliche Mengen an Getreide produzierten. Im Niltal bestimmte ein staatlicher Jahresplan, wo und wieviel Getreide man anpflanzen sollte. Das Saatgut wurde amtlich geprüft und vom Staat geliefert. Bei Bedarf stellte der Staat den Kleinbauern auch Ackergeräte und Arbeitstiere fürs Säen zur Verfügung. Ob die Hasmonäer oder Herodianer von ihren nachbarlichen, staatswirtschaftlichen Lehrmeistern diese Verordnungen ganz oder teilweise übernahmen, ist unbekannt. Der griechische Geograph Strabo (60 v.C. – 20 n.C.), der im Jahre 14 Judäa besuchte, berichtet, »daß hier, wie im ganzen Nahen Osten, die Kleinbauern das Korn nicht streuen, sondern Körnchen für Körnchen in die Erde drücken«. Auch der Prophet Jesaja berichtet, »der Sämann *legt* sorgfältig den Weizen reihenweise« (28, 24 orig.). Die Judäer brauchten durch sorgfältiges Einpflanzen die Hälfte der Saatmenge im Vergleich zu den Römern, die die Saat streuten. Durch Mangel an Anbauflächen wurde sogar zwischen den Rebstöcken und Olivenbäumen, auf Terrassen und Flurecken Getreide angepflanzt.

Die Größe eines Feldes wurde nach der dafür benötigten Saatmenge (= Sea) bemessen. Ein »Sea«-Feld maß 612 qm oder 784 qm, je nachdem, ob eine altbabylonische oder griechische Meßeinheit zugrunde lag. Plinius berechnete für ein »Uigerum«-Feld (2514 qm) 6 Modien Weizensaat ($52^1/_2$ l) und als Ernte in guten Jahren das 4- bis 5fache des Saatgutes.

Getreidearten
a) Emmer
b) Spelzweizen
c) Hartweizen
d) vierzeilige Gerste
e) zweizeilige Gerste

Theophrast (371–287 v.C.), der große hellenistische Botaniker, schrieb 16 Bücher über »Pflanzengeschichte und Pflanzenphysiologie« und analysierte 600 Pflanzen. Er unterschied bereits 15 Arten von Weizensaat und unterteilte sie nach Sommer- und Wintergetreide. Er gab exakte Anweisungen zum Einsäen, Anbau, zur Pflege jeder verschiedenen Weizensorte je nach bodengeographischer Beschaffenheit und gewünschter Erfolgserwartung. In seiner Pflanzenpathologie untersuchte er die Ursachen der Krankheiten und Keimesfähigkeit von Saatkorn, oder – wie er es nennt – vom »Leben und Tod des Saatkorns«. Wichtig erscheint ihm die genaue Berechnung der Saatmenge für die verschiedenen Bodenarten. Zur Zeit Herodes' I. wurde ein amtlich geprüfter steinerner Scheffel eingeführt, der nicht wie bisher aus Ton, der beim Brennen unterschiedlich einschrumpft, sondern aus ausgehöhltem Stein bestand. Nachmessungen an 100 Fundstücken ergaben ein Volumen von ± 0,54 l, differierten also nur um $1^1/_2$ Prozent. Das spezifische Gewicht des Weizens (820 g/dm^3) ist um 14 Prozent größer als das der Gerste (720 g/dm^3). Auf einen Liter gehen etwa 2700 Körner Weizen, aber nur 1800 Körner Gerste. Das ergibt 50 Prozent mehr. Vergleicht man den Preisunterschied zwischen beiden Kornsorten, dann sieht man, daß das Messen nach Litern zweckmäßiger und gerechter war als nach Gewicht.

Columella verlangte, daß ein Viertel des Feldes mit Weizen, ein Viertel mit Hülsenfrüchten, ein Achtel mit »dreimonatlichen« Pflanzen (trimestriame) bestellt werde und der Rest des Feldes, um Überforderungen zu vermeiden, brachliegen bleiben solle. Außerdem empfahl er, Wintersaat und Sommersaat nach einem bestimmten Turnus zu wechseln, aber nicht auf demselben Boden unmittelbar aufeinanderfolgen zu lassen. In

Judäa wurde hauptsächlich Wintersaat gesät: Weizen, Gerste, Emmer, Spelt, Hirse, Saubohne, Linse, Kümmel, Koriander, Minze, Dill, Raute, Lupine und Flachs. Sommersaat, wie Kichererbse, Negerhirse, Sesam, Kürbisgurke, Reis und Feldgemüse, war seltener. Einpflügen und Zudecken der Saat waren unbekannt, ebenso wußte man nichts über die ägyptische Methode, nämlich das Einstampfen der Saat durch die Tiere.

Bahnbrechend war die Entdeckung des Weizens. Naturwissenschaftler vergleichen diese weltumwälzende Entwicklung mit der der Atomspaltung. Beide werden als die bedeutendsten Ereignisse der Menschheitsgeschichte gewertet. Auch für die Religionswissenschaftler sollte sie wichtig werden. Einige Forscher stellten die kühne Behauptung auf: Der erste Mensch, der nicht mehr vom Zufall des Jagdglückes leben wollte und als erster ein Samenkorn vom Wildgetreide in den Boden drückte und kultivierte, sei auch der Erfinder der Religion gewesen. Er bestaunte das Wunder des in der Erde »sterbenden« und im Frühjahr »auferstehenden« Samenkorns. In den orientalischen Vegetationsreligionen nahm dieser Urglaube verschiedene Formen an und wurde später von den Griechen als Mysterienreligion übernommen und weiterentwickelt. Attis-Adonis, Tammuz, Baal und wie die Vegetationsgötter alle hießen, starben mit dem Vegetationszyklus und erwachten im Frühjahr wieder zu neuem Leben. Der Same, der gesät wird, und die Pflanze, die daraus entsteht, dienen in der theologischen Umdeutung des Paulus als Zeugnis für die Auferstehung:

> »Du Tor, was du säst, wird nicht lebendig gemacht, wenn es nicht zuvor stirbt« (1. Kor. 15,37).

Das Säen war ein heiliger Akt. Der Bauer blickte zum Himmel und beobachtete besorgt die Wetterlage. »Wer wagt zu sagen, daß der Himmel trügt?« fragt ein Bauer in Vergils (70 – 19 v.C.) bukolischem Gedicht »Georgica«. Wolken im Westen oder Norden weisen auf Regen hin (Lk. 13,54), starke Abendröte galt als Vorzeichen für gutes Wetter (Mt. 16,2), dunstiger Himmel voll kleiner Staubteilchen in der Luft zeigte das Kommen des Wüstenwindes an. Nach dem Volksglauben sollte alles, was Frucht über der Erde trägt, bei zunehmendem, was

Frucht unter der Erde trägt, bei abnehmendem Mond gesät werden. Böse Feldgeister folgten dem Sämann auf den Fersen und lenkten den Wind, damit das Saatkorn aus seiner schleudernden Hand über die Feldgrenze hinweggetragen werde, wo nicht geerntet werden durfte.

Taumellorch (Lohium temulentum)

Aus dem Aberglauben, ein Stück des Feldes den Feldgeistern zu überlassen, entwickelte sich das sozial-ethische Gesetz, eine Ecke des eingesäten Feldes für die Armen zu reservieren. Die bösen Feldgeister konnten nicht nur das Wetter verändern, sondern auch den Getreidesamen in Unkrautsamen oder gereinigtes Saatkorn in Tollkorn verwandeln. Unter Tollkorn ist Lolch (Lilicum termulantum) zu verstehen, der dem Weizenkorn ähnelt, nur kleiner und giftig ist. Nicht nur Hiob (31,40), auch Matthäus (13,25) kennt den Lolch. Wer im Vorderen Orient die verwahrlosten Kornfelder gesehen hat, von unzähligen Disteln »erstickt«, die, im Hochsommer von der Glutsonne gebleicht, einer Legion weißer Gespenster gleichen, wird über den Volksglauben nicht lächeln...

Mit Recht fürchtete der Sämann die eigene Machtlosigkeit und die Ungewißheit; unachtsam hingeworfenes Saatgut konnte nichts Gutes bedeuten.

»Siehe, der Sämann ging aus zum Säen«, schreibt der Evangelist Matthäus, »und indem er säte, fiel etliches auf den Weg, und die Vögel kamen und fraßen es auf. Anderes fiel auf den felsigen Boden, wo es nicht viel Erde hatte... Und da es aufging, verdorrte es. Anderes fiel unter die Dornen; und die Dornen wuchsen auf und erstickten es. Noch anderes fiel auf den guten Boden und brachte Frucht, etliches hundertfältige, sechzigfältige, dreißigfältige« (Mt. 13, 3–8).

Diese Beschreibung erweckt den Eindruck, als habe unmittelbar vor der Saat kein Pflügen stattgefunden; denn Disteln und Unkraut (= Dornen) sind offensichtlich nicht beseitigt worden.

Das Gold der Felder

Griech.-röm. Sicheln, noch heute im Gebrauch

Die Nachricht der Fachzeitschrift »Hasorea« vom 12. 8. 1949, daß Fellachen heute mit ausgegrabenen *römischen* Sicheln die Ernte einholen, »weil diese besser sind als ihre Dorfsicheln«, klingt kaum glaubhaft, und doch stimmt sie. Der Verfasser dieses Artikels, S. Avitsur, Professor für Ethnologie an der Universität Tel-Aviv, entdeckte mit seinen Studenten bei Studienfahrten in arabische Dörfer römische Sicheln mit der typischen Bogenform (flax menoria), die die Fellachen beim Graben von Brunnen oder Ausschachten der Hausfundamente fanden und weiterbenutzten. Ihre heutigen Erzeugnisse sind von minderwertigem Material und müssen dauernd während der Ernte an Ort und Stelle von Wanderschmieden geschliffen und geschärft werden. Das beobachtete um 1900 G. Dalman bei einer Ernte in Madeba:

> »Im Zelt des Wanderschmiedes ist ein Erdherd mit einem primitiven Blasebalg, der aus einem dünnen Tierhautsack besteht, an dem zwei Hölzer befestigt sind. Soll Wind (zum Feueranfachen) entstehen, drückt man die Hölzer mit der Hand zusammen und preßt den Schlauch nieder... ein Blasebalg eines (anderen) Wanderschmiedes bestand aus zwei Schläuchen, die abwechselnd (mit den Füßen) niedergedrückt wurden.«

»Köpfen« der Ähren

Die Wanderschmiede erinnern an die nomadisierenden Keniter aus der Steinzeit, die primitive Feueranfachung an die Pharaonen aus der Bronzezeit, die Sicheln aber an die Eisenzeit der Römer. Immerhin ein bemerkenswerter Fortschritt, denn allein zwischen den Römern und den Pharaonen liegen 3000 Jahre.

Das Erntegerät der Römer blieb die altvertraute Sichel. Calumella hat sie beschrieben: eine in der Spitze auslaufende, gekrümmte, glatte, manchmal gezahnte Sichel, ein stahlgehärtetes Massenprodukt. Eine einzigartige Mähmaschine fand 1958 der belgische Professor Mertens auf einem Flachrelief in Buzenol. Man ließ die durch Pferde oder Ochsen gezogene Maschine in ein Kornfeld fahren und schob von hinten mit einem Stock

Römisch-gallische Erntemaschine auf einem Relief vom 1. Jh. n.C. aus Buzenol, Belgien. Auf Rädern wurde ein Brett, mit geschärften Messern besetzt, ins Getreide geschoben, dahinter ging ein Arbeiter mit einer Ährenabhebeschippe. Das ist die einzige landwirtschaftliche Maschine, die aus antiken Darstellungen bekannt ist. (Museum Buzenol)

die Ähren in einen Sammelkasten. Sie wurden von den Zahnspitzen erfaßt und zwischen den Messern geschnitten. Römische Fachschriftsteller haben diese Maschine nicht erwähnt, dafür aber Schnitter, die mit der Handsichel enorm schnell arbeiteten. Diese Schnitter waren stolze Facharbeiter, in mächtigen Zünften organisiert, also keine Tagelöhner. In kräfteverzehrender Akkordarbeit verdienten sie in Form von Geld oder Naturalien das 4- bis 20fache eines gewöhnlichen Tagelöhners. Glühende Sonne, dauernder Durst, schnelles Arbeitstempo, Dornen- und Skorpionstiche machten das Ährenschneiden zu der mühsamsten aller landwirtschaftlichen Tätigkeiten in der Antike. Die Schnitter arbeiteten gruppenweise in einer diagonalen Linie. Die beiden Vorarbeiter befanden sich am Anfang und Ende der Gruppe. Nichtjudäer durften als Schnitter nicht eingestellt werden, da sie aus Unkenntnis des Gesetzes die Feldecken, die den Armen, Witwen und Fremden zustanden, mitgeschnitten hätten. Außer den »Armenecken« stand den »Sozialempfängern« auch die Nachlese auf dem ganzen Feldstück zu. Entgegen dem elegischen Erntebericht im Buche Ruth nennt der Talmud die Nachleserinnen »Entkräftete«, »Schwache«, »die, auf Stöcke gestützt, hinter den schnellen Schnittern humpelten«.

Die Garben durften nicht lange auf dem Felde bleiben; in Netzgestelle verpackt, den Eseln aufgeladen, gelangten sie noch vor dem Dunkelwerden zur Tenne. Nur dort konnte für die notwendige Sicherheit bei Nacht gesorgt werden. Großbauern schämten sich nicht, mit ihren Knechten und Mägden auf den Kornhaufen zu übernachten, um ihre Haupteinnahmequelle und Lebensbasis zu schützen. Daß auf den Getreidehaufen nachts auch manches Liebesfest gefeiert wurde, ist selbstverständlich. Das Getreide mußte in acht gleiche Teile aufgeteilt werden, damit ein Achtel des Ertrages als steuerpflichtiger »Zehnt« von den Beamten geprüft und registriert werden konnte. Am anderen Morgen wurden die Garben mit Holzgabeln in einem weiten Kreis ausgebreitet, und eine Dreschtafel fuhr über sie hinweg, enthülste die Körner und zermalmte das Stroh. Die Dreschtafel trug auf der Rückseite 250 bis 300 scharfkantige kleine Basalt- oder Feuersteine. Hiob vergleicht anschaulich den Unterleib eines Krokodils mit den Spitzen und Scherben einer Dreschtafel (41,22). Später ersetzte man diese durch gezahnte Sägebänder, eiserne Disken oder große Zahnräder. Man nannte dieses orientalische Dreschgerät in Rom Irpex. Eine Dreschmaschine aus einem mit gebuckeltem Blech beschlagenen Baumstamm in einem fahrbaren Gestell hieß bei den Römern »plostellum poenicum« (= punischer Karren).

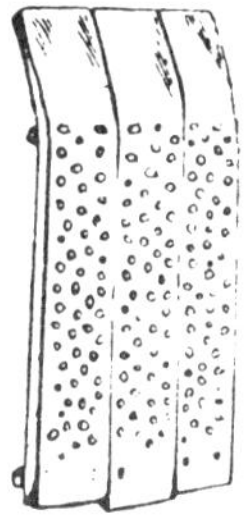

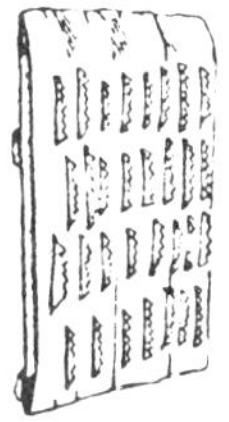

Dreschtafeln mit Steinen und Eisenbändern

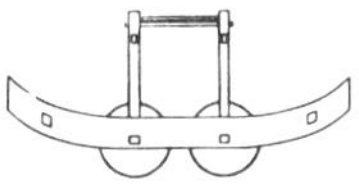

Punische Dreschwalze

Abends, wenn der sanfte Westwind vom Meere herüberwehte, begannen die Mägde mit dem Worfeln. Sie schleuderten mit Holzgabeln oder Schaufeln das Gedroschene in die Luft, daß »es so stiebte« und die Spreu vom Wind davongetragen wurde. Das altdeutsche Wort Spreu (spriu [er]) bedeutet soviel wie Sprühendes, Stiebendes. Damit die vom Wind weggetragenen Spreu- und Staubwolken nicht angrenzende Wohnbezirke gesundheitlich gefährdeten, mußten Tennen nach dem Gesetz mindestens 25 m von diesen entfernt liegen. Gesiebt und gereinigt blieb dann das »Gold der Felder« zurück.

Ein rabbinischer Midrasch – so werden orientalische Gleichnisse mit belehrender Tendenz genannt – erzählt von einem Streit, der nachts auf der Tenne ausbrach, als der Hausherr schlief. Spreu, Häcksel, Stroh und Weizen stritten sich, wer der

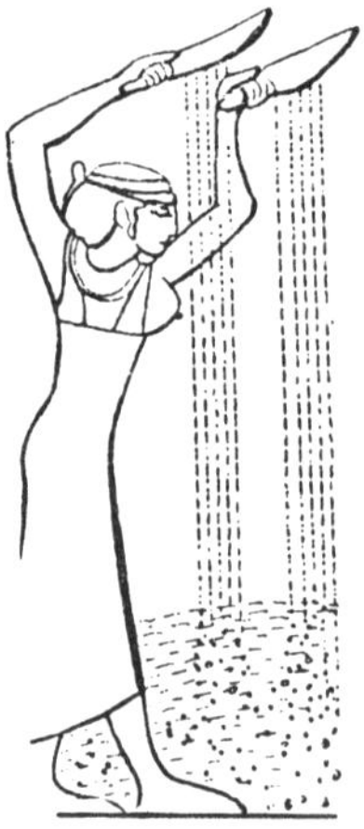

Worfeln

König unter ihnen sei. Die unbrauchbare Spreu trug der Wind davon, den Häcksel verschlangen die Ochsen im Stall, das Stroh wurde im Ofen verheizt, aber die goldenen Weizenhaufen küßten alle Menschen, die vorübergingen.

Das bekannte Bild des Worfelns gebraucht als Gleichnis auch Johannes der Täufer, als er dem Volk Christus verkündete:

»Er hat die Wurfschaufel in seiner Hand, um seine Tenne zu fegen und den Weizen in seiner Scheune zu sammeln; die Spreu aber, die der Wind nicht wegträgt, wird er mit unauslöschlichem Feuer verbrennen« (Lk. 3,17).

Das zurückbleibende Stroh wurde zur Stallfütterung, Spreu als Heizmaterial im Bauernhof offen aufgeschichtet, das »Gold der Felder« sorgsam in gemauerten Erdlöchern im oder nahe

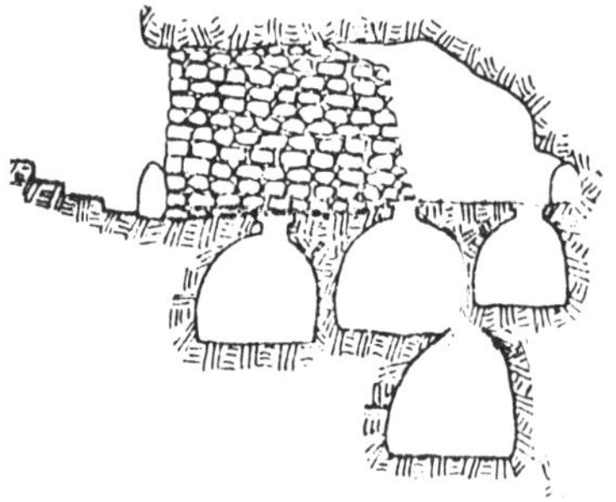

Das Getreide lagerte der Kleinbauer in zisternenartigen Gruben unterhalb seines Hauses ein. Hier konnte er seinen Schatz sicher hüten, wie ein Reicher sein Kapital in einem Tresor. Die Aufbewahrung in Gruben gewährte jahrzehntelange Haltbarkeit. Auf der Abb. Querschnitt eines Hauses in Nazareth. (Nach Bagatti)

beim Haus versteckt gelagert. Großbauern und Kornhändler bauten Schuppen mit flexiblen Wänden, die sie so nach guten oder schlechten Ernten verschieben konnten.

Lukas erzählt von einem Großbauern, der nach einer guten Ernte die Wände seiner Kornspeicher verschieben läßt, um die Überfülle für »viele Jahre« zu bergen, da er sie nicht auf den Markt bringen will (12, 16 ff.). Er schreibt:

»Das will ich tun. Ich will meine Scheune abbrechen und größer bauen und dorthin all mein Getreide und meine Güter sammeln und will zu meiner Seele sagen: Seele, du hast viele Güter auf viele Jahre liegen; ruhe aus, iß, trink, sei fröhlich. Aber Gott sprach zu ihm: Du Tor! In dieser Nacht fordert man deine Seele von dir; was du aber bereitgelegt hast, wem wird es zufallen?«

Das syrische Nasaräer-Evangelium, im 2. Jahrhundert n.C. entstanden, erweitert das lukasische Gleichnis:

»Viele deiner Brüder, Söhne Abrahams, starren von Dreck und sterben von Hunger, und dein Haus ist angefüllt mit vielen Gütern, doch nichts kommt von dort heraus zu ihnen!«

Zwar gab es ein Antiwuchergesetz, das verbot, lebenswichtige Nahrungsmittel, um die Marktpreise hochzutreiben, zu horten. Aber das stand nur »auf dem Papier«. Wichtige Aufgaben erfüllten die öffentlichen Kornhäuser, wo die Annona, die Kornsteuer, gelagert wurde. Noch immer wurde die Steuer hauptsächlich in Form von Naturalien abgeführt, und die Kornhäuser bildeten den »Staatsschatz« und die »Goldreserven«. Jede ummauerte Stadt, jede Burg besaß öffentliche Kornhäuser. Yigeal Yadin fand zwischen 1963 und 1965 zwei

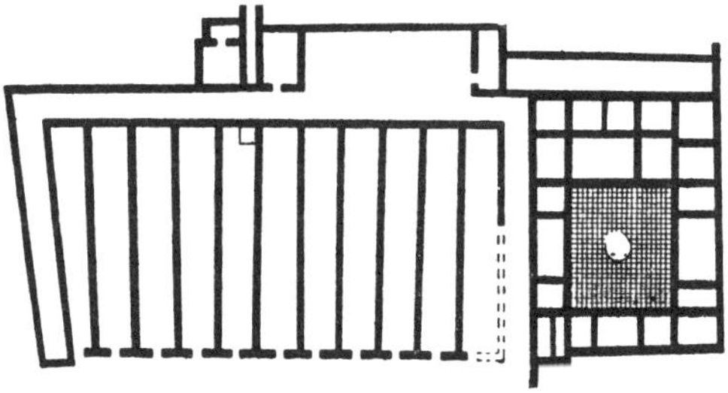

Die Lagerräume für den Heeresproviant der Festung Masada bestanden aus zementiertem Bodenbelag und schmalen Trennwänden ohne Dach. Die Nahrungsmittel lagerten in versiegelten Krügen. Sie waren mit Ton und Honig gegen Licht- und Insekteneinfall dicht abgeschlossen. Ähnlich gebaut waren auch die öffentlichen Speicher, wo die Bauern nicht nur ihre »Kornsteuer«, sondern die gesamte Kornernte einlagerten.
Fron und Steuer wurden vom Kornspeicherbeamten abgeschrieben, der Rest verblieb dem Bauern als Guthaben, über das er verfügen konnte. Mußte er eine Schuld bezahlen, schrieb er einen Schein aus, »an XY aus meinem Kornguthaben besagte Kornmenge auszuzahlen oder zu verrechnen«. Das war das erste Giroverfahren der Welt. Der Leipziger Papyrus Nr. 114 aus Fajum zeigt eine solche Giroanweisung: »Dionysios, Sohn des Dionysios, an den Speicherdirektor in Z. Überweist aus meinem Weizenguthaben Jahrgang 17 auf Konto des Diogenes, Sohn des Philiskos, 7 Artabe Korn (Datum).« (Es gab auch runde Kornspeichertürme nach altägyptischer Art.)

Ruinen von Vorratsräumen in Masada. Sie bestanden aus korridorartigen, $3\frac{1}{2}$ m breiten und bis zu 50 m langen nebeneinanderliegenden Hallen, die aus hartem Dolomitgestein lose aneinandergefügt waren. Jeder Stein wog um 200 kg. In jeder Halle wurde in Krügen ein anderes Nahrungsmittel, etwa Öl, Wein, Dürrobst, Hülsenfrüchte und Mehl, gelagert. Spezialisten errechneten, daß beide Magazine für 10 000 Mann Proviant fassen konnten, so daß sie – falls sie vom Nachschub abgeschnitten wurden – für ein Jahr Vorräte besaßen. Einige in Masada aufgefundene Vorratskrüge waren mit dem Buchstaben T bezeichnet als Abkürzung für das hebräische Wort Truma (Opfer). Die Verteidiger von Masada vergaßen selbst während der langjährigen Belagerung nicht, von den landwirtschaftlichen Produkten, die sie zum Teil selbst angepflanzt hatten, den gebührenden Anteil für den Tempel zurückzustellen. Diese Tatsache dürfte dem modernen Leser einen Eindruck von der Lebensform der Menschen in der Antike vermitteln. Land und Brot, Religion und Freiheit bildeten eine unzertrennliche Einheit. Sie bedeuteten Existenz und Essenz des antiken Menschen.

Menschenmühlen und Eselsmühlen

Kornreibstein

»Menschen«-Mühle

Ein drastisches Nebeneinander von primitiven und perfekten Arbeitsweisen schildert Plinius bezüglich der Mehlbereitung in Italien. In Norditalien wurde eingeweichtes Korn in einem Mörser zerstampft; die Legionäre rieben ihre Kornration auf Reibsteinen, die sie im Rucksack mit sich führten; die Bauern in Mittelitalien mahlten Grießmehl auf »Menschenmühlen«; die Großbäcker im Süden benützten mechanische, von Zugtieren betriebene Trichtermühlen. Als Menschenmühlen wurden die kleinsten Kornmahlmaschinen für den Haushalt bezeichnet. Sie bestanden aus zwei runden Steinen, etwa 27 cm breit. Auf dem unteren, ruhenden Stein, der mit Zapfen versehen war, lag ein oberer, beweglicher mit Einschüttöffnung und Handgriff. Es gab größere Handmühlen, ebenfalls für den

Hausbetrieb, die zwei Frauen bedienen mußten (Mt. 24,41). Mahlen war ausschließlich Frauen- und Sklavenarbeit. Es gehörte zur Pflicht einer Ehefrau, vor der Morgendämmerung aufzustehen und mit dem Mahlen zu beginnen, um das nötige Quantum Mehl für das Frühstück ihrer Familie zu beschaffen. Wenn man wenig Getreide in die Mühle schüttete, entstand Feinmehl, wurde viel Getreide in die Mühle gegeben, erhielt man Grobmehl (Grütze). Wie rekonstruierende Tests ergaben, konnten mit einer Handmühle 700 g Mehl in der Stunde gemahlen werden. Das ächzende Gekreisch der Handmühle in den Morgenstunden ist noch heute aus jeder Hütte und jedem Zelt in arabischen Dörfern zu hören. Großbäcker und Mehlhändler betrieben bis zu 2 m hohe Glockenmühlen. Diese be-

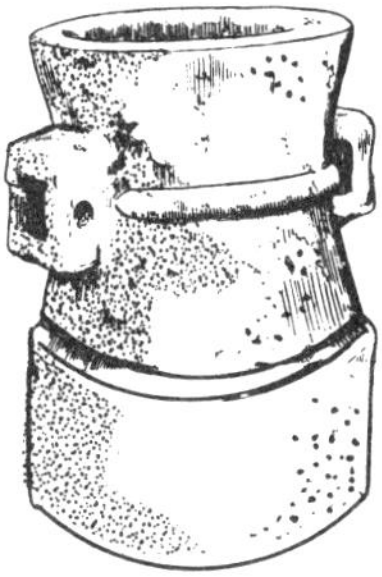

Getreidemühlwerk in Kapernaum. Der Läufer (catillus) ist mittels einer durchlochten Scheibe und eines auswechselbaren Zapfens über dem Bodenstein (meta) aufgehängt. Von oben wird das Korn eingefüllt, das fertige Mehl fällt unten auf Tücher oder Matten. (Rechts: Querschnitt)

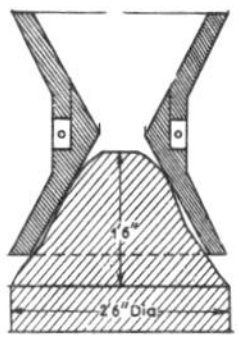

standen aus einem darübergestülpten glockenförmigen aufgehängten drehbaren Hohlkegel aus Basalt oder Granit. Neben der antiken Synagoge in Kapernaum am See Genezareth befindet sich eine guterhaltene Glockenmühle aus grobkörnigem, schweren Basalt, die der Verfasser gemessen hat. Auf einem Block steht ein Kegel mit 45 cm breiter Basis, darauf sitzt ein gewaltiger Trichter in Form eines Doppelkegels, der zwei seitlich durchlöcherte Vorsprünge für Greifstangen hat. An diesem konnten mehrere Männer oder Zugtiere den Oberstein schieben beziehungsweise bewegen. Um das Drehen zu erleichtern, hängten die Römer den Oberstein auf ein hölzernes Gestell.

Mahlwerk in Pompeji

Ein Relief im Römisch-Germanischen Zentralmuseum in

Mainz zeigt eine Glockenmühle, von einem Pferd betrieben; das Zugtier konnte auch ein Maultier oder Esel sein. In dem Roman »Metamorphose« läßt der römische Schriftsteller Lucius Apuleius (geb. 125 n.C.) einen Esel sagen:

> »Ein geiziges, nichtsnutziges Weib spannte mich unter das Joch einer Mühle, und mit einem knorrigen Stock mich immer prügelnd, verschafft es sich und den Ihren das Brot auf Kosten meiner Haut.«

Das Pikante an diesem Roman ist, daß der Esel ein Mensch ist, der in ein zottiges Tier verzaubert wurde, daß der Mensch dagegen sich wie ein Tier benimmt. Es ist heute noch nicht geklärt, was im Neuen Testament mit Eselsmühle und Eselsmühlstein gemeint ist. Hermann L. Strack schreibt:

> »Gleichwohl ist die Erklärung des Namens ›Eselsmühle‹ (griech. μυλοςδνὶκος Mt. 18,6) nicht allseitig anerkannt. Es wird nämlich eine Unterlage erwähnt, auf der die größeren Mühlen so befestigt wurden, daß sie nicht von ihrer Stelle entfernt werden konnten. Und da diese Unterlage den hebräischen Namen ›hamor‹ (= Esel) führte (wir würden in diesem Fall von einem ›Bock‹ sprechen), so seien die auf einem solchen Untergestell befestigten Mühlen ›Eselsmühlen‹ genannt worden, auch wenn sie nicht durch Esel in Bewegung gesetzt wurden. Mit dem Eselsmühlstein ist jedenfalls der obere Stein der größeren (Wasser-) Mühlen gemeint, nur dieser war durchlocht, so daß er an etwas gehängt werden konnte, und nur dieser war transportabel.«
>
> Strack denkt an den Ausspruch Jesu: »Und wenn einer dieser Kleinen, die glauben, zur Sünde verführt, für den wäre es besser, wenn ihm ein Mühlstein um den Hals gelegt und er ins Meer versenkt wäre« (Mk. 9,42).

Hier besteht eine Assoziation zwischen Mühle und Wasser.

Im Jahre 65 v.C. baute Mithridates VI. Eupator (121–63 v.C.) in Kabeira nach dem Prinzip der altmesopotamischen Flußschöpfräder eine Getreidemühle mit Wasserantrieb, die die »Menschenmühle« bald ersetzte. Der obere rotierende, gerillte Mehlstein maß 1 m im Durchmesser und wog etwa 300 kg.

Trotz der Wasserarmut Judäas erwähnt der Talmud Wasser-, Bach- und Radmühlen. Vitruvius, der zur Zeit Augustus' lebte, beschreibt Wassermühlen mit einem Rad im unterschächtigen Wasser und einem zweiten, dessen Zähne in das Getriebe der senkrechten Mühlspindel eingreifen. Das alles ist wohlbekannt, nichts hat sich bis heute verändert. Überraschend aber ist die Entdeckung, daß die Judäer während der Zeitwende eine exportfähige Mühlsteinindustrie entwickelten. Im Jahre 1972 fanden israelische Tiefseearchäologen auf dem Meeresgrund von Nave Yam, südlich von Cäsarea, eine gesunkene Galeere aus römischer Zeit mit über 100 solcher basaltenen Mahlsteine, die für den Export bestimmt waren. Im Jahr darauf entdeckten Amateurtaucher mit Schnorchelgeräten bei Mechmoreth (bei Hederah) ein weiteres gesunkenes römisches Schiff mit einer massiven Mühlsteinladung. Diese Funde überraschten alle Technohistoriker, weil in keiner Literatur jener Zeit eine judäische Mühlsteinindustrie erwähnt wird.

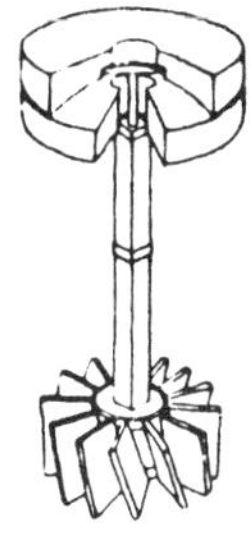

Mahlsteine
mit Wasserturbine

Der Ölbaum, wichtigster Kalorienspender

Vor 6000 Jahren gelang es in Kleinasien, den wilden Ölbaum (Elaeagnus angustifolia) in den fruchtbaren, bis 12 m hohen Olivenbaum (Olea Europaea L.) zu verwandeln. Das war nach der Veredelung des Wildgrases zu Brotgetreide wohl die hervorragendste Tat des promethischen Urmenschen. Die Hebräer nannten Nutzbäume »Leerbäume«, »Fruchtbäume« und »Speisebäume«, den Olivenbaum aber »Lebensbaum«. Theophrast erwähnt bereits den Unterschied zwischen dem wilden und dem durch Pfropfen veredelten Ölbaum. Neupflanzungen von Olivenhainen wurden durch Schößlinge ermöglicht, die die Bibel zärtlich »Säuglinge« nennt. Ein Sprichwort lautete: »Es ist leichter, eine Legion Ölbaum-Säuglinge großzuziehen als in Judäa ein Kind.« So einfach war das Anpflanzen. Das Okulieren nach Jahren war schwieriger. Daran denkt Paulus, wenn er den Römern vorwirft:

Olivenzweig

»Wenn du aber, der du vom wilden Ölbaum stammst, unter ihnen (den edlen Ölbäumen) eingepfropft worden bist und an der saftreichen Wurzel des (edlen) Olivenbaums mit Anteil bekommen hast, so rühme dich nicht (und wisse): Nicht du trägst die Wurzel, sondern die Wurzel dich« (Röm. 11,17).

Die neugetauften römischen Christen »vom wilden Ölbaum« hatten bald in falscher Überheblichkeit vergessen, daß sie ihre neue Religion und ihren Lebenssaft aus den Wurzeln des »edlen judäischen Ölbaums«, auf dem sie aufgepfropft wurden, bezogen.

Das entspricht allerdings einer Umkehrung der gärtnerischen Regeln, wonach der edle Reis dem wilden Setzling aufgepfropft wird.

Varro (116–27 v.C.), der römische Fachschriftsteller, schreibt:

»Auf dreierlei Art wird ein Ölbaum gepfropft: *insitio:* das Einsetzen eines Edelreises vom Olivenbaum in einen wilden Ölbaum; *inoculatio:* Einsetzen eines Auges und *emplastratio:* Auswechslung eines Stücks von der Rinde.«

Hiob (15,33) wußte bereits, daß der Ölbaum seine Blüten unter Umständen verliert, d. h. nur alle 2 Jahre Frucht trägt, erst nach 6 Jahren genießbare Früchte liefert, nach 10 Jahren Überschüsse und nach 40 Jahren den Höchstertrag bringt. Ein einziger Baum wirft durchschnittlich 20 kg Steinfrüchte ab, die etwa 4,4 l Reinöl enthalten. Die dominierende Rolle, die die 2 bis 3 cm messenden länglichen Früchte als Vitamin-, Eiweiß- und Fettspender spielen, illustriert eine Legende aus Masada: Als alle Nahrungsmittel aufgebraucht waren, ernährten sich die Belagerten von sieben streng rationierten Eßoliven pro Tag. Kallimachos erzählt in einer seiner schönsten Dichtungen, wie ein Wanderer von einer armen Frau mit dem köstlichsten, was sie im Hause hatte, bewirtet wurde; es waren ein paar Eßoliven. Sie wurde dafür entsprechend belohnt.

Für 4 Drachmen erhielt man in Cäsarea 8 Sextaren Öl, in Galiläa für die gleiche Summe 80 Sextaren, d. h. das Zehnfache. (1 Sextarius ca. 0,55 l.) Galiläa war der ölreichste Bezirk, jeder galiläische Ölbauer konnte »seine Füße in Öl baden«. Im Ausland erzielte galiläisches Qualitäts-Öl Höchstpreise.

Auch die örtliche Umgebung von Jerusalem war im Altertum »ölreich«. Hier lagen der Ölberg des Propheten Sacharia (14,4) und der Berg der Ölbäume des Neuen Testamentes (Apg. 1,12). Hier lag Gethsemane, wo Jesus verhaftet wurde. Gethsemane bedeutet soviel wie Ölkelter. Er lag wahrscheinlich in einer Grotte inmitten eines Ölbaumhaines und gehörte einem Anhänger Jesus'. Haben die acht knorrigen Ölbaumriesen im heute franziskanischen Gethsemane-Klostergarten das geschichtsträchtige Drama erlebt? Wohl schwerlich. Die frommen Franziskaner verpflanzten diese großartigen Bäume, die immerhin 500 Jahre alt sind, aus Galiläa in diesen Garten. Ein nach der Carbon-14-Methode untersuchter 1000jähriger Ölbaumgigant mußte bei einem Straßenbau von Akko nach Nazareth gefällt werden. Die spontane Protestaktion der Israeli hätte darauf fast das Parlament in Jerusalem gestürzt.

Die Olivenernte begann im Oktober. Nach griechischen Va-

Olivenernte (links). Die Oliven wurden mit dem Stock abgeschlagen oder, was für den Baum gesünder ist, mit der Hand gepflückt. (Rechts:) Die Lese begann in Griechenland und in Qumran mit einem Ölfest. Man opferte einen Becher des ersten Öls der Gottheit.

senbildern wurden die Beeren mit einem Stock vom Baum geschlagen oder, was für den Fruchtbestand gesünder ist, von Knaben sorgsam mit der Hand gepflückt. Das frühzeitig selbst abfallende, überreife Obst liefert das beste Öl. Es wurde mit dem Stößel mühsam geschlagen, für Kultzwecke reserviert und speiste den siebenarmigen Leuchter im Tempel. An heiligen Orten durfte Fallobst von Fremden nicht aufgelesen werden.

Ein Mann, der aus Unwissenheit im Gethsemane-Garten einige Oliven auflas, fand diese in seiner Bluse als »schwarze, giftige Käfer« wieder. Diese fromme Legende war wirksamer als Verbotsschilder wie »Pflücken bei Strafe verboten«. In Athen wurde jedes Fällen heiliger Ölbäume mit dem Tode bestraft. Ende November, bevor die Regenperiode einsetzte, mußte die Olivenernte beendet sein und das Obst sicher und trocken im Ölpreßhaus lagern. Der beste Ort dafür war eine kühl temperierte, geräumige Felsgrotte im Ölgarten selbst.

Im imposanten Israel-Museum in Jerusalem steht eine Ölzerquetschungsmaschine, die 1962 in Modeïn (heute el-Midje), dem Heimatort der Hasmonäer, entdeckt wurde. Sie besteht aus einem unteren, 1,8 m breiten, runden, ausgebeulten Steinbecken und einer oberen, 90 cm hohen, senkrechten, rotierenden Steintrommel mit einer Querstange für den Antrieb durch Tier- oder Menschenkraft. Die Museumsleitung stellte nach zeitgenössischen Quellen Versuche an. Bereits nach drei Umdrehungen waren die frisch gepflückten, leicht angewärmten Oliven im Steinbecken zerquetscht. In flache, aus Seilen geflochtene Körbe gefüllt, die wie Autoreifen aussehen, kamen sie stapelweise unter eine Presse. Erst jetzt begann der Ölentzug. Ein Balken, mit schweren Steinen behängt, drückte auf die aufgestapelten Körbe. Das Öl tropfte zwischen den porösen Strickmaschen der Körbe erst langsam, dann schneller, aber

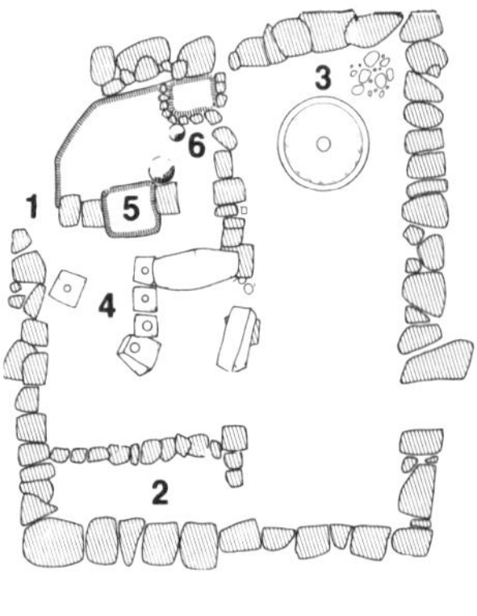

Eine Ölkelter aus Modeïn vom 3./2. Jh. v.C. (9 x 11 m). Die Anlage steht heute im Israel-Museum, Jerusalem.
1) Eingang zur mit Mauern verschlossenen Kelter, 2) Lagerraum der Frischoliven, 3) Entkernungstrommel, 4) Preßstange mit Gewichtssteinen, 5) Kufe, 6) Klärtrommel. (Nach Qadmonioth)

niemals fließend in ein darunterliegendes Becken. In 10 Stunden war der Preßvorgang beendet. Man schüttete heißes Wasser ins Auffangbecken und schöpfte das gereinigte, oben schwimmende Öl in pseudoantike Tonfläschchen ab, die jeder Museumsbesucher als »Öl der Hasmonäer« kaufen kann.

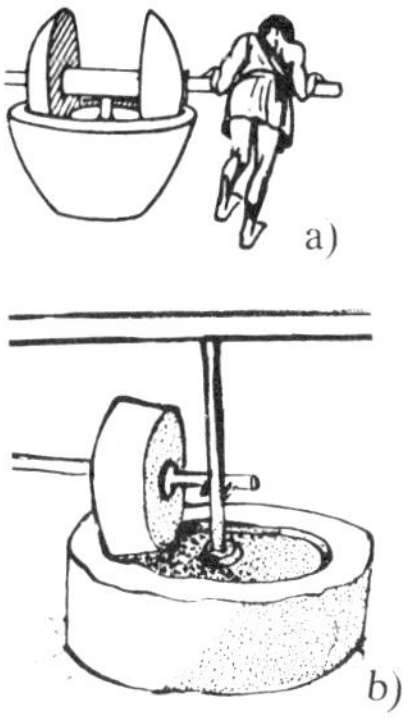

Olivenentkerner
a) aus Boscoreale
b) aus Israel

Preßstange mit zwei Gewichtssteinen, von zwei Arbeitern bedient. 1 bezeichnet die porösen runden Körbe mit entkernten Oliven. (Vasenbild)

Olivenöl fand als wichtigster Konsumartikel in allen Mittelmeerländern mannigfaltige Verwendung. Arme tunkten das Frühstücksbrot in einen Tropfen Öl, Reiche buken den Sonntagsbraten in Öl, Schwerarbeiter tranken Öl zur Stärkung wie heute Bier. Säuglinge und Verletzte wurden mit Öl eingerieben; Öl wurde zur Beleuchtung des Hauses verwandt und war bei der Reinigung und Schönheitspflege unentbehrlich. Kultische und monarchische Salbungen erhielten durch Öl ihre Weihe. Zu Kosmetik verarbeitet, stieg der Wert des Öls ins phantastische. Ein Alabastron – das ist ein 5 bis 10 cm hohes Fläschchen aus Ton oder Glas –, mit Salbe gefüllt, erreichte auf dem Balsam-Markt in Jerusalem (Mk. 16,1) den unerschwinglichen Preis von 150 bis 300 Silberdenaren. Das entspricht dem Tageslohn von 150 bis 300 Gelegenheitsarbeitern. Als Jesus in Bethanien von einer Frau aus einem Alabastron gesalbt wurde, fragten die Jünger:

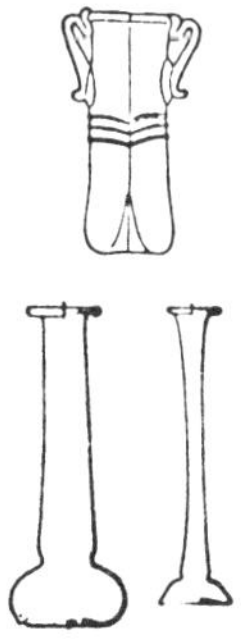

Alabastrone

> »Wozu diese Verschwendung? Das konnte doch auf dem Balsammarkt teuer verkauft werden und der Erlös unter viele Arme verteilt werden« (Mt. 26,9).

Da die Griechen den großen Wert des Öls richtig erkannten, stellten sie Ölpflanzung und Ölerzeugung unter Staatskontrol-

Landschaft bei el-Arisch südlich von Gaza; hier wurden der griechische Engel und unweit davon die Öllämpchen gefunden.

Tafel 1 *Der griechische Engel* mit einer semitischen Weihe-Inschrift – 1976 bei el-Arisch im Nord-Sinai gefunden – zeigt deutlich griechisch-semitische Integration. Nach eingehender Untersuchung datierte Dr. E. Stern, Universität in Jerusalem, das Weihefigürchen ans Ende der persischen oder den Anfang der griechischen Epoche. Männliche Engel gelten den Griechen als Götterboten. (Foto mit Erlaubnis von Dr. E. Stern veröffentlicht)

Die drei Öllampen aus Qasarweit bei el-Arisch zeigen, daß in diesem Grenzgebiet zwischen Ägypten und Judäa verschiedene Kulturströmungen ineinanderflossen. Die Motive der Lampenbilder der Dolphin (nabatäisch), der Engel (griechisch), der Tempelleuchter (judäisch) – entsprechen der gemischten Bevölkerung, die hier wohnte.
(Foto: Negev-Universität, Beerseba)

Tafel 2. *Die Muttergöttin Derketo-Isis* mit ihrem Kind Horus-Harpoerates als Schutzpatronin von Askalon. Laut Herodot war Askalon Hauptkultstätte der Derketo-Isis mit einem heiligen Fischteich. Motive von Mutter und Kind aus dem profanen und religiösen Bereich treten um die Zeitwende immer häufiger auf. Sie sind kunst- und religionsgeschichtlich von besonderem Interesse.
(Foto: Mirlin-Jaron)

Tafel 3. *Artemis*, in Griechenland eine jungfräuliche Göttin der Jagd und des Naturlebens, erhielt in hellenistischer Zeit deutliche kleinasiatische Züge. Das Artemision in Ephesos zählte zu den meistbesuchten Pilgerorten und zu den »Sieben Weltwundern«. Die abgebildete Statue stammt nicht aus Ephesos, sondern aus der Hafenstadt Cäsarea.
(Foto: W. Folender)

1. Griechischer Engel mit semitischer Inschrift von einer Weiheschale und drei Öllampen mit nabatäischen, griechischen und judäischen Motiven aus Nordsinai

2. Die altägyptische Muttergottheit Isis mit dem Horuskind in Askalon

3. Die epheseische Artemis, in Cäsarea gefunden

4. Das Zacharäus-Grabmal

5. Das Absalom-Grabmal im Kindrontal

6. Der Tempelbezirk in Jerusalem, von Südosten gesehen

7. Ausgrabungen an der Tempelumfassungsmauer

Jerusalem um die Zeitwende
Im Vordergrund
die Zitadelle, das
Herodesschloß und der
Schloßgarten (Modell)

8. Tempel und Antoniaburg um die Zeitwende (Modell)

Das Zacharäusgrab im Kidrontal, östlich von Jerusalem, ist aus einem Monolithen gehauen. Deutlich zeigt die griechisch-ägyptische Anlehnung an das reine Pyramidendach, daß der Verstorbene ein judäischer Anhänger der ptolemäischen Partei war. (Foto: S. Kluger) Tafel 4.

Das Grabmal Absaloms bildet einen architektonischen Höhepunkt der hasmonäischen Zeit. Auf einem Kubus mit dorischen Säulen steht eine konkave Kuppe mit ägyptischer Pyramidenspitze. Es ist ein freistehendes Mal nach griechisch-ägyptischem Muster. Die eigentliche Grabhöhle befindet sich links davon im Felsen. (Foto: Israel Govt. Press Office) Tafel 5.

Der Tempelbezirk in Jerusalem (heute Haram esch-Scherif) zählt zu den eindrucksvollsten Plätzen der Welt. Vorne die Südmauer, dann die el-Aqsa-Moschee mit kleiner, silberner Kuppel, wo einst die Königlichen Hallen lagen. Der achteckige Felsendom (Qubbet es-Sachra) mit goldener Kuppel steht ungefähr an der Stelle des alten Heiligtums. An der linken Ecke des Platzes die Burg Antonia, das langgestreckte weiße Gebäude (Österreichisches Hospiz) liegt bereits jenseits der Tempelmauer auf der Via Dolorosa. Links die dichtbebaute Altstadt, rechts das Kidrontal. (Foto: Keren Hayesod) Tafel 6.

Ausgrabungen an der südlichen Tempelumfassungsmauer (1956). Hier reichte die Mauer bis 41 m tief in den Grundfels, um das künstlich gehobene Tempelniveau zu stützen. Heute ragen 21 antike Steinlagen über den Boden, etwa doppelt so viele müssen unterhalb des Straßenniveaus verschüttet liegen. Im Vordergrund sieht man einen Schacht und darin die entblößten unterirdischen Steine. (Foto: Israel Govt. Press Office) Tafel 7.

Modell von Alt-Jerusalem zur Zeit der Zeitwende (nach Prof. M. Avi-Yona). Der linke Turm, dem alexandrinischen Leuchtturm nachgebildet, gehört zur Zitadelle (Prätorium) am westlichen Stadttor. Daneben das Schloß Herodes' I. Tafel 8.

Rechts der viereckige Bau des Tempels mit vier korinthischen Palisaden, links zwei Türme der Antonia-Festung. Sie diente zur römischen Zeit als Kaserne zur Überwachung des Tempels. (Foto: G. Shanit) le. In Athen verpflichtete ein Gesetz die Ölbauern, ein Drittel der Ölernte der öffentlichen Monopolverwaltung abzuliefern; auch über Umfang und Bestimmungsort des exportierten Öls mußte die Behörde unterrichtet werden. Das beschlagnahmte Drittel sicherte den lokalen Bedarf. Judäa führte Qualitätsöl und kultisches Öl in die Nachbarländer aus, selbst nach Griechenland, das für seine Olivenwälder berühmt war. Leider fehlt jedes historische Zahlen-Material über den Umfang des Ölexports und der Ölspenden, die die Hasmonäer und Herodeser in die hellenistischen Länder sandten. Judäisches Olivenöl und helle, kernlose Eßoliven eroberten den Weltmarkt.

Wein zur Freude und Ekstase

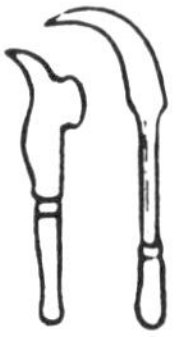
Winzermesser

Auf Befehl Moses' prüften Spione, ob das verheißene Land »gut« oder »schlecht« sei. Nachdem sie es kreuz und quer erkundschaftet hatten, kehrten sie mit einer Riesentraube ins Lager zurück; sie war so schwer, daß zwei Mann sie auf einer Stange geschultert tragen mußten. Die Männer riefen: »Überzeugt euch! *So* gut ist das Land!« Dieses Bild, jedem Religionsschüler bekannt, wählte 1948 das Israelische Amt für Fremdenverkehr als Amts- und Werbezeichen.

Dank des subtropischen Klimas und der besonders günstigen Bodenbeschaffenheit war Judäa wirklich ein »so gutes« Weinland. 10 Monate im Jahr konnte man an den Ufern des Sees Genezareth Reben pflücken. Da sie schnell gediehen, wurde Judäa das »Land der Gazelle« genannt. Es war selbstverständlich, daß jeder Bürger einen kleinen oder größeren Weinberg, mindestens aber einen Weinstock besaß. Der Wunsch, »Ein jeder unter seinem Weinstock!«, besagte, »ein jeder soll glücklich sein«. Die Alten glaubten, Weingenuß erneuere die Lebenskraft, den Lebensmut, die Lebensfreude, kurz, bedeute Glück. Als die Judäer vom babylonischen König Nebukadnezar II. ins Exil geschickt wurden, rief Prophet Jeremia den Vertriebenen nach:

> »Freunde, laßt den Mut in der Emigration nicht sinken, neugepflanzter Wein wird euren Lebensmut stärken!«

Durch die persische Amnestie nach 40 Jahren befreit, begannen die Heimkehrer nach und nach, ihre durch den Feind zerstörten Weinberge wieder aufzubauen. Zur Zeit der Griechen kamen neue Weinsorten, die speziell für den Export geeignet waren, ins Land. Nach den Zenonpapyri pflanzte der hellenistische Großgrundbesitzer und Finanzminister Appolonios um 250 v.C. in Judäa und in Ostjordanland großzügig griechische Weinsorten für den Export an. Ein Zenonpapyros spricht von 10 000 Setzlingen, ein anderer von 30 000 Rohrstützen – eindrucksvolle Zahlen, selbst für heutige Weingüter!

Im Gegensatz zu anderen landwirtschaftlichen Zweigen brauchten die Judäer in der Anbautechnik und Pflege von Weinkulturen von den Griechen nichts hinzuzulernen. Nur hinsichtlich der Weinzubereitung übernahmen die judäischen Großbetriebe einige Neuerungen; in erster Linie die mit Mosaiksteinen ausgelegten Tretplätze, eine hygienische und ästhetische Verbesserung.

Traubentreten war reine Männersache, weil beim Stampfen

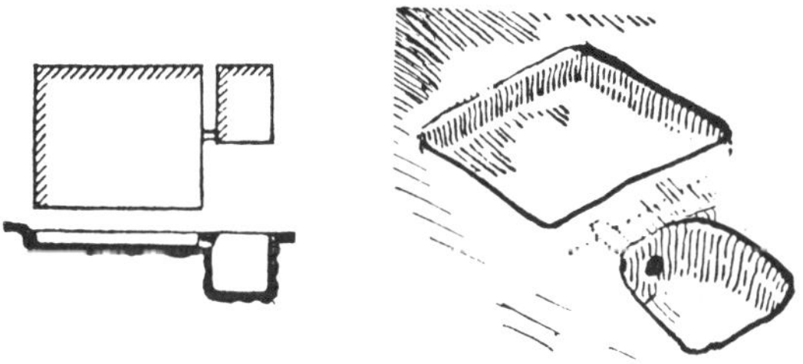

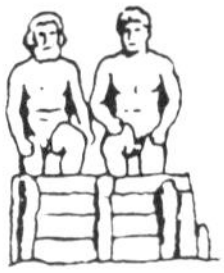

Traubentreten

Kleine Weinkelter bei Jerusalem (2,2 x 2,2 m). Die Trauben wurden in der größeren Kufe mit den Füßen gestampft. Der Saft floß durch Tonröhren in kleinere Kufen ab. Der Boden des Tretplatzes war mit Mosaiksteinen ausgelegt. (Grundriß und Querschnitt)

und Hüpfen den Frauen die Röcke hochflogen. Die Männer arbeiteten fast nackt. Es war harte Arbeit, auf großen Weingütern von starken Sklaven ausgeführt. Erst wenn das Keltern beendet war, durften Jungfrauen zum fröhlichen Winzerfest er-

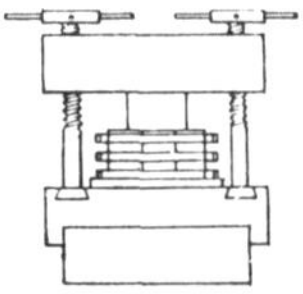

Mostpresse

scheinen und sich an Reigentänzen beteiligen. Das lustige Volksfest diente gleichzeitig als Heiratsmarkt. Geheiratet wurde vor der Geschlechtsreife, wenn die Mädchen noch »ungegorenem« Wein glichen. Ein Sprichwort besagt deshalb: »Neuen (ungegorenen) Wein fülle man nicht in alte Schläuche«, aber »gereifter Wein ist bekömmlicher« (vgl. Lk. 5,39; Mt. 9,17). Noch deutlicher war die alte Weisheit: »Schau nicht auf das Äußere des Kruges, sondern auf das, was drinnen ist«. Eine Warnung an jeden Mann, bei der Brautwahl nicht nur auf das Äußere zu achten.

Die Schänken kamen erst in griechischer Zeit auf. Getrunken wurde, wie Schankbilder in Pompeji zeigen, eindeutig über die 0,8-Promille-Grenze hinaus. Als »Säufer« bezeichnet der Talmud einen Mann, der 12 Esten (6 l) Wein täglich zu trinken gewöhnt war, aber eines Tages nur 11 Esten trank und deswegen nicht einschlafen konnte. Er schlich nach Mitternacht zur Weinschänke zurück, fand sie aber verschlossen und versuchte, das ihm fehlende $^1/_2$ Maß durch ein Loch in der Wand zu trinken.

Helmut Arntz schreibt dazu in seinem Aufsatz »Vinum siccum« (Bonn 1959):

> »Die (antiken) Weine waren meist schwer und alkoholreich, zumal der Most nach der Kelterung (durch Kochen) vielfach eingedickt wurde. Schon Aristoteles erwähnt diese Sitte und bemerkt, der arkadische Wein wurde in den Schläuchen so eingetrocknet, daß man ihn zum Trinken abschaben müsse. Römische Schriftsteller überliefern genaue Schilderungen von zu einem Drittel (casenum), zur Hälfte (defrutum) und zu zwei Dritteln (sapa) eingekochtem Most... Das Einkochen diente dem Zweck, immer reinen Wein zu haben. Es galt, die Gärung möglichst zu verhindern, ohne daß der Most verdarb. Ein seit alters geübtes Verfahren zur Süßhaltung des Mostes bestand im Eintauchen verpichter Amphoren in kaltes Wasser (oder ins Meer) auf die Dauer von 40 Tagen... Die Alten waren Meister in der Kunst, die natürliche Süße der Trauben zu erhalten, ohne auf den Alkohol(-gehalt) verzichten zu müssen. Trotzdem darf

unbedenklich angenommen werden, daß auch Süßstoffe – wie Honig – zugefügt wurden, sofern es notwendig schien, ebenso wie man Gewürze aller Art zusetzte; oder Gips, Ton und gestoßenen Marmor, um Säure zu binden.«

Plinius erwähnt außerdem noch eine Pflanze aus Baktrien, die, dem Wein beigemischt, »Geister und Gelächter erzeugt«. Es dürfte damit Hanf oder Haschisch gemeint sein. Der eingekochte, dickflüssige Wein mußte vor dem Mahl mit 3 bis 5 Teilen möglichst warmen Wassers verdünnt werden. In den Häusern der Adligen gab es einen verantwortlichen Mann, der den servierten Wein kostete, seine Reinheit prüfte, ihn verdünnte und würzte. Er wurde Architriklinos genannt (Jo. 28).

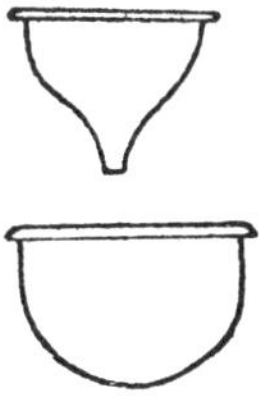

Weinsieb und Weinschale

Arme Schichten tranken als durststillendes Getränk Weinessig, einen sauer gewordenen, billigen, stark verdünnten Wein. Das abgestandene Zisternenwasser im Orient schmeckt fade und ist nicht frei von Unreinheiten. Deshalb war es empfehlenswert, jedem Trinkwasser Wein oder Essig beizufügen. Paulus riet seinem Freund Timotheus:

> »Trinke nicht mehr Wasser, sondern genieße ein wenig Wein, um deines Magens und deiner häufigen Krankheiten willen« (Tim. 5,23).

Weinwärmer

Obwohl der Weinexport aus Judäa im Ausland Anerkennung fand, liebte die Oberschicht, wie überall auf der Welt, importierte Weine aus Rhodos und von anderen griechischen Inseln. In Maresa, dem heutigen Tell Sandahanne, 45 km südwestlich von Jerusalem gelegen, einer sydonisch-hellenistischen Siedlung, wurden 300 gestempelte Krughenkel gefunden. Überraschend ist, daß die Priester von Jerusalem für das heilige Weinopfer ausländische Weine aus Zypern auswählten; denn sollte das Weinopfer nicht den Segen für die einheimische Weinernte erflehen statt für die zypriotische? Dieses Paradoxon versuchten Gelehrte damit zu erklären, daß Zypernwein nur eine Artbezeichnung sei oder eine Verballhornung von Kyproswein, also ein judäischer Wein, der mit dem Duftstoff des Kyprosstrauches gemischt war. Y. Yadin hatte das Glück, in Masada einen italienischen Weinkrug mit dem Namen des römischen Konsuls C. Sentius Saturninus zu finden; die Aufschrift »An König Herodes von Judäa« weist den Adressaten aus, an den der Wein aus Italien geschickt wurde.

Weinblatt
und Traube
(hebr. Münzen)

Über dem Eingangsportal des herodesischen Tempels hing eine riesige goldene Weintraube, und viele ausländische, reiche Pilger sowie nichtjüdische Gäste ließen, um ihre Verehrung auszudrücken, ihrerseits goldene Beeren hinzufügen. Die sonnenglitzernde Riesentraube am Heiligtum weckte auch die Phantasie des römischen Geschichtsschreibers Tacitus (55–116 n.C.). Er behauptet, die Judäer verehrten Dionysos, den Gott des Weines. Der Einfluß der griechischen, lebensbejahenden Philosophie ist in vielen judäischen Weisheitslehren, so unter anderem auch bei Salomo zu finden. Er schreibt:

> »Geh, iß mit Freuden dein Brot, und trink deinen Wein fröhlichen Herzens, längst hat Gott dein Tun gebilligt« (9,7).

›Genieße, ehe es zu spät ist.‹ Das erinnert an einen Ausspruch des Epikur von Samor (341–270 v.C.), eines der großen Aufklärer der Antike:

Kelch und Karaffe
(hebr. Münze)

> »Die Lust des Lebensziels ist nicht kurzlebiges Vergnügen, sondern ein tiefes, bleibendes Glücksgefühl.«

Bei Jesus Ben-Sirach heißt es:

> »Wie ein Rubin in feinem Golde leuchtet; wie ein Smaragd in goldener Fassung, also ziert rhythmischer Gesang beim guten Wein. Schöne Reden begleiten das Weingelage...« (31,32. 32,67).

»Schöne Reden« und »Worte der Weisheit« waren in der klassischen Zeit ein integrierender Bestandteil eines griechischen Gastmahls. Zu den dionysischen Gemeinschaftsmahlen brachte jeder Teilnehmer in Athen eine Amphore Wein ($8^3/_4$ l), ein Brot, vier kleine Fische und ein Sitzpolster mit. Das Essen war mager, der Wein floß reichlich. Durch erhöhten Weingenuß geriet der Mensch in eine nähere Verbindung zur Gottheit und auch in Ekstase. Sie galt dem Fruchtbarkeitsgott Dionysos, dem olympischen Zecher. Im Judentum gewann das Gemeinschaftsmahl, von der hellenistischen Umwelt beeinflußt, eine abgeänderte Bedeutung als persönliche Begegnung mit Gott, die durch Segenssprüche vor jedem Mahl zum Ausdruck kam. Beim Essen des Brotes und Trinken des Weines empfing man den Segen Gottes. Das letzte Mahl Jesus', also die Einsetzung des Abendmahles, ist von daher beeinflußt.

Obst und Lebensqualität

»Ein Schüler fragte seinen Lehrer R'Huna: ›Warum bezeichnet man unsere klägliche Scholle in der Verheißung (übertrieben) als Land, wo Milch und Honig fließt?‹ Der Lehrer antwortete: ›Weil es anspruchslosen Menschen mit Ziegen*milch* und Feigen*honig* das Lebensminimum sichert. Höre das Gleichnis: Ein Häusler, in dessen Haus keine Rinde Brot mehr war, führte seine einzige Ziege zu einer entfernten Weide und band sie an einen Feigenbaum. Als er abends von seiner Fronarbeit zurückkehrte, fand er die Ziege in einer Lache von Milch und Honig stehen. Die Weide war so fett gewesen, daß der Euter des Tieres prall wurde und überlief. Vom Baum tropfte der Saft der überreifen Feigen und vermischte sich mit der Milch. Der Häusler watete knöcheltief im Saft und konnte ihn mit Eimern kaum ausschöpfen.‹ – Mit dem Häusler ist hier Israel gemeint, das anspruchslos sein kärgliches Land ein Land, wo Milch und Honig fließen, nennt.« (So ein Gleichnis im Talmud.)

Der bis 10 m hohe Feigenbaum mit den großen fünflappigen Blättern, trägt zweimal im Jahr Früchte: im Juni die Frühfeigen und im Herbst die Spätfeigen. Um die Reife um zwei bis drei Wochen zu beschleunigen, ritzten die Gärtner – nach einem Bericht des griechischen Geographen Strabo – die grünen Feigen auf oder strichen einen Tropfen Öl auf das Ostiolum. Welch eine Sisyphusarbeit, wenn man bedenkt, daß ein mittlerer Baum 1500 Früchte trägt und der Gärtner 1500mal diese Arbeit verrichten mußte. Mit Ungeduld erwartete das einfache Volk die Feigenreife und aß, wie noch heute in arabischen Ländern, begierig die unreifen Früchte. Trug ein »schlechter« oder »verfluchter« Baum (vgl. Mt. 21,18) keine Frucht, war die Enttäuschung groß. Dieser mußte dann gefällt und verheizt werden. Gegen diesen landläufigen Brauch protestierte ein Gärtner und bat Jesus:

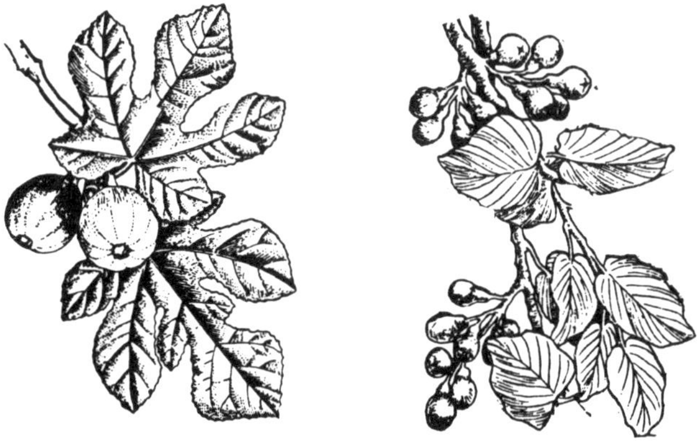

Feigen (links) wurden frisch oder getrocknet, als Feigenkuchen oder Feigenwein genossen. Homer und Hesiod kennen die Feige noch nicht, sie kam erst später aus dem Orient nach Europa. *Die Wildfeige* (rechts) der Sykomore ist kleiner und saftlos. Sie wird meist nur als Viehfutter verwendet. (Nach Feliks)

»Herr, laß ihn (den verdorrten Feigenbaum) noch dieses Jahr (stehen), bis ich um ihn hergegraben und Dünger gelegt habe« (Lk. 13,8).

So kämpfte der arme Gärtner um seinen einzigen Fruchtbringer. Sonst, wie schon gesagt, trugen die Feigenbäume zweimal im Jahr in Hülle und Fülle Früchte. Alles, was an Frischobst nicht vermarktet werden konnte, wurde zu unbegrenzt haltbaren Feigenkuchen gepreßt und getrocknet, so daß es 12 Monate im Jahr Frischfeigen oder Trockenfeigen gab. Eingedickter Saft von Feigen galt als Universalsüßstoff. Feigenblätter wurden als Gemüse gegessen oder zum Umwickeln von Fleischpasteten verwandt.

Griechische Gastronomen verstanden es, aus Feigen mannigfache Delikatessen zu bereiten. Philosophen schätzten sie als »Lebensspeise«. Die griechischen Komödiendichter verspotteten das Armutsideal der Philosophen als ein Leben von Brot, Feigen und Wasser. Im alten Ägypten und später in Rom waren Trockenfeigen die Nahrung der Sklaven. Die judäischen Kriegsgefangenen lebten in Rom von Korn, Feigen und Ziegenmilch. Als im Jahre 64 n.C. eine Hungersnot Judäa heimsuchte, sandte die proselytische Königin Helena von Adiabene Korn aus Alexandrien und getrocknete Feigen aus Zypern nach Jerusalem. Drohendes Anzeichen für eine Nahrungsmittelknappheit war es, wenn man auf dem Markt keinen Scheffel Korn und keine einzige getrocknete Feige auftreiben konnte. Das charakterisiert die Feige als wichtigstes Volksnahrungsmittel. Eine andere Funktion als der Feigenbaum hatte die Palme. Sie galt als Symbol des Reichtums, Stolzes und der Schönheit. Im rauhen Bergland Judäa gedieh sie nicht, nur in feuchtem, subtropischen Boden, den es am Jordanlauf, an der Küste und im Südland gab. Erst als die Hasmonäer diese Gebiete dem Reich anschlossen, wurde die Palme in Judäa »eingebürgert« und von dieser Dynastie zum Symbolbaum des »neuen Judäa« erklärt, weil sie Schönheit, Wohlstand und Würde ausstrahlt. Die Herodesen schätzten die Palme nicht geringer ein, jedoch aus wirtschaftlichen Gründen. Wie heute die Israelis Orangen, pflanzten sie damals Dattelpalmen im großen Maßstab als Devisenbringer an. Ein Dattelpalmenhain bei Jericho soll laut Josephus 70 ($9^1/_2$ km), nach Strabo 100 ($13^1/_2$ km) Stadien gemessen haben.

Palmen-Sockel v.d. Synagoge in Kapernaum

Die besten Datteln mit feinem Nußgeschmack, die Nicolai-Datteln, wurden in Jericho angebaut. Sie wurden benannt nach dem Hofhistoriker Nicolaios von Damaskus, der im Auftrage Herodes' I. einen Korb erlesener Früchte Kaiser Augustus überreichte.

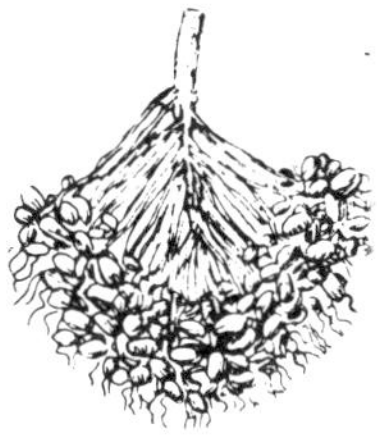

Datteltraube

Der Palmenbaum (Phoenix) erfordert Pflege nur zur Blütezeit im Herbst, wenn eine künstliche Befruchtung erfolgt. Zu diesem Zweck kletterte der Gärtner die bis 30 m hohen, schwankenden Stämme hoch und band eine männliche Blütenrispe an die weiblichen Blütenkelche der eingeschlechtlichen Bäume. Das ergab zehnfache Erträge. Auf 10 bis 30 weibliche Blütenrispen kommt nur ein männlicher Baum. Palmendamen sind sehr wählerisch in der Partnerwahl. Laut einem Gleichnis blieb eine Palme am See Genezareth jahrelang jungfräulich und trug keine Früchte. Sie welkte aus Liebeskummer dahin. Der verzweifelte Gärtner klagte gegenüber einem Weisen: »Ich bringe der Dame jeden Tag eine andere männliche Rispe,

Dattel (Querschnitt)

Palme und Palmenblatt auf hebr. Münze

»Judea capta« Palme als Symbol Judäas (röm. Münze)

aber sie lehnt alle ab. Da muß man die Geduld verlieren.« Der Weise sprach: »Sie ist eine Prinzessin und liebt einen bestimmten Palmenprinzen vom königlichen Hain in Jericho. Reise dorthin!« Mit Erlaubnis des Königs schnitt der Gärtner einen Zweig von der Krone einer Palme in Jericho ab und brachte ihn der Palmendame am See Genezareth. »Sie blühte auf und brachte vor Freude reichlich Früchte.«

Vom 20. bis zum 70. Lebensjahr bringt eine Palme die höchsten Erträge. Mit 100 Jahren stirbt sie ab. Eine Palme liefert jährlich bis 50 kg Frucht. Es gibt 360 Verwendungsarten der zuckerreichen Beerenfrucht. Als raffinierte Paste, Konfekt, Torte, Wein und Honigsirup war sie immer eine Delikatesse ersten Ranges für den Wohlhabenden. In Delos dienten bis 6 m lange Palmenwedel als Zeichen des Sieges, Friedens und der Freude (Offb. 7,9). Mit Palmenzweigen zogen die Makkabäer ins zurückeroberte Jerusalem ein (1. Makk. 13,54), und die Bevölkerung begrüßte Jesus, als er in Jerusalem eintraf, mit Palmenzweigen (Jo. 12,13). Auf Säulen, Fresken und Mosaiken bilden Palmen und Palmwedel ein immer wiederkehrendes Motiv. Palmblatt und Palmbaum erscheinen häufig in der Numismatik. Die Römer kennzeichneten allgemein Judäa mit dem Emblem der Palme, und es scheint fast, als hätten die Römer diese erst in Palästina richtig kennengelernt.

Es ist verständlich, daß die Feige trotz weiter Verbreitung kaum in der Numismatik erscheint, schließlich prägen wir heute auch nicht Äpfel oder Kartoffeln auf unsere Münzen. Die Feige wurde zum Armutssymbol, als Wohlstandszeichen wählte der hellenistische Osten den Granatapfel, er wurde als *phönizischer* kernreicher Apfel (Punica granatum, malum granatum) im Westen bekannt. Seine roten Blütenkelche und seine purpurrote, wohlschmeckende Frucht genossen in kultischen, aber auch profanen Bereichen allgemeine Verehrung. Seiner vielen Samenkerne wegen war er in Phönizien Sinnbild der Fruchtbarkeit gewesen; dieser tief eingewurzelten Tradition folgend, erhoben ihn die syrischen Hellenen zum Symbol für Lebensqualität. Wie deutet man den Begriff »Lebensqualität«, der im klassischen römischen Schrifttum als »Qualitas vitae« vorkommt?

Der Begriff Lebensqualität als Sammelbegriff für die Summe jener schwer definierbaren verschiedenen Elemente, die das Leben erst lebenswert machen, wie »Glück« oder »Zufriedenheit«, ist nicht neu; man bezeichnete sie als »Wohlfahrt« oder »Wohlstand«. War das von den Hasmonäern übernommene Wert-Wahrzeichen ihrer Herrschaft religiöse oder materielle »Falschmünzerei«? Auch den »neuen Tempel« schmückte das Wohlstandszeichen. Die Menora, der siebenarmige, goldene Tempelleuchter, stellt einen stilisierten Granatapfelbaum dar. Dieses kultische Symbol schmückte die antiken Synagogen wie das Kreuz die Kirchen. Die Priester trugen am Saum des Ornats Glöckchen und Granatäpfel. Der Dichter des Hohenliedes, ein hellenistischer Zeitgenosse, versinnbildlicht mit der Granatblüte und dem Granatapfelgarten höchstes irdisches Liebesglück. In den letzten Jahren fand der israelische Archäologe Avigad in einem Patrizierhaus westlich des Tempels ein Steinfragment mit dem Granatapfelsymbol; ungewiß ist, ob es eine Villa eines geistlichen oder weltlichen Adligen aus der spätherodesischen oder frührömischen Zeit schmückte. Sicher aber ist, daß es noch lange nach der hasmonäischen Zeit als Sinnbild für Lebensqualität galt.

Zitronat und Granatäpfel (hebr. Münzen)

Granatäpfel als Symbol der Fruchtbarkeit des »Gelobten Landes« Judäa auf einem Synagogenfries im Negev. Nebenstehend Granatapfelblüten auf einer hebr. Münze.

2. VIEHZUCHT

Die Kleinviehzucht wird eingeschränkt

Der Naturwissenschaftler Cajus Plinius (23–79 n.C.), der auch Judäa besuchte, liebte die Natur »wegen ihrer reinen Vollendung und Anmut«, er liebte »den Geruch des Bodens gegen Sonnenuntergang, wenn die Regenbogen verblassen« oder »der Boden nach langer Dürre mit Regen getränkt erfrischt duftete«. Oder er begeisterte sich: »Die Erde gehört den Menschen wie der Himmel den Göttern.« Bei seinen vielen Reisen hat er oft Tiere beobachtet, denen er auch Mythisches andichtet: »Die Gazelle im Negev niest, wenn der Hundstern aufgeht«; »die Wachteln sind die einzigen Geschöpfe außer den Menschen, die bei ihren Fernflügen an Epilepsie leiden«; die Bienen, die »sich auf den Rücken legen, um ihre Flügel vor dem Tau zu schützen« und »in ihrem Stock immer ängstlich summen, wenn der Abend naht, bis eine Biene mit lautem Gebrumme ›Ruhe‹ befiehlt, genauso energisch wie in einem Militärlager«. Bei Reisen in Judäa und in die ostjordanische Steppe glaubte er enträtseln zu können, warum das Kamel in der Wüste ohne Wasseraufnahme existieren kann: Es besäße in oder neben dem Magen ein wasserspeicherndes Organ, das es befähigt, wochenlang ohne Flüssigkeit auszukommen. Diese Meinung fand bis in die Neuzeit bei den Naturwissenschaftlern allgemeine Zustimmung. Auch die Akklimatisation der Haustiere, der östlichen in westlichen, der westlichen in östlichen Ländern, untersuchte er. Roms Genius habe aus der antiken Welt

Tierdarstellungen auf einem Synagogenmosaik vom 5. Jh. n.C. in Garese (Arche Noah?). Großer Herdenbesitz war im Altertum Gradmesser des Reichtums, und vor dem Aufkommen der Geldmünzen maß man nach der Stückzahl des Viehs den Reichtum eines Mannes. Das lat. Wort für Geld, »pecunia«, kommt von »pecus« – das Vieh.

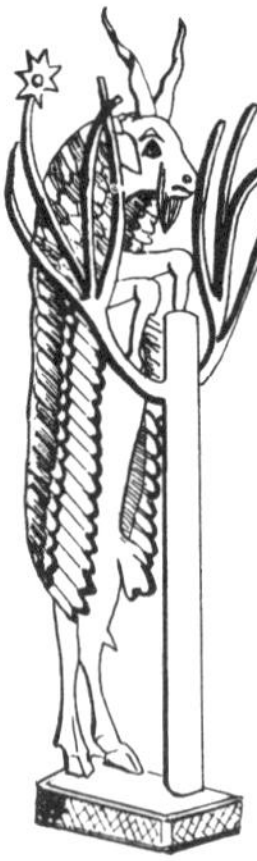

Hl. Bock aus Ur

eine einzige »Marschstraße« gemacht, auf der die Tiere der verschiedenen Zonen im Osten und Westen hin- und herwanderten, ausgetauscht und gekreuzt wurden:

»Siehe das Wunder: Nicht nur, daß die Natur verschiedene Tiere in den verschiedensten Ländern schafft, sondern sie stattet diese in bestimmten Zonen, die ein außergewöhnliches Klima haben, mit zusätzlichen Fähigkeiten aus, damit sie darin bestehen können...« und weiter: »All das, diese bessere Ernährung durch verbesserte Tierrassen hat die Menschheit der unermeßlichen Majestät des *römischen* Friedens zu verdanken.«

Neue Impulse zur Pflege, Aufzucht und Kreuzung von Haustieren hat die Welt weniger den Römern als den ägyptischen Hellenen zu verdanken. Sie sind die Erfinder der Kunstweiden. Die in Ägypten von alters her bekannte Kunst der hydraulischen Landwirtschaft dehnten diese auf die Weidetechnik aus. In die künstlich bewässerten Kunstweiden säten sie zusätzlich zu den wilden Grasarten Weißklee, Rieselklee und Erbsenblütler. Die Hasmonäer und Herodianer übernahmen von den ägyptischen Hellenen die neue Weidetechnik.

Schriftliche Belege dafür liefert erst der Talmud (nach 135 n.C.). Es handelt sich um Notstandsgesetze für die Okkupationszeit:

»Die Vorsteher raten den Viehhaltern, ihre Weiden entlang den öffentlichen Wasserleitungen anzulegen, um aus dem an undichten Stellen durchsickernden Wasser Nutzen zu ziehen. Auch sollten die Bauern sich genossenschaftlich zusammenschließen, um die durch den Krieg beschädigten Aquädukte zu reparieren, damit die volkswirtschaftlich notwendige Weidewirtschaft erhalten bleibe.«

Auch das frei umherziehende Hirtentum verbot der Gesetzgeber dort, wo es Kunstweiden und hydraulische Landwirtschaft gab. Man bedenke: In einem Land, wo die Kleinviehzucht seit den Tagen der Patriarchen zweitausend Jahre hindurch dominierte, und bei einem Volk, dem ein Hirtendasein als Ideal erschien, mußte das Gesetz »Es ist verboten, im Lande Israel Hornvieh zu halten« von einschneidender Bedeutung gewesen sein. Der berühmte Wiener Talmudforscher S. Krauß irrt, wenn er behauptet, der auffallende Rückgang des Kleinviehbestandes in Judäa und das Verbot der Hornviehhaltung in landwirtschaftlichen ertragreichen Gegenden seien nach 70 n.C. entstanden, um den durch Kriegswirren reduzierten Bodenbesitz zu schützen. Ohne Zweifel hatten die Römer gerade den besten Grund und Boden vereinnahmt, und der judäische Gesetzgeber sah sich nicht veranlaßt, römisches Eigentum zu schützen. Dagegen begann der Intensivfeldbau, der jedes wilde Weiden verbietet, lange vorher, etwa um 250 v.C.; er setzte den viehzuchttreibenden kleinen Familienbetrieben ein Ende. Der hauptsächliche Viehbesitz gelangte in die Hände von Großunternehmern, die den Fleischmarkt und die Leder- und Textilindustrie belieferten. Sie hielten ihre Herden in Gegenden, wo Weiden und Arbeitskräfte billig waren.

Das Baumtriebe abnagende und somit jeden Baumbestand vernichtende Hornvieh wurde mit Recht vom Gesetz in die Wüste und in karge Berggegenden verbannt. Im Gleichnis der Gospeln läßt der Hirte seine Herde auf den *Bergen* (Mt. 18,12) oder im *Wüsten*land (Lk. 15,4) weiden. Dank ihrer Bescheidenheit beim Futtersuchen und ihrer Kletterfreudigkeit überstand die Ziege die Verbannung. Die noch heute im Nahen Osten am meisten verbreitete Ziege (Capra mambrica) hat lan-

Ziegen beknabbern Bäume und zerstören den Baumbestand (ägypt.)

ge, hängende Ohren, nach der Seite gestreckte doppeltgewundene Hörner und ein schwarzes, drahtiges Fell. Dem schwarzen Bock, der von geradezu wilder Lebhaftigkeit und während der Brunst ausgesprochen bösartig ist, wurde dämonische Kraft angedichtet (3. Mose 16,8 ff.).

Trotz der Großbetriebe und des Verbotes der Hornviehhaltung blieb die Ziege auch in hellenistisch-römischer Zeit das Allzwecktier des armen Mannes. Es lieferte seinen Schurz, aus seinem drahtigen Haar webte er seinen Mantel. Das zähe, billige Fleisch war ein seltener Festschmaus. Aus dem Balg stellte er unzerbrechliche Gefäße für alle Flüssigkeiten her. Vor allem war es die Milch, die den *armen* Mann zum reichen machte. Ziegenmilch war hochwertige Säuglingsnahrung und, da man ihr Heilkraft zutraute, auch empfohlene Krankenkost, bekömmlich auch für solche, »die feste Speisen nicht vertragen können« (1. Kö. 3,2). Hiobs Erinnerungen an die Zeit seines Reichtums gipfeln in der nostalgischen Vorstellung, »sein Ziegenbalg war voll mit Milch« (21,24 orig.) und er wusch seine Füße in *Butter* (29,6 orig.). Feste Butter war im Altertum den Griechen und Römern unbekannt. Unter Butter ist Butterfett, aus Ziegenmilch in einem Ziegenbalg geschlagen, zu verstehen. Milch, in ein mit Leinen ausgelegtes Loch gegossen, mit Feigensaft oder Lab aus Tiermägen gemischt, gerann zu Käse. Mit Salz, Kräutern, Zwiebeln gewürzt, mit Olivenöl angereichert, ergab sie den weltberühmten »orientalischen Ziegenkäse«, der von römischen Dichtern als köstlicher Brotbelag des kleinen Mannes besungen wird. Die Hebräerbriefe drücken den Zusammenhang zwischen Ziege und Armut ebenfalls aus:

Die Ziege war nach Höhlenfunden das erste *Haus*tier der Urmenschen. Sie hatte vor allem bei Völkern in Trockengebieten und für Arme große ökonomische Bedeutung. Um die Zeitwende wurde das Halten von Ziegen nur in Wüstenzonen erlaubt, weil sie durch wildes Abnagen der Obstbäume enormen Schaden anrichteten. Auf der Abb. melkt ein röm. Kleinbauer seine einzige Ziege.

»Jene, die ›unter Mangel, Trübsal (und) Ungemach‹ leiden, tragen Ziegenfellkleidung« (Heb. 11,37).

Während die Aufzucht der Ziegen zurückging, wuchs die Bedeutung der Schafswirtschaft. Nicht nur auf dem Kleider-, auch auf dem Fleischmarkt verdrängte das Schaf aufgrund höherer Rentabilität die Ziege. Gegrillt, zählte und zählt der Fettschwanz des Schafes zu den meistbegehrten orientalischen Spezialitäten. Durch jahrhundertelange Zucht konnte das Awasis-Schaf dem Verlangen nach guter Wolle und fettem Fleisch zugleich nachkommen. Das Awasis-Schaf hat ein grauweißes Fell mit 25 cm langen Deckhaaren und einen braunen oder schwarzen Kopf. Auffällig ist sein bis zum Boden reichender etwa 10 kg schwerer Fettschwanz. Darüber geben zahlreiche Abbildungen Auskunft. In einer Studie hat O. Brendel (Diss. Gießen 1934) bewiesen, daß die darstellende hellenistische Kunst »mit besonderer Schärfe und Deutlichkeit« die verschiedenen europäischen und orientalischen Schafrassen unterschied und wußte, welche Rassen in bestimmten Ländern gehalten wurden. Alle Formen moderner Züchtung, Kreuzung, Inzucht und Inzestzucht waren den damaligen Schafzüchtern bekannt. Zahlreiche Mosaikbilder in Villen und Basiliken verherrlichen das orientalische Awasis-Schaf mit dem langen Fett-

Awasis-Schaf (ägypt.)

Schafe züchtete man im Alten Orient und in Griechenland seit alters in verschiedenen zweckbestimmten Rassen. Laut Plinius kannten die Italiener das Edelschaf nicht, erst durch die Berührung mit dem Orient kamen Zuchttiere nach Rom. (Links:) Fettschwanzschaf auf einem antiken Synagogen-Mosaik, (rechts:) heutiges orient. Fettschwanzschaf.

schwanz als Opfer- und Schlachttier. Der Fettschwanz war so schwer, daß das Schaf diesen, auf einem Wägelchen angebunden, nach sich zog. Wurde das Weibchen besprungen, so mußte der Hirte den Schwanz hochbinden, weil das Tier ihn aus eigener Kraft nicht hochheben konnte. Lammgeduldig erwartete das Weibchen den aufspringenden Widder. Man mußte ihr ein Pfefferkraut ins Nasenloch stecken, damit es kräftig nieste, was den Widder zum Gegenstoßen anregte. Diese und viele andere Details vom Liebesleben der Schafe notierte der Talmud mit gesunder Offenheit. Die unterschiedlichen Zuchtmerkmale zwischen orientalischen und europäischen Schafen fielen auch Aristoteles (384–322 v.C.), dem einflußreichsten Denker der Antike, auf:

»Die syrischen Schafe können durch die in den dicken Schwänzen aufgespeicherten Fettreserven die (futterlose) Herbstzeit leichter überstehen als die (europäischen) Schafe (mit schmalen Schwänzen).«

Jede Veränderung des Viehbesitzes, auch die kleinste, mußte registriert werden. Das Matrikelamt von Harmiysia in Fajum notierte um das Jahr 60 n.C. folgende Angabe:

»Jetzt gebe ich (dem Registrierbeamten) jene (Lämmer) an, die seit meiner letzten Erklärung geboren worden sind... es sind 7 Lämmer, und ich schwöre bei Kaiser Nero, daß ich nichts verschwiegen habe.« Der Matrikelbeamte Apollonios mußte im Auftrag des Strategen Papiskos die eidesstattliche Erklärung des Kleinhirten gegenzeichnen, und er fügte hinzu, daß die 7 Lämmer in die Steuerliste Nr. 30 ordnungsgemäß eingetragen seien.

Da ein Widder zum Bespringen einer Herde genügte, wurden die für die Zucht überflüssigen männlichen Jungtiere an die Tempel weitergegeben. Die Kultstätten aller Völker verschlangen Hekatomben von Widdern. Laut Josephus Flavius (37–100 n.C.) sollen zu Passah (Ostern) 63 n.C. 225 600 einjährige Widder im Tempel bei der Opfer-Schlachtung gezählt worden sein (Jos.bell 6,9.3).

Hier liegt vermutlich ein Abschreibfehler vor; mag die Zahl auch nicht überzeugen, so muß die Zahl der Opfertiere doch recht groß gewesen sein.

Menschenopfer wurden in vorgeschichtlicher Zeit durch Tieropfer ersetzt. Das zeigt ein Mosaik in der Synagoge von Beth Alpha (6. Jh. n.C.). Abraham will seinen Sohn Isaak auf dem Brandaltar opfern, eine himmlische Stimme verbietet ihm das und weist auf einen Widder, den er an Sohnesstatt opfern soll. Die Opferung Isaaks bezogen die Urchristen auf den Opfertod Jesus. (Siehe Tafel 21). (Rechts:) Menschenopfer auf einem hurritischen Siegel (2000 v.C.).

Die substantielle, medial-rituelle Bedeutung des männlichen Opferlammes aus der Urzeit der Hirtenvergangenheit Israels hält sich mit großer Zähigkeit bis zum heutigen Tag.

Mastochsen und Lastochsen

Ägypt. Milchkuh

Die verschiedenfarbigen Rinderrassen ordnet der Talmud nach folgenden Eigenschaften:

»Weiße Rinder pflügen vorzüglich; schwarze liefern das wertvollste Leder und rotbraune das beste Fleisch.«

Mit den rotbraunen Rindern meint der Talmud wohl die Golan-Rasse von Basan, die bereits der Prophet Amos als fettes Mastvieh rühmt. Die schwarzen Rinder könnten den kleinen, krüppligen arabischen Rindern ähnlich gewesen sein, die nur eine Schulterhöhe von 1 m erreichten und bis 400 l Milch im Jahr erzeugten. (Das friesisch-damaszenische Rind im heutigen Israel liefert über 5000 l Milch im Jahr.)

Ägypt. Arbeitsrinder

Mit weißen Rindern sind die höckrigen indischen Zebus gemeint, kraftvolle Arbeitstiere, aber nur minderwertige Fleischlieferanten. Die Heimat der Zebus ist die Wüstenzone

Zebu-Stier
(assyr.)

»Ein Joch« Ochsen
(Dura-Europos)

Apis, göttlich
verehrter Stier
(griech.-ägypt.)

Indiens. Sie erscheinen in prähistorischen Gräbern in Indien, Anatolien und Syrien, verschwinden dann vollständig und tauchen erst nach der Zeit Alexanders des Großen in den hellenistischen Ländern als Pflugrinder wieder auf. Auf vielen hellenistisch-römischen Mosaiken in Judäa und auf Wandbildern aus Dura Europos erscheinen hauptsächlich weiße Zebu-Rinder. Vielleicht wählten die Künstler die exotischen Tiere wegen ihres Seltenheitswertes als Vorlage. Bei Ausgrabungen in Judäa werden in der Mehrzahl Knochen von einheimischen, syrischen und ägyptischen Rassen zutage gefördert.

Als Archelaus, Sohn Herodes' I., der Ethnarch von Judäa, von dreschenden Rindern träumte, deutete der Essener Simon den Traum folgendermaßen:

> »Ochsen bedeuten *Elend,* sie werden mit harter Arbeit geplagt (tyrannisiert), zugleich bedeuten sie umwälzende Veränderung, weil sie das Land (beim Pflügen oder Dreschen) zertrampeln und unterwühlen.«

Tatsächlich wurde Archelaus (4 v.–6 n. C.) nach zehnjähriger Tyrannenherrschaft von Kaiser Augustus verbannt. Wo Rinder sind, da ist Getreide. Kleinvieh konnte in der Steppe, Großvieh nur im Kulturland gehalten werden. Das Rind war das wichtigste Arbeitstier. Hiob besaß 500, zuletzt 1000 Gespann Rinder (1,3). Unter Gespann verstand man zwei Zugrinder, die gemeinsam vor einen Pflug oder Wagen *gespannt* wurden. Im Gegensatz zu dem wild lebenden Kleinvieh erfordert das wetterempfindliche Rind Stallungen und Nachfütterung. Wenn die Weiden abgegrast waren, mußte der Bauer das Stallvieh mit Häcksel, Weißklee, Luzernen, Futterwicken, Graserbsen, Saubohnen, ja sogar mit Weizen- und Gerstenkleie nachfüttern. Der Talmud unterscheidet Futter von Regenland (Naturweiden) und von Bewässerungsland (Kunstweiden), das »auch in regenlosen Zeiten Grünwuchs liefert«. Wenn Mischfutter fehlte, brüllten die Rinder. Das bedeutete höchste Not. Das Brüllen des Rindes wurde als göttliches Orakel gedeutet: Glaubte man wirklich, daß ein Rind heilig sein könne? Noch im hellenistischen Ägypten wurden heilige Rinder in Tempelstallungen mit Leckerbissen verwöhnt und nach dem natürlichen

Das »heilige« Rind. Die Domestikation des Rindes vor 9000 Jahren war ein bedeutsamer Schritt in der Entwicklung der Urgesellschaft. Im alten Ägypten, Indien und Kreta genoß das Rind heilige Verehrung. Homer erklärt das Grollen eines Erdbebens mit dem Brüllen eines Stieres. Die im Orient stationierten röm. Soldaten verbanden Jupiter mit dem Wettergott Baal.

Tode balsamiert und eingesargt. In Syrien wurde Zeus-Jupiter als Baal auf einem Stier stehend verehrt. Noch heute werden bekanntlich heilige Rinder in Indien nicht geschlachtet. Rindfleisch, an der Festtafel und auf den Altären sehr begehrt, stieg auf dem Viehmarkt hoch im Kurs. Neugekaufte Rinder durften deshalb im Hinblick auf ihre Arbeitsfähigkeit in Feld und Tenne zunächst erprobt werden, um die vom Viehhändler behauptete Arbeitsfähigkeit zu prüfen (Lk. 14,19). Der Erwerb eines Rindes mußte amtlich gemeldet werden. Eine griechische Kaufurkunde aus dem 3. Jahrhundert, im Museum zu Kairo unter Nr. 37 zu besichtigen, bestätigt den Erwerb von drei Rindern, zwei weißen und einem braungefleckten. Ein Papyrus aus dem Jahre 135 n. C. (vom Wadi Murabba'at am Toten Meer) teilt den Kauf eines Jungrindes, der dem Bezirksamt in Herodeion gemeldet werden mußte, dieses sich aber in feindlicher Hand befand, dem zuständigen, aber geflüchteten Kommandanten mit. Dieses Dokument, das von besonderem kulturhistorischen Wert ist, lautet:

Baal-Adad steht auf einem Stier (syrisch)

»Von Josua und Eleasar, den Verwaltern aus Beth Maschko an Josua ben Golgola, Kommandant des Lagers.

Friede. Laß dir bekanntgeben, daß die Färse des Jakob ben Juda von Beth Maschko der Joseph ben Ariston durch Kauf (rechtmäßig) erwarb. Weiter, wenn die Heiden (römische Legionen) uns nicht so nachgerückt wären, käme ich zu dir und hätte mit dir einen (rechtsgültigen) Vertrag darüber abgeschlossen, damit du nicht sagst, ich sei aus Respektlosigkeit nicht zu dir gekommen. Lebe du und das ganze Haus Israel wohl!«

Sechs Zeugen bestätigen den Verkauf des Rindes, und zwei Beamte entschuldigen sich bei ihren Vorgesetzten, daß sie die Registrierung vornehmen und nicht er in Herodeion, »weil der Feind dort sitzt«. Welch bürokratische Sorgfalt, welch kostbares Rind!

Der Esel – Prügeltier der Menschheit

Reit-Maulesel (assyr.)

Das wichtigste Zugtier in allen Mittelmeerländern ist der Esel. Es gibt verschiedene Rassen in allen Farbtönungen von Weiß über Grau bis Schmutzig-Braun. Der weiße Esel der somalischen Rasse galt als königliches Tier, der graue mit weißer Brust als Halbaristokrat, der schmutzigbraune Bergesel als struppiger Plebejer. Was wurde diesem zartgliedrigen, allzu geduldigen Tier nicht alles zugemutet: Es mußte den Pflug und den Dreschschlitten ziehen, das Wasserrad und die Kornmühle drehen, Lasten und Erntegut schleppen. Trotz seiner sensiblen

Ein Lastesel stolpert und wird vom rohen Eseltreiber am Schwanz hochgezogen. Der Esel ist afrikanischer Herkunft; milchweiße »Königsesel« kamen aus Somalien. (National-Museum, Athen)

Natur wurden ihm sowohl Hochgebirge und Kälte wie auch Wüstenpisten und Hitze zugemutet. Seine Überbelastung gehört zum alltäglichen Bild eines heutigen arabischen Dorfes, wenn ein fetter Effendi auf den Rücken seines kleinen Esels springt, der bereits unter einer schweren Last zusammenzubrechen droht, und ihn mit Knüppelschlägen zu trippelnder Eile antreibt. Da der gesamte Transport- und Reiseverkehr im Altertum auf dem Rücken der Esel »lastete«, waren die Eseltreiber eine stolze Zunft von Großverdienern. Die Innung der Eseltreiber kannte eine gegenseitige Haftpflicht. Die Innung stellte demjenigen, dessen Esel vom Militär requiriert wurde oder verunglückte, leihweise einen anderen Esel zur Verfügung. Sie vermietete auch Esel für saisonbedingte Landarbeiten und Reisen. Der Mieter mußte für verschuldeten Schaden aufkommen. Wenn aber ein gemieteter Esel erblindete oder von den Römern zum Frondienst eingezogen wurde, mußte die Leihfirma für den Schaden aufkommen und den Mietpreis zurückerstatten.

Eselsänfte (ägypt.)

Trotz steigender Mißachtung des Esels im Alltag blieb im kultisch-mystischen Bereich die Achtung vor dem weißen Esel als königlichem Reittier, das einst den Messias tragen würde, bestehen. Das Königshaus der Phrygier rechnete es sich zur hohen Ehre an, von Eseln abzustammen. Midas I. wird auf Staatsporträts als Zeichen seiner göttlichen Herkunft mit Eselsohren abgebildet. »Dumm wie Esel« können die phrygischen Herrscher nicht gewesen sein, sie sollen immerhin das gemünzte Geld erfunden haben.

Der Philosoph Epiktetos (50–138 n. C.) aus Phrygien, wo die Eselswürde durch das Königshaus, wie oben gesagt, zur Staatsdebatte wurde, beantwortete die Frage eines Schülers:

> »Ist der Esel etwa ein führendes Wesen?« – mit: »Nein, er ist deswegen da, weil wir seinen Rücken brauchen, der schleppen kann. Würde er aber über Vernunft verfügen, so wäre er uns nicht untertan und würde uns keine Dienste leisten, sondern er wäre uns gleichgestellt und ähnlich. Du aber, Mensch, bist ein führendes Wesen, ein Stückchen von Gott, du trägst ein Teilchen von ihm in deiner Brust.«

In Ägypten entstand die plumpe Fabel, im Allerheiligsten von Jerusalem werde ein Eselsbild verehrt. Josephus antwortete dem antisemitischen Fabeldichter:

»Ägypter dürften sich darüber wahrhaftig am wenigsten aufregen, denn ein Esel ist nicht geringer als Katzen, Ziegenböcke und andere Tiere, die bei den Ägyptern Götter sind... Wir erzeigen indessen den Eseln keine (göttliche)

Gekreuzigter Esel. Wandkritzelei am Palatin in Rom. Die griech. Schrift lautet: Alexamenos verehrt Gott. Wahrscheinlich verspottet die Zeichnung eine gnostisch-ägypt. Sekte in Rom. Das lat. Wort für Esel (asinus) galt als Schimpfname.

Verehrung. Bei uns sind Esel das, was sie bei anderen vernünftigen Leuten sind, nämlich Tiere, die zum Lastentragen dienen; und wenn sie die ihnen aufgetragene Arbeit nicht leisten, erhalten sie kräftige Schläge.« (Jos. Apion 11,7,861).

Rote, schwarze und fahle Rosse

Was unterschied den Reiter eines Esels vom Reiter eines Pferdes? Genau wie heute den Fahrer eines VW-Käfers vom Fahrer eines Rolls-Royce: nämlich der Standesunterschied. Die Perser, die ihre Siege dem einstigen Steppentier zu verdanken hatten, erhoben den Reitsport zum aristokratischen Privileg. Verdienstvolle Krieger und Beamte zeichneten die persischen Könige mit einem Rittermantel und einem Reitpferd aus dem königlichen Gestüt aus. Eine solche Auszeichnung erhielt zum Beispiel der bereits erwähnte Landpfleger Nehemia.

Syrisches Pferd

Die mazedonischen Ritter führten eine neue (balkanische) schwere Rasse im Osten ein. Diese wurde mit dem leichten, schnellen arabischen Vollblut gekreuzt: Das ergab nach dem Bericht des Oppianus von Apamaea um 200 v. C. eine neue Rasse für den Reitsport der Landbarone.

Arabisches Pferd

»Das Volk der Sermaten von der kaspischen Küste«, schreibt Strabo, »ritt noch zum Teil Wildpferde und kannte bereits den Steigbügel. Sie vermochten in der Wüste mühelos 100 km täglich zurückzulegen, aber ihre Pferde bekamen weder Hafer noch Gerste. Ich selbst«, so fährt Strabo fort, »bin 5 Stunden hintereinander auf einem Pony galoppiert, das ausschließlich mit Häcksel gefüttert wurde.«

Pferdehufschuh

Mit abnehmbaren Sandalen aus Metall oder Leder schützte man, seit der Zeit Alexanders des Großen, auf schwierigem Terrain die Hufe der Reit- oder Zugtiere. Diese wichtige Neuerung entspricht etwa dem heutigen Hufeisen.

40 km südwestlich von Jerusalem wurde ein Felsgrab aus dem 2. Jh. v.C. in Maresa mit einem Tierfries gefunden; unter anderem sind ein Mann, der zum Halali bläst, und ein berittener Jäger mit zwei Hunden im Kampf gegen einen Leoparden dargestellt. Das Pferd erinnert an die Pferde des Alexandersarkophags, der heute in Istanbul ausgestellt ist. Beide tragen Merkmale der mazedonisch-arabischen Mischrasse. Das schönste Bild eines mazedonischen Rosses mit »wallender Mähne« zeichnet Hiob (39, 19 ff.). Er rühmt dessen Stärke, Kraft, Tapferkeit, Ungestüm und Zorn:

»Es läßt sich nicht halten, wenn die Posaunen ertönen und der Donnerruf der Schlacht dröhnt.«

Gegen die mit Harnischen ausgerüsteten hellenistischen Reitereien konnten die makkabäischen Bauernkrieger nur mit Guerillataktik ankommen (1. Mkk. 4, 7). Rote, schwarze und fahle parthische Rosse erscheinen in der Apokalypse des Johannes als Alptraum (19, 11, 14). Das nomadische iranische Reitervolk aus dem Gebiet des Aralsees errichtete nach 250

Der Besitz eines Pferdes galt immer als Auszeichnung (das deutsche Wort Ritter – Adliger – kommt von Reiter). Auf der Abb. griech. Reiter mit Filzhut, flottem Mäntelchen und eleganten Stiefeln. In dieser Stutzertracht erschienen judäische Aristokraten vor Pompejus (2. Mkk. 4,12). (Att. Trinkschale von 500 v.C.)

v.C. das Partherreich in Chorassan, vertrieb aus Babylon die Seleukiden und vernichtete im Jahre 53 v.C. in Karrhae das römische Heer unter Crassus durch blitzschnelle Reiteraktionen. Die Parther bildeten die ständige und schwerste Bedrohung der östlichen Grenze des Römischen Reiches.

Die judäische Reiterei wurde von den Hasmonäern nach hellenistisch-parthischem Muster entwickelt. Im Jahre 47 v.C. rettete ein judäisches Reiterregiment dem in Alexandrien eingeschlossenen Julius Cäsar das Leben. Für diese außerordentliche Hilfeleistung gestand Cäsar den Judäern wichtige Privilegien zu. König Herodes I. sicherte seine Herrschaft mit 6000 Berittenen (neben 30 000 Infanteristen). Er leistete oft mit seinen Schwadronen den Römern Schützenhilfe bei der Flankendekkung der italischen Reiterei. Agrippa II., Urenkel Herodes' I., sandte 67 n.C., als der judäische Aufstand gegen Rom ausbrach, 3000 Reiter nach Jerusalem, um die loyale Adelspartei gegen die rebellierende Volkspartei zu unterstützen.

Als militärisches Lehrbuch für die letzte eschatologische Endschlacht diente eine Handschriftenrolle aus Qumran: »Kampfanweisungen für die Söhne des Lichtes gegen die Söhne der Finsternis«. Da werden alle erforderlichen Eigenschaften eines Kampfpferdes aufgezählt: Es muß männlich, leichtfüßig, weichmaulig, langatmig, nicht zu jung, auf Tapferkeit gedrillt und gegen Geräusche sowie gegen Schreckbilder trainiert sein. Mit Schreckbildern sind die Zaubertricks gemeint, womit man im Altertum die Schlachtrosse des Feindes scheu zu machen versuchte, damit sie im heillosen Durcheinander die Reiter abwarfen und die Flucht ergriffen. Die Reiter trugen in der Schlacht magische, visierartige Amulette, die Pferde Schellen, kosmischen Schmuck und allerhand mantisch-glitzernde Abwehrmittel zur Vertreibung der Dämonen.

Münzen aus Hippos (Pferdestadt) ö. v. See Genezareth

Der judäisch-griechische Philosoph Philon von Alexandrien (30 v.–45 n.C.) rief einem Reitschüler die schönen Worte zu:

»Wirf dein Herz über die Hürde, dann springt auch dein Pferd hinterher; zögerst du vor der Hürde, stürzen Pferd und Reiter in den Graben.«

Das Kamel und die Nabatäer

Arabisches Dromedar

Bei den bis 2,60 m hohen, plumpen Wüstentieren interessierte den allseits lernbereiten griechischen Denker Aristoteles (384–322 v. C.) insbesondere deren Geschlechtsleben:

»In der Stunde der Vereinigung hockt sich das Weibchen auf die Erde und wird vom Körper des Männchens lange Zeit bedeckt. Das Weibchen steckt dabei den Kopf nach vorne, wie es beim Bespringen bei allen vierbeinigen Tieren üblich ist, und verharrt in dieser Lage geduldig den ganzen Tag. Zur Begattung suchen die Kamele abgelegene Verstecke in der Wüste auf, die nur Kamelhirten kennen. Der Penis des Männchens ist stark und lang, die Araber verwenden denselben als Sehnen für ihre Kampfbogen. Die Kamelstute trägt 5 Monate und wirft im Frühjahr meist nur *ein* Junges.«

Syrisches Kamel

Das heutige einhöckrige Dromedar (Camelus dromedarius) ist das damalige Kamel der Zeitwende. Dank seiner ungewöhnlichen Fähigkeit, 17 Tage ohne Wasseraufnahme auszukommen, kann es große Wüstenstrecken bewältigen und, mit schweren Lasten beladen, täglich 40 bis 80 km zurücklegen. Die 2500 km lange Weihrauchstraße von Südarabien bis Gaza, dem Transithafen am Mittelmeer, legte es spielend leicht in 2

Monaten zurück. Ein Schiff brauchte für die gleiche Strecke ein ganzes Jahr. Viele altarabische Balladen besingen das geduldige Tier mehr als die Liebe zur Frau; und das mit Recht, denn dem langbeinigen, ausdauernden Tropentier hatten die saudiarabischen Nomaden früher ihren Reichtum zu verdanken wie heute dem Öl. Auf dem Rücken der Kamele transportierten sie Luxusgüter aus Afrika, Arabien, Indien und China nach dem Westen und wurden durch Weihrauch-, Gewürz- und Seidenexport eine der reichsten Nationen der Welt. Trotzdem hatte das Kamel für den Menschen einen ganz konkreten Stellenwert. Abdud-Thilo beschreibt sie in seinen »5000 arabischen Sprichwörtern« folgendermaßen:

»Ein Kamel ist ein Kamel, auch wenn man es mit Juwelen belädt.«

Der Aufschwung der saudi-arabischen Beduinen oder, wie sie sich nannten, Nabatäer, begann erst in hellenistischer Zeit, als die Nachfrage nach orientalischen Luxusgütern im Westen stieg. In der Frühphase ihrer Geschichte waren ihre wesentlichen Einnahmequellen Raubzüge und Überfälle mit schnellen Kamelläufern – eine Praxis, die bei den Beduinen von alters her und bis noch vor kurzem durchaus üblich war. So wird im Buch Hiob von einem Überfall räuberischer Beduinen berichtet, die alle Hirten töteten und die weidenden Kamelherden raubten. Hiob bezeichnet die Räuber als Sabäer, als Nachkommen der legendären arabischen Königin von Saba. Eher sind die Weihrauchhändler unter ihrem neuen Namen Nabatäer bekannt. Sie unterwarfen auf ihren Handelsfahrten alle Wüstenstämme von Südarabien bis zum Mittelmeer. An den wichtigsten Punkten legten sie Kamelkarawansereien an, die zu blühenden Städten wuchsen.

Die nabatäische Hauptstadt Petra, 80 km südlich vom Toten Meer in einer total unwirtlichen Region gelegen, demonstriert die Pracht und den Reichtum der Weihrauchhändler, die mit dem leicht verdienten Geld schnell ihre Beduinentradition ablegten und die griechische Kultur nachahmten. 800 Felsengräber sind erhalten. Die kunstvollen Fassaden von einer eigenartigen Mischung hellenistisch-römisch-orientalischer Stilele-

Ein nabatäischer Fürst oder Präsident der Karawanenhändler mit seinem Gehilfen, beide bewaffnet und mit reichbestickten Röcken und Hosen bekleidet. Auf dem Reitersattel des Kamels eine gestickte Decke und darüber ein Baldachin, der verkleinert dargestellt ist. (Grabbild aus Palmyra, 250 n.C.)

mente vermitteln heute noch eine Ahnung von Wohlstand, Kultur und Fortschritt dieser Wüstenstadt. Die Ruinen von Memphis und Obdath im zentralen Negev repräsentieren die Tüchtigkeit der arabischen Weihrauchhändler und die »mit Juweien beladenen« Lasttiere, die diesen Reichtum aufzubauen halfen.

Betrachtet man die nabatäischen Städte aus der Vogelperspektive, so stellt man fest, daß die Weihrauchstraße sie fast schnurgerade verbindet; die Karawanen mußten sich nicht mehr im Zickzack von einem Wasserloch zum anderen bewegen. Diese Städte waren künstliche Oasen mit raffinierten Wasserspeichern, Kornfeldern, Frucht- und Balsamgärten inmitten der Wüste. Das Kamel erschloß den Nabatäern einen neuen Lebensraum.

Im 2. Jahrhundert eroberten die Hasmonäer die verlorenen Ostgebiete zurück und rückten damit näher an die Weihrauchstraße heran. 96 v.C. erstürmte Alexander Jannäus den wichtigen Transithandelshafen Gaza; diese handelspolitisch prekäre

Situation konnte nur von den Nabatäern durch Zahlung überhöhter Zölle gemeistert werden. Bald aber gingen die Nabatäer zur Gegenoffensive über; im Auf und Ab des Schlachtengeschehens konnten sich die Judäer nur durch den Bau von Wüstenburgen längs der Grenzen vor den Nachbarn schützen. Die Stärke von Burgen wie Masada, Machärus, Herodeion und anderen zeigen, welchen Respekt die Judäer den schnellen Kamelreiterkorps der Nabatäer entgegenbrachten. Die Feindseligkeiten zwischen den Nachbarvölkern erreichten den Höhepunkt, als Antipas, Tetrarch von Galiläa (4 v.–39 n.C.), eine nabatäische Prinzessin, Tochter des mächtigen Königs Aretas IV. (9 v.–38 n.C.), heiratete, sie aber verstieß, nachdem er sich heftig in seine Schwägerin und Nichte Herodias verliebt hatte. Aretas griff 36 n.C., um nach altem Beduinenbrauch seine verstoßene und beleidigte Tochter zu rächen, mit nabatäischen Kamelreitern Antipas an und vernichtete dessen Streitmacht völlig:

> »Manche waren der Ansicht«, schreibt Josephus, »der Untergang der Streitmacht Antipas' sei nur dem Zorne Gottes zuzuschreiben, der für die Tötung Johannes' des Täufers die gerechte Strafe gefordert habe.«

Unter dem dynamischen Aretas IV. erreichte das nabatäische Reich seine größte Blüte. Es erstreckte sich von der arabischen Wüste bis Damaskus. Als der Apostel Paulus um 37 n.C. aus Damaskus floh, gehörte die große syrische Handelsstadt den Nabatäern:

Das Kamel ist in der röm. Numismatik ein Symbol Arabiens. Das von Trajan 106 n.C. unterworfene Nabatäerreich verwandelten die Römer in die Provinz Arabia Petraea, nach Petra, der Hauptstadt der Nabatäer, genannt. (Münze aus Bostra)

»In Damaskus bewachte der Landpfleger des Königs Aretas die Stadt der Damaszener, in der er mich (Paulus) greifen wollte, und ich wurde durch eine Luke in einem Korb an der (Stadt-)Mauer herabgelassen und entkam seinen Händen« 2. Kor. 11,32).

Arabia Petraea (röm. Münze)

In der römischen Numismatik symbolisiert das Kamel die nabatäische Provinz, so wie die Palme die römische Provinz Judäa darstellt.

Eine der literarischen Hauptquellen für die nabatäische Geschichte ist die Bibel. Die legendäre Königin von Saba kommt mit einer Karawane aus ihrer Hauptstadt Marib in Zentralarabien an und bringt Spezereien, Gold und Weihrauch zu König Salomo nach Jerusalem. Jesaja schreibt dazu:

»Die Schätze der Völker werden zu dir, Jerusalem, kommen. Die Menge der Kamele wird dich bedecken, die Sabatäer werden allzumal kommen und Gold und Weihrauch bringen und die Ruhmestaten des Herrn verkünden« (60, 5,6).

Die Evangelisten nennen sie ebenfalls nicht Nabatäer, sondern Magier aus dem Osten (in der Luther-Bibel sind das die »Weisen aus dem Morgenland«), die nach Jerusalem kamen und Gold, Weihrauch und Myrrhe an die Wiege des Jesuskindes legten (Mt. 2, 1–12).

Pater Wolfgang Elpidius Pax, ehemaliger Professor in Breslau, heute Professor an dem »Studium Biblicum Franciscanum« in Jerusalem, schreibt:

»Der Erzählung des Matthäusevangeliums kann die Archäologie wertvolles Material beisteuern und mit Hilfe exegetischer Beobachtung die These erhärten, daß die Weisen (Magier) mit den Farben der Nabatäer gezeichnet sind... Ihre Heimat ist der Osten (Mt. 2,2). Nach biblischem und heutigem Sprachgebrauch können mit *Osten* nur die Gebiete jenseits des Jordans und des Toten Meeres gemeint sein. Andererseits werden Mesopotamien und Persien als Länder bezeichnet, die im Norden liegen... Die Magier erscheinen im Plural, treten in einer Gruppe auf, die sich sicherlich nicht zufällig während einer Karawanenreise gebildet hat. Im religiösen Milieu wird es sich um eine Kultgenossenschaft handeln. Der Besuch der Magier in Jerusalem ist in der Form einer Wallfahrt geschildert. Bei ihrer Ankunft öffnen die Magier die Truhen und bringen ihre Gaben dar... Gold, Weihrauch und Myrrhe waren die hauptsächlichen Handelsgüter der Nabatäer.«

Schweine für Zeus

Das problematischste Tier des Altertums war und blieb das Schwein. In Europa als delikate Speise hoch geschätzt, wird es in Vorderasien aufgrund eines rätselhaften Tabus noch heute verabscheut. Die Ägypter zum Beispiel stellten sich die Himmelsgöttin Nut als Muttersau vor, die täglich ihre Kinder, die Gestirne, verschlang. Den Dämonen- und Wüstengott Seth brachten sie mit einem freßwütigen Eber in einem Dreckpfuhl in Verbindung. Ganz anders die Griechen: Homer preist das rosige Schwein und den Schweinehirten des Odysseus. Geopfertes Ferkelblut wusch jeden Makel rein. Zum knusprigen Schweinebraten ließen sich Zeus und Jupiter gerne einladen. An der Vorliebe der Griechen für gepökeltes oder gebratenes Schwein änderte sich auch dann nichts, als sie als Kolonisten in den Osten gelangten und die Abneigung der orientalischen Völker gegen das Tier kennenlernten; im Gegenteil (wie zahlreiche Kunstwerke beweisen): sie steigerten Zucht und Opferkult der Schweine in allen Kolonien.

Röm. Opferszene. Der Priester ist der Kaiser Domitian, dem eine Prachtsau zugeführt wird. Vor dem Altar Bäume, von seinem Vater Vespasian und seinem Bruder Titus geweiht. Die Sau wird auf dem Altar des Kriegsgottes Mars geopfert.

Um sich die Betroffenheit der Völker klarzumachen, stelle man sich vor, die Engländer hätten bei der Kolonisierung Indiens öffentlich Kühe geschlachtet und verspeist! Es konnte nicht ausbleiben, daß das Schwein zum Hauptakteur im Kulturkampf beider Kontinente wurde.

167 v.C. befahl der seleukidische König Antiochus IV. Epiphanes (175–164 v.C.), um sein wenig heterogenes Reich zusammenzuhalten, allen von ihm beherrschten orientalischen Völkern, einen einigenden Reichskult einzuführen, den griechischen, und nur einen Gott, nämlich den Zeus Olympos, und dessen Vertreter, den König, zu verehren, und zwar durch Darbringung täglicher Ferkelopfer. Antiochus IV. nannte sich selbst Epiphanes, »Gotteserscheinung«. Diese Verfügung stieß in Judäa auf heftigen Widerstand.

Die Chronisten vereinfachen die Situation, wenn sie die darauf folgende Auseinandersetzung des judäischen Volkes mit der ihm so entgegengesetzten hellenistischen Kultur, die zum Makkabäer-Aufstand führte, auf den einfachen Nenner bringen: hier Schweineopfer, dort reiner Kult. Als der Philosoph Philon von Alexandrien (30/20 v.–45 n. C.), Führer einer Gesandtschaft Judäer, bei Caligula in Rom vorsprach, fragte ihn dieser im selben Sinn: »Warum eßt ihr kein Schweinefleisch?« und fuhr fort, »Ihr opfert einem anderen Gott, nicht mir. Was habe ich davon?« Der Imperator duldete keinen Widerspruch, und, ohne eine Antwort abzuwarten, schrie er die judäische Gesandtschaft an: »Nur wer mich anbetet, hat die richtige Religion!«

Die Abscheu gegen das Schwein vereinigte sich mit dem Haß gegen die Cäsaren. Die 10. Legion, die Jerusalem vernichtete, trug als Abzeichen ebenfalls ein Schwein. Nebenstehend ein Ziegelstempel der 10. Legion mit einer Sau und der Inschrift LXF (Legio decima fretensis) aus dem 2. Jh. n.C. aus Jerusalem. Als Hadrian Jerusalem in eine Garnisonsstadt verwandelte und den Judäern den Zurtitt verbot, setzte er als Abschreckungs-Wappen eine Riesensau auf das westliche Stadttor. Der Anblick dieses Wappens erweckte bei den antiken Judäern dieselben allergischen Gefühle wie der Anblick eines

Ziegelstempel der X. Legion

Hakenkreuzes heute. Die tiefverwurzelte Abneigung gegen das dämonische Schwein übernahmen auch die Christen. Jesus ertränkte eine »Legion« Dämonen, die im Leib von Schweinen hausten; genauer, er ertränkte eine Legion Schweine, um die »bösen Geister« zu vertreiben (Mt. 8,31). In der berühmten Bergpredigt sagt Jesus: Man solle die Perlen (des Glaubens) nicht vor die Säue werfen (Mt. 7,6). Wer Schweinefleisch aß, aß vom Opferfleisch der Heiden. Deswegen wetterte Paulus, als ehemaliger Pharisäer mit den strengen Speisegesetzen wohlvertraut, gegen frisch getaufte Christen, die in die alte Gewohnheit zurückfielen und heimlich einen Heidentempel besuchten, um an den gemeinsamen Ferkelopfern teilzunehmen, was bedeutete: mitzuessen. Auf sie zielte das doppelsinnige Sprichwort:

»Ein Schwein, das sich *gebadet* hat (d. h. das sich getauft hat), geht wieder in den Mistpfuhl« (1. Kor. 8,10).

Die für die Proviantierung des Heeres, der Handelsschiffe und des Opferdienstes wichtigen Tiere wurden im ptolemäischen Ägypten auf Staatsdomänen gezüchtet. Die Schweinehirten dort waren Staatsangestellte. Es gab auch Verpachtungen. Laut den Zenonpapyri betrug der Pachtzins für eine Herde von 400 Tieren jährlich 211 Ferkel. Auch in Judäa legten die Kolonial-Griechen Schweinefarmen an, insbesondere im Dekapolisgebiet östlich des Sees Genezareth. Das Neue Testament erwähnt eine Schweinezucht in Gerasa, dem heutigen Dscherasch, 55 km südöstlich des Sees gelegen, mit 2000 Schweinen. Die neueingerichteten Schweinefarmen, die sich rasch im griechischen Sektor ausbreiteten, verursachten bei den Einheimischen, wie bereits gesagt, ein religiöses Unbehagen. Nur in allergrößter Not oder aus tiefster Verzweiflung verdingte sich ein Judäer bei einem Hellenen als Schweinehirt. Das schildert das klassische Gleichnis des Lukas »vom verlorenen Sohn«:

»Der (jüngste Sohn) zog hinweg in ein fernes Land, und dort vergeudete er sein Vermögen durch ein zügelloses Leben. Nachdem er alles durchgebracht hatte, kam eine gewaltige Hungersnot über jenes Land, und er fing an, Mangel zu leiden. Und er ging hin und hängte sich an einen der Bürger jenes Landes; der schickte ihn auf seine Felder, Schweine zu hüten. Und er begehrte, seinen Bauch mit den Schoten zu füllen, die die Schweine fressen; und niemand gab sie ihm« (Lk. 15,11).

Wurde das Schwein rehabilitiert? Als Saftbraten gelangte es recht schnell zu neuer Bedeutung bei den Christen, aber in der christlichen Volkssymbolik erscheint der Teufel weiter in der Gestalt des Schweines.

Zweig des Johannesbrotbaums mit Schoten

Die Taube der Venus und der Hahn des Hermes

Insbesondere Frauen lieben die häusliche, sanfte, schnäbelnde Taube. Verbindet nicht ein geheimes Band Frauen und Tauben, nämlich das Verlangen nach Zärtlichkeit?

Noch heute stellen Araberinnen auf den Flachdächern von Jerusalem dem häuslichen Vogel, der in mustergültiger Einehe lebt, Nistkästen auf, wenn die Paarungszeit im Februar kommt. Am frühen Morgen verlassen dann in dichten blau-grauen Wolken Tausende von Tauben Jerusalem, fliegen in die Wüste Juda und lassen sich, sofern sie Feldtauben (Columbia livia gaddi) sind, in Grotten oder, sofern sie Steppentauben (Columbia livia palaestinae) sind, in Wüstenlöchern nieder. Beide Arten tragen ein schillerndes, graues und grau-blaues Gefieder mit metallenem Glanz am Halse. Die zierliche Turteltaube (Streptopelia turtur) heißt im Hebräischen »tor« und verdankt ihren Namen ihren ruckweisen, klagenden Tur-tur-Rufen. Die weißen Edeltauben werden im Hebräischen »Herodisioth« genannt, vielleicht weil sie aus Rhodos stammen oder weil sie Herodes I. einführte.

Taube auf Münzen aus Askalon

Mit den ersten Sonnenstrahlen steigen die Wildtauben auf, und am Abend, nach der Paarung im Wüstenland, fliegen sie zu den vorbereiteten Nistkästchen zurück, um ein Ei zu legen und 16 bis 18 Tage zu brüten. Täuberich und Taube wechseln sich beim Brutgeschäft ab.

In ganz Kleinasien wurde die Taube als Symbol der Liebe

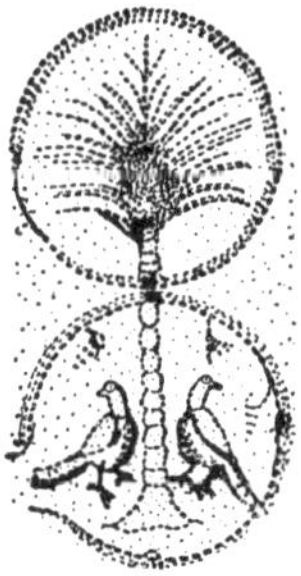

Zwei Tauben und Palme, Mosaik v.e. ant. Synagoge

Taube mit Ölzweig (v. christl. Grabstein) (Mt. 3,16)

verehrt und der Muttergöttin geopfert, ganz gleich, ob sie Isis, Astarte, Derketo, Aphrodite oder Venus hieß. Auf den Münzen von Askalon erscheint seit dem 2. Jh. v. C. eine Taube bzw. die Stadtschutzgöttin Derketo-Atargatis mit einer Taube in der Hand. In Israel diente die Taube den Frauen als Reinigungsopfer nach Beendigung der Monatsblutungen oder nach einer Geburt. Das bedeutete, daß die Frau wieder bereit für eine Empfängnis war. Auch Maria opferte nach der Geburt des Jesuskindes zwei Tauben (Lk. 2,22 f.). Wer keine eigene Taubenzucht besaß, kaufte seinen Opferbedarf in einem der Läden der Vogelhändler auf der Kidron-Brücke oder im Tempelhof. Hier konnte man arme Frauen antreffen, die mit zitternden Fingern ihre Gürtel aufknoteten, das Kupfergeld abzählten, ob es für zwei Tauben reiche, und wenn nicht, erwarben sie wenigstens zwei Sperlinge, die nur den vierzigsten Teil kosteten (Mt. 10,29 f). Opfertiere durften nicht gejagt, in Fallen gefangen werden oder sonst irgendwie »beschädigt« sein. Opferbeschauer prüften, ob die Vögel gebrochene Füße oder Flügel

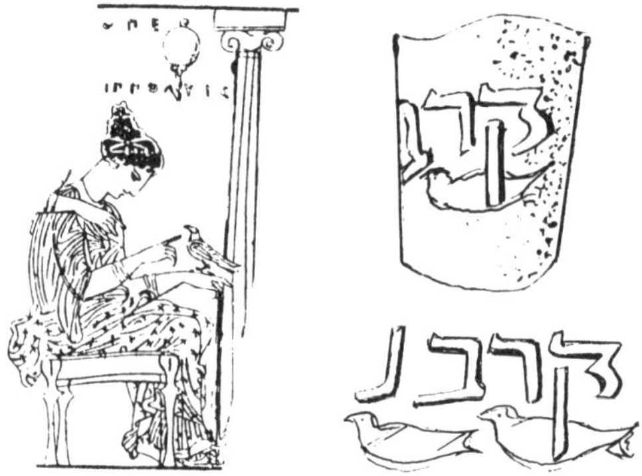

Die sanfte Taube galt als Liebesvogel, von allen Liebesgöttinnen bevorzugt. Für Artemis, die Göttin der Liebe, Eheschließung und Geburten, züchteten Frauen Tauben. Links hält eine Brautjungfrau eine Taube in der Hand.
(Rechts:) Bei den Hebräern opferten Frauen nach der Geburt zwei Tauben, so auch Maria (Lk. 2,24). Ein Rollsiegel mit der hebr. Aufschrift »Opfer« und Darstellung zweier Tauben fand man 1969 in Jerusalem. Mit diesem Stempel bescheinigte die Tempelbehörde die kultische Reinheit und Zulässigkeit des untersuchten Vogels. (Nach Mazar)

hatten, ob sie kultisch rein waren, und stempelten sie ab. 1969 wurde ein fingerbreites Zylindersiegel an der südlichen Tempelumfassung gefunden. Es stellte zwei auf dem Bauche liegende Vögel dar; darüber steht die althebräische Aufschrift »Opfer« (Abb.). Der Vogelhandel im Tempel scheint auch für den Staat lukrativ gewesen zu sein. Im hellenistischen Ägypten wurde ein Drittel des Ertrages der Taubenhäuser versteuert. Eine Vogelhandlung im Italien des 1. Jahrhunderts v. C., die auf Luxusvögel und Drosseln spezialisiert war, brachte jährlich 60 000 Sesterzen ein. Zu den Luxusvögeln zählte die weiße Taube, die in Griechenland für Liebhaber gezüchtet wurde. König Herodes I. hielt in zierlichen Taubentürmen in seinem Schloßpark zu Jerusalem weiße Tauben aus Rhodos. Der römische Fachschriftsteller Varro (116–27 v. C.) beschreibt Kolumbarien in Rundtürmen, die bis 5000 Tauben fassen konnten. Noch heute findet man in arabischen Dörfern Kolumbarien verschiedenster Art, als Löcher in Felswänden, als Nistkästchen aus Ton oder Benzinkanister und als Taubentürme auf Friedhöfen. Wenn die Taubeneltern auf den Stoppelfeldern oder auf den Tennen Futter suchen, nehmen die Araber die Eier und Jungvögel aus den Nistlöchern und verhökern sie auf dem Markt.

Syrisches Kolumbarium

Der Ahn des europäischen Huhnes ist das 60 cm lange, am Hals und am Rücken goldgelbe, orangerote und blaue, am Schwanz schwarzgefiederte indische Wildhuhn der Bankirarasse. Die Griechen lernten das indische Huhn von den Persern kennen und nannten es »Persischer Vogel«. Erst im 4. Jh. v. C. begannen die Hellenen mit der Aufzucht des Haushuhnes (Gallus domesticus). Suppenhuhn und Eierspeisen waren am Anfang eine Delikatesse und gelangten nur auf die Tafel der Wohlhabenden. Die Geflügelzüchter verstanden sich auf das künstliche Ausbrüten der Eier im warmen Dung und das Aufzüchten der Küken in tönernen Brutapparaten. Die »Alte Komödie« hat sich in Rom über die Leidenschaft für Brathuhn und Spiegeleier, die zum Geflügel- und Eierkult führte, lustig gemacht. Bei Hochzeiten trug man einer Braut im festlichen Zug einen Hahn oder einen Korb Eier nach; das sollte den

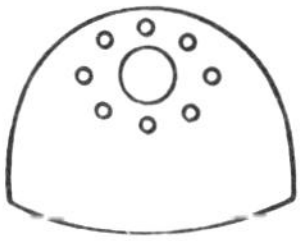

Brutglocke

Artemis von Ephesos mit großen Eiern als Halsschmuck

Wunsch nach Fruchtbarkeit ausdrücken. Die »vielbrüstige« Artemis von Ephesus verkörpert den Eierkult. Vor fünfzig Jahren fanden österreichische Ausgräber in Ephesus, nördlich von Izmir, drei Statuen der kleinasiatischen Muttergottheit, die im Museum von Selçuk heute zu sehen sind: Eingeschnürt in ein enganliegendes Gewand mit Fabeltieren, trägt sie am Oberkörper einen Behang von eiförmigen Gebilden, die man zunächst als eine Vielzahl weiblicher Brüste gedeutet hat. Professor Frank Miltner, der leider zu früh verstorbene österreichische Ausgräber von Ephesus, wies auf die wichtige symbolische Bedeutung hin, die das Ei als Zeichen ewiger Fruchtbarkeit bei fast allen Völkern der Erde besitzt.

Eine größere Anziehungskraft auf Männer übten Hahn und Hahnenschrei aus. Im Gegensatz zur friedlichen Taube hat der Hahn etwas Männlich-Sultanisches, Bespornt-Kämpferisches an sich. Der Hahnenschrei markierte die Grenzzeit zwischen Tag und Nacht. Jeden Morgen, wenn ein frommer Judäer das »Kikeriki« hörte, rief er: »Gepriesen sei der, der dem Hahn die Einsicht gegeben hat, zwischen Tag und Nacht zu unterscheiden.« Bei den Römern galt er als militärische Bezeichnung der 3. Nachtstunde (also etwa zwischen 0 und 3 Uhr). Das zweimalige Krähen des Hahnes bei der Verhaftung Jesu (Mk. 14,68)

Vor seinem Tode ließ Sokrates dem Heilgott Asklepios einen Hahn opfern. Der Hahn als Überwinder der Nacht (Tod) und Wecker des Morgens (Auferstehung) stand als bronzenes Idol auf dem Forum in Rom. Die Abb. stammt von einem Sarkophag um 400. Die Urchristen glaubten, der Hahn am Forum sei ein christl. Denkmal und fügten links die Gestalt Jesus, rechts die des Petrus hinzu.

wollen einige Gelehrte, wie etwa H. V. Morton, mit dem »gallicinum« der römischen Wache, das bei Morgengrauen vom Turm der Burg Antonia ertönte, deuten. Obwohl das Halten von Geflügel den Judäern in Jerusalem verboten war, setzte sich die römische Besatzung zur Zeit des rigorosen Pilatus über den Lokalbrauch hinweg und hielt in den Antonia Hähne. Andere Gelehrte deuten die dramatisch gesteigerten Hahnenschreie bei der Verhaftung Jesu als Orakelrufe in bezug auf die bevorstehende Passion an.

In römischen Hymnen wird der Hahn als »Herold des neuen Tages« und als »treuer Wächter in tiefer Nacht« gefeiert. Bei den Griechen war der Hahn dem Hermes gewidmet, dem göttlichen Begleiter der Seelen der Verstorbenen in der Unterwelt. Am Eingang zu einem hellenistischen Felsengrab aus dem 3. Jh. v.C. in Maresa ist ein Hahn neben Pluton, dem mehrköpfigen Hund des Hades, abgebildet.

3. LANDVOLK

Fischer am See Genezareth

Im Jahre 103 v.C. eroberten die Hasmonäer den See Genezareth, und die früher evakuierten, nun heimgekehrten Galiläer begründeten von neuem den Fischer- und Schiffsbauerberuf. Genau wie in vorhasmonäischer Zeit gab es auch in der türkischen Epoche in Jerusalem kaum Fische. Pastor L. Schneller mußte 1890 (wie er in einem Brief berichtet), wenn er frische Fische essen wollte, seinen Diener nach Jaffa schicken; da die Reise hin und zurück vier Tage dauerte, konnte es nur im Winter geschehen, im Sommer wären die Fische durch den langen Transport in der subtropischen Hitze verdorben. Die andere Situation: Pastor Schneller reiste mit seiner Familie zum See Genezareth und ließ sich von einem arabischen Fischer einen frisch gefangenen Fisch auf Holzkohle zum Abendbrot grillen, blickte dabei auf den idyllischen See, auf die idyllischen Fischerboote und seufzte dabei. Wie er weiter schreibt, seufzte er, weil diese Szenerie genau jener glich, als vor 2000 Jahren Jesus Christus an diesem Orte mit denselben Kähnen von Ufer zu Ufer fuhr und dem Fischervolk predigte. Hier irrt der gute Pastor, er kannte das Neue Testament Vers für Vers, die antiken Mosaikdarstellungen und die literarischen Quellen der Binnenseefahrt aber nicht. Die heutigen primitiven Kähne der Araber können keineswegs mit den Segelschiffen der Zeitwende verglichen werden. Der Mosaikfußboden von Madeba zeigt stolze Segelschiffe auf dem Toten Meer. Die Grabbilder von Jason in

Griech. Fischer

Fischerboot judäisch (Mosaik von Madeba)

Jerusalem stellen gewaltige Segler mit bewaffneter Besatzung dar (Abb.*). Ein Fischernest wie Magdala konnte laut Josephus 230 Boote mit je 4 Schiffern stellen. Das sind 920 Mann Besatzung! Römische Schriftsteller heben den Mut judäischer Seeleute und Seepiraten hervor. Im Triumphzug ließ Titus ein erbeutetes Fischerfahrzeug vom See Genezareth auf den Schultern seiner Soldaten durch Rom tragen: Seht her, dieses habe ich überwunden! Schiffer und Schiffe glichen absolut nicht der Idylle eines sanften Pastors. Der See Genezareth, 170 qkm groß, liegt 208 m unter dem Meeresspiegel. In ihn münden heiße Quellen, die ergiebige Fangstellen bilden, weil das warme Wasser die Fische anlockt. Wegen des großen Fischreichtums und der zahlreichen Fischarten hielt Josephus die »Siebenquellen« (el Tabgha) nordwestlich des Sees für eine der Nilquellen, die unterirdisch nach Ägypten abflossen. S. F. Bodenheimer, Professor für Zoologie in Leiden – Jerusalem, stellte 24 Fischarten, hauptsächlich aus der Familie der Chromiden, fest. Sie sind ausgezeichnete Tafelfische. Die galiläische Barbe (Tilapia

* Siehe Seite 263

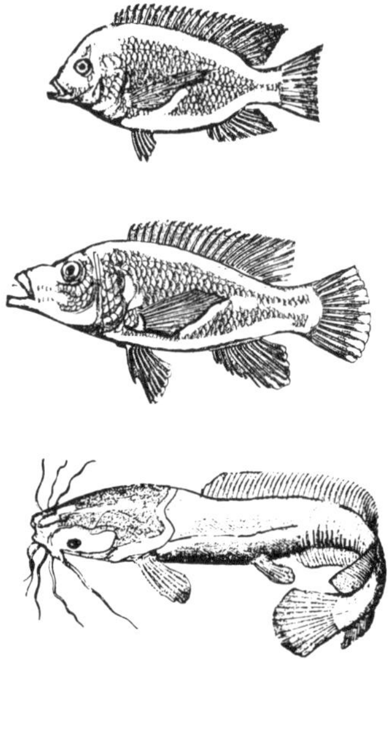

Die Fischerei spielte seit der Existenz des Menschen als billige Nahrungsquelle eine bedeutende Rolle. In den Frühkulturen des Alten Orients betrieb man in den Seen und Teichen Fischzucht. Der See Genezareth in Galiläa war für seinen Fischreichtum und die Güte seiner Fische berühmt. Hier einige Sorten: (oben:) Galiläische Barde (Tilipia Galilaea), (Mitte:) Petrusfisch (Paratilapia sacra), (unten:) Galiläischer Wels (Clarias masrauthus). (Nach Bodenheimer)

Galilaea) hat die Form und Größe eines Karpfens, nur ist sie im Geschmack etwas herber. Außerdem gibt es die sardinengroße Barbe (Albursus selle) und eine dritte Art, »Petrusfisch« (Paratilapia sacra) genannt wegen ihres großen Mauls. Sie soll die Steuermünze des Petrus im Maul geführt haben (Mt. 17,24). Das Maul dieses Fisches steht in keinem Verhältnis zu seiner Körpergröße. Die männliche Barbe hat die Gewohnheit, die Rogen in ihrem Maul herumzutragen. Wenn die jungen Tiere ausschlüpfen, benützen sie das Maul des »Petrusfisches« als sichere Zuflucht in Fällen der Gefahr.

Nach den zahlreichen Fischbeschreibungen und griechisch-römischen Kochbüchern für Fischgerichte ist anzunehmen, daß der Fischkonsum um die Zeitwende stieg. Feinschmecker bevorzugten trotz hoher Marktpreise die Luxusfische. Sie wurden in künstlich angeheizten Bassins gezüchtet. Einfache Leute kauften billige Fische oder gepökelte Fische. Die zunehmende Verbreitung der Fischnahrung in unbemittelten Bevölkerungskreisen illustriert ein Talmudgesetz: Bestand das Mahl von einfachen Leuten nur aus Brot und Fisch, so mußte nur der Fisch als Hauptnahrung gesegnet werden, das Brot war nur Zukost. Die Kyniker, die die Wohlstandsgesellschaft und die überfeinerten Kochkünste verachteten, aßen öfters Fisch und andere Seetiere, aber nur roh. Ihr Lehrer Diogenes soll bei einer öffentlichen Demonstration seines »Anti-Fleisch-Programms« an einem rohen Polypen gestorben sein. Besser war es, die Fische, die im subtropischen Klima keinen sofortigen Absatz fanden, einzusalzen und zu pökeln. Eine bedeutende Pökelindustrie gab es in Magdal Nunaija (das bedeutet »Turm der Fischer«), der Ort wurde übrigens in Tarichae umbenannt. Taricheutes wird im Griechischen der Spezialist genannt, der Fische zu pökeln versteht. Maria Magdalena, Sünderin, Büßerin und Begleiterin Jesus', trägt noch als Beinamen die alte Bezeichnung ihres Heimatdorfes Magdal.

Die beste Fangzeit lag zwischen Dezember und April, insbesondere in Vollmondnächten. Der Fischfang wurde teils mit Fanggarn, teils mit Harpunen und Netzen betrieben. In dichterischer Bildsprache nennt Hiob die Angelhaken Dornen oder schwirrende Grillen (40,41); auch den Wurfspieß, die Harpune, erwähnt der Weise von Edom (41,21).

Sehr beliebt war und ist noch heute im Orient das Wurfnetz. Mit geschicktem Schwung wirft der Fischer, im Wasser stehend, das gefaltete Netz fächerförmig über das Wasser. Das Wurfnetz mißt 4 bis 7 m im Durchmesser. Kostbarer und seltener war das Schleppnetz, von Matthäus »sagene« (13,47) genannt. Es konnte bis 200 m lang und 5 m breit sein. Die Technik der Sagene beschreibt Dom Brière in seinem Werk »Conférence de Saint Etienne«:

> »Ein Teil der Bootsmannschaft steigt ins seichte Wasser, ergreift eines der beiden langen Seile am Ende des Schleppnetzes und verankert es auf dem Grund des Sees. Das andere Ende bleibt am Boot angeseilt. Das Boot beschreibt einen weiten Halbbogen im Wasser und läßt das Netzteil ins Wasser fallen. Sobald es sich wieder der Ausgangsstelle nähert, steigt die restliche Mannschaft ins Wasser und zieht das Seil, das sich am anderen Netzende befindet, hinter sich her. Schließlich ziehen beide Mannschaften die beiden Seilenden ans Land, bis das halbkreisförmige Netz, das sich in der Wassertiefe mit Fischen gefüllt hat, am Ufer ist.«

Boote und Netze waren kostspielig, nur ein gemeinsamer Großfang war lohnend. Deswegen schlossen sich die galiläischen Berufsfischer zu Genossenschaften von 6 bis 7 Mann zusammen. Die Mitglieder einer solchen Genossenschaft nannte man »koinonoi«; das waren nicht vollbeteiligte Genossen; und »metochoi«, also vollbeteiligte Genossen (Lk. 5,71). Sie arbeiteten gemeinsam, verkauften ihre Fänge an Fischgrossisten oder Fischpökeleien und teilten den Gewinn. Berufsfischer mußten eine behördliche steuerpflichtige Fangerlaubnis für ein abgegrenztes Seegebiet besitzen. Zu dem Stand der Fischer gehörten Großfischer, die mit Angestellten arbeiteten, Fischergenossenschaften und sich kümmerlich ernährende Einmannbetriebe, die nichts besaßen als ihre Netze. Der Fischer führte ein schweres, kärgliches Leben und war ständig von Gefahren und Nöten umgeben. Einige träumten laut Theokrit davon, einen goldenen Fisch zu fangen oder im Wasser ein glückliches

Eiland zu finden. In einem Fischergedicht erzählt Theokrit: Zwei alte Fischer verbringen schlaflose Nächte in einer armseligen Strohhütte, außer ihren Netzen besitzen sie nur eine Matte, auf der sie schlafen. Einer von ihnen träumt von einem *goldenen* Fisch und verschläft die Arbeit, der andere ist durch Armut ein illusionsloser Realist geworden; er verzichtet aufs Träumen und geht lieber fischen.

Mancher Fischer warf seine Netze weg, um einem Traum oder einem Ruf zu folgen, und schloß sich einem kynisch-stoischen Philosophen an. Der Talmud bezeichnet die Fischer und Schiffer als besonders fromme Menschen. Der Kampf mit den nassen Elementen war Ursache ihrer Frömmigkeit, er stählte ebenfalls ihren Charakter, machte sie rauh, aufbrausend und temperamentvoll. Eben darum nennt sie Jesus »Donnersöhne«. Josephus beschreibt die galiläischen Fischer als hitzige Patrioten, als zähe, tapfere Freiheitskämpfer, als Träumer und Realisten zugleich.

»*Zwei Fische und ein Brotkorb*« auf dem 1932 von E. Mader und A. M. Schneider in der antiken Basilika »der Brotvermehrung« in Tabgha, unweit vom See Genezareth, entdeckten Fußbodenmosaik. Bei Tabgha soll Jesus mit sieben Broten und zwei Fischen 5000 Arme gespeist haben (Mt. 15,34).

Zu diesen Menschen fühlte sich Jesus, als er Nazareth verließ und sich in Kapernaum ansiedelte, besonders hingezogen, ja sogar verwandtschaftlich verbunden. Er, der aristokratischer Abstammung war, nennt die derben, wettergegerbten Fischer »meine Brüder« (Mt. 12,49).

Der ungewöhnliche Sendeerfolg Jesus' ist auch insofern zu verstehen, als er nicht von einer verschnörkelten Kanzel herab, sondern von einem Fischerboot zu den Menschen sprach, nicht überheblich, sondern als Gleichgestellter.

Zornige Viehhüter und gute Hirten

Die altisraelitischen Weidegründe, die durch die assyrisch-babylonischen Kriege verlorengegangen waren, wurden erst durch die hasmonäischen Befreiungskriege ins Reich zurückgeholt und verdienstvollen Kampfgefährten übereignet. Dadurch entstand eine nennenswerte Großviehzucht mit Herdenpächtern, Spezialisten und Miethirten. Für Besitzer großer Herden war es bequemer und zweckmäßiger, ihre Tiere Pächtern zu übertragen, die pauschale Einnahmen garantierten. Der Pächter teilte die Tiere in mehrere Herden ein, je 50 bis 100 Schafe kamen auf einen Unterhirten. Ein Oberhirte kontrollierte 3 bis 6 Unterhirten. Auf einem ägyptischen Holztäfelchen aus römischer Zeit, welches einer Mumie zur Identifizierung der Persönlichkeit um den Hals hing, steht: »Plenis, der Jüngere der Oberhirten, lebte ... Jahre.« (Abb.) Plenis war Aufseher über mehrere Hirten bzw. Obmann einer Hirtengilde. Es gab laut den Zenonpapyri eine Spezialisierung dieses Berufes. Kleinvieh-, Großvieh-, Kamel-, Schweine- und Geflügelhirten, Zuchtmeister, Mäster, oberste Viehaufseher und Poimer. Poimer hießen die Miethirten, ihr Reallohn war noch niedriger als der eines Tagelöhners. Das spricht für sich. Sie waren eigennützige Diebe und Räuber (Jo. 10,8), verwilderte Gesellen, hatten keine festen Unterkünfte, kampierten mit ihren Tieren in Höhlen oder auf freiem Feld, tranken und aßen vom selben Trog wie die ihnen anvertrauten Tiere. Sie mußten schnell und behende sein. Denn »wenn ein Hirte hinkt, laufen die Ziegen davon«. Ja, es scheint, daß die Viehzüchter absichtlich wilde Gesellen aus asozialen Schichten einstellten, die nicht nur ihre Herden gegen wilde Tiere beschützten, sondern auch gegen Recht und Gesetz verteidigten. Das problematische Weiderecht erforderte ein asoziales Verhalten. Häufig wurden Hirten wegen Diebstahls belangt, wenn ihre Tiere auf fremdem Grund weideten. Wenn die Triften im Hochland oder in der Steppe abgeweidet waren, mußte der Hirte mit seinen Herden auf die abgeernteten Stoppelfelder des Kulturlandes zurückkehren, die in der Nähe jener Orte, wo Hornviehzucht verbo-

Mumientafel eines Oberhirten (ägypt.)

ten war, lagen. Großen Schaden richteten ihre Ziegen in Obsthainen an. Ein galiläischer Rabbi klagt: »Hornvieh von Räubern vernichtete die Obstgärten meiner Eltern und machte sie zu armen Leuten.« Nicht nur das Weiden war schwierig, auch das Tränken. Oft wird von Schwierigkeiten um Brunnenrechte zwischen den verschiedenen Hirten berichtet. Der Hirtenstab war eine berüchtigte Kampfwaffe, »Hirten und Stöcke« ein identischer Begriff. Von der Gesellschaft gemieden und gefürchtet, durften die Hirten keinen Tempel betreten, bei Gericht nicht als Zeugen aussagen, auf keinem öffentlichen Markt ihre Erzeugnisse verkaufen, keine Bürgertochter ansehen, geschweige denn heiraten. Kein Wunder, daß sie zornig waren. In Ermangelung menschlicher Gesellschaft verfielen sie der Sodomie. Vielleicht wurden Hirten zu Kriminellen erst nach 150 n.C., »da Wölfe massenhaft umherschweifen« (so R' Juda ha-Nasi). Mit »Wölfe« sind hier die Römer gemeint. Aber, das muß besonders betont werden: Es gab *auch* sanfte Hirten. Das beweist die schöne Liebesgeschichte des sanften Aqiba', der Miethirte war, die Tochter seines reichen Arbeitgebers heiratete, aus Liebe zu ihr eine theologische Hochschule besuchte und ein »Fürst der Gelehrsamkeit« wurde. Von einem anderen Rabbi, der Herdenbesitzer war, heißt es: Aus Liebe zu seiner Herde vertraute er diese keinem Fremden an, nur seinem eigenen Sohn.

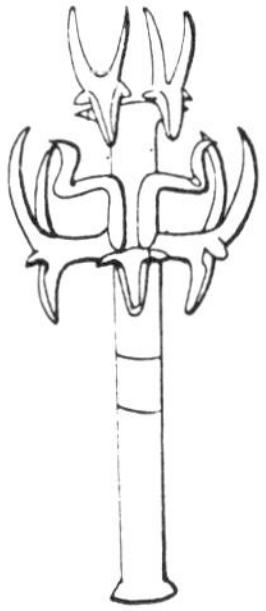

Zepter eines Hirtenfürsten (30. Jh. v.C.)

»Guter Hirte« aus Mari

Assyr. König als »guter Hirte«

Jesus übergibt das Weiden seiner Herde nur einem, »der ihn liebt« (Joh. 21,15). Es gibt Berichte von intelligenten Hirten, die jedes Tier wie ein eigenes Kind pflegten, es benannten und beim Namen riefen und nicht mit rohen Stockhieben oder Steinwürfen dirigierten (Ps. 96,7, Joh. 10,4). Sind diese Berichte nicht theologisch aufbereitete, fromme Legenden? Nein, es muß daran mehr als ein Körnchen Wahrheit sein, sonst hätte sich die alte orientalische Vorstellung vom »guten Hirten« als Priesterkönig im religiösen Bereich nicht halten können.

Noch der hellenistische Herrscherbegriff des Basileus Soter, der durch seine Heilandsmystik religionsgeschichtlich so bedeutsam werden sollte, hatte trotz aller griechischen geistesgeschichtlichen Umformung genug Affinität zu dem Vorbild des

»*Servus*« bedeutet im Lat. sowohl Viehhüter als auch Sklave. Damit drückten die Römer ihre Mißachtung der beiden Stände aus. Eine höhere Einschätzung vom »guten« Hirten lernten Griechen und Römer im Orient kennen. a) Die griech. Statue des »Guten Hirten« in Gaza, im südl. Israel gefunden, ist aus dem Jahre 300 v.C. und zeigt, daß die Vorstellung des guten Hirten um die Zeitwende sehr populär war, b) Artäus, Gott der Landwirtschaft, als »guter Hirte«, c) Apollo, der Patron der Hirten, als »guter Hirte«. (a) Israel. Museum, Jerusalem; b) u. c) Museo Lateranense, Rom)

»guten Hirten«, das im Alten Orient Realität besaß. Nach urhebräischer Auffassung war Gott selbst ein Hirte, und die Idealkönige und Idealpriester waren seine Miethirten. Aus dem Gott der Weideplätze wurde ein Universalgott.

Hartnäckig hielt sich die utopische Vorstellung, daß auch der künftige Erlöser ein »guter Hirt« sein würde. Bei Jesaja heißt es:

»Da wird der Wolf zu Gast sein bei dem Lamm und der Panther bei den Zicklein lagern. Kalb und junger Löwe weiden beieinander, und ein kleiner (Hirten-)Knabe leitet sie...« (Jes. 11,61).

In seinem berühmten Hirtengedicht schildert der große römische Dichter Vergil (70–19 v.C.) vor dem Hintergrund des Unbehagens an der »Zeit der Eisenwaffen« die Sehnsucht nach einem »goldenen Zeitalter« und entnimmt seine Wortbilder dem Propheten Jesaja, wenn er sagt:

»Blick gnädig auf die Geburt des Knaben, welcher ein Ende bringt der eisernen Zeit und einen Anfang der goldenen Zeit... Heimwärts kommen von selbst mit schweren Eutern die Ziegen. Nicht mehr fürchten den Löwen die weidenden Rinderherden...«

Auch in der bildenden Kunst übernahmen Griechen und Römer das altorientalische utopische Motiv vom »guten Hirten«. Griechische Bildhauer haben das Bild des widdertragenden Hermes umgewandelt in das des »guten Hirten«, der als Erlösergott von vielen hellenistischen Religionen übernommen wurde. So wie Orpheus oder Apollo sieht auch Christus auf den ältesten Darstellungen aus: ein jugendlicher Hirte mit milden Zügen im Rahmen einer arkadischen Landschaft. Nicht zwischen »guten Hirten« und »schlechten Hirten« soll man nach Ansicht von Ernst Bloch (1885–1977), dem Philosophen des utopischen Marxismus, unterscheiden, sondern zwischen »guten« und »schlechten« Lämmern:

»Es gibt geborene Lämmer, diese ducken sich leicht und gern. Das liegt in ihrer Art; zu ihnen hat Jesus nicht gepredigt, ›gewaltig‹, wie es in der Schrift heißt, zu sein. Am wenigsten steht er selbst so gemildert da, wie es die sanften Heinriche meinen... So still, so unbegrenzt duldsam (ganz ohne Leidenschaft) wird ihr angeblicher Hirte dargestellt...; er aber hatte die stärkste Leidenschaft: den Zorn! Ein Zeichen unserer guten Sache hieß und heißt Jesus. Als das sanfteste Zeichen gewiß, darin aber zugleich als das brennendste, das umbrennendste.«

Gottes Erde und die Selbsthilfe

So wie im alten Ägypten alles Land dem Pharao oder den Tempeln gehörte, so war in Israel Jahwe als einziger wahrer König allein Herr über die Erde. Der Bodenbesitz, an die Israeliten nur für fünfzig Jahre verpachtet, mußte nach dieser Frist zurückerstattet werden. Um dies zu untermauern, entstand das Gesetz des Jobeljahres, wonach jeder Landbesitz, der verpfän-

Armenlese – Zusammenkratzen herabgefall. Ähren (ägypt.)

det oder verkauft wurde, an den ursprünglichen Besitzer zurückfallen sollte. Die Erde gehört allen. Diese Vorschrift wurde nach Meinung von Wirtschaftssachverständigen niemals befolgt. Das müßte auch jeden Grundstücksverkehr ad absurdum führen und das Land an den Rand einer ökonomischen Katastrophe bringen.

»Und ihr sollt das Jobeljahr heiligen... und Posaunen ergehen lassen durchs ganze Land... und sollt Freiheit ausrufen für alle Bewohner...; ein jeder soll wieder zu seinem Eigentum kommen« (3. Mose 25,10).

Es ist verwunderlich, daß ein sonst so konservatives Volk wie die Hebräer ein Grundgesetz der theodizeeischen Idee in der Praxis umging, im Volksbewußtsein jedoch die Idee tief verankert blieb. In sämtlichen Kaufverträgen, die am Toten Meer gefunden wurden und aus dem 1. und 2. Jahrhundert n. C. stammen, wird die Jobeljahr-Bestimmung umgangen oder verschwiegen. Aber ein Teil davon, das uralte Rückkaufrecht, behielt weiterhin Gültigkeit. Danach mußte durch eine Klausel im Vertrag der Käufer eines Grundstückes dem »Schuldner«, der wieder zu Geld kam oder seinem Verwandten nicht nur die gepfändete oder erworbene Liegenschaft zurückerstatten mußte, sondern auch die Nutzung des Bodens, wie Bodenertrag oder

Der Großpächter Paconius Caledus, Sohn des Titus – wie ihn die Grabschrift nennt –, überwacht die von seinen Kleinpächtern nach der Ernte abgelieferten Naturalien. Durch Bindung an das Gut seines Herrn war die rechtliche Freiheit eines solchen »freien« Kleinpächters stark beschränkt und hatte manches mit den mittelalterlichen Leibeigenen gemein. (Museo Lateranense, Rom)

Verpachtungen während der Verkaufszeit, ersetzen. Dieses Gesetz war ursprünglich mit dem Jobeljahr verbunden (3. Mose 25,28). Die Rückkauf- und Rückerstattungsklausel, mit dem Zinsverbot gekoppelt, sollte in gewissen Grenzen die alten Stammesrechte der »Freiheit« des Bodenbesitzes erhalten. Wie weit es zur Anwendung kam, darüber fehlen historische Unterlagen. Im Talmud, der erst, als Judäa seine Souveränität verloren hatte, entstand, wird hauptsächlich von Pächtern und Nachpächtern gesprochen, die ihre »Freiheit« durch eine Art »Selbsthilfe« zu erhalten versuchten. Der Rittergutsbesitzer, der Römer sein konnte (Mt. 21,33), hielt einen Oberpächter, der mehr Kaufmann als Agronom war (Lk. 16,5); dieser verteilte oder vermietete das Rittergut an mehrere Nachpächter. Im Talmud wird hauptsächlich von Nachpächtern gesprochen, die sich zur Zeit der römischen Besatzung zu einer Art Selbsthilfe straff organisierten; diese bäuerliche Selbsthilfe muß um die Zeitwende entstanden sein. Ausführlich beschreibt der Talmud die umfassenden Vorkehrungen der Selbsthilfe, womit die Verarmten sich untereinander halfen, um nicht vom Großkapital völlig vernichtet zu werden. Wuchs einem Nachpächter oder Kleinbauern die Arbeit über den Kopf oder konnte er sie mit seiner vielköpfigen Familie nicht bewältigen, so trat die »gegenseitige Hilfe« in Aktion. Um Übervorteilungen zu vermeiden, gab es feste Regeln:

> »Man darf zu einem Nachbarn sagen ›Jäte (heute) mit mir, ich will (morgen) mit dir graben.‹ Aber man darf nicht sagen: ›Jäte mit mir, ich will dafür mit dir irgendwann einmal graben…; pflüge mit mir im Sommer, ich will mit dir dafür im Winter pflügen‹.«

Es gab kollektive Dörfer, wo alles allen gehörte, und es gab Dörfer, wo nur Ackergeräte, Mühlen, Kelter, Ölpressen und Zugtiere gemeinsamer Besitz waren. In Arbeitsgemeinschaften wurden Viadukte und Kanäle instand gehalten, Weiden gepflegt und der Wasserhaushalt geregelt.

Jedes Dorf war in einem festen Verband mit Obmann und genossenschaftlicher Verbandskasse, wo Saat, Arbeitsgeräte und Darlehen verteilt wurden, organisiert. Es gab auch eine

»gegenseitige Schadensersatzkasse« für verunglückte oder, was öfters geschah, von der römischen Armee requirierte Zugtiere, auch für solche, die ausgeliehen waren, oder für Schäden, die ausgeliehene Arbeitstiere anrichteten. Auch die Leihtarife waren nach genossenschaftlichen Vereinbarungen geregelt: Ob ein ausgeliehener Esel die Last bergauf oder bergab trug, berücksichtigte ein unterschiedlicher Tarifpreis. Die Ersatzleistungen waren niedriger, wenn Hanfballen, die einem Esel zu hoch aufgeladen wurden, an einer Straßenlaterne (genauer: Straßenfackel) Feuer fingen, großzügiger, wenn die Morgengabe einer Braut auf dem Wege zum neuen Heim vom Buckel eines Esels von Räubern geraubt wurde.

Das ist nur eine kleine Auswahl der zahlreichen Bestimmungen der Selbsthilfe, mit denen die Kleinbauern und Nachpächter sich in der »eisernen Zeit« (der Römer) mit gesundem Menschenverstand zu schützen wußten.

Wie hoch waren Pachtgebühren und sonstige Zahlungen der die Landwirtschaft treibenden Bevölkerung in römischer Zeit? Ein Pachtvertrag aus Fajum etwa lautete:

»Ich (der Pächter) mache das Land urbar, säe, jäte, ernte

Der Latifundienbesitzer Annius Octavius Valerianus läßt seinen landwirtschaftlichen Großbetrieb durch ein Heer von Sklaven bewirtschaften. Oben: Einsäen, hacken und ernten eines Kornfeldes. Unten: Eigene Mühlen und eigene Brotfabriken versorgen die zahlreichen Sklaven mit Grundnahrungsmitteln. Rechts: Auf Ochsenkarren werden die Erzeugnisse zum Markt gebracht. (Museo Lateranense, Rom)

und häufe dir (dem Großgrundbesitzer) die Ernte in (zwei) Haufen auf, du bekommst die Hälfte des Ertrages, ich nehme die Hälfte für Arbeit und Auslagen.«

Das bedeutete die Hälfte der Ernte in Naturalien und wird ein extremer Fall gewesen sein. Es gab auch Pachtzahlungen in Bargeld, so jedenfalls lautet ein Vertrag aus Wadi Heber:

»Du sollst das Recht haben zu säen und für dich selbst alle Früchte und Ernten einsammeln, ich erhalte dafür 12 Denarii...«

Da Feldgröße und Ertragsmöglichkeit nicht angegeben sind, kann nicht errechnet werden, welchen Prozentsatz die 12 Denarii ausmachten; es muß sich nach dem niedrigen Preis um ein kleines Grundstück gehandelt haben. Außer der Bodenpacht mußte der Bauer einen Anteil von der Ernte an die Krone und den Tempel entrichten. Der Staat kassierte je nach den zeitweiligen ökonomischen und politischen Verhältnissen 12 bis 25 Prozent der Ernte. Der Tempel erhielt außer Geschenken – »zum Tempel kann man nicht mit leeren Händen kommen« – etwa 20 Prozent des Erntewertes. Einem Papyrus aus Fajum ist zu entnehmen, daß ein Nachpächter froh sein konnte, wenn ihm nach Entrichtung aller Abgaben, den weltlichen und den kirchlichen, ein Sechstel der Ernte für seinen eigenen Lebensunterhalt blieb!

Der französische Bestsellerautor Henri Daniel Rops behauptet in »La Vie Quotidienne en Palestine aû Temps de Jesus«, die Landbevölkerung bezahlte die weltliche Steuer widerstrebend, die kirchliche Steuer dagegen bereitwillig. So paradox es klingen mag, diese Äußerung hat einiges für sich. Der Landbevölkerung fehlte jedes Verständnis für die Notwendigkeit nationaler Sicherheit und reibungsloser Verwaltung, die der staatliche Apparat für die Steuerleistung zurückerstattete, aber als einfache, tiefgläubige Menschen, bei denen die Einbildungskraft das rationale Denken überlagerte, glaubten sie fest daran, daß sie neben der eigenen »Selbsthilfe« auch die Unterstützung des Himmels für eine befriedigende Ernte benötigten.

Lebendes Inventar

Jedem Reisenden, der den Balkan oder Orient bereist, fallen Gruppen bäuerlicher Menschen auf, die zerlumpt gekleidet, mit einfachen Arbeitsgeräten in der Hand, müßig an einem zentralen Platz warten, bis man sie zu einer Gelegenheitsarbeit ruft. Vor den Hotels in Beirut lungern Schuhputzer, im Hafen von Saloniki Lastträger, an den Bazaren Istanbuls Handwerker herum – alles jüngere Bauernsöhne, die das Erstgeburtsrecht vom väterlichen Gehöft verstieß und die in der Stadt Arbeit suchen. Träge und schwatzend stehen sie herum. Matthäus gibt eine realistische Schilderung eines antiken *Arbeitsmarktes,* wo Männer bis 11 Stunden auf Arbeit warten (20,1–15):

Die Arbeitsuchenden haben keine Eile, sie warten auf einen Arbeitgeber, mit dem sie zunächst einen befriedigenden Vertrag aushandeln. Manche murren freilich, weil sie zum Lohn kein Trinkgeld bekommen. Der Dienstherr, laut Matthäus ein guter Mann, redet sie mit »Kamerad« an und zahlt pünktlich jeden Abend den Tageslohn aus. Ganz gleich, ob ein Arbeiter – später gerufen – nur eine Stunde arbeitete oder als erster von Sonnenaufgang bis Sonnenuntergang 12 bis 16 Stunden schuftete, beide erhalten den vollen Tagestarif ausgezahlt.

Das klingt ganz gut, verträgt sich aber nicht mit den historischen Urkunden und mit dem Vorhandensein der vielen schlecht gekleideten Proletarier heute. Ob Schuhputzer, Lastträger, Erntearbeiter – alle waren und sind noch heute Gelegenheitsarbeiter, die von der »Hand in den Mund« leben. Aber... empfand der antike Mensch seine soziale Misere, oder nahm er sie als etwas Schicksalgegebenes hin? In der israelitischen Religion war der Mensch nicht das Maß aller Dinge, sondern der demütige Knecht (=ebed) eines höchsten und erhabenen Herrn. Im Himmel, im Gottesreich erhielt die Lohnfrage erst ihre gerechte Regelung: »So werden die Letzten Erste und die Ersten Letzte sein.« Das Matthäus-Gleichnis verspricht damit den Unterprivilegierten, also etwa den Stundenlöhnern (poel hasa 'a), die auf Erden der niedrigsten Lohnklasse angehören, daß sie im künftigen Gottesreich die Ersten sein werden, weil sie treu gedient haben (20,16). Steward Perowne, der englische Schriftsteller, ein genauer Kenner dieser Zeit, spricht von einer uns Heutigen unverständlichen »glücklichen Unterwerfung« insofern, als diese Menschen glücklicher als die »Freien« waren:

> »Der Islam, der Millionen Anhänger zählt, hat die Notwendigkeit der Unterwerfung immer stark betont; bedeutet doch das Wort Islam selbst ›Ergebung‹, Ergebung in den Willen Gottes. Und die große Organisation, die in so vieler Beziehung die Nachfolgerin der Cäsaren ist, die römisch-katholische Kirche, besteht darauf, daß der unbedingte Gehorsam die natürliche Haltung der christlichen Seele ist. Und Millionen Menschen in der ganzen Welt teilen leidenschaftlich diese Auffassung von der menschlichen Bestimmung.«

Das war das Los der Gelegenheitsarbeiter, die sich größerer Mobilität erfreuten, sogar besser dran waren als Mietarbeiter mit fester Stellung. Hiob vermochte keinen wesentlichen Unterschied zwischen einem Lohnarbeiter und einem Sklaven zu erkennen; beide waren zu den gleichen sozialen Bedingungen tätig, nur empfand sich der Lohnarbeiter als einem höheren gesellschaftlichen Status zugehörig, der ihn zum »freien Mann« machte. Hiob bezeichnet ihn als »hofschi« (Freier). Die Fron, sagt Hiob, mache den Freien und den Unfreien außer von wirt-

Röm. Kleinbauer kehrt müde mit seinem Rind von der Feldarbeit heim. Für den Armen war das Rind sein einziges universales Arbeits- und Nutztier und wurde in Ehren gehalten.

schaftlichen auch von unberechenbaren Faktoren abhängig, also unfrei: Auf Tagelöhner und Mietlöhner, die mit ihrem privaten Bodenbesitz auch ihre traditionelle Freiheit verloren hatten, sind die Worte des R'Aqiba (70–135 n. C.) gemünzt, eines Mannes, der seine demokratische Einstellung durch sein Leben bewies: »Selbst die Armen in Israel sind Freie, die ihren Besitz verloren hatten.«

Wie Landarbeiter im römischen Bereich eingeschätzt wurden, beschreibt M.T. Varro, ein römischer Schriftsteller (116–27 v. C.) und Großgrundbesitzer. Er teilt die landwirtschaftlichen Betriebsmittel in »redendes, blökendes und totes« Inventar ein: in Arbeiter, Zugtiere und Maschinen. Das redende Inventar bestand wieder aus drei Gruppen: die freien Facharbeiter, die Arbeit im Akkordlohn ausführten, die nicht qualifizierten Gelegenheitsarbeiter, die keiner freiheitlichen Beschränkung unterworfen waren, und die Sklaven, die kein Entgelt erhielten.

Waren nun in dieser Zeit des absoluten Feudalismus die Arbeiter ganz hilflos der Willkür ausgesetzt? Während der römischen Besatzungszeit versuchten die Arbeiter sich zum ersten Mal zu organisieren. Es entstand ein neues hebräisches Wort: Der *hapoel* (= der Arbeiter). Bis dahin wurde jeder, der eine Dienstleistung verrichtete, mit dem althebräischen Wort *ebed* bezeichnet. Das konnte Diener, Knecht, Sklave, Beamter, Kirchendiener, Gottesknecht, Minister u. a. bedeuten, jedenfalls jemanden, der unterwürfig einem Herrn diente. Der neue Arbeiterstand zerfiel in mehrere Untergruppen: *poel-jom* (= Tagelöhner), *poel-sa'a* (= Stundenarbeiter), *sachir* (= Mietling), *kablan* (= Akkordarbeiter), *disturin* (= Arbeiter mit Lohnvorauszahlung nach persischem Brauch) und *poel batel* (= Arbeitsloser). Fachverbände, Arbeitervereine und Arbeitsämter wurden gegründet, und in den Synagogen und Herbergen gab es kostenlose Speisungen für wandernde Arbeitsuchende.

Die judäischen Arbeiter schlossen sich nicht zu Kampfverbänden zusammen, sondern nur zu rechtlichen Interessenverbänden von spezialisierten Fachgruppen, die der Form nach Handwerkervereinen oder Bauhütten ähnlich waren. Durch strenge Organisation konnte die Arbeitsleistung gesteigert werden. Spezialarbeiter, Oberhirten, Zuchtmeister, Okkultierer, Meisterpflüger, Weinrebenstutzer, Sykomorenritzer und erste Schnitter kassierten Spitzenlöhne (über Stadtberufe sprechen wir später). Nach den literarischen Quellen verdienten organisierte Erntearbeiter den 8- bis 12fachen Lohn eines Gelegenheitsarbeiters. Es gab vertragliche Abkommen, nach denen im Akkord tätige Facharbeiter jede 6. bis 9. Garbe bei der Ernte erhielten. Auf einem Grabstein in Nordafrika wird berichtet, daß ein Oberschnitter von seinem Akkordlohn eine Villa erwerben konnte. Ein unqualifizierter Tagelöhner erhielt 1 Denar beziehungsweise Drachme pro Tag (Mt. 20,2); dafür konnte er 12 Brote kaufen.* 1 Laib Brot von 500 g kostete 1/12 Denar. Es ergab 2 Mahlzeiten und entsprach 1400 Kalorien (1950 betrug der tägliche Kalorienverbrauch in Indien 1650, in Syrien und Jordanien 2000 Kalorien). Der Tageslohn eines ungelernten Landarbeiters entsprach also 24 Brotmahlzeiten. Ein großer Teil der Gelegenheitsarbeiter in Judäa bekam seinen Lohn in Form von Sachbezügen. Durch Zugewinne aus eigener Kleintierhaltung und schrebergartenähnlichem Kleingrundbesitz wurde das schmale Einkommen aufgebessert. Aus einem Talmudgesetz geht hervor, daß, wenn jemand 200 Denare jährlich verdiente, d. h. etwa 34 Tage im Jahr Arbeit fand, er von der Liste der Armen gestrichen wurde und keine Nachlese halten durfte. F.M. Heichelheim (»Wirtschaftsgeschichte des Altertums«) stellt in einer vergleichenden Untersuchung fest, daß die Löhne in Judäa höher als in Ägypten und in Pompeji waren. Eine Wandkritzelei in Pompeji von 79 n.C. lautet: »Für Tagelohn 5 Asse (fast 1/3 Denar). Seit dem 19. März haben wir den Tageslohn ausstehen!« Laut Cicero erhielt in Rom ein Tagelöhner noch weniger: 1/5 Denar!

*Im Calvin-Bibellexikon steht: 1 Denar hat den Wert von 70 Pfennigen. Das irritiert, denn antikes Geld darf man nicht nach dem Wert des Silbergehalts, sondern nach dem Kaufwert messen. Das Sollgewicht eines Silberdenars betrug z. Z. Augustus' 3,89 Gramm.

Unrecht gegen den Arbeitnehmer wurde in Judäa als nationale Sünde betrachtet. Jesus Sirach, ein Patrizier aus Jerusalem, meint drastisch:

»Wer den Arbeitern ihren Lohn nicht gibt, ist ein Bluthund« (34, 25.27).

Die Mietlinge, meist Proselyten, also Nichtisraeliten, lebten zum Teil auf dem Hof des Gutsherrn in einem variierenden Grad von Abhängigkeit. Wie human klingt ein weiterer Talmudausspruch:

»Er, der Mietling, (der bei dir lebt) ißt mit dir, trinkt mit dir, hat mit dir gemeinsam seine Kleidung. Es ist nicht erlaubt, daß du weißes Brot und er schwarzes Brot ißt, daß du alten und er neuen Wein trink(s)t, daß du auf weichen Polstern und er auf Stroh schläf(s)t.«

Den Arbeitslosen ging es noch schlechter als den Sklaven, deren Existenzminimum sichergestellt war. Ein kurzes Wort zum Sklavenwesen, dem schrecklichsten Faktor der gesamten antiken Gesellschaftsordnung: Hasmonäer und Herodeser beschäftigten ein Heer von Kriegssklaven bei ihren Bauvorhaben. Am Begräbnis Herodes' I. beteiligten sich 500 Freigelassene, die ihm bis zum Tod treu ergeben geblieben waren. Einige Gelehrte behaupten, daß Eunus der Syrer, der Anführer des ersten Sklavenkrieges gegen Rom (135–129 v. C.), vom Aufstand der Hasmonäer beeinflußt wurde, den er als Knabe in seiner Heimat erlebt hatte, bevor er als Kriegsgefangener nach Italien kam. Vor den Hasmonäern gab es in Judäa kaum Sklaven. Das ließen die Verhältnisse nicht zu, und die niederen Löhne der Arbeiter machten das Halten von Sklaven überflüssig. Die Zenonpapyri erwähnen fünf Sklaven aus Judäa, die Tobias von Amman König Ptolemäus II. sandte. Ihre Personenbeschreibung lautete:

Sklavenkette (röm.)

»Haimos: etwa 10 Jahre, dunkle Haut, lockiges Haar, schwarze Augen, gerundete Wangen, Grübchen auf der rechten Wange, unbeschnitten.

Attibos: etwa 8 Jahre, helle Haut, lockiges Haar, flache Nase, schwarze Augen, Schramme unter dem rechten Auge, unbeschnitten.

Audomos: etwa 10 Jahre, schwarze Augen, lockiges Haar, wulstige Lippen, Schramme an der rechten Augenbraue, unbeschnitten.

Okaimos: etwa 7 Jahre, rundes Gesicht, leicht gestülpte Nase, rötliches, strähniges Haar, Schramme an der Stirn über der rechten Braue, beschnitten.

Sphragis, ein sidonisches Mädchen, 7 Jahre alt, 50 Drachmen wert.«

Sklavenkette (röm.)

Sklavinnen wurden hauptsächlich zur Prostitution, als Weberinnen oder Haushelferinnen angekauft. Eine Urkunde des Fiskus aus dem 1. Jahrhundert n. C. beweist, daß 383 Grundbesitzer eines bestimmten Bezirkes in Judäa insgesamt 40 Sklaven besaßen. Verglichen mit Rom und Athen, eine verschwindend kleine Zahl. Es galt als Zeichen von Armut, wenn ein römischer Bürger nicht mindestens 5 Sklaven hielt. Sich selbst zu verkaufen galt sei je in Judäa als unehrenhaft, und wenn es geschah, beschränkte es das Gesetz auf die Höchstdauer von 7 Jahren. Das Gesetz versuchte auch, das Los der ausländischen Sklaven zu lindern. Besonders human war die Behandlung der »im Haus geborenen Sklaven« und der Proselyten, die zum Judentum übertraten.

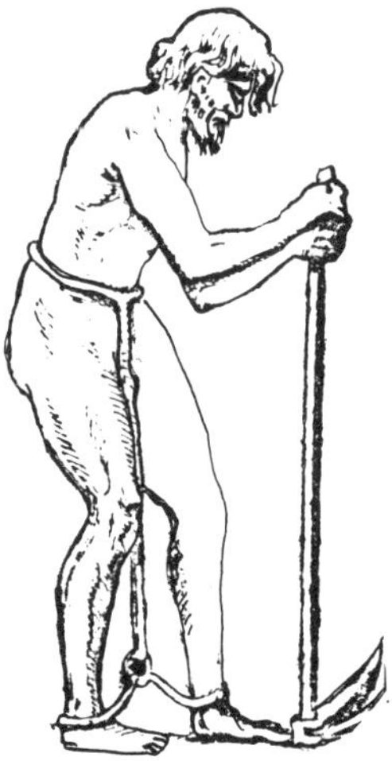

Sklavenarbeit war in den hellenistischen Staaten und in Rom selbstverständliches Produktionsmittel. Den ständig wachsenden Bedarf an billigen Arbeitskräften konnte Rom nur durch dauernde Kriege decken. Die Kriegsgefangenen mußten angekettet arbeiten und angekettet schlafen. (Nationalbibliothek, Jerusalem)

Ein Sklave konnte seinem Schicksal nicht entfliehen. Entlaufene Sklaven wurden per Steckbrief, durch Polizei und Militär verfolgt. Paulus rät dem Sklaven Onesismus, der in der Gemeinde der Urchristen unterzuschlüpfen versuchte, zu seinem Herrn zurückzukehren.

In der Bibel heißt es:

»Er (der Sklave) ist dein Bruder, du sollst ihn mit Brüderlichkeit behandeln, und er benehme sich als Schuldknecht.«

Hatten nicht die Hebräer die Sklaverei am eigenen Leib erfahren? Judäische Kriegsgefangene wurden während der ptolemäischen Kriege nach Ägypten gebracht, während der makkabäischen nach Syrien und Griechenland. 63 v. C. schickte Pompejus Massen judäischer Sklaven nach Rom. Sie alle begründeten die weitverzweigte Diaspora im Westen, und bald berichteten die Chronisten von freigelassenen Judäern, die hohe Positionen in Alexandrien, Antiochien oder Rom erreichten.

Es ist in diesem dunkelsten Kapitel der Menschheit, dem der Sklaverei und des Menschenhandels, den Judäern hoch anzurechnen, daß sie das Auslösen von gefangenen Glaubensbrüdern zur obersten Pflicht der Gemeinde machten. Unzählige Denkmäler gibt es aus jenen Tagen von Unterstützungsvereinen zum Auslösen von judäischen Gefangenen und Freigelassenen-Vereinen. In Jerusalem wurde eine Gründungsinschrift gefunden über eine Synagoge, die von einem gewissen Theodotos aus Rom für italische Freigelassene errichtet worden war. Diese schöne Sitte übernahm das frühe Christentum; nur so können die Worte Paulus' in den Hebräer-Briefen verstanden werden:

»Denkt an die Gefangenen, als wäret ihr Mitgefangene, und an die Mißhandelten, weil ihr selbst nicht unverletzlich seid« (Heb. 13,3).

Die Hefe des Volkes

In der Vorzeit, als die Hebräer das Land eroberten und das Land verteilten, galt jeder Bodenbesitzer als Freier. (Freier ist die Vorform des Adligen.) Es ist eine seltsame Sprachschöpfung, die man allerdings in allen Kulturen, schon 4000 v. C. in Ägypten und Mesopotamien, als festen Begriff findet. Im Anfangsstadium eines jeden Volkes mußte eine Auslese von Männern die Unannehmlichkeiten, Mühen und Gefahren auf sich nehmen, um Boden und Heimat zu erkämpfen und zu verteidigen. Die Chroniken der Frühzeit und die Chroniken der Könige berichten von pausenlosen Kämpfen, die das Bestehen Judäas gefährdeten. Da die Freien so oft zum Heerbann gerufen wurden und nicht zu jeder Jahreszeit Haus und Hof verlassen konnten, weil Ernte oder Feldarbeit keinen Aufschub zuließen, mußten die Könige das Lehen ihrer Heerbannführer, Offiziere und ausgezeichneten Soldaten sicherstellen und ihnen erbliche Lehen, also von loyalen Verwaltern bewirtschaftete Güter übertragen. So war jeder Freie, jeder Ritter, im alten Judäa während der monarchischen Epoche ein »Rittergutsbesitzer«. Im Althebräischen wird mit Am-haarez der Mann bezeichnet, der für Volk und Land die Verantwortung trägt, jederzeit zum Heerbann zusammengerufen werden kann und zu jeder Stunde bereit sein muß, für den König sein Leben zu lassen, kurz, ein Adliger. Im 6. Jahrhundert v. C. verlor Judäa – ein Pufferstaat zwischen zwei großen Weltmächten – seine Selbständigkeit, sein Königshaus und sein Land. Als unterworfene Provinz durfte es nur als Tempelstaat ohne nationales Gewicht weiterexistieren. Es wurde von keinem König, sondern von einem Hohenpriester aus der aaronitischen Dynastie regiert, der seine Oberhoheit auf eine große Zahl Priester, die ebenfalls einem erblichen geistlichen Adel angehörten, stützte. Für den weltlichen Adel gab es keine Verwendung mehr, ja, er wurde als feindlich angesehen, erhielt keine staatliche Unterstützung mehr, verlor Privilegien und »belehnten« Landbesitz, sank vom Großgrundbesitzer zum Bauern, vom Bauern zum Pächter herab. Das stolze Adelsprädikat »Am-haarez« wurde zur Bezeichnung »gemeines Volk«. Nehemia, ein sonst gerechter Mann, blickt verächtlich auf das »gemeine Volk« herab, das den vulgären asdodischen Dialekt sprach und keine Bildung besaß. So entwickelte sich eine zweite Bezeichnungsverschiebung. Mit »Am-haarez« wurde nicht ein Bauer, sondern ein »ungebildeter« Mann bezeichnet. Die Überbewertung der Intelektuellen übernahmen die Judäer von den griechischen, aristokratischen Philosophen. Der Patrizier Jesus Sirach polemisiert nach peripathetischem Geist:

> »Wer Weisheit lernen soll, kann keine andere Arbeit leisten, und wer lehren soll, kann sonst nichts anderes tun. Wie kann der Bauer der Lehre nachsinnen, wenn er pflügen muß und die Ochsen mit der Geißel antreibt und nichts weiß, als nur von Ochsen zu reden? Er (der Bauer) muß alle seine Gedanken konzentrieren, wie er ackern soll und wie er spät und früh den Kühen Futter geben kann... Sie (die Bauern) besitzen nicht den Verstand, die Schrift zu lernen und zu lehren noch Recht und Gerechtigkeit zu predigen, sondern sie müssen für zeitliche Nahrung sich abmühen und nur daran denken, was sie mit ihrer Arbeit gewinnen mögen« (28, 25 ff.).

Der Verachtung des Bauern folgte eine Nichtachtung der Natur, sie geriet als Anreiz und Versuchung, die vom Studium ablenkt, bei den Stubengelehrten in Verruf. In den »Sprüchen der Väter« steht die Mahnung:

> »Wer im Freien die Heilige Schrift studiert, sich unterbricht und ruft: ›Wie schön ist dieser Baum, wie schön ist dieses Weizenfeld!‹, der hat sein ewiges Leben verwirkt.«

R'Aqiba, von proletarischer Abstammung und mit einer Anhängerschaft von 20 000 Schülern, kannte aus eigener Erfahrung das Leidvolle der Arbeit. Er wußte, daß »Leben ohne Arbeit das Schlimmste« und »zuviel Wissen das Schmerzlichste« ist; auf die dünkelhaften Schriftgelehrten gemünzt, ist ein weiterer Ausspruch R'Aqibas, den er an seine Schüler richtete: »Liebet die Arbeit und hasset den Würdenträger.«

Propheten und Bauern (1. Teil: Die Bauern)

Wegen seiner spezifisch theologischen Geisteshaltung konnte Israel, das jedes Eingreifen in die Natur als einen Eingriff in das Walten Gottes sah, keine umwälzenden Ideen zur Entwicklung der Landwirtschaft beitragen. Erst dem großen Prophet Deutero-Jesaja, weit seiner Zeit voraus, kam die Erkenntnis: Wenn der Mensch dazu geschaffen ist, die Erde zu beherrschen, muß er auch das Recht haben, sie zu erneuern und umzugestalten:

> »Siehe, ich schaffe einen *neuen* Himmel und eine *neue* Erde; man wird früheren Dingen nicht mehr gedenken, und niemand wird sich ihrer erinnern« (Jes. 65,17).

Dieser »neue Gedanke« war nicht aus der Welt zu schaffen. Die Menschen der Zeitwende machten sich mehr Gedanken über sich und die Welt. Durch die unstabilen politischen Verhältnisse erfaßte ein Unbehagen die gesamte östliche Menschheit, eine Sehnsucht nach Erneuerung und nach einer Erlöserreligion. Massenhaft erschienen Phantasten und Gaukler, die mit feurigen Reden geheime Offenbarungen verkündeten, mit kabbalistischer Arithmetik den Zeitpunkt des Weltunterganges und der darauffolgenden Erlösung weissagten. Aber es blieb bei verbalen Aufrufen. Sie hinterlassen nur Verwirrung und Fatalismus bei den breiten Massen. Gegen dieses Sich-gehen-Lassen, dieses Man-kann-nichts-dagegen-Tun stand eine kleine Gruppe entschlossener Männer auf, die nicht durch passives Abwarten, sondern durch aktives Handeln Jesajas Losungswort erwirken wollten. Sie waren keine prometheischen Rebellen, die »nach Gott die Hand ausstreckten« (Hi. 15,25), sondern im Gegenteil »Gottbesessene«, die sich eine »neue Erde« und einen »neuen Himmel« durch totale Hingabe an Glauben und Bodenbearbeitung erhofften. Diese kleine Gruppe aktiver Männer verließ zur Zeit König Jannäus' um 80 v. C. Jerusalem und gründete eine exzentrische Kommune in Qumran am Toten Meer. Sie kamen aus Universitäten, aus dem Tempelbetrieb, aus den königlichen Kanzleien, kurz, es waren Intellektuelle, die angesichts der Zivilisationsauswüchse der Hauptstadt angeekelt in die Wüste gingen, nicht um zu meditie-

Arbeitsgeräte, in Qumran gefunden

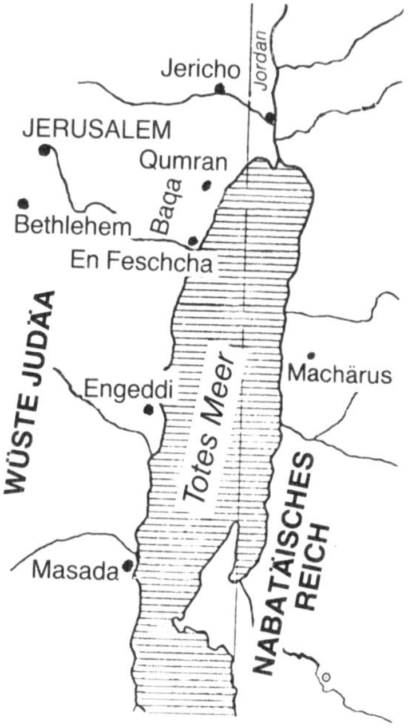

Qumran und Umgebung (Karte). Die Siedlung lag in einer völlig unfruchtbaren Umgebung in der »glühenden Pfanne« des Toten Meeres, 338 m unter dem Meeresspiegel. Das Waadi Qumran führt nur zwei Monate im Jahr Wasser. In der Oase En Feschcha pflanzten die Siedler tropische Kulturen, wie Palmen und Balsam, an. Plinius rühmt ihre »Palmenwälder«. Was diese Sektierer auf dem Gebiet der landwirtschaftlichen Erschließung in einem Wüstengebiet geleistet hatten, grenzt an Wunder!

ren, sondern um die Scholle zu bearbeiten, »die neue Erde« mit dem Pflügen zu schaffen. Hier ist das Neue und Einmalige zu finden, das das Judentum um die Zeitwende schuf: die Landwirtschaft mit der theodizeeischen Grundidee zu verbinden. Jeder Genosse der Kommune mußte asketisch, weltabgewandt, ohne Geldmittel und ohne Frauengesellschaft als Bauer und Priester leben. Sie nannten sich »Neuer Bund« und »Freiwillige«, waren also Vortrupp des Neuen Bundes. Ihre Gesellschaftsordnung, nach verschiedenen Rängen streng militärisch organisiert, enthielt den Satz, keiner sei niedriger als sein Rang bzw. erhebe sich über den Ort seines Loses (1 QS II 23). Sie nannten sich unter anderm auch »Pflanzen des Ackerbodens« und proklamierten im »Testament der 12 Patriarchen« ihre tiefe Verbundenheit mit der Landarbeit:

»Beugt euren Rücken, um das Land zu bebauen, denn kein anderes Erbteil wird euch gegeben.«

Als Vertreter der zwölf Patriarchen, der zwölf Stämme fungierte die Zwölfapostelgemeinschaft. Das Patriarchentestament enthielt das Vermächtnis, daß Israels Erbteil nur dieses Land ist, das es beackern muß. Sie verwarfen die veralteten Ideen der Nasiräer, romantischer Schwärmer, die in die Wüste, ins Erbteil der kleinviehzüchtenden Nomaden zurückkehren wollten, keine Häuser bauten, keinen Pflug und keinen Wein anrührten und die Jugendzeit Israels in der Wüste zurückersehnten, wo es keine sozialen Probleme gab, ein jeder gleich arm war und mit Gott auf du und du stand.

Es gibt kein Zurück in das Vergangene und kein Zurück in die Jugend. Um eine »neue Erde« zu schaffen, muß der Mensch zum Pflug greifen, und zwar zum modernsten, und die »verwüstete« alte Erde mit allen zur Verfügung stehenden fortschrittlichen Methoden bearbeiten. Diese kleine Gruppe aktiver Menschen am Toten Meer versuchte auch mit realen Mitteln, ihre Utopie eines »neuen Himmels« durch Pflügen und Befruchten der Erde, das heißt durch Fruchtbarmachung der Wüste, zu verwirklichen. Das ist wirklich *theosophische Landwirtschaft,* eine Art Bauern-Priestertum.

3 km südlich von Chirbet Qumran liegt die En-Feschcha-Quelle, die ihnen das nötige Wasser lieferte, um das trockene Ödland in eine Oase zu verwandeln. Hier bauten die Dissidenten das notwendige Frischgemüse und die Hülsenfrüchte für ihre bescheidenen Mahlzeiten an. Im »Buch der Jubiläen« aus Qumran werden 13 Baumarten aufgeführt, die wahrscheinlich in künstlichen Gärten von den Bauern-Propheten gezüchtet wurden. Ihre Palmen- und Balsamhaine, von Plinius gerühmt, bestätigen archäologische Funde von Dattelkörnern und einen Krug mit der aufgepinselten Inschrift »Balsam«. Den intelligenten Bauern-Propheten gelang auch ein botanisches Experiment: Sie züchteten den an das Bergklima gewöhnten Ölbaum in der Wüste. Aus den aufgefundenen Handschriften geht hervor, daß in Qumran ein Ölfest (Olivenlesefest), das sonst unbekannt war, als Wundertat gefeiert wurde. Die strengen Kultgesetze fordern, daß nur heiliges Öl zur Salbung verwendet wird. Das reinste konnte nach ihrer Ansicht nur das

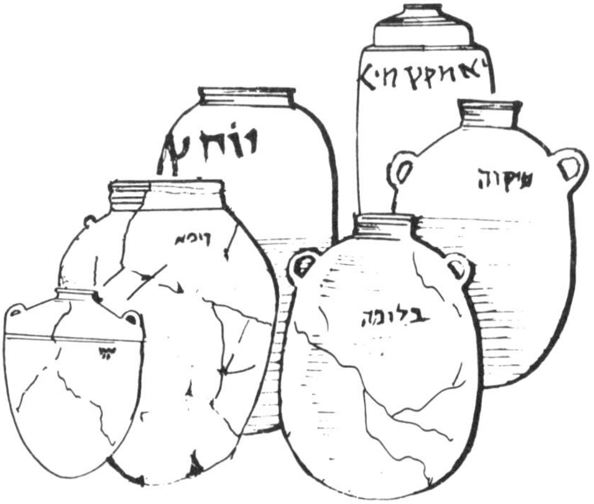

Aufschriften auf Vorratskrügen in Qumran. Mit »Rom« ist wahrscheinlich ein Krug mit Steuer-Naturalien, mit »Tauchbad« Weihwasser und mit »Balsam« das dickflüssige Harz und ätherische Öl des Balsamstrauches gemeint. Mit »Johannes« wird nicht der Täufer, der wahrscheinlich zeitweise Mitglied der Qumraner Gemeinde war, sondern eher ein Ordensmeister gemeint sein.

selbstgezogene sein. Die Verwendung des Öls und Balsams ihrer Gärten war nur auf Kultzwecke beschränkt und nicht als Körperpflegemittel gedacht. Eingefettete Haut und ölglänzendes Haar zählten sie zu den Auswüchsen der Zivilisation. Ebenso pflanzten und preßten sie den Wein für ihre Libationen und ihre Gemeinschaftsmahle auf den steilen Abhängen der östlichen Wüstenfelsen selbst. Jeder Rebstock mußte mit einem Eimer in der Hand in waghalsiger Kletterei begossen werden. Der so mühsam gezogene Wein mundete den Asketen wahrscheinlich besonders gut. Zahlreiche aufgefundene Trinkschalen bezeugen, daß sie keine Weinverächter waren und ein »gesegneter« Weingenuß bei jedem Gemeinschaftsmahl obligatorisch war. Auf den östlich liegenden Höhen von el-Bequia, wo noch immer antike Staudämme, ins Landschaftsprofil künstlich eingeschnitten, zu erkennen sind, säten sie Getreide für das tägliche Brot. Die Abbildung zeigt eine basaltene Glokkenmühle aus Qumran, wohl das Allerneueste, was es in der

Kornmühle aus Qumran

Mahltechnik damals gab; als fortschrittliche Wirtschaftsplaner verbanden sie Landwirtschaft und Industrie zu einer gesunden Einheit. Der eine Teil des Kollektivs arbeitete als Landwirte und Hirten, der andere als Handwerker und Vertriebsleiter, der größte Teil, ihrer prophetischen Sendung entsprechend, als Vervielfältiger der Prophetenworte (darüber werden wir in einem anderen Kapitel ausführlich berichten). Die Ziegen und Schafe, die das Leder für die beachtliche Pergamentindustrie lieferten, zogen sie in den Kahlsteppen selbst auf. Nach der Zahl der aufgefundenen Schriften müssen es riesige Herden gewesen sein. Als Handwerker fungierten Bauarbeiter, Wasseringenieure, Bäcker, Balsammischer, Bitumen- und Salzgewinner, Töpfer, Weber, Schmiede, Gerber und Pergamenthersteller – alles umgeschulte Professoren, Staatsbeamte und Theologen, die ihre bequemen »Sessel-Berufe« aufgaben und in einem verwüsteten Land zum Pflug, Hammer und zur Baukelle griffen; nur um einem »Ruf« des Jesaja zu folgen. Daß sie dabei ebenso wie die Essener sich griechischer Forschungen und Erfindungen bedienten, geht aus der Aussage Josephus' hervor. Sie handelten »in Übereinstimmung mit den Söhnen der Griechen« (bell 2,155). Ihrer Kommune schwebte eine neupythagoreische Bruderschaft vor. Auch griechische Fragmente, so von der Septuaginta, wurden in Qumran gefunden. Griechisch-ägyptisches Vorbild verrieten ihre hydraulischen Anlagen. Das Wasser des Winterbaches und der seltenen Niederschläge (sie betragen jährlich nur 50 mm) fingen sie mit Hilfe eines ausgeklügelten Systems von Kanälen und unterirdischen Wasserspeichern in Teichen und Kleinbecken auf und nützten diese sowohl für wirtschaftliche als auch kultische Zwecke. Die Bauern-Propheten hatten einen großen Wasserbedarf, für heilige Männer waren tägliche Bäder, Taufen und Übergießungen eine Verpflichtung. Die Genossenschaft der Bauern-Propheten sah in dem täglich gemeinschaftlich eingenommenen Mahl das sie verbindende Hauptzeremoniell. Der Oberste Priester segnete Wein und Brot aus dem Eigenbetrieb. Dann trat minutenlange Stille im Refektorium ein. Alle horchten und warteten, ob kein Laut, kein Ruf von draußen, aus der erschreckend stillen Wüste herüberdrang. Die unverbesserlichen Utopisten warteten täglich auf den messianischen »Ruf«, der letzten Endes aus der Wüste kommen mußte. Diese Geisteshaltung erinnert an die Auffassung von Ernst Bloch:

> »Messianisch ist allerorts der letzte Halt des Lebens, zugleich aber auch das Letzte, das aus der utopisch-einleuchtenden Wahrheit ist.«

4. STADTLEBEN

Städte-Expansion

Als Alexander der Große das persische Weltreich eroberte, stand er vor der Aufgabe, mit der begrenzten Anzahl von Mazedoniern, die ihm zur Verfügung standen, die gewaltigen besetzten Gebiete zu verwalten, gleichzeitig aber auch für seine weiteren Eroberungen einzusetzen. Die ausgedienten Soldaten sowie die aus Mazedonien und Griechenland ausgewanderten Mitläufer siedelte er an günstigen Punkten der eroberten Gebiete an, gab ihnen enteignetes Land als Lehen, stattete die Siedlungen mit Schutzmauern aus und verlieh diesen neugegründeten Städten Sonderrechte. Durch diese weitgehenden politischen und wirtschaftlichen Privilegien und dank ihrer »Cleverness« konnte die griechische Minderheit den einheimischen Handel und das einheimische Gewerbe an sich reißen und die Mehrheit der eingesessenen Bevölkerung in wirtschaftliche Abhängigkeit bringen. Alexander und die Diadochen befreiten die Städte ganz oder teilweise von der Steuerlast, diese wiederum lieferten ihnen den Nachwuchs für die Heere und zuverlässige Verwaltungsbeamte. Mit Hilfe ihrer Städte regierten die hellenistischen Herrscher ihre völkerreichen Länder. Diese Städte-Expansion von vorher nie gekanntem Ausmaß bewirkte in der orientalischen, überwiegend agrarischen Welt eine dynamische Umwandlung. Neue Zentren entstanden mit Menschenballungen, die eine internationale, aber gesichtslose Bevölkerung aufwiesen, deren eigentliche Kultur die Kontaktlosigkeit war. Äußerlich gaben die Städte der orientalischen Welt ein neues Gesicht, sie wurde schöner, freundlicher, strahlender: Kolonnaden, Tempel, Gymnasien, Theater, gradlinige Straßen und zentrale Märkte entstanden. Die Stadtplanung, kubistisch und symmetrisch mathematisch geordnet, wird nach ihrem Schöpfer, dem Städtebauer Hippodamos von Milet, als hippodamisch bezeichnet. Ein Beispiel ist der Stadtplan von Maresa bei Jerusalem. Die westliche Kolonisierung, so schön

Maresa ist die erste griech. Musterstadt mit regelmäßigem, gradwinkligem Straßennetz, von den Ptolemäern südl. von Jerusalem angelegt. Von Makedoniern gegründet, von syrischen Zuzüglern bedeutend erweitert, mit Sonderrechten ausgestattet, bildeten die griech. Städte fremdartige Inseln in Judäa. (Nach Peters und Thierisch)

sie auch war, verursachte durch ihre strukturlose Mischbevölkerung – die sich kaum aus Griechen, dafür aber aus zwielichtigen Gestalten aus aller Welt zusammensetzte – und durch ihre volksfremde, sich streng trennende Kultur schwere Störungen. Der Orient erhielt eine heterogene Struktur: Es gab die ausgelaugten ländlichen Gegenden auf der einen und die aufgeblähten, glitzernden Städte auf der anderen Seite.

Um die Heterogenie zu brechen, eroberten die hasmonäischen Könige Hyrkanus I. (134–105 v. C.) und Alexander Jannäus (103–76 v. C.) mehrere hellenistische Städte. Josephus zählt folgende auf: Im Küstengebiet Dor (el-Burdsch), Stratonsturm (Cäsarea), Apollonia (Rischpon), Joppe (Jafa), Jamnia (Jabne), Asdod, Gaza, Anthedon (nordwestlich von Gaza), Raphia (Refah) und Rhinokorura (el-Arisch). Im Binnenland: Samaria, Skythopolis (Beth Sean), Gadara (Chirbet

Umkes), Seleucia und Gamala (Tel el-Ehded) am See Genezareth. Im Südland: Maresa (Tel Sandahanne) und Adoraim (bei Hebron gelegen). Im Ostjordanland: Medeba, Lemba, Oronas, Telithon, Zora, Pella (Chirbet Fahil) und Gerasa (Dscherasch).

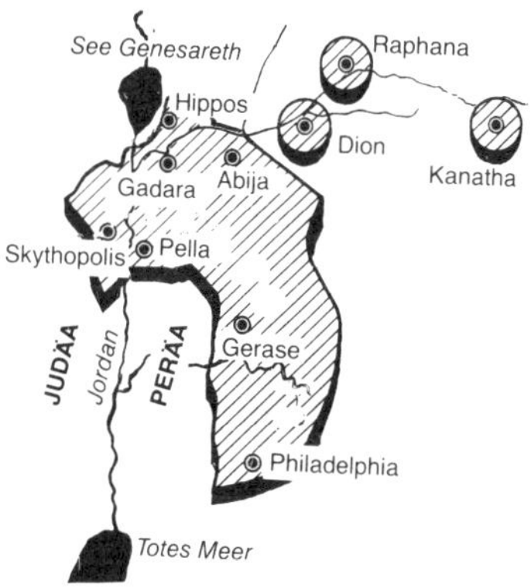

Die Städte des Dekapolis (Zehnstädtebund) lagen bis auf eine im östl. Jordangebiet. Eine straffe Organisation erhielt der Städtebund erst durch Pompejus. Die neuen griech. Städte an der Küste umklammerten zangenförmig das kleine Judäa und verursachten viele Konflikte. (Plan)

Es lag an der Zerrüttung der zwar schönen, aber morschen griechischen Städte, daß sie so schnell den Hasmonäern unterlagen. Vor der hasmonäischen Epoche besaß Judäa nur eine Stadt, das war Jerusalem. Nach 76 v. C. besaßen sie die Vorherrschaft über eine große Anzahl von Städten, die sie nicht gegründet hatten und mit denen sie deshalb auch nichts anderes anzufangen wußten, als sie womöglich zu zerstören.

Kurze Zeit darauf, im Jahr 63 v.C., eroberte Pompejus Judäa und gab den griechischen Städten ihre Freiheit und ihre Privilegien in vollem Maße zurück. Herodes I. trat ein ungleiches Erbe an. Sein Reich bestand aus zwei getrennten Gebieten: der sogenannten *Chora* (Königsland) einerseits und den griechischen Städten, die eine gewisse Autonomie besaßen, andererseits. In der *Chora* – ein rein judäisches Gebiet – war das Dorf die administrative Grundeinheit. Die Hasmonäer und Herodianer ließen es von einem Dorfschreiber verwalten. Ihm stand der Rat der Ältesten, also die Häupter der Dorffamilien, zur Seite (Lk. 7,3). Die Dörfer waren administrativ in *Toparchien* zusammengefaßt, denen ein *Strategos Toparches* vorstand. Dagegen besaßen die Städte eine richtige Politform mit Selbstverwaltung. Herodes I. wird sicherlich versucht haben, ihre Rechte und ihre Zolleinnahmen zu beschneiden, doch Kaiser Augustus duldete keine Beeinträchtigung der autonomen Rechte der Städte. Sie blieben (mit kaiserlicher Unterstützung) eine mit dem judäischen Staat rivalisierende Einheit. Die griechischen Städte hatten die Intoleranz der Hasmonäer ihnen gegenüber nie vergessen und warteten darauf, bei erster Gelegenheit die judäische Herrschaft abzuschütteln. Um der permanenten griechischen Unverträglichkeit einen Riegel vorzuschieben, beschloß Herodes, *eigene* Städte zu gründen. Die Ansicht alter Historiker, Herodes I. wollte von Anfang an einen nichtjudäischen Bürgerstand in den neugegründeten Städten als Gegengewicht gegen das ihm feindlich gesinnte judäische Volk schaffen, ist absurd, denn die mit Sonderrechten geschützten Städte waren nie bereit, Herodes' Oberhoheit anzuerkennen. Die andere Ansicht, daß nämlich Herodes als Instrument Roms im Osten die neuen Städte im Interesse des Imperiums baute, ist ebenso abwegig, weil die Römer bis 135 n. C. von einer römischen Kolonisation Judäas im Gegensatz zu Syrien und Ägypten abgesehen haben. Sollte er diesen Eindruck durch die Namensgebung der Städte und die Augustus-Tempel, die er in ihnen errichtete, dem mißtrauischen Senat in Rom vorgetäuscht haben, dann beweist das seine diplomatische Klugheit. Herodes' Königstum hatte einen Januskopf: Das eine Gesicht blickte auf Rom und die hellenistische Welt, das andere auf das judäische Volk und seine einzigartige Kultur, die er auf seine mörderische Art liebte. Sein Lebensziel bestand darin, die Scheidung der beiden Welten zu überbrücken und dem judäischen Volk als Bestandteil des römischen Imperiums einen ehrenvollen Platz zuzuweisen.

Herodes wird wahrscheinlich gar nicht die Möglichkeit, reinrassige Städte aufzubauen, erwogen haben, weil eine solche Möglichkeit schon vor 300 Jahren nicht mehr bestand und er die griechische Bevölkerung nicht vertreiben konnte; aber die Städte mußten eine judäische Mehrheit enthalten, weil sonst eine judäische Oberhoheit nicht gesichert werden konnte. Die

Stadtgründungen des Herodes sollten einerseits den judäischen Handel und das judäische Handwerk, andererseits auch die judäische Landwirtschaft verstärken. In der Umgebung der neugegründeten Städte ließ er Wildland roden, Wasseranlagen schaffen und ausgediente Soldaten oder Bauernsöhne ohne Land ansiedeln, um die Versorgung der neuen Städte mit Lebensmitteln zu sichern. Nach dem Gesetz der Selbstversorgung

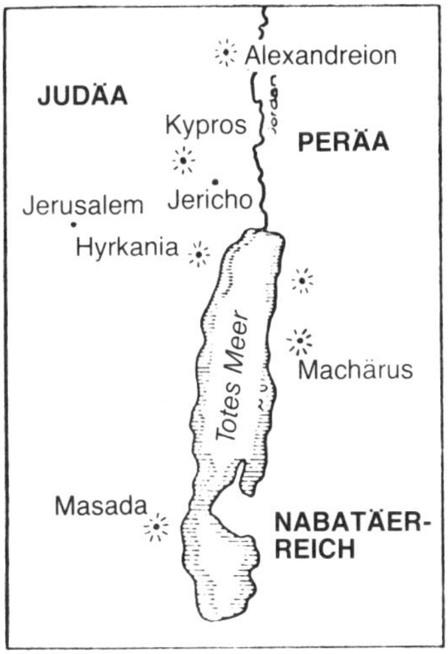

Der Festungsgürtel östlich und südöstl. von Jerusalem. Die gefährlichsten Nachbarn Judäas waren die Nabatäer und Parther. Gegen sie erbauten die Hasmonäer und Herodes I. eine Kette von Burgen im Osten und Süden zum Schutz der Hauptstadt. Jede Burg lag auf einem schwer zugänglichen Berg, sie war mit einer Stadt und einer landwirtschaftlichen Siedlung gekoppelt.

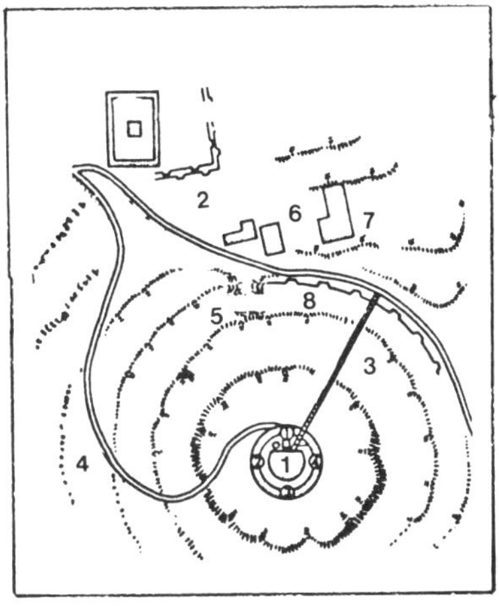

Burg und Stadt Herodeion. 1) Die Burg auf dem 770 m hohen Plateau, 2) die Stadt mit zwei herodesischen Palästen und landwirtschaftl. Hinterland in der Ebene, 3) Treppen, 4) Straße führt links nach Bethlehem, rechts nach Engedi, 5) terrassierte Gärten, 6) Patrizierhäuser (siehe auch Tafel 12). Heute sind Berg und Umgebung vollkommen kahl, damals aber war die Landschaft agrarisch erschlossen, sie konnte für die Burgbesatzung und Stadtbevölkerung die nötigen landwirtschaftl. Erzeugnisse mitproduzieren.

legte er an jeder Burg, die an unzugänglichen Orten lag, Markungen an. Masada, Machärus (Chirbet el Mkawer), Phasaelis (Chirbet Tasail) und Herodeion (Tschebet Ferdes) besaßen landwirtschaftliche Zulieferungsmarkungen, von denen sich letztere zu einer Kreishauptstadt entwickelte. Problematisch blieb die Zusammensetzung der Siedler, standes- und rassenmäßig.

Die Bevölkerung der von Hellenen gegründeten Stadt Magnesia bei Izmir setzte sich laut einer Inschrift aus dem Jahre 244 v. C. aus drei Ständen zusammen: aus Berittenen (= Stadtadel), Fußvolk mit Mitläufern (der Plebs) und den Kotoiken; letztere sind jene, die bereits vorher in dieser Gegend lebten. Die Ritter erhielten für ihre Verdienste im Krieg »Rittergüter« und Grundbesitz in der Stadt und das bevorzugte Bürgerrecht. Das Fußvolk und die Mitläufer erhielten außerhalb der Stadt Pachtfelder und wohnten nur, wenn sie Handwerker waren, teilweise in der Stadt. Der dritte Stand, die Kotoiken, waren Nichtmazedonier, die vorher hier lebten, aber schnell wirtschaftlich und kulturell in dem griechischen Volkskörper aufgingen. Die meisten der von den Herodianern gegründeten Städte, wie Cäsarea, Sebaste oder Tiberias, lagen in nichtjudäischen Gebieten. Die Kotoiken waren also Nichtjudäer, und auch ein Teil der angesiedelten Veteranen müssen nicht immer Judäer gewesen sein. Wenn man bedenkt, welche kleine Zahl von Mazedoniern die unzähligen griechischen Siedlungen von Alexandrien bis zur indischen Grenze gegründet und nach ihrem Geist geformt haben, müßte es doch möglich sein, auch judäischen Städten mit gemischter Bevölkerung ein judäisches Gepräge zu geben. Ja, wenn – und das Wörtchen »wenn« vergaß Herodes – wenn es keinen Partikularismus und keine Städtefeindschaft, beides Erbkrankheiten der Judäer, gegeben hätte. Besonders die frommen Kreise wehrten sich dagegen, in ihrem eigenen Lande mit Nichtjudäern das Stadtleben zu teilen. Dafür ein Beispiel: Der galiläische Landesfürst Antipas (4 v. – 39 n. C.) errichtete 26 n. C. am Westufer des Sees Genezareth die Stadt Tiberias. Hier der Bericht des Augenzeugen Josephus:

»In Tiberias wurde (von Antipas) zusammengelaufenes Volk angesiedelt, darunter viele *galiläische* Rebellen und rekrutierte (judäische) Bauern, die er mit Gewalt dort verpflanzte. Auch die Bettler, die er im Lande aufgreifen ließ, sowie viele, von denen es noch nicht einmal feststeht, ob sie freie (judäische) Bürger waren, wurden ansässig. Um sie an die Stadt zu fesseln, ließ Antipas ihnen Häuser bauen und *Ländereien* zuteilen« (ant. 18,23).

Die gewaltsame Ansiedlung von zweitrangigen und kriminellen Elementen aus dem judäischen Volk – ausdrücklich nennt Josephus an erster Stelle *galiläische* Rebellen – erfolgte dehalb, weil die judäischen bürgerlichen Kreise sich der Ansiedlung widersetzten, da im Stadtgebiet ein ehemaliger Friedhof lag. Die Religion verbietet es, in einem Ort zu wohnen, in dem ein Friedhof liegt. Priester durften einen Friedhof nicht betreten. Das war *auch* ein Grund, weshalb Jesus das neue Tiberias mied. Der See Genezareth wird im Neuen Testament See Tiberias genannt, die Stadt Tiberias aber wird nie erwähnt. Etwa 160 Jahre später wurde sie zum Mittelpunkt judäischer Gelehrsamkeit und zum Sitz des Synedrium, der Exekutive des Weltjudentums. Der frühe Talmud, der hier entstand, erhielt den Namen »Jerusalem-Talmud«, weil Tiberias ein heiliger Mittelpunkt wie Jerusalem wurde.

Ein Dschungel sittlicher Verwilderung

Die Abneigung gegen alles Urbane hatte außer religiösen auch historische Ursachen. Schon in der Urzeit fürchteten die hebräischen Hirten die befestigten kanaanäischen Städte. Der gute Hirte Abel wurde vom ersten Städtegründer Kain erschlagen. Solche Ressentiments sind unausrottbar. Bei den seßhaft gewordenen Israeliten verstärkte sich die tiefverwurzelte Abneigung bodenverbundener Menschen gegen Beton, Mauern und Enge. In ihren Augen waren alle Städte infame Gebilde der Gewalttätigkeit (wie Babylon und Assur), der Versklavung (wie Phithom und Ramses), des Sklavenhandels (wie Tyros), der Dekadenz und des sittlichen Verfalls (wie Sodom). Noch zur Zeit Nehemias hatten sich die Israeliten mit dem unwirtlichen Phänomen der Stadt nicht abgefunden. Abneigung und Unbehagen beunruhigten sie weiterhin. Nehemia mußte durch Los jeden 10. Landbewohner zwingen, in die Stadt zu ziehen. Diese provinzielle Einstellung teilt auch das Neue Testament. Matthäus läßt Jesus sagen (10,5):

»Gehet nicht in eine Stadt der Heiden, und gehet nicht in eine Stadt der Samariter.«

Kleinere Städte wie Bethsaida, Chorazim und Kapernaum werden wegen Mangels an Gläubigkeit verflucht; größere Städte wie Sepphoris, Tiberias oder Samaria werden von Jesus und den Aposteln überhaupt nicht betreten. Selbst Paulus, von Geburt ein Großstädter und ein römischer Bürger, sieht in den Städten ebenfalls einen Dschungel sittlicher Verwilderung.

In polemischer Übertreibung wendet er sich gegen sie, die voller Ungerechtigkeit, Schlechtigkeit, Habsucht, Bosheit und ein »Symbol der sodomitischen Perversion« waren:

»Die Frauen unter ihnen verwandelten den natürlichen Verkehr in den widernatürlichen, gleicherweise verließen auch die Männer den natürlichen Verkehr mit der Frau und entbrannten gegeneinander in ihrer Begierde, so daß Männer mit Männern Schande trieben...« (Röm. 1,26).

Die hebräisch-paulinische Sittenstrenge sollte bis in die Gegenwart verheerende Folgen haben. Es sei hier nur an den berühmten Fall des englisch-irischen Dichters Oscar Wilde erinnert, der wegen »sodomitischer Zuneigung« 1895 zu zweijähriger Zwangsarbeit verurteilt wurde. Im Gefängnis legte ihm der Gefängnisgeistliche die Bibel vor und fragte: »Mr. Wilde, gab es in Ihrem Hause dieses Buch?« – »Es tut mir leid, ich fürchte, nein«, antwortete der gedemütigte Dichter. Darauf triumphierte der Geistliche: »Sie sehen, wohin das führt, wenn man die Bibel nicht liest.« Als Zwangslektüre ließ ihm der Geistliche das Neue Testament zurück. Die Stelle mit den ominösen Paulusworten war unterstrichen.

Erst die Erschütterung des Zweiten Weltkrieges brachte auch in England eine Wandlung der Moralbegriffe. 1957 legte eine Kommission nach langen Recherchen eine Empfehlung vor, die 1967 als »Sexual-Offence-Act«-Gesetz vom Parlament verabschiedet wurde und die die private Sphäre des einzelnen dem Zugriff der Strafjustiz entzieht. Bemerkenswert ist, daß der Erzbischof von Westminster, Kardinal Bernard Griffin, ein Jahr vorher denselben Vorschlag der katholischen Kirche unterbreitet hatte (Griffin-Report 1956). Noch heute bildet das Phänomen der Stadt voller Massen-Konflikte und verschärften Antagonismus' ein unbewältigtes Problem.

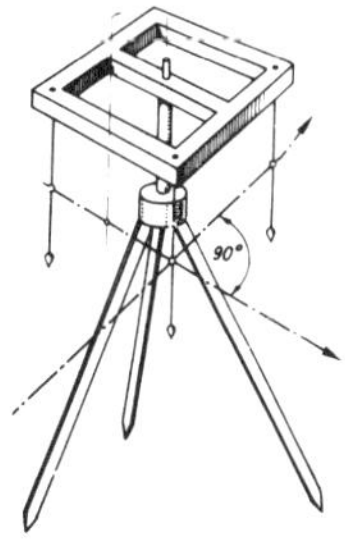

Chorobater zum Messen von Aquädukten und Gefällen

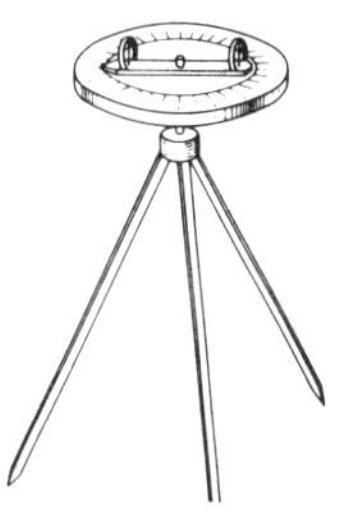
Diopter zum Messen beliebiger Winkel

Herodes, der Zwielichtige, als Städtebauer

> »Das Regiment ging auf Herodes über, Antipaters Sohn, der aus einem plebejischen Haus und einer ordinären Familie stammt« (ant. 16, 491),

schreibt der hasmonäertreue Historiker Josephus, dem wir die einzige erhaltene Biographie dieses zwielichtigen Königs zu verdanken haben. Nach seiner voreingenommenen Schilderung muß Herodes eine Art Kreuzung zwischen Peter dem Großen und Ivan dem Schrecklichen gewesen sein. Judäische Historiker folgten Josephus' Ansicht, verstanden und verziehen alle Bluttaten der Hasmonäer, verdammten aber wegen derselben Vergehen Herodes. Er blieb für sie ein Usurpator, der mit Hilfe Roms regierte, ein Fremder, weil er durch seine zweifelhafte Abstammung von edomitischen (idumäischen) Großeltern bzw. Urgroßeltern, die etwa 100 Jahre vorher zwangsjudäisiert waren, als Fremder kein Verständnis für Israels Eigenart haben konnte. Die judäischen Historiker erwiesen sich päpstlicher als der Papst. Dieser hätte jeden Mann, auch einen Neubekehrten, trotz aller Untugenden allein wegen des Tempelbaues heiliggesprochen. Auch die ersten christlichen Schriftsteller beurteilten Herodes nicht besser. Sie sahen in ihm den Vertreter der nackten Ratio, den düsteren Gegenspieler der Lichtgestalt Jesus. Alle seine Söhne und Enkel werden im Neuen Testament nach dynastischer Tradition Herodes genannt; gleichgültig, ob sie gute oder schlechte Herrscher waren, sie verschmelzen für den historisch nicht geschulten Leser zu *der* negativen Gestalt »Herodes«, dem Archetyp der rücksichtslosen weltlichen Macht, dem Verfolger aller Gläubigen, dem Kindermörder von Bethlehem, dem Henker des Johannes.

Erst in der Neuzeit versuchten zwei Forscher, der deutsche Historiker Walter Otto und der israelische Professor Abraham Schalit, durch wissenschaftliche Analyse dieser komplizierten Gestalt ohne Ressentiment gerecht zu werden. Der deutsche Wissenschaftler kommt zu dem Schluß, Kaiser Augustus, ein kühler unbeirrter Herrscher, hätte keineswegs Herodes geduldet, wenn er nicht überzeugt gewesen wäre, daß es sich um einen ungewöhnlichen Staatsmann handelte, der das störrische, aufsässige judäische Volk zwar streng, aber zugleich vorbildlich zu regieren verstand. Das ist das Ergebnis, wenn man ihn nicht aus späterer, emotioneller Perspektive, sondern nach den damaligen historischen Gegebenheiten mißt. Zu demselben Ergebnis kommt der Jerusalemer Professor:

> »Die moderne Forschung versucht die wirtschaftlichen, sozialen und politischen Hintergründe und die Gesamtheit der Idee, die der Existenz und Geschichte von Völkern und Staaten Rechtfertigung und Inhalt verleiht, zu erfassen. Herodes bildet (demnach) einen Bestandteil der antiken Welt, und was für sein ganzes Zeitalter ausgemacht werden kann, hat auch für ihn Geltung.«

In diesem Sinne sind die gewaltigen Baudenkmäler, die er hinterließ, seine stummen, aber beredtsten Anwälte. Frühere Forscher beider Konfessionen verwarfen die großartige Bautätigkeit des Herodes als demonstrative Repräsentationsbauten eines Größenwahnsinnigen, auf Legionen von Leichen errichtet. Aber, um eine Parallele aus unserer Zeit anzuführen: Wurde nicht die Stadt Petersburg in den finnischen Morästen auf dem riesengroßen Friedhof von 200 000 Sklaven errichtet, und ehrt nicht die Sowjetunion diese Stadt und hat ihr ihren schönsten Namen gegeben: Leningrad? Die monumentalen Städtebauten des Herodes sind im Sinne Schalits zu beurteilen. Zu den neu erbauten und umgebauten Städten gehören Cäsarea, Samaria-Sebaste, Jericho, Antipatris, Kypros, Phasaelis, Machärus, Herodeion, Masada und Jerusalem.

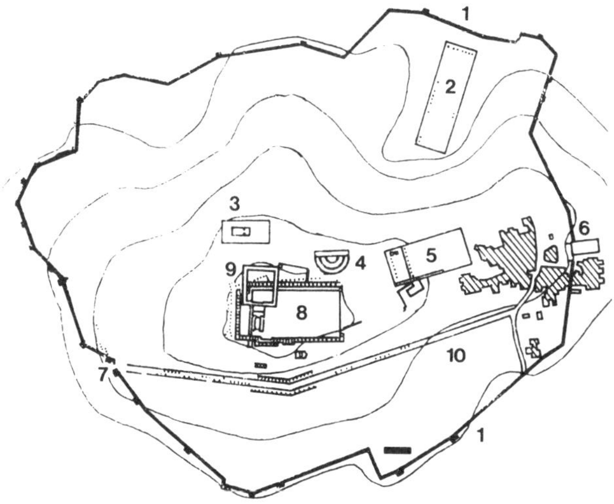

Samaria – um 900 von Israeliten gegründet -- 723 von den Assyrern erobert, entvölkert und umkolonisiert, wurde um 500 die mit Jerusalem stark rivalisierende Provinz-Hauptstadt der Perser. Nach langen Fehden eroberten die Hasmonäer um 100 v.C. die Stadt und zerstörten sie. Herodes baute 80 Jahre später Samaria größer und prächtiger wieder auf. 1) Stadtmauer, 2) Stadion, 3) Kore-Tempel, 4) Theater, 5) Forum, 6) Röm. Basilika, 7) Westtor, 8) Reste aus israel. Zeit, 9) Akropolis mit Augustus-Tempel, 10) gr. Kolonnadenstraße. (Nach Crowfort)

Herodes gab seiner Residenzstadt durch umfassende Tief- und Hochbauten und den zentralen Tempelbau ein neues Gesicht. Seine gewaltigste kulturelle Leistung war der von ihm im Jahre 20 v. C. begonnene Tempelumbau, der so überdimensional geplant war, daß weder er selbst noch seine Nachfolger dieses gewaltige Werk zu Ende führen konnten. Durch künstliche Zuschüttung und Anbauten wurde der Tempelplatz auf den doppelten Umfang vergrößert und von allen vier Seiten mit Kolonnaden umgeben. Der neue Tempel, doppelt so hoch wie der salomonische, leuchtete in weißem Marmor. Die reinen Proportionen und Dekorationen des Tempels selbst haben antike

Schriftsteller, die Talmudisten und auch die Evangelisten begeistert (Mk. 13,1). Die Anregung zu seinem kühnen Bauvorhaben erhielt Herodes vom genialen römischen Städteplaner Marcus V. Agrippa. Aus Dankbarkeit ließ er dessen Namen auf einem der Tore des Tempels einmeißeln (Jos bell. 1,4,6).

Die Architektur vereint hellenistischen Stil mit judäischem Impuls auf das harmonischste, ohne das Empfinden der Frömmsten zu verletzen. Bedauerlich, daß kein Fragment des herodesischen Tempelbaus erhalten ist, sondern nur Reste der Umfassungsmauer und zwei Funde mit griechischen Inschriften, die besagen, daß es den Heiden verboten war, die Vorräume des Tempels zu betreten.

Von Kaiser Augustus stammt der Ausspruch, er habe das Lehmhüttendorf Rom in eine marmorne Metropole verwandelt. Dasselbe hätte Herodes I. von Jerusalem behaupten können. Modernisierung und Umbau der Hauptstadt kamen einem Neubau gleich. Jerusalem hatte zur Zeit König Davids einen Umfang von 4 ha, zur Zeit Salomos von 12 ha, durch Herodes' Umbau bedeckte es eine Fläche von 180 ha.

Bevor wir weitere Einzelheiten der Bautätigkeit des Herodes behandeln, wollen wir uns zunächst dem »neuen Baustil«, den diese ausdrückt, zuwenden.

Der architektonische Stil als Ausdruck der Zeit

Jeder neue Lebensstil wird von der Baukunst getragen. Sie drückt Lebensgefühl und Lebensbedürfnis der Epoche aus. Durch die besondere Art der menschlichen Kulturentwicklung nimmt sie immer neue und andere Formen an, erfaßt nicht nur das Äußere und Zweckmäßige, sondern auch die Seele und den Geist. Keiner kann sich ihrem Einfluß entziehen. Die Höhlenwohnungen des verängstigten Neandertalers, die freien Wandelhallen der griechischen Gymnasien, die düstere Enge der mittelalterlichen Städte sowie die Zementkolosse moderner Architektur drücken optisch und optimal das Empfinden ihrer Zeit aus.

Walter Otto schreibt in seinem Werk »Kulturbilder des Altertums«:

»Was man auch ins Auge faßt, eine frühptolemäische Grabanlage bei el-Amarna (bei Kairo), die Nekropolen bei Alexandrien, das Artemision von Magneia (Kleinasien), den Tempel in Baalbek (Libanon), die Bauten des Herodes, die antiken Synagogen in Galiläa... oder die Felsenbauten von Petra – was man auch ins Auge faßt, das Bild ist immer das gleiche. Wir können daraus die beiden Hauptgrundlagen des Hellenismus ablesen: Griechentum und Orient.«

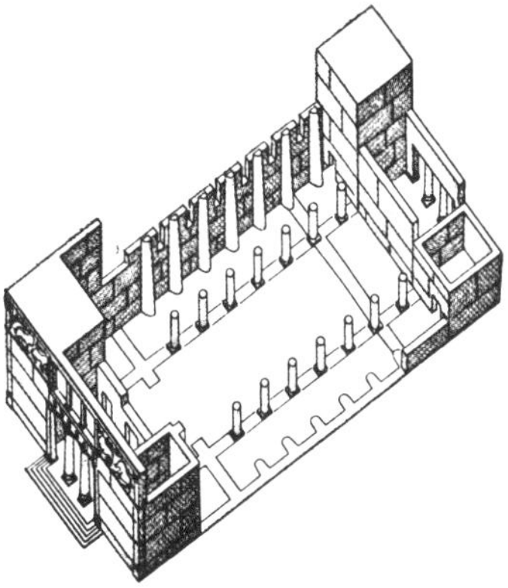

Die beiden Grundlagen des Hellenismus, Griechentum und Orient, sind auf den beiden repräsentativen Bauten der hasmonäischen Epoche gut zu sehen: (links:) Palast der Tobiaden in Araq el-Emir mit mesopotamisch-griechischen und das Grabmal Absalom mit ägyptisch-griechischen Stilelementen.

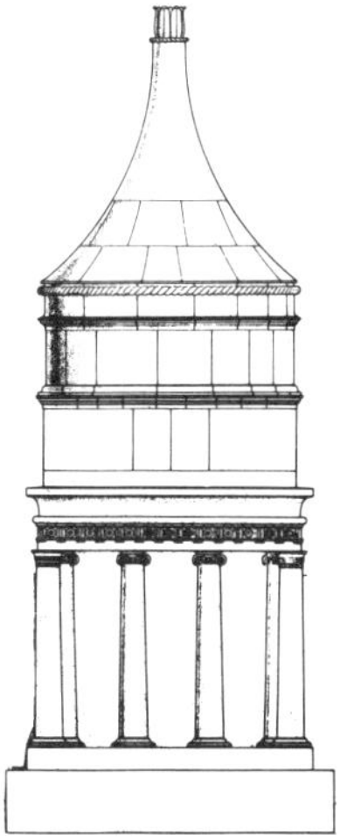

Absalom-Grabmal. Jerusalem

Diese These bekräftigen das Grabmal Absaloms östlich von Jerusalem und das Schloß der Tobiaden im Ostjordanland. Das Grabmal besteht aus einer würfelförmigen Kapelle mit dorischem Fries über ionischen Säulen. Darauf ruht ein rundes ägyptisches Pyramidendach mit Blütenkrone. Am Schloß der Tobiaden, in Tyros (Araq el-Emir), das 17 km südwestlich vom heutigen Amman liegt, ist die Front mit einem riesigen Löwenfries geschmückt, der an den semitischen Wandschmuck an den Stadttoren in Babylon oder Ninive erinnert. Im Inneren des Schlosses ist die griechische Stoa durch die Säulenumführung verborgen.

»Im großen und ganzen«,

schreibt der 1974 verstorbene Archäologe und Kunsthistoriker Prof. Michael Avi-Yona von der Jerusalemer Universität,

»ahmten die Judäer die im ganzen Orient, insbesondere in Palmyra übliche Mischform nach, ohne sie in Bausch und Bogen zu übernehmen. Das hellenistische Gut ist durch das stets streng eingehaltene Verbot, Menschen und Tiere darzustellen, sehr eingeengt, durch pflanzliche Elemente an die lokalen Motive angepaßt, die optische Wirkung von Licht und Schatten im Gegensatz zu den plastischen Werten der klassischen Kunst mehr betont, ferner eine Neigung zur Stilisierung und Symmetrie, die ungriechisch, aber bemerkenswert ist.«

Am Ende der Hasmonäerherrschaft beginnt die römische Zeit; außer der Stiländerung, die das neue Baumaterial erforderte, fügte diese ein neues Bauglied hinzu: den Bogen.

Damit schufen die Römer einen neuen Stil und ein neues Lebensgefühl. Viele Kunsthistoriker bestätigen, daß die Römer ursprünglich die Idee des Bogens aus dem Orient bezogen hätten, aber die Einführung von Bogen und Pfeilern in Form von Arkaden bzw. zur Überwölbung von Innenräumen, eingewölbten Grabräumen, Bogeneingängen im Theater, Brücken und Aquädukten u.a.m. – dies alles ist ureigene Leistung der Römer. Die Verwendung des Bogens erfüllte einen doppelten Zweck: als Schmuck und als Nutzeffekt. Das Tempelplateau, das sich heute organisch in das Jerusalemer Stadtbild einfügt, als hätte es die Natur so geschaffen, ist innen stellenweise hohl; nicht durch Zuschüttungen, sondern durch mehrere Stockwerke von durch Säulen getragenen Bogenstützen wurde das gewaltige Tempelareal bis 40 m hoch gehoben und ausgegradet. Durch Eindeckung mit parallel laufenden Gurtbögen, die die Deckplatte trugen, konnte dieses Problem gelöst werden. Jeder, der heute die el-Aksa-Moschee besucht, kann in die unterirdischen Bauten herabsteigen und das Können der genialen Tiefbautechniker vor der Zeitwende, die heutige Ingenieure mit modernem Baumaterial nicht besser ausführen könnten, bestaunen. Die unterirdischen Bogengänge werden seit der Kreuzfahrerzeit »Salomo-Ställe« genannt, weil hier die Tempelritter um 1100 n. C. ihre Pferde hielten. Auf einer etwa

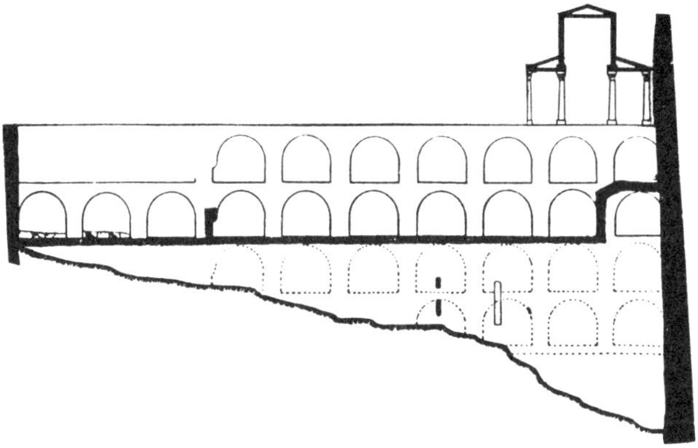

Das Tempelareal war bis zu 40 m Höhe durch Bogenkonstruktionen erhöht oder aufgeschüttet. Ein Teil dieser unterirdischen Bogenkonstruktionen ist in den sogenannten »Salomo-Ställen« unter der el-Aksa-Moschee noch heute zu sehen. Sie steht an der Stelle der ehem. Königshallen (im Bilde rechts oben).

5000 qm weiten Fläche stehen 88 Pfeiler aus 4 bis 5 aufeinandergesetzten Quadern von etwa 1,3 m Stärke. Auf den unteren Quadern erkennt man deutlich die herodesische Bauweise.

Den römischen, ebenso wie vorher den griechischen, Baustil übernehmen die judäischen Baumeister nicht sklavisch. Griechen und Römer dachten horizontal (»Der Mensch ist das Maß aller Dinge.«), die Judäer dagegen dachten vertikal, für sie war »das Gottverhältnis« das Maß aller Dinge.

Als Beweis der Verschiedenheit östlicher und westlicher Architektur sollte man das rustikale Mauerwerk am sogenannten Turm David beim Jaffa-Tor – das schönste Beispiel judäischer Bauweise – mit dem Mauerwerk am Damaskus-Tor – exemplarisch für die spätrömische Bauweise – vergleichen. Das erstere, urwüchsig-rauh, wirkt wie eine steile Felswand auf den erstaunten Beschauer, das letztere, nüchtern-glatt, von vollendeter Präzision, wirkt nichtssagend und läßt den Betrachter kalt. Die Betrachtung beider Steinarten erhärtet die These, daß man durch ein Detail das Gesamtbild jener Zeit wiederherstellen kann, und zwar nach dem Prinzip *ex ungue leonem,* d. h., daß man aus einem Fragment durch Vergleich mit einem anderen, vollständigen Stück derselben Art das Ganze rekonstruieren kann.

»Siehe, was für Steine, was für Bauten!«

Steinmetzzeichen in Samaria

Um das antike Mauerwerk Jerusalems zu erforschen, sandte der »Palestine Exploration Fund« im Jahre 1867 Captain Charles Warren, einen jungen, energischen englischen Offizier, nach dem Osten. Eine menschenfreundliche Engländerin, Miß Burdett Coutts, die den Wunsch hegte, die sanitären Bedingungen in der arabischen Altstadt zu verbessern, finanzierte die »Prüfung der Lage«. Die Aufgabe erwies sich als viel umfangreicher und schwieriger, als es die Engländer gedacht hatten. Die mohammedanischen Behörden ließen keine Grabungen im heiligen Bezirk zu. Kurz entschlossen grub der Vermessungsoffizier einen senkrechten Stollen in der Nähe der südlichen Tempelumfassungsmauer und bohrte sich wie ein Maulwurf bis zu 30 m Tiefe zu den Fundamenten durch, die er in die Glanzzeit des Königs Salomo, also um 1000 Jahre zu früh, zurückdatierte. Fast ein Jahrhundert lang haben englische, deutsche, französische und israelische Archäologen beharrlich versucht, »das Schweigen der stummen, seelenlosen Steine« zu brechen und ihr Geheimnis zu enthüllen.

Die Jünger Jesus', die zum ersten Mal den Tempel erblickten, an dem die Steinmetze noch arbeiteten, riefen erstaunt:

> »Meister, siehe, was für Steine und was für Bauten!«
> (Mk. 13,1).

Als die rauhen Kreuzfahrer am 6. Juni 1099 nach einem dreijährigen Marsch quer durch Europa Montjoie (Nebi Samwill), die große Festungsstadt der mittelalterlichen Welt, im Abendlicht am Horizont erblickten, sanken sie überwältigt in die Knie. Ähnlich ergeht es noch heute jedem Pilger, der von einer Anhöhe, z. B. dem Ölberg, auf die altehrwürdigen Steinkolosse blickt. Die heutige, etwa 1560 m lange Stadtmauer errichtete der türkische Sultan Suleiman II. (1520 – 1566) durch seinen griechisch-armenischen Baumeister Sinan, der viele Mauerreste aus der Zeit Herodes' I. einbezog. An der Westmauer, auch Klagemauer genannt, sind die untersten 5 Reihen, die aus dem Boden ragen, und weitere 11 bis 17 Steinreihen unter der Erde ursprüngliches herodesisches Mauerwerk. Der längste Steinblock der Klagemauer mißt 11,8 m, ist 3 m breit und 1 m hoch. Die 2000jährigen verwitterten, gigantischen Steine des verhaßten Idumäers sind von den Tränen orthodoxer Juden ganz zerfurcht. Die monumentalen Steine sind keine Kopien römischer oder hellenistischer Bauweise, sondern eine Fortsetzung altisraelitischer Tradition, die bereits beim Bau des salomonischen Tempels nach phönizischem Vorbild praktiziert wurde. Sie werden Bossesteine genannt. Die gewaltigen Quadern behielten im Mittelfeld ihre rustikale Struktur; nur an den Rändern, mit einem Feinmeißel fingerbreit glatt geschlagen, drücken sie Naturnähe aus. Die geglätteten Kanten ermöglichen ohne Mörtel einen dichten Zusammenstoß der Steine. Das phönizisch-herodesische Verfahren der Steinbearbeitung beschreibt Dr. S. Avitsur von der Universität Tel Aviv wie folgt:

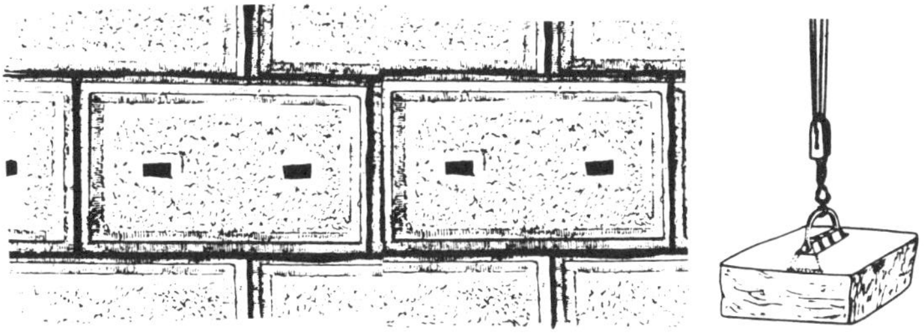

Rustikale Quadern, mit abgemeisselten Bossen, feinem, daumendickem Randschlag und Löchern für die Verklammerung.

»Um die unregelmäßigen Bruchstellen der Rohblöcke zu ebnen, wird die Oberfläche mit glühender Holzkohle bedeckt und mit kaltem Wasser abgeschreckt. Dann setzten die Steinmetze auf der oberen Längsseite die Meißeln an und schlagen einen 1 bis 2 cm breiten Rand ab. Mit zwei Richthölzern wird die Verbindung der Schläge an den Schmalseiten ausgerichtet. So ergibt sich in dem Rand eine ebene Fläche, die in der Mitte noch den bruchrauhen Teil, den Bossen, trägt.«

In manchen der Quader sind zwei viereckige Löcher eingeschlagen. In diesen wurden eiserne Klammern mit Blei verlötet,

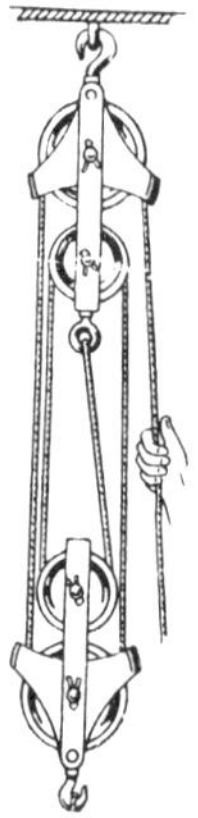

Flaschenaufzug, vierfacher

die das wuchtige, mörtelfreie Mauerwerk der Tempelumfassung zusammenhielten. Die 41 m hohe südöstliche Mauer mußte laut Josephus:

»durch gewaltige mit Blei untereinander (also Krampen) verbundene Felsblöcke verankert werden, indem man inwendig einen kleinen Zwischenraum ließ (den man mit Blei vergoß). Von außen erblickte man gewaltige Felsblöcke, die innen mit eisernen Klammern fest ineinandergefügt waren« (ant. 15,11,3).

Das Können und die Arbeitsleistung der antiken Steinmetze waren erstaunlich. Laut Plautus (251–184 v.C.) konnte ein Steinbrecher pro Tag 8 Blöcke zurechthauen. Verdorbene Steine mußten ersetzt werden. Der Steinmetz erhielt keine Arbeitspläne, nur allgemeine Anweisungen und vollkommene Gestaltungsfreiheit. Er verstand mit Zeichenstift und Rechenbrett ebenso umzugehen wie mit Meißel und Winkelmesser.

Das Maurerhandwerk zählte zu den härtesten und gesundheitsschädlichsten Berufen. Im Nazoräer-Evangelium steht:

»Ich war Maurer, mit (meinen Händen) mühte ich mich um (meinen) Lebensunterhalt; ich bitte dich, Jesus, stell mir meine Gesundheit wieder her, damit ich nicht schimpflich um Nahrung betteln muß« (Hieronymus Commentar zu Mt. 12,13).

Die meisten Steinmetze, Maurer oder, wie die Luther-Übersetzung sie nennt, Zimmerleute waren Priester. Um die große Nachfrage nach fachlich geschulten Arbeitskräften während des Tempelbaus zu decken, erlernten Tausende von Priestern den Maurerberuf, »damit keine unberufenen Hände am Heiligtum werken«.

Es ist anzunehmen, daß die Priester nur die qualifizierte Meisterarbeit leisteten oder als Vorarbeiter fungierten, die die Aufsicht über die 10 000 restlichen Arbeiter ausübten, bei denen es sich wahrscheinlich um zum Frondienst mobilisierte Bauern und Kriegssklaven handelte.

Die Hauptarbeit am Bau leisteten im römisch-technologischen Zeitalter nicht die Menschen, sondern die Maschine, der Flaschenaufzug. Die Hebeseile und Ketten liefen von einem

Flaschenzüge, wahrscheinlich um 250 v.C. vom bedeutenden Mathematiker und Physiker Archimedes erfunden, waren die einzigen mechanischen Hilfsmittel beim Bau- und Ladewesen. (Links:) Vierrollen-Hebevorrichtung, die die Kraft der Last auf $^1/_4$ verringert. Ein Mann konnte leicht bis 300 kg heben. (Rechts:) Einbaumkran mit Tretradantrieb, an Seilen schwenkbar, und Flaschenzug konnte Lasten bis 3000 kg heben. Grabungen und Messungen haben gezeigt, daß die Befestigungsanlagen zu den stärksten und größten der alten Welt gehörten.

pyramidischen Gestell aus drei Baumstämmen durch mehrere Rollen und eine untere Rolle, an der die Last hing. Dadurch wurde die Schwerkraft entsprechend der Anzahl der Rollen auf ein Viertel, Sechstel oder Achtel der Last vermindert. Die komplizierten Maschinen sollen eine Erfindung des Mathematikers Archimedes (um 250 v.C.) sein. Es fällt nicht schwer, sich vorzustellen, daß diese von den intelligenten Priestern beaufsichtigt wurden. Zwei Mann konnten bei verminderter Kraftanstrengung einfach durch Drehen an einer Haspel auf einem Fünfrollen-Flaschenzug 450 kg bzw. durch Treten eines Rades auf einem Radaufzug 2 Tonnen Last heben.

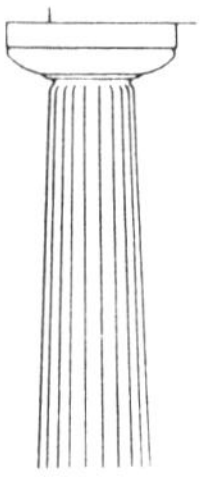

Dorisches Kapitell

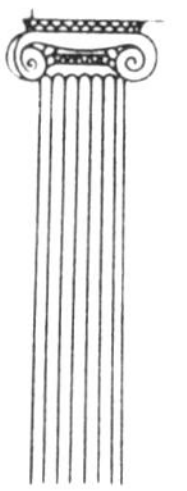

Ionisches Kapitell

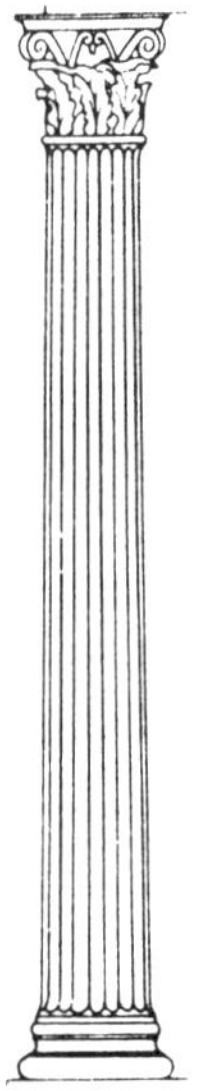

Korinthische Säule

Die korinthische Säule

Die Säule war der tragende Teil eines klassischen Bauwerks und das Herzstück aller Architektenkompositionen der hellenistischen Welt. Vollsäulen und Säulengänge bildeten den wesentlichen Teil des lichthellen Hellas. Die Säulengänge schützten die Menschen des Südens vor der erbarmungslosen Sonne. Die jeweiligen Kapitelle sind der Kunstausdruck der Zeit. Allgemein bekannt sind die ionischen, dorischen und korinthischen Säulen der Griechen. Eine Weiterentwicklung der phönizisch-ägyptischen Auffassung verstand die Säule als Palmstamm und die Kapitelle als stilisierte Palmkrone. Den Tempel Salomo zierten phönizisch-ägyptische Palmenmotive. Im zweiten Tempel, während der persischen Epoche erbaut, schmückten die Säulenköpfe mesopotamisch-iranische Stiermotive. Im herodesischen Tempel krönten üppige Akanthusblätter hellenistisch-korinthischer Kapitelle einen Säulenwald. Die schlanke, leichte, elegante ionische Säule verglich der römische Fachschriftsteller Marcus Vitruvius mit der Anmut des weiblichen Körpers. Die dorische Säule ist ihm Abbild des krafterfüllten Ebenmaßes des männlichen Körpers. Die korinthische Säule schließlich ist nach Vitruvius, dem Hofarchitekten des Kaisers Augustus, Sinnbild der »Weltordnung«. Aus diesem Grunde bevorzugte man im ganzen Imperium die korinthische Säule als Ausdruck der augustinischen Weltordnung.

Der herodesische Tempelvorhof war von vier Seiten mit Säulen eingefaßt: auf drei Seiten mit doppelten, auf der vierten Seite (südlich), in der sogenannten Königshalle, mit 4fachen Säulenreihen. Alle Kapitelle waren selbstverständlich nach der korinthischen Ordnung ausgerichtet. Josephus berichtet:

> »Die Säulen von 25 Ellen Höhe (gr. Elle = 56 cm, röm. Elle = 52,5 cm) waren aus einem einzigen Stein aus blendend weißem Marmor gearbeitet und mit kassettenartigem Gebälk aus Zedernholz überdeckt. Ihre marmorne Pracht und feine Bearbeitung, ihre harmonische Anordnung boten einen großartigen Anblick, ohne daß sie von außen durch ein Werk der Malerei oder der Bildhauerkunst verziert gewesen wären« (bell. 5,5,2).

Josephus schildert weitschweifig den ungeheuren Eindruck, den der Säulenwald – es waren insgesamt 162 Säulen –, vom grellblauen Himmel sich abhebend, hervorrief:

»Wer es nicht gesehen hat, der wird (meinem Bericht) keinen Glauben schenken, diejenigen aber, die es mit Bewunderung schauten, mir beipflichten«.

Die Maße, die Josephus angibt, beurteilten Fachwissenschaftler sehr skeptisch, bis Professor N. Avigad 1970 bei Ausgrabungen 150 m westlich des Tempelbezirks auf einen Säulenfuß stieß, der einen Durchmesser von 1,80 m hatte und dessen Höhe proportional 12 m betragen haben mußte. Er fand dort auch eine Anzahl korinthischer Kapitelle aus weißem Marmor, zum Teil vergoldet; sie stammten aus privaten Villen, aber nicht aus dem Tempel. Leider konnten vom herodesischen Tempel selbst keine Säulen gefunden werden.

Akanthusmotiv auf korinthischem Kapitell

Akanthusblatt (Acanthus mollis)

Wer heute in Israel die herodesischen Säulen erleben will, muß zur Festung Masada hinaufsteigen. Hier, in der gottverlassenen, prähistorischen Urlandschaft am Toten Meer, 400 m unter dem Meeresspiegel, wollte Herodes auf den pseudogriechischen Säulenschmuck ebensowenig verzichten wie beim Tempelbau in Jerusalem. Ein wenig griechisch-asiatisch-barbarisch wie Herodes selbst wirken die Säulenreste insbesondere bei der unteren Terrasse unter dem Rundbau, den Professor Abraham Schalit, einer der bedeutendsten Herodes-Forscher der Gegenwart, im Gegensatz zu anderen Archäologen als das Grabmal der Mariamne, der adligen Gattin des idumäischen Emporkömmlings, bezeichnet. Grabrundbauten in Syrien aus der gleichen Zeit sind ähnlich angelegt. Mit der stolzen hasmonäischen Prinzessin verlobte sich der wilde, ehrgeizige Idumäer nicht nur der staatsrechtlichen Vorteile wegen, sondern auch aus innerem Antrieb. Er war von ihrer kalten adligen Schönheit fasziniert. Bald aber, durch ihre Familie in dynastische Auseinandersetzungen verstrickt, kam es zwischen den beiden Liebenden zu Zerwürfnis und Bruch. Von ihrer Verachtung abgestoßen, vor Eifersucht in den Wahnsinn getrieben, ließ sie der Wüterich im Jahre 29 v.C. nach langem Schwanken aus Gründen der Staatsraison hinrichten. Josephus schreibt:

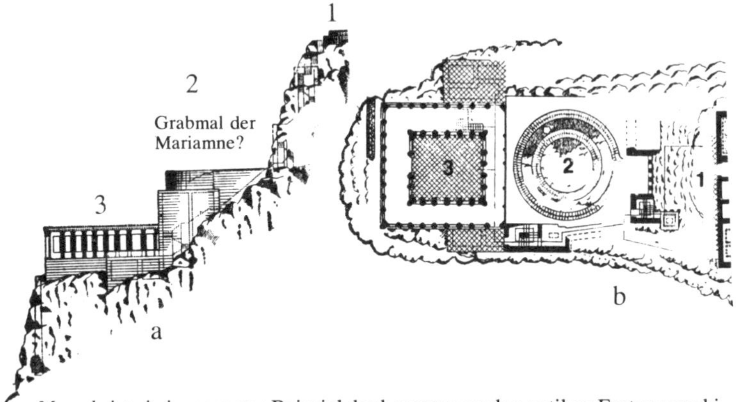

Masada ist ein imposantes Beispiel der hervorragenden antiken Festungsarchitektur. Grabungen und Messungen haben gezeigt, daß die Befestigungsanlagen zu den stärksten und größten der alten Welt gehörten. Trotz Einsatz der perfekten röm. Belagerungstechnik fiel die Burg erst nach zwei Jahren, als alle Vorräte aufgebraucht waren und die Besatzung aus Hunger kapitulieren mußte. Der Nordabhang der Felsenburg war dreistufig: 1) Die Festung auf dem Bergplateau, 2) das Rondell (Grabmal der Marianne?), 3) die mit Säulen umstandene Aussichtsterrasse (a) Seitenansicht, b) Grundriß). (Nach Schulten)

»Und so starb jene Frau, die großartig war in dem, was Selbstzucht und Seelengröße betrifft. Es gebrach ihr an Billigkeit, auch war sie allzu rechthaberisch von Natur. An körperlicher Schönheit und majestätischer Haltung bei Begegnungen übertraf sie alle ihre Zeitgenossinnen. Da er sie aus Liebe anbetete, glaubte sie, er werde ihr gegenüber keiner bösen Handlung fähig sein, und führte eine ungemäßigte Sprache (ihm gegenüber)« (ant. 15,7,6).

Friedrich Hebbel (1813–1863) hat den tragischen Konflikt des plebejischen Halbbarbaren und der hebräischen Prinzessin in seinem Werk »Herodes und Mariamne« packend gestaltet. Ein Monolog des Herodes darin lautet:

»Ich gleiche dem Mann der Fabel, den der Löwe vorn, der Tiger hinten packte, dem die Geier mit Schnäbeln und mit Klauen von oben drohten und der auf einem Schlangenklumpen stand.«

Die wilde, trostlose Wüstenlandschaft, die bizarre, unzugängliche Felsburg und die feindliche Glut der Sonne bildeten die richtigen Elemente für das einzigartige Denkmal, das Herodes seiner Gattin setzen wollte. Rings um die Terrasse ragen über pompejanisch bemalten Sockeln aus abgeblättertem Stuck die Säulenreste hoch wie verwitterte, zerstückelte, geschminkte Leichen, wie treue Trabanten, die weiter am Grabe ihrer Königin Wache halten. Die Kapitelle sind korinthisch, nicht von griechischer Harmonie, sondern von barbarischer Rauheit, von keinem professionellen Künstler, sondern von örtlichen Steinmetzen, vielleicht von Beduinen oder judäischen Strafgefangenen gemeißelt. Auf dem Mittelteil des Abhanges fand Y. Yadin, der Ausgräber von Masada, einen Werkplatz mit halbfertigen Säulenteilen. Die Werkstücke hatten ein Loch im Mittelteil, waren, um das Zusammensetzen mit Holzkeilen an Ort und Stelle zu erleichtern, mit hebräischen (selten dagegen mit lateinischen) Buchstaben sowie mit geometrischen Figuren und Zahlen markiert. Die Gesamthöhe der aus Einzelteilen zusammengestellten Säulen betrug 4,15 m, der Durchmesser 53 cm. Sie wurden zuletzt mit Stuck aus Marmorstaub überzogen, in die Rillen von 7 bis 8 cm Breite vertikal eingelassen waren.

Besondere Schwierigkeit bereitete das Transportieren des Baumaterials auf den Gipfel des Steinfelsens. Vielleicht benutzten die Ingenieure von Masada eine Erfindung des Heron von Alexandrien. An einem Zugseil, das von der Bergspitze ins Tal über Rollen hinauf- und hinunterlief, wurden Rinder so angeseilt, daß sie *bergab* trabten, während der Transportschlitten, mit dem Baumaterial am anderen Seil angespannt, *bergauf* lief.

Genug von Masada! Kehren wir zu den Säulen der Tempelhallen zurück, denen unsere Betrachtung gilt. Sind die Säulen ein integrierter Bestandteil eines Heiligtums? Keinesfalls, aber für Herodes I. bedeuteten die Säulen viel mehr, nämlich sein ganzes Lebensgefühl. Seiner komplizierten Natur entsprechend war er von der Religion her – sosehr es auch überraschen mag – ein frommer Hebräer, seinem Geist nach ein Grieche. Das war seine tragische, zugleich schöpferische Größe und Schwäche. Er wollte durch die Verwendung der griechischen Säulen und der altisraelitischen Bossesteine beim Tempelbau

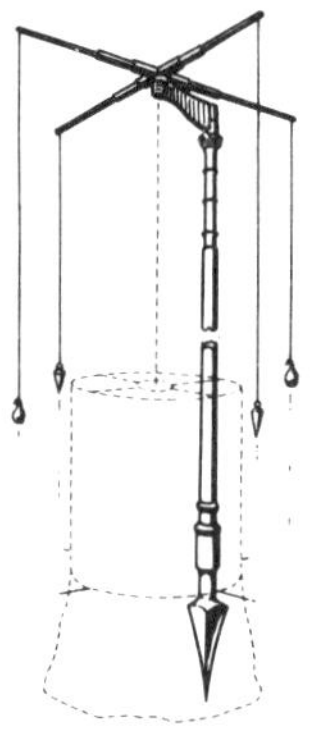

Winkelmesser Groma, man visierte über die drei Senklote

eine ost-westliche Synthese ausdrücken. Ein neuer Stil, ein neuer Tempel sollte entstehen! Dasselbe Prinzip leitete ihn beim Umbau der Stadt: Er wollte ein neues Jerusalem, größer und prächtiger als je zuvor, schaffen.

Die Straßen waren mit Gold gepflastert

Drei Städte formten unsere westliche Welt: Rom, Athen und Jerusalem. Jede hat dem Westen auf ihre Art den Stempel des Rechts, der Kultur und des Glaubens aufgedrückt. Hauptstadt der beiden Weltreligionen war und ist Jerusalem.

Auf drei Seiten von schroffen Schluchten geschützt, lag Jerusalem im ersten Jahrtausend auf zwei Hügeln. Tacitus nennt sie mit Recht die Zweihügelstadt. Die Kriegsverheerungen zweier Jahrtausende warfen Schutt und Trümmer ins 30 m tiefe Mitteltal, das beide Hügel trennte, so daß der geophysische Einschnitt heute kaum wahrzunehmen ist.

Auf dem schmalen südlichen Ausläufer des östlichen Hügels lag der winzige Urkern, die Stadt der Jebusiter, die etwa 4 ha groß war. Sie wurde vor 3000 Jahren von König David erobert und von seinem Nachfolger, König Salomo, durch Hinzufügung einer Akropolis mit Schloß und Tempel auf dem Nordosthügel vergrößert. Bis in die persische Epoche blieb das eigentliche Stadtgebiet auf den Osthügel begrenzt.

Erst der seleukidische König Antiochus IV. erbaute, um den Widerstandsgeist des judäischen Kulturzentrums zu brechen, gegenüber dem Tempel auf dem Westhügel eine rivalisierende hellenistische Neustadt. Weltanschaulich und kulturell (aus der Sicht der jeweiligen Regierungen und aus der Sicht eines Teils der Bevölkerung) waren die zwei Städte auf den beiden Hügeln weiter voneinander entfernt als heute Ostberlin von Westberlin. 25 Jahre nach Gründung der Griechenstadt, wegen ihrer höheren Lage »Oberstadt« genannt, gelang es den Hasmonäern, diese 143 v.C. zu erobern und mit der Judäerstadt zu vereinigen. Die Oberstadt, nach dem System des berühmten griechischen Mathematikers und Architekten Hippodamos von Milet

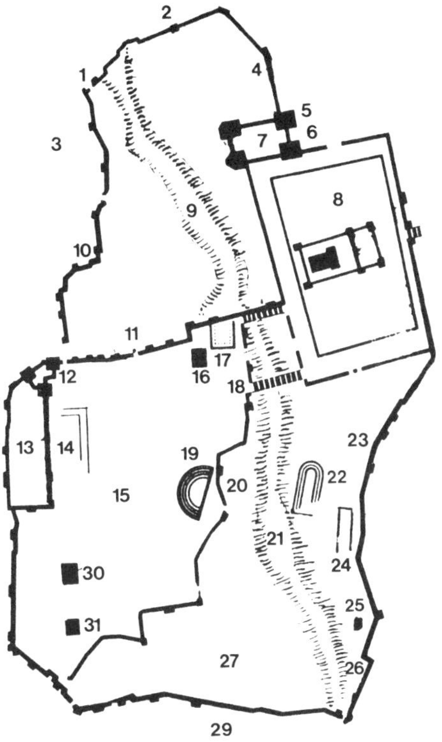

Jerusalem zur Zeit Herodes' I. 1) Nordtor (Damaskustor), 2) Neustadt, 3) Holzmarkt, 4) Zweite Mauer, 5) Bethesda-Teiche, 6) Schafmarkt, 7) Antonia, 8) Tempelvorplatz mit Tempel, 9) Golgatha, 10) oberes Tyropoen- oder Mitteltal, 11) Erste Mauer, 12) Zitadelle, 13) Palast, 14) Oberer Markt, 15) Oberstadt, 16) Palast der Hasmonäer, 17) Gymnasium, 18) Brücke, 19) Theater, 20) Unterstadt, 21) unteres Tyropoen- oder Mitteltal, 22) Hippodrom, 23) Altstadt, 24) altes Königsschloß, 25) Synagoge der Libertiner, 26) Siloahteich, 27) Handwerkerviertel, 28) Essener-Tor, 29) Hakeldama, 30) Kaiphas-Palast, 31) Patrizierviertel.

mit einem schachbrettartigen Straßennetz planmäßig angelegt, wurde nicht zerstört, sondern den neuen Verhältnissen angepaßt. Die Agora wurde in einen Obermarkt verwandelt, das griechische Verwaltungsgebäude in ein hasmonäisches Schloß.

M. V. Agrippa Admiral und Ingenieur

Herodes I. legte seinem Neubau der Hauptstadt nicht das griechische, sondern das römische Ordnungsprinzip zugrunde. Nach den Plänen des Marcus Vipsanius Agrippa, der die noch heute bestaunte und funktionierende Cloaca maxima in Rom erbaute, wurde eine Kanalisation in Jerusalem eingeführt. Die Regenstürze und Abwässer waren bis zu diesem Zeitpunkt von den beiden Hügelabschüssen ins Mitteltal hinabgeflossen und hatten Sümpfe und gefährliche Moskitoherde gebildet. Charles Warren war der erste, der 1867 einen Teil der grandiosen unterirdischen herodesischen Kanalisations- und Wasseranlagen westlich des heiligen Bezirks, der bis dahin unantastbar gewesen war, entdeckte. Durch Rinnen in den Pflastersteinen floß das Regenwasser durch gitterartige Schleusenlöcher in Tunnels, die etwa 1,8 bis 2,3 m hoch und 70 bis 90 cm breit waren und zu viereckigen, großen Sammelbecken führten.

»Zur Regenzeit«, schreibt die gelehrte Nonne M. Aline de Sion vom Ecce-Homo-Konvent, der über einem antiken Sammelbecken liegt,

»gehört es zu den erregendsten Erlebnissen, in das großartige Wasserreservoir herabzusteigen und das donnernde Herabströmen des Sturzwassers zu beobachten.«

König Hiskia legte um 700 v.C. den berühmten Siloahtunnel an, der täglich 1200 cbm Wasser von der Gihonquelle heranführte. Das genügte, um die alte Königsstadt bei einer Belagerung vor dem Durstttod zu retten. Inzwischen wuchs die Stadt bis zur Zeitwende um das Vielfache. Um den steigenden Wasserbedarf der Stadtbevölkerung zu decken, legte Herodes unterirdische Reservoires an. 37 davon arbeiten heute noch im Tempelbezirk. Sie haben ein Fassungsvermögen von 16 000 cbm Wasser; überall, wo es die Natur zuließ, schlug er künstliche Teiche aus den Felsen. Der Turmteich (heute Hiskiateich) beim Herodesschloß faßte 20 600 cbm, der Teich der Söhne Israels (berket isra'in), später erweitert, faßt heute 100 000 cbm. Diese Mengen konnten den Bedarf an Trinkwasser und an Wasser für den Opferdienst noch lange nicht decken. Zwei Aquädukte, eine längere, untere Wasserleitung (Low-Level-Aqueduct), die Herodes erbaute, und eine kürzere, höhere Wasserleitung (High-Level-Aqueduct) – wahrscheinlich von Pilatus begonnen und von der 10. Legion fertiggestellt – brachten kühles Trinkwasser aus den zwei südlich gelegenen Quellen von Birqat Arub und Wadi Biar auf einem 64 km langen, geschlängelten Weg durch Rohre, Aquädukte und Tunnels in die Hauptstadt. Einer der Tunnels führte durch den Fels, auf dem Bethlehem erbaut ist. Die Wasserrohre, mehrgliedrig, ineinandergefügt, aus Stein geschlagen und mit einer Aushöhlung von 38 cm, findet man am Rahel-Grab bei Bethlehem. Die nord-

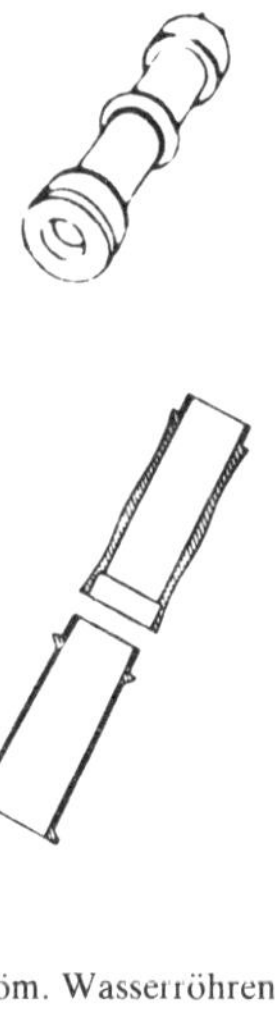

Röm. Wasserröhren

südliche Hauptstraße, die vom Schloß über eine Brücke das Mitteltal überquerte und zum Tempel führte, hatte eine Breite von 11,8 m. Nebenstraßen waren bis zu $6^1/_2$ m breit, dagegen die Gäßchen zwischen den Häuserblocks nur $1^1/_2$ bis $2^1/_2$ m. In Pompeji, Pergamon und selbst in Rom waren die Straßen ähnlich breit.

Josephus berichtet überschwenglich, die Bepflasterung bestehe aus weißen Marmorplatten (2 x 1,3 m). Noch schwärmerischer äußerten sich 1095 die Werbeagenten des Papstes Urban II., die den beutegierigen Kreuzrittern versprachen, »die Straßen von Jerusalem seien mit Gold gepflastert« (Off. 21,21). Das Wort vom Goldenen Jerusalem lebt heute noch fort.

Im Ecce-Homo-Konvent an der Via Dolorosa, über den Ruinen der Antonia-Festung erbaut, ist ein Hof, 2500 qm groß, mit römischen Pflastersteinen erhalten, der als Lithostroton eine Pilger- und Touristenattraktion ist. Das Wort Lithostroton kommt aus dem Griechischen – Lithos = Stein – und bezeichnet einen Boden aus geschnittenen Steinen. Obwohl die Pflastersteine weder aus Marmor noch aus Gold sind, werden sie von den weißen Sionsschwestern als Heiligtum verehrt und gehütet. Sie sind etwa 1 qm groß, schimmern weiß, rosa, dunkelrot und manchmal goldgelb und haben im Laufe der zwei Jahrtausende das Aussehen von Marmor angenommen. Mitunter

Das Hochpflaster im Innenhof des Ecce-Homo-Convents (einstige »Antonia«). Hier hatten röm. Wachsoldaten Spiele eingeritzt. Man erkennt einen viergeteilten Kreis und ein in verschiedene Felder aufgeteiltes Quadrat. Darüber gewundene Linien, an deren Ende sich kleine Kreise oder Quadrate befinden.

Ch. Warren, engl. Militäringenieur und Archäologe, war der erste, der 1867 durch einen senkrecht gegrabenen Schacht an der SW-Ecke der Tempelumfassungsmauer, aber außerhalb des dem Islam heiligen Bezirks, an dem jede Grabung verboten ist, bis zu den Fundamenten im Urfels herunterstieg. Auf dem Bild betrachtet Warren die untersten Schichten der herodesischen Steine in der tunnelartigen mehrstöckigen Bogenkonstruktion. (Zeichnung nach Warren)

Tafel 9. *Die heutige Südostecke der Tempelumfassungsmauer* wurde von dem ottomanischen Sultan Suliman dem Prächtigen aus alten Bauresten errichtet und ist 12 m hoch. Die herodesische Mauer war an dieser Stelle 41 m, also $3\frac{1}{2}$mal so hoch. Josephus berichtet, jeder, der von den Zinnen ins Kidrontal herabsah, wurde vom Schwindel erfaßt.
(Foto: L. Berger)

Tafel 10. *Antike Zitadelle* an der westlichen Stadtmauer von Jerusalem (Luftaufnahme) mit drei Wehrtürmen, die Herodes I. nach seinem Freund Hippikos, seinem Bruder Phasael und seiner Gemahlin Mariamne benannte. Um die Festung lief ein tiefer Wassergraben. Zitadelle und anschließendes Schloß dienten Herodes und später den römischen Prokuratoren als Residenz und Amtssitz (Prätorium).
(Foto: Israel Govt. Press Office)

Tafel 11. *Davidsturm* mit Minarett aus türkischer Zeit an der SW-Ecke der Zitadelle. Der Unterbau enthält wuchtige Bossensteine aus herodesischer Zeit, die höchste Bewunderung in der Fachwelt und beim deutschen Archäologen Carl Watzinger hervorriefen. Er nennt sie die »höchste technische Verfeinerung der Bauweise der hellenistischen Epoche«.
(Foto: S. Kluger)

9. Die Südostecke der Tempelumfassungsmauer

10. Die Zitadelle an der westlichen Stadtmauer von Jerusalem

11. Der sogenannte Davidsturm der Zitadelle

12. Herodeion bei Bethlehem

13. Die Felsenburg Masada (der Nordabhang)

14. Die Mönchsiedlung Qumran am Toten Meer

15. Handschriftfunde aus Qumran
a) Öffnen einer 2000jährigen Schriftrolle
b) Textfragmente oft nur von der Größe einer Münze

16. Archäologen untersuchen Höhlen in den Schluchten am Toten Meer

In Herodeion, 5 km südöstlich von Bethlehem, ließ Herodes I. auf einem künstlich erhöhten Berg eine Burg als Grenzfestung und als sein Mausoleum errichten. Zur autarken Versorgung der Burg wurden eine Stadt und ein Dorf angelegt. Villen und Prachtgärten zierten den Bergabhang. Noch zur Zeit der arabischen Eroberung war das heute verwüstete Herodeion eine grüne Prachtlandschaft, deshalb nannten die Araber den Berg Dschebel el-Furde »Schloßgartenberg«.
(Foto: Israel Govt. Press Office) Tafel 12.

Die Burg Masada liegt auf einem steilen, uneinnehmbaren Wüstenfelsen am Toten Meer. Auf dem dreigestuften Nordabhang sind Reste eines Palastes, Rundbaus und eines mit Säulen umstandenen Aussichtsplatzes zu sehen. Das flache Plateau mit Wehranlagen, Magazinen und Schloß war mit einer starken Ringmauer geschützt. Das belagerte Masada konnte den Römern durch seine uneinnehmbare Lage zwei Jahre heldenhaft trotzen.
(Foto: Israel Govt. Press Office) Tafel 13.

Die Mönchssiedlung Qumran liegt auf einem Steilfelsen in einer fast menschenleeren Gegend am Toten Meer. Durch grandiose Kanal- und Speicheranlagen machten die asketisch lebenden Einsiedler aus dieser Einöde Kulturland und zugleich Schauplatz einer unerhörten Buchproduktion. An den Bergabhängen entdeckte man 40 Höhlen, die zum Lagern und als Versteck der Bücher dienten.
(Foto: A. Heller) Tafel 14.

Die Handschriftfunde von Qumran stellen zweifellos die epochalste Entdeckung der letzten Jahre dar. Sie glichen bei ihrem Auffinden verklebten, brüchigen, schwarzen Erdklumpen. Nur wenige wurden als vollständige Rollen, die meisten als durch Witterungseinflüsse oder Rattenbiß zerstörte, oft nur münzgroße Fragmente gefunden, die ein internationales Gelehrtenteam in mühevollem, jahrelangem Puzzlespiel zusammensetzen mußte.
(Foto a: A. Heller; b: J. M. Allegro) Tafel 15.

Archäologen untersuchten über 100 Höhlen in den steilen Schluchten am Westufer des Toten Meeres. Durch das absolut trockene Wüstenklima konnte sich das von den Flüchtlingen zurückgelassene Gut in den fast unzugänglichen Höhlen gut erhalten.
(Foto: Isr. Fremdenverkehrsamt, Frankfurt) Tafel 16.

sind die Steine durch querlaufende Rillen aufgerauht, die das Ausrutschen der Kavalleriepferde, die hier stationiert waren, verhüten sollten. In einigen Steinen sind von den römischen Soldaten Spiele eingeritzt worden. Durch Würfelspiele versuchten die Wachsoldaten, ihre Wartezeit abzukürzen. In andere Pflastersteine sind wiederum Regenrinnen eingelassen. Die winterlichen Sturzregen haben längst das Blut der Märtyrer, das in dieser Zwingburg während der römischen Besatzungszeit vergossen wurde, weggewaschen. (Joh. 19,13).

L.H. Vincents glaubt in seinem Werk »L'Antonia et le Prétoire« in der Antonia den Ort der Verurteilung Jesus' gefunden zu haben, andere Gelehrte, z. B. Wolfgang E. Pax vom Bibelinstitut der Franziskaner, nehmen an, daß Pilatus im Herodes-Schloß residierte und zu Gericht saß.

Doch zurück zur topographischen Lage Jerusalems! Das bis 30 m tiefe, schluchtartige Mitteltal, das Jerusalem in zwei Teile teilte, ist heute die el-Wad-Straße, die im Arabischen bezeichnenderweise noch immer Wad(i) = Trockental heißt. Sie führte damals vom Damaskustor (heute Bab el-Amud) entlang der westlichen Tempelumfassungsmauer, immer abfallend, bis zum Süd- oder Misttor (heute Zionstor). Die doppelte Hügellandschaft erlaubte nicht nach orientalischer Art eine Ausrichtung der Hauptstraße nach dem Sonnenlauf von Ost nach West, sondern nur, wie auf dem Mosaik von Madeba vom 6. Jahrhundert n.C. erkennbar, von Nord nach Süd. Im Mitteltal, das früher ein feuchtes, stinkendes Wadi für Mistablagerung und durch Kanalisation trockengelegt war, entstand die Prachtstraße, die Cordo maximus mit ihren Kolonnaden und Luxusläden. Hier wurden, laut dem frühen Talmud, 118 importierte Luxusartikel, vom arabischen Myrrheöl bis zur indischen Seide, von rheinischen Glaswaren bis zu Weinamphoren aus Rhodos, angeboten. Der billige Markt mit lokalen Erzeugnissen lag am südlichen Essenertor.

Josephus, der zeitgenössische Berichterstatter, schildert anschaulich den Eindruck, den man gewann, wenn man von Süden zur Tal-Straße hinaufblickte:

»Eine Menge von Stufen ermöglichte den Abstieg in das Tal und den Hinaufstieg (auf den zweiten Hügel). Denn die (Ober)Stadt lag (auf dem Westhügel) gerade dem Tempel gegenüber und machte durch ihren steilen Abfall den Eindruck eines Theaters« (ant. 15 f. 5).

Das Mitteltal war eine Geschäftsstraße, die Gewerbebetriebe lagen an der Peripherie der Stadt. Kupferschmelzer, Gerber, Kohlenbrenner, Geschirrbrenner, Walker und Färber verbannte das Gesetz aus dem Weichbild der Stadt, damit nicht wie in Tyros z. B. der üble Geruch derselben die Innenstadt verpestete. Gerber und Schuhmacher arbeiteten im entlegenen Hurenviertel. Alle Gewerbebetriebe lagen nach Branchen konzentriert. Diese behördliche Einrichtung sollte die Steuereintreibung und die Marktkontrolle erleichtern. Die Quellen erwähnen eine Bäckergasse, Wollkämmergasse, Sandalenmachergasse, einen Kleider-, Salben- und Ölbazar, ein Viertel der Schmiede. Es gab einen Schafmarkt, Fischmarkt, Obermarkt, Holzmarkt und einen Töpfermarkt. Derjenige, der in seinem engen, offenen Gewölbe arbeitete, war gleichzeitig auch der Verkäufer. Die Kauflustigen wurden von keinem Schaufenster angelockt, das gab es noch nicht, sondern sie sahen prüfend von der Straße her der Kunstfertigkeit des Handwerkers zu. Ein reger Verkehr herrschte. Menschen, Tiere und Waren wurden von der Vitalität der Straßen verschlungen. Gefolgt von ihren Sklaven, gingen die Vornehmen zur Magistratssitzung oder zur Wollbörse. Patrizier ließen sich in Sänften durch das Straßengewühl tragen. Die Sänften, weich gepolstert und reich verziert, glichen Equipagen. Priester in weißen Gewändern und Philosophen mit ihren Schülern mieden keineswegs das Markttreiben. Überforderte Lastesel bahnten sich trippelnd ihren Weg durch das orientalische Menschengewimmel. Fliegende Straßenhändler priesen laut Erfrischungsgetränke und Imbisse an. Alles war laut und voll hitziger Gesten. An allen Straßenecken lungerten Bettler, Blinde, Invaliden und Müßiggänger herum. Gegen sie stieß der Strom der drängenden, schiebenden Menge. Am Marktplatz spielten und tanzten Kinder (Mt. 11,16–19). Wer eingekauft hatte, ging nicht direkt nach Hause, sondern bummelte, wie es im Süden üblich ist, durch die Straßen. Für den Südländer waren die Straßen nicht nur eine Kommunikationsmöglichkeit, sie waren der zusätzliche Wohnraum, der allen gehörte. Die Menschen, die in der Enge der überhitzten Häuser im Hochsommer fast erstickten, fanden hier Erfrischung.

So sehen die 1969 freigelegten Fundamente eines Patrizierhauses in Jerusalem aus. Obwohl die Stadtvilla mit Fresken, Mosaiken, Badeanlagen und Luxusmobiliar ausgestattet war, war ihre Grundfläche winzig klein. Der höchst beschränkte Baugrund in der übervölkerten engen Stadt erlaubte auch Patriziern keine weiträumige Bauweise. Treppen führten in unterirdisch gelegene Räume und auch zu einem »mit Polstern ausgelegten Obergemach« (Mk. 14,15) auf dem Flachdach.

Wegen des begrenzten Raumes herrschte chronische Wohnungsnot. Die Bürgerhäuser mit Hofraum maßen 55 bis 80, die Villen bis 200 qm. Jeder konnte bauen, wie er wollte, wenn er nur nicht die Straßenlinie überschritt. Jedes Haus war von der Straße durch eine Mauer hermetisch abgeschlossen. Nirgendwo baute man für die Ewigkeit, auch nicht im Villensektor. Es gab Sonder- und Mischformen beim Baustil, je nachdem, ob die Bewohner ursprünglich aus mesopotamischen oder aus hellenistischen Ländern stammten. Die Villen der Reichen unterschieden sich von außen kaum von den Bürgerhäusern, glichen aber in ihrer Ausstattung den Villen an allen Orten des Imperiums. Jede Villa hatte ein Peristylon, ein säulengetragenes Obergemach (Lk. 8,16. 11,33), Speisesäle und Torhüter (Apg. 12,13). Auch drei- und mehrstöckige Häuser waren nicht selten (Apg. 20,9). Die Bebauungsdichte war so groß, daß man von Dach zu Dach steigen konnte (Mt. 24,27). Das luftige Flachdach bedeutete für den Südländer eine Fortsetzung der Straße. Das Dach war ideal für Gästeempfänge und als Versammlungsort geeignet. Hier wurde gefeiert, getafelt, geschwatzt, agiert und gearbeitet. Zum Straßenbild gehörten auch Nachtwächter, Laternenanzünder und Straßenkehrer. Der Grad der Sauberkeit war verschieden, besonders in den Vororten; in Alexandrien überließ man die Straßenreinigung den Ibissen. Es ist fraglich, ob das Verbot, in Jerusalem Vögel zu halten, die Straßen und Dächer der heiligen Stadt reiner hielt. So verworren das Straßennetz, so irrsinnig das Hin- und Herhasten der Menschenmenge erscheinen mögen, alles und alle hatten ein Ziel: den Tempel.

Der Tempel, Mittelpunkt der Welt

Die Front des Tempels, v.e. hebr. Münze

Das Stadtbild Jerusalems überragte der mit funkelnden Palisaden und vergoldeten, gestuften Dachzinnen verzierte marmorne Tempelbau. Er beherrschte die Stadt und drückte ihr den Stempel »die Heilige« auf. Bereits die alten Mesopotamier erhöhten ihre Tempelanlagen durch Aufschüttungen des Bauplatzes, damit das Heiligtum die Stadt überrage. Herodes erhöhte und vergrößerte durch künstliche Aufschüttungen den Tempelbezirk (heute Haram esch-Scherif) auf den doppelten

Umfang von 133 000 qm! (Die Agora von Korinth maß 7500 qm, von Athen 40 000 qm, das ursprüngliche Forum von Rom maß nur 10 000 qm.) Die Weite und Leere des heutigen Haram esch-Scherif vermittelt jedem Besucher das Gefühl des Unendlichen, das damals vom Tempelplatz, der eine Agora darstellte,

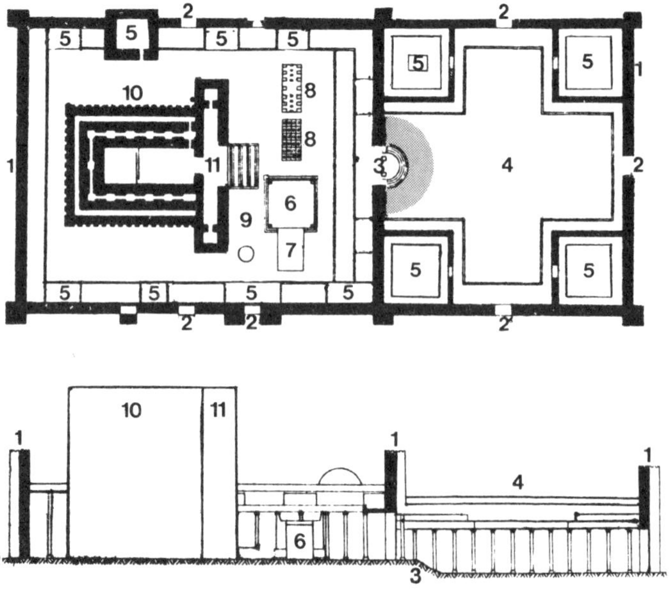

Beim Anblick des mit persischer Hilfe aufgebauten zweiten Tempels weinten die Alten, die den von Salomo erbauten ersten Tempel noch gekannt hatten. Aus dieser Hütte war durch Herodes I. ein Monumentalbau entstanden, der sich mit den schönsten Bauten der Antike messen konnte: 1) innere Umfassungsmauer, 2) Eingänge, 3) bronzenes Kunstschmiedetor des Nikanor, 4) tiefergelegener Frauenvorhof, 5) Vorratskammern, 6) Altar, 7) Rampe, 8) Schlachtbänke für die Opfer, 9) Wasserbecken, 10) Tempel, 11) Vorhalle.

ausströmte. Jede Agora und auch der Tempelplatz waren ringsum von einer Stoa, von Wandelhallen mit Säulenalleen eingefaßt.

Die Agora mit ihren soziologischen, kulturellen und merkantilen Aufgaben brachte eine Verbindung zwischen der versammelten Menschenmenge und der am selben Platz verehrten Gottheit. Daß auch viele Besucher Nichtjudäer waren, geht aus den zahlreichen in griechischer Sprache verfaßten Orientierungstafeln hervor, die die Heiden warnten, den »Heiligen Be-

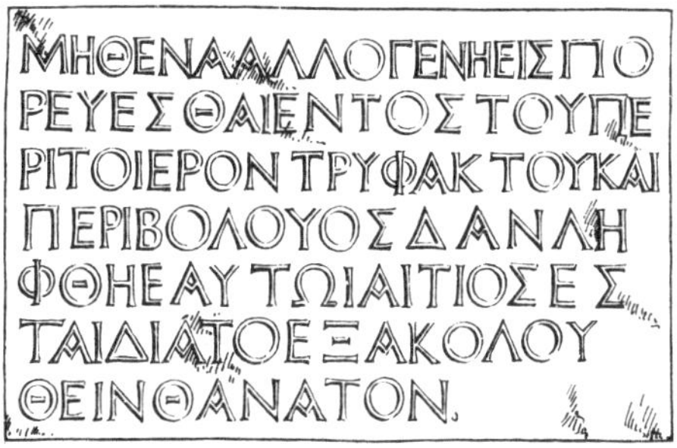

Verbotstafel. Die 1871 entdeckte Kalksteintafel (60 x 90 cm) von der Barriere des Vorhofs lautet: »Kein Fremder darf den abgeschlossenen Raum und die Barriere rund um den Tempel betreten. Jeder, der dies tut, ist selbst schuldig und wird mit dem Tode bestraft.« (Arch. Museum, Istanbul)

zirk« zu betreten. Der Tempelinnenhof war den Judäern, das Innere des Tempels den Priestern vorbehalten.

Die südliche Halle des Tempelhofes, Königshalle genannt, hatte im Gegensatz zur üblichen orientalischen Flachdachbauweise einen Giebel. Den Ausblick vom Giebeldach der Königshallen nach Süden beschreibt der Augenzeuge Josephus (ant. 15,11,5):

> »Obwohl die Tiefe des (Kidron-)Tales groß war und jemand, der von oben her in den Abgrund blickte, es nicht ertrug, hinabzuschauen, errichtete (Herodes) hier eine Säulenhalle von gewaltiger Höhe. Wenn jemand von der Spitze des Daches hinabblickte, wurde er schwindelig, weil sein Blick nicht das Ende des unermeßlichen Abgrundes erfassen konnte.«

Von dieser Seite konnte der Tempel nur über Treppen erreicht werden, so viele etwa, wie das Treppenhaus eines sechzehnstöckigen Hochhauses hat. Außerdem führten unterirdische Gänge vom Ophel, dem Südhügel – wie bei der U-Bahn – zum Tempelplateau. Eine eindrucksvolle Breittreppe, 1968 vom Altmeister der israelischen Archäologie, Prof. Benjamin Mazar, freigelegt, führte von der Ostseite zum Tempel, südlich vom heutigen Schönen Tor gelegen. Ihre Gesamtbreite beträgt 23 m und ist durch einen Auslauf von 6 m verstärkt, ihre Höhe 6,5 m. Die 30 Stufenreihen sind von verschiedener Breite und Höhe. Nach demselben Prinzip der unregelmäßigen Stufenordnung war auch die berühmte Treppe, die zum Tempelbezirk in Pergamon hinaufführte, angelegt. Die Asymmetrie sollte die Pilgermassen zwingen, langsam und feierlich zum Heiligtum hinaufzusteigen.

Der Tempel erhielt eine ganz neue Bedeutung. Zur Zeit der Perser eine unbedeutende Dorfkirche mit lokalem Wirkungskreis, wurde er um die Zeitwende zum Treffpunkt und Zentrum des Weltjudentums, zum vereinigenden Band, zum Brennpunkt der Diaspora und wurde von Proselyten und Halbproselyten und, wie die Orientierungstafeln zeigen, auch von zahlreichen Heiden besucht. Tatsächlich, das Ziel »der Pilgerfahrt aller Völker«. Das bezeugt auch die Apostelgeschichte.

In der Friedensära des Augustus pilgerten die Auslandsgläubigen – nach Ländern getrennt – zu Schiff und zu Land nach Jerusalem (Apg. 2,1 f.). Die engen Straßen, Treppengäßchen, Brücken und Märkte waren insbesondere an Feiertagen von ausländischen Kamelkarawanen und Eselsänften verstopft. Menschen in griechischer, kappadozischer, mesopotamischer, parthischer, medischer, libyscher und arabischer Kleidung, alle Sprachen der antiken Welt sprechend, strebten zum Tempel. Eine zahlreiche, aus 24 Abteilungen bestehende Priesterschaft und eine noch größere Menge von Leviten sorgten Tag für Tag dafür, daß alles reibungslos ablief. Die Tempelbesucher trugen Opferkörbe auf den Schultern und trieben Widderlämmer oder bekränzte Stiere vor sich her. Sie sangen, musizierten und schwenkten Palmblätter auf ihrem Weg zum Tempel. Keiner betrat den Tempel, ohne ein Geschenk oder »ein Schärflein« mitzubringen. Ein Detail ist beachtenswert: Die Herbergsbesitzer durften für die Übernachtung der auswärtigen Gäste kein Geld annehmen, da der Boden Jerusalems allen Judäern gehörte. Statt dessen überließen die Gäste den Herbergen die Felle der geopferten Tiere. Die Länder, die mit Jerusalem Beziehun-

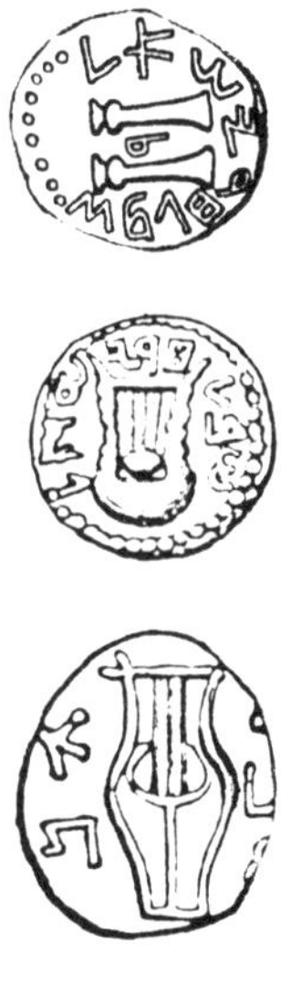

Musikinstrumente vom Tempel in Jerusalem (hebr. Münzen)

gen aufrechterhielten und an Pilgerreisen teilnahmen, waren: Ägypten, Phönizien, Syrien, Cölesyrien, Pomphylien, Kilikien, Arabien, Bithanien, Pontus, Europa, Thessalien, Baotien, Makedonien, Attika, Argos, Korinth, Peleponnien und alle griechischen Inseln (Apg. 2,9 ff.). Philon schildert auf Grund persönlicher Erfahrungen das große Erlebnis einer Pilgerreise:

> »Sie flohen dem vielgeschäftigen, ruhelosen Leben und kommen zu einer sicheren Einkehrstätte, um hier Zuflucht und Stille zu finden. Befreit von allen Sorgen, die sie seit frühester Jugend belasten, möchten sie eine kurze Zeit (als Pilger) aufatmen und in heiterem Frohsinn verleben.«

Man beachte: »in heiterem Frohsinn« verbrachten sie diese Fahrt und nicht in Melancholie, die die Pilgerzüge im Mittelalter und oft noch in der Neuzeit kennzeichnen. Der Mensch der Antike wußte es: ohne Freude kein Fest, ohne erhebende Lebensfreude keine Pilgerreise. Pilgerherbergen und Freudenhäuser lagen dicht beieinander. Alles war voller Widersprüche, voll Licht und Schatten in diesem mythischen Zentrum der Welt.

Bürgerwohlstand und höfischer Glanz

Herodes residierte in den heißen Sommermonaten in Jerusalem, im Winter jedoch, wenn es empfindlich kalt war, floh er in seine tropisch-warme zweite Residenzstadt Jericho.

Das von Herodes neu erbaute Jericho lag 4 km südwestlich des alten biblischen Jericho im Wadi Qelt auf dem Hügel von Tulut Abu el-Ala'ik. Der Ort, durch künstliche Wasserquellen in ein grünes Traumland verwandelt, war gleichzeitig Vergnügungsstätte einer Elitegesellschaft mit einem Lebensstandard, wie ihn Judäa nie zuvor gekannt hatte. Wohin man blickte, gab es Luxus. Die Freude an der Natur oder der Naturimitation spielte bei der Wahl des Platzes ebenso eine Rolle wie die Flucht aus der Großstadt, die auch heutige Großstadtmenschen in die Stille eines grünen Sonntags treibt.

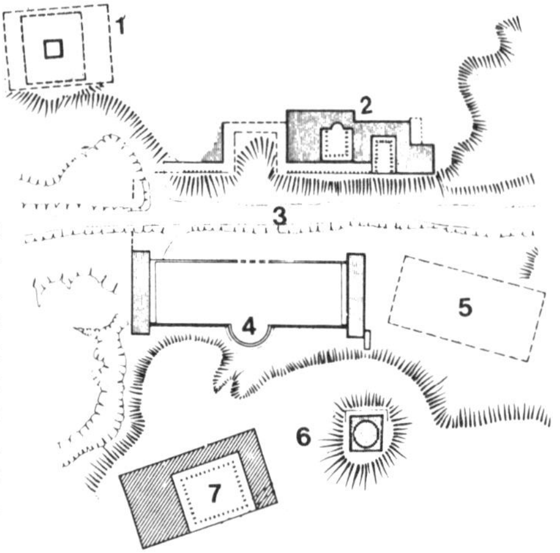

Neu-Jericho (Tulut Abu el-Alajik) aus neutestamentarischer Zeit. 1) Kleiner Palast des Herodes, auf einem Palast der Hasmonäer erbaut (schraffierte Linie), 2) großer Palast, 3) Wadi Quelt, 4) Nymphäum, 5) Kunstteich, 6) Rundbau, 7) Südpalast.

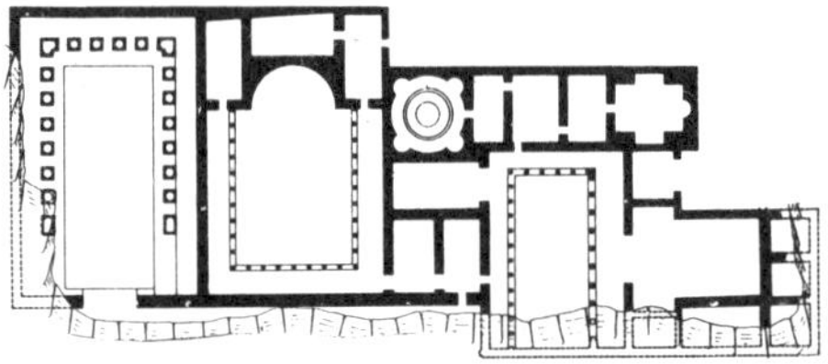

Der große Palast des Herodes, Grundriß und Rekonstruktion. (Nach Nezar)

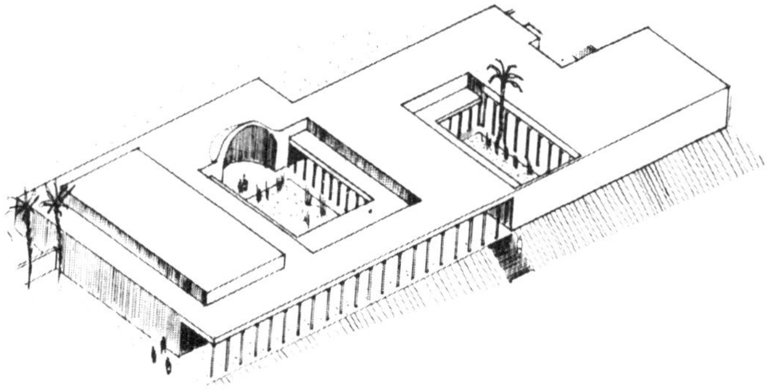

Der amerikanische Forscher J.L. Kelso, einer der Ausgräber der Stadt, nennt Jericho ein Symbol des Bürgerwohlstandes:

»Man möchte sagen, daß hier, im neutestamentarischen Jericho, ein Stück augusteisches Rom auf wunderbare Weise auf einem Zauberteppich von den Ufern des Tibers an die Ufer des Wadis Qelt verlegt worden ist.«

Hier trafen sich die oberen Hunderttausend, die »Gefährten des Königs«, die »Verwandten des Königs«, Hofpriester, hohes Militär, Adjutanten, »Königsknaben«, ausgezeichnete Beamte, »Räte« sowie auch auswärtige Gäste, Römer und Griechen, darunter Nicolaos von Damaskus (64 v. – 14 n.C.), ein berühmter Historiker, der 144 Bücher schrieb, darunter eine Biographie Herodes', die leider verlorenging. Judäer und Griechen, die die glänzende Tafelrunde teilten, verband ein internationales Freundschafts- und Vertrauensverhältnis: das Epikureertum. Hier war das Versailles der Herodeser: eine brillierende, oberflächliche, überfeinerte, grellfarbene Scheinwelt, die wie eine tropische Blume schnell und auf das prächtigste aufblühte und ebenso schnell verwelkte.

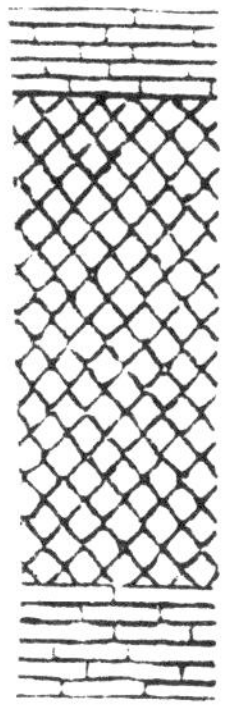

Mauerwerk »Opus reticulatum« in Jericho

1950 konnte J.L. Kelso mit seinen Helfern in Neu-Jericho eine etwa 114 m lange Frontmauer freilegen, die an beiden Enden in je einen *opus reticulatum*-Baukomplex auslief. Sie wirkte wie eine theatralische Kulissenwand und zerfiel in zwei große, gleiche Abschnitte, die in je 25 abwechselnd halbkreisförmige und rechteckige Nischen gegliedert und durch eine Exedra verbunden waren.

> »Die Exedra«, schrieb Kelso, »ähnelt einem Freilufttheater mit einem Treppengang in der Mitte und niedrigen, terrassenartigen Mauern oder Sitzreihen, die den Hang hinansteigen.«

Wahrscheinlich war die nischenreiche Wand zweistöckig wie die in Philadelphia (dem heutigen Amman) und reich bemalt.

Zweistöckiges Nymphäum in Amman (das alte Philadelphia) aus dem 2./3. Jh. n.C. Ursprünglich den Nymphen geweihte Grotten, später wasserspendender Brunnenbau, im öffentl. und privaten Bereich gelegentlich mit aufwendiger Fassada ausgestattet. (Nach Negev)

Sie hatte keinen praktischen Zweck, sondern diente dem *Nymphäon* in einem exotischen Park von 3650 qm als Kulisse. Dem Nymphäon war ein stimmungsvolles Wasserbecken vorgelagert. In den Nischen sprühten Wasserfontänen, in den Parkanlagen plätscherten Kunstteiche, Schmuckkanäle und Wasserspiele, die die tropische Luft abkühlten. Neben dem Königsschloß gab es weitere Baukomplexe, ein Komplex davon war über 87 x 46,5 m groß und diente zur Aufnahme der Gäste.

Der Backsteinbau erreichte unter den Römern, die gebrannte, flache, längliche Ziegel bevorzugten, einen neuen Aufschwung. Zur Verkleidung der Außenfront verwendeten die Römer rechteckige oder diagonal gestellte prismatische Bausteine oder Backsteine, die je nach der Verlegungstechnik *opus quadratum* (Quadermauerwerk), *opus testaceum* (Mauerwerk mit Ziegelverkleidung), *opus spicalum* (Steine, in Fischgrätenmuster gelegt) oder *opus reticulatum* (ein Netzwerk aus Rauten) genannt wurden. Letztere Bauweise, die typisch für den Stil der Zeit des Augustus war, wurde zum ersten Mal außerhalb Italiens in Jericho entdeckt. Es handelt sich um eine pyramidische Ziegelverkleidung. Die Backsteine sind 8 x 8 cm groß, 11 cm tief in einem Winkel von 45 Grad versetzt, und zwar so, daß sie ein Netzmuster bilden.

Die Innenwände der königlichen und patrizischen Bauten in Jericho waren dreifach von dickem, weißem, wasserundurchlässigem Zementmörtel, dem Marmorstaub beigemischt war, belegt und nach pompejischer Art als Marmorimitation bemalt. Die Farbe wurde auf den noch feuchten Putz aufgetragen, das nannte man »a fresco«, bzw. (auf die trockene Wand) »a secco«. Es waren »bemalte Tapeten«. An Farbtönen herrschten Zinnoberrot und Ockergelb vor. Josephus nennt die Wandbemalung »strahlend und glänzend«. Wahrscheinlich wurde die Farbe durch eingebrannten Wachs haltbarer und glänzender gemacht. Betont muß werden, daß auch hier, im exklusiven Bezirk der Reichen, Herodes bei der Wandmalerei auf jede bildliche Darstellung verzichtete.

Mit dem gleichen Zementmörtel wie die Innenwände – 2 Teile Kalk, 1 Teil Gips mit Härtungszusatz – wurden die Fußböden der Villen belegt. Auf eine feste Unterlage aus Steinen kam eine Lage von Zementmörtel, der mit Schutt, Scherben und Ziegelresten vermischt wurde. Wenn er noch feucht war, drückte man in ihn Kieselsteine oder zugeschnittene farbige Steine ornamental ein. So entstand der Mosaikfußboden. Neben dem ästhetischen Wert entsprach dieser kühle Steinbodenbelag dem Mittelmeerklima und eroberte die gesamte griechisch-römische Welt. Die ältesten Mosaikfußböden, die in Palästina gefunden wurden, stammen aus der Zeit Herodes' I. und enthalten keine bildlichen Darstellungen, nur einfache schwarz-weiße geometrische Muster, später dann stilisierte Pflanzen- und Fruchtmuster, Kränze und Vögel. Die Dessins müssen durch ägyptische und mesopotamische Wandbehänge oder teppichartigen Fußbodenbelag angeregt worden sein. In Masada entdeckte Yadin eine Mosaik-Werkstätte, in der für den lokalen Bedarf daumendicke rechteckige Farbsteine aus Granit, Kalk- und Feuersteinstreifen vorbereitet wurden.

Eine andere wichtige Neuerung der augustinischen Ära, die den Menschen ein neues Lebensgefühl verschaffte, war die Erfindung der Warmluftheizung für die Badekultur. Wüstenburgen besaßen Baderäume. Keiner wollte um die Zeitenwende auf die »Schlemmerei in Sauberkeit« verzichten. Ein neapolitanischer Fischhändler, Sergius Orato, kam auf den Gedanken – um Fische in den Wintermonaten, wenn sie rar waren und auf dem Markt hohe Preise erzielten, liefern zu können –, die Zuchtbehälter auf Ziegelsockel zu stellen und sie von unten mit angewärmter Luft zu »bestreichen«. Diese erfolgreiche Idee wandte er auch bei den erhöhten Baderäumen in den Villen an. Beheizte Badeanstalten erhielten den Namen »Thermen« (nach thermai = Warmwasserquelle). Die erste öffentliche Therme wurde 35 v.C. in Rom erbaut. Herodes I., aufgeschlossen für alles Neue, übernahm 10 Jahre später bereits die neuen Badeanlagen in Jericho. Im südlichen Schloß wurden 5 Baderäume ausgegraben.

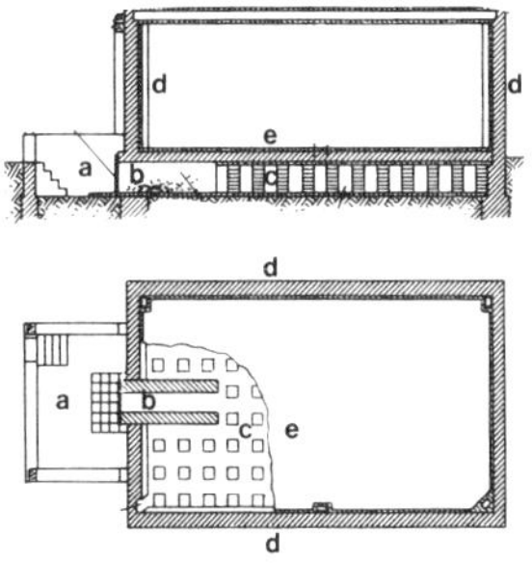

Schema einer kl. Therme: 1) Grundriß und 2) Querschnitt; a) Heizkeller, b) Feuerraum (praefurnium), c) hohler Unterbau (hypocausis), d) Wände mit Hohlziegeln, e) Heißluftraum (caldarium). (Nach Kretschmer)
(weiter Seite 174)

Das Herz einer römischen Badeanstalt bildete der Heißluftraum (caldarium) mit 55 Grad C Wärme und fast 100 Prozent Luftfeuchtigkeit. (Er ist z. B. in Masada 10 x 11 m groß). Im Unterbau, dem »hypocausis«, gab es Stützsäulen aus Tonziegeln, die etwa 60 cm hoch waren. Durch die Zwischenräume strich die angewärmte Luft, die vom »praefurnium«, dem Heizraum, kam. Die Feuerung mittels präparierter Holzkohle war so stark, daß die Aufständischen von Masada 66 n.C. im Heizraum ihre Waffen schmieden konnten. Nach dem trokkenen Heißschwitzen im »laconicum« und einem Heißwasserbad im »caldarium« begab man sich in einen Übergangsraum, das »tipidarium«, zum Abkühlen. Hier war die Warmluft fast bis zur normalen Außentemperatur abgeklungen. Das Kaltwasserbad, das »frigidarium«, diente zum Abhärten. Ihm folgte das »apodyterium«, der Ankleideraum.

Die neue Badeleidenschaft enthüllte auch die Psyche des nackt badenden Menschen. Theophrast nennt einen Schmutzfinken, wer im öffentlichen Bad übelriechendes Öl verwendet, einen Primitiven, wer im Bad schmetternd singt, einen Unverschämten, wer sich selbst mit Wasser übergießt, um den Badewärter um das Trinkgeld zu bringen. Unwürdig ist der, der sich von einem Freund die Salbe leiht oder der mit zotigen Witzen das Bad entwürdigt. Die Lust am Baden und die Freude an den weitflächigen Parkanlagen am Schloß, die der damalige Mensch empfand, beweisen deutlich, daß die »große Zeitwende« nicht nur von Untergangsstimmung und Pessimismus gezeichnet war. Der Garten, das Vorrecht der Vornehmen, entwickelte sich aus dem persischen *Pardes* (»Paradies«), wie die Königsgärten genannt wurden. Auf kleiner Fläche zusammengedrängt, bildete er das Peristyl, den Hofgarten im hellenistischen Haus. Er erfüllte den Stadtmenschen ihren Traum von Naturnähe und Luxus. Er verwandelte mit seinen Blumen und

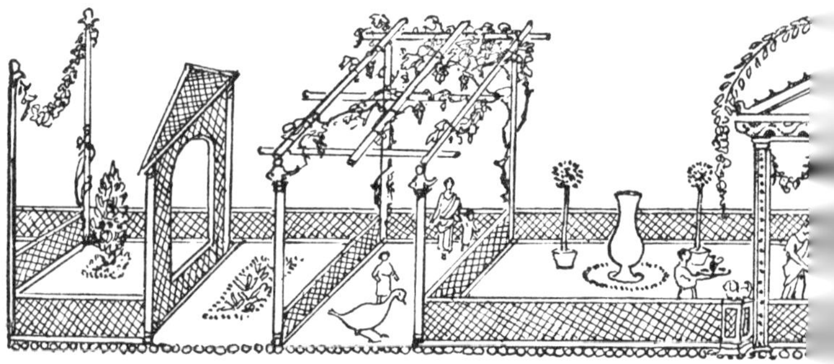

Fontänen selbst das kleinste Hofgärtchen in eine arkadische Landschaft.

Robert Etienne, Professor an der Universität Bordeaux, schildert die Gärten von Pompeji wie folgt:

»Der Garten gibt seinem vornehmen Besitzer die Illusion, hellenistischen Prinzen gleich zu sein. Die »diaetae«, kleine runde bzw. viereckige Pavillons, die ganz im Grünen versteckt liegen, erinnern an ägyptische, persische oder palästinensische Türme und befriedigen den Wunsch nach Exotik. Die Landschaftsgärtner pflanzten in den Gärten Akanthus, Efeu, Narzissen, Oleander, Stechwinde und Pflanzen, die eine Traumlandschaft suggerieren können.

Man spürt bei all den verschnittenen Bäumen und Sträuchern einen dekadenten Rhythmus. Manche Lauben sind einfach gestaltet; andere sind kompliziert angelegt, nämlich mit Apsiden und Pergolen und durch gedeckte Weinspaliere verbunden. Der Garten ist ein Teil der Architektur; die Architektur gibt ihm die Aufgabe, Dekor zu sein im Dienste der Menschen und der Lebensfreude. Wasser ist notwendig für den Garten; denn von ihm hängen Wachstum und Fülle ab. Die Freude am Wasser erklärt auch die Existenz zahlreicher Nymphäen, künstlicher Grotten und vor allem die Vorliebe für Brunnen. Neben der Freude am Ästhetischen bringt der

Ziergärten mit Teichen, Wasserkünsten, Laubengängen und plastischem Schmuck waren um die Zeitwende bei wohlhabenden Bürgern sehr beliebt. Sie lehnten sich unter Ausnutzung der Topographie und Wasserverhältnisse weitgehend an die Landschaft an. (Nach einem Wandbild in Pompeji, 70 n.C.)

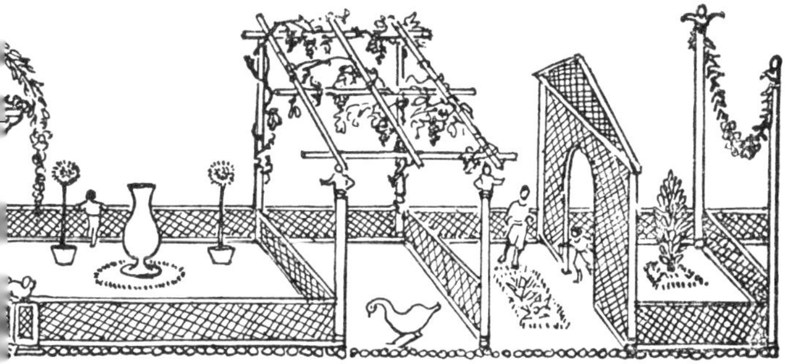

Garten auch eine Befriedigung der Sinne mit sich: Hier wird jeder zum Epikureer.«

In den Park von Neu-Jericho lud der König in den Wintermonaten seinen Hofstaat ein. Im Dezember/Januar blühte im tropischen Klima der Park, während in Jerusalem Schnee fiel. Unter den von Weinlaub beschatteten Pergolen und zu Laubengängen verschnittenen Bäumen tafelten die geladenen Gäste. Pagen servierten aus goldenen Krügen Wein und von silbernen Schüsseln Leckerbissen. Vor dem Nymphäon tanzte eine Schleiertänzerin zur gedämpften Musik von Flöten und Kitharen. Die Palmen wiegten ihre Blätterkrone. Fontänen und Wasserspiele »murmelten« ihre Melodie. Lautlos glitten die Schwäne durch das Wasserbecken. Dekorative Pfauen breiteten ihre majestätischen Schwanzfedern aus, Ibisse und Fasane stolzierten umher. Weiße zahme Tauben nippten aus Wasserschalen.

Träumen wir? Ist das wirklich die Welt gewesen, in der das Wetterleuchten baldigen Untergangs aufzuckte? Josephus schreibt:

> »Die Adelspartei will überhaupt nichts vom Verhängnis wissen und glaubt, es gebe weder ein Verhängnis, noch richte sich der Menschen Geschick danach, sondern alles geschehe nur nach unserem Willen, so daß wir ebenso die Urheber unseres Glaubens seien, als wir auch unser Unglück uns durch unseren eigenen Unverstand zuzögen.«

Was Jericho der Elitegesellschaft bot, das bot das Theater dem Volk: ein zeitweiliges Vergessen ihrer Misere durch gesteigerte, ja animalische Lebensfreude.

Die Schaubühne der Cäsaren

Masken, in Israel gefunden

Im Jahre 55 v.C. verschaffte Pompejus (106 – 48 v.C.) dem griechischen Theater Weltgeltung und brachte es nach Rom. Sein Freund und Berater Theophanes von Mytilene lud den großen Feldherrn nach glücklicher Beendigung des Krieges gegen den parthischen König Mithridates in seine Heimatstadt ein und veranstaltete für den hoch geehrten Gönner der Griechenstädte ein Festspiel im Theater, und zwar in Form eines Wettstreites über das aktuelle Thema »Die Taten des Pompejus«. Der Römer, von der Veranstaltung und dem Theaterbau entzückt, ließ Pläne anfertigen, um das Theater in Rom nachbilden zu lassen.

Der Plebejer Pompejus glaubte, von dem sagenhaften König Äneas, der aus dem brennenden Troja nach Italien geflohen war, abzustammen. Sein herausgekehrter Philhellenismus entsprach seiner Politik. Die richtige Erkenntnis des übernationalen Charakters des Hellenismus, vorzüglich geeignet, das bunte Völker- und Kulturgemisch des Ostens auf einen gemeinsamen Nenner zu bringen, übernahm sein Nachfolger Augustus. Das Theater diente den Cäsaren dazu, das Volk zu unterhalten, abzulenken und den Herrscherkult zu verbreiten.

Bereits 27 Jahre nach Pompejus erbaute Herodes I. ein Theater und ein Amphitheater in Cäsarea und in Jerusalem.

> »Es war von allen Seiten von Inschriften zu Ehren des Kaisers umgeben und von Trophäen, die dieser von den Völkern, gegen die er gekämpft, abgenommen hatte, alle aus reinem Gold und Silber« (Jos. ant. 15,8,1).

Das Theater in Cäsarea – die Stadt ist nach Augustus benannt – war die erste Schaubühne im Vorderen Orient. Hier

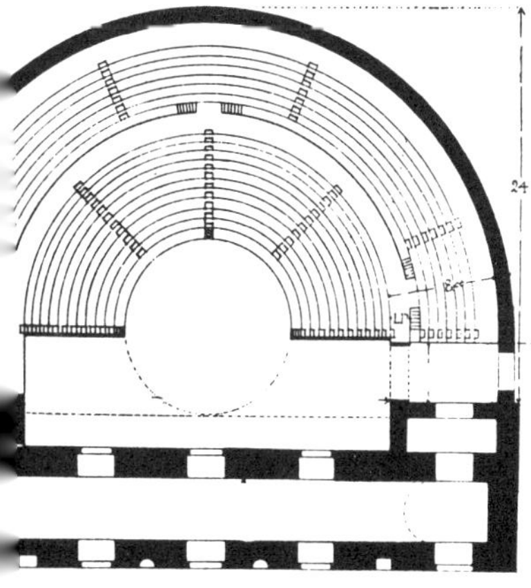

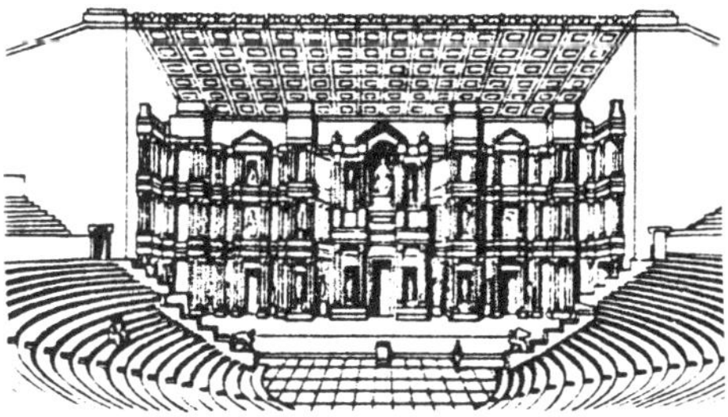

Das Theater von Cäsarea: a) Grundriß; b) Rekonstruktion einer Bühnenwand. (Nach Irmscher)

wurden wahrscheinlich Festspiele, »Die Taten des Augustus« und dessen Sieg über Antonius in Actium verherrlichend, abgehalten. Eine Theatervorstellung stellte in der Antike ein öffentliches Fest dar, das mit den alten konservativen religiösen Festen konkurrierte, ja selbst mythische Elemente enthielt. Klar, daß es von frommen Kreisen abgelehnt wurde. Die heftigen Proteste der Pharisäer gegen den neuen Theaterbetrieb nützten nichts. Das Spiel gehört zum Urtrieb des Menschen und begeistert schnell die breite Masse. Bald strömten alt und jung in das Theater, um die freie Zeit totzuschlagen und sich von den Alltagssorgen ablenken zu lassen. Aristea, aus den Makkabäerbüchern bekannt, antwortete auf die Frage, was man in der Freizeit tun solle:

> »Ansehen, was im Theater gespielt wird, mit Anstand (!), und sich vor Augen stellen lebensnahe Geschehnisse, die mit Takt und Zurückhaltung vorgeführt werden..., denn auch darin liegt eine gewisse Zurüstung« (Ps. Arist. 284).

Die Theaterbegeisterung erfaßte in Jerusalem nicht nur das Volk, auch bessere Kreise gingen ins Theater, um zu sehen und gesehen zu werden. Modebewußte Damen erschienen elegant gekleidet zu jeder Festveranstaltung.

> »Es gab kein noch so wertvolles Kleid und keinen noch so kostbaren Edelstein, der nicht zugleich mit den Wettkämpfen den Augen der Zuschauer dargeboten wurde« (Jos. ant. 15,8).

Die dramatische Kunst der Griechen verflachte in Rom zum simplen, deftigen Volksstück, das der Schadenfreude, dem Spott und dem Kaiserkult diente. Es gab kaum einen Philosophen, der nicht aus Volkskomödien Komiker zitierte, auch Paulus griff zu deutlichen Komikerzitaten, und die meisten Komikerfragmente als Ausdruck poetischer Gerechtigkeit sind durch den Christen Clemens von Alexandrien überliefert. Aber auch die rohen Zirkuskämpfe werden als Vergleich angeführt. So werden die ersten Missionare als Gladiatoren bezeichnet (1. Kor. 4,9). Sie boten in ihrem missionarischen Kampf dasselbe Schauspiel wie die zum Tode Verurteilten in der Arena.

Die Spottsucht des Pöbels kam insbesondere im sogenannten

Mimus – bei Verkleidungen, Huldigungen und Akklamationen – vulgär zum Ausdruck. Theaterforscher sehen im letzten Akt der Passion Jesus' einen improvisierten Mimus, den die militärische Eskorte des Pontius Pilatus nach der Verurteilung Jesus' anstellte (Mt. 27,28 ff.). Die Eskorte bestand aus syrischen Fremdenlegionären, die sich leicht zu antisemitischen Demonstrationen gegen den »König der Judäer« hinreißen ließen. Sie zogen den Verurteilten nackt aus, legten ihm einen roten Soldatenmantel statt eines Purpurmantels um, setzten ihm eine Krone aus Akanthuskraut auf sein Haupt, gaben ihm ein Schilfrohr in die Hand, warfen sich vor ihm auf die Knie, verspotteten ihn mit den Worten: »Heil dir, König der Judenheit!« und bespien und schlugen ihn. Parallelen zur Verspottung Jesus' finden sich laut Dio Chrysostomos (um 50 n.C.) in Bräuchen bei den Saken- und Saturnalienfesten wieder, wo die Soldaten Verurteilte als Narrenkönige verhöhnten, ehe sie sie hinrichteten. Auch der aus römischer Verbannung befreite Agrippa I. wurde mit einem ähnlichen antisemitischen Mimus verspottet, als er 37/38 n.C., d. h. wenige Jahre nach der Verurteilung Jesus', auf seiner Reise nach Judäa in Alexandrien Zwischenstation machte. Studenten eines griechischen Gymnasiums huldigten einem Psychopathen mit dem Zuruf »Herr« und »König Israels«. Die darauf erfolgte Klage beim kaiserlichen Gerichtshof in Rom entschied Caligula zugunsten der Griechen. Er konnte nicht einsehen, warum die Judäer nicht wie alle Menschen *ihn* als Herr und Gott verehren sollten.

Öfters wird Cäsarea in der Apostelgeschichte als Schauplatz der neutestamentarischen Geschichte erwähnt. Großes Aufsehen erregte 1961 ein Fund im römischen Theater, das unter Leitung von Dr. A. Frova im Auftrag des Istituto Lombardo di Scienze e Lettere di Milano freigelegt wurde. Im Zuschauerraum der umgebauten und erweiterten Schaubühne, die bei 13 Sitzreihen 4000 Zuschauer fassen konnte, entdeckten die Italiener einen eingebauten Gründungsstein des Prokurators Pontius Pilatus (26–36 n.C.). Es ist der erste und einzige archäologische Beweis der neutestamentarischen Geschichte.

Die Theaterbauten Herodes' I. sind verschwunden. Die in Jerusalem, Cäsarea u.a.O. ausgegrabenen Theater stammen aus römischer Zeit. Um die Kosten für die Untermauerung zu sparen, lehnten die römischen Ingenieure den Zuschauerraum *(cavea)* meistens an einen Bergabhang und ordneten die Sitzbänke darauf hufeisenförmig an. Die *cavea* wurde durch Treppen in Keile *(cunei)* geteilt. Die untersten Sitze und das *Orchestra,* das vor der *cavea* lag, waren für prominente Gäste reserviert. (Im *Orchestra* lag auch die Rednerbühne, von der König Agrippa I. zum Volke sprach [Apg. 12,21 ff.].) Es folgte die Bühne *(Scenae)* mit einer architektonisch reich verzierten, mehrstöckigen Hinterwand. Sie hatte 3 Türen: in der Mitte die Königstür *(aula regia)* und an beiden Seiten die *hospitalia*-Türen, die ins Freie führten. Das Klima des Südens gestattete es, das Theater unbedeckt zu lassen. Die Akustik in dem gewaltigen offenen Raum war vortrefflich. Noch heute ist von den letzten obersten Steinbänken bei den Festspielen in Cäsarea, die der Staat Israel wieder einführte, jedes geflüsterte Wort auf der Bühne gut zu verstehen. Ebenfalls kann der Zuschauer von der letzten Bank über Bühne und Stadtmauer, über Hafen und Meer hinweg das herrliche Panorama bewundern. Die klassischen Architekten verstanden ihre Theaterbauten als integralen Bestandteil der Natur. Cäsarea besaß außer einem Theater auch ein ellipsenförmiges, im Flachland gelegenes Amphitheater, das als Hippodrom für Wagenrennen diente. Es bestand

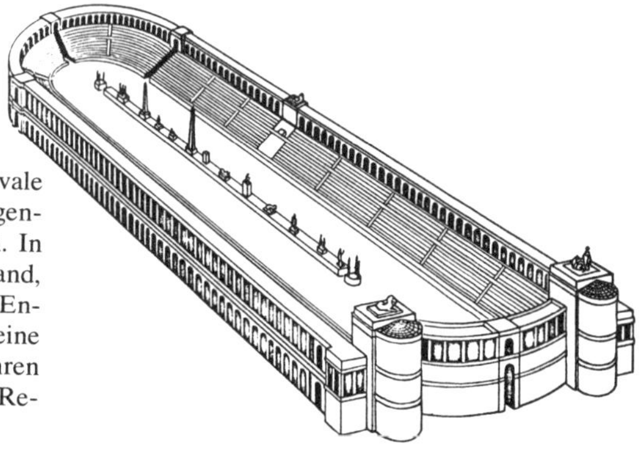

Hippodrom, ovale Rennbahn für Wagen- und Pferderennen. In der Mitte Trennwand, an deren beiden Enden drei Zielsteine standen, die umfahren werden mußten. (Rekonstruktion)

aus einer länglichen Bahn, durch einc Schranke in zwei Teile zerlegt. Um diese, *spina* genannt, fuhren die zweirädrigen Rennwagen mehrere Male. Die Enden der *spina* hießen *metae* (= Zielsteine). Das Umfahren der Zielsteine war mit strengen Regeln verbunden (2. Tim. 2,5), da sonst beim wilden Kurvennehmen die Wagen zerschellen mußten. Die Arena mit einer Länge von 320 m und einer Breite von 60 m konnte 20 000 Zuschauer fassen. Ein Obelisk und mehrere pyramidische Zielsteine aus rötlichem Granit wurden hier entdeckt. Kaiser Augustus stiftete für die Festspiele in Cäsarea, die alle 5 Jahre ihm zu Ehren abgehalten wurden, beträchtliche Beträge. Er ließ sich ehren und diese Ehre etwas kosten. Dasselbe wird von Herodes' Enkel Agrippa I. und Kaiser Claudius berichtet:

»In Cäsarea veranstaltete Agrippa zu Ehren des Kaisers Claudius Schauspiele, weil ihm bekannt war, daß eben Festtage für dessen Wohlergehen gefeiert wurden. Zu diesen Festlichkeiten strömten angesehene Judäer in großer Zahl aus dem ganzen Land zusammen« (Jos. ant. 19, 182).

Ein Scherbensucher (Intermezzo)

Im Februar und März 1949 – gerade war der erste israelisch-arabische Krieg vorbei – untersuchte Direktor G. Lankester Harding vom Department of Antiquities in Transjordanien mit Pater Roland de Vaux von der Ecole Biblique (Französisches Archäologisches Institut) systematisch alle Höhlen auf dem etwa 20 km langen Uferstreifen im Nordwesten des Toten Meeres. Kaum hatte die junge Israel-Regierung von den Erfolgen der beiden Forscher erfahren, beorderte sie einen jungen Beamten des Israel Department of Antiquities, die Klippen des südwestlichen Ufers des Toten Meeres bis zur jordanischen Grenze zu inspizieren. Vor Jahrmillionen stürzte hier durch eine Naturkatastrophe die Erdkruste ein. Der Spiegel des Toten Meeres sank, die unterirdischen Zuflüsse trockneten aus und bildeten Höhlen, unzählige Höhlen. Das waren ideale Verstecke: für Schätze und Verfolgte. (Darüber aber später noch mehr.) Y. Aharoni (1919–1976), mit einem ausgesprochenen Faible für Abenteuer ausgestattet, aber ohne finanzielle Unterstützung durch den noch jungen Staat, der alle Mittel in den Abwehrkrieg investierte, nahm jeden Felsenspalt in Augenschein. In Nahal Se'elim, einem Cañon mit fast senkrecht abfallenden Wänden, stieß er auf Männer vom Stamm der Ta'amirah, die als gewiegte Schmuggler alle offiziellen Grenzen ignorierten, in Höhlen hausten, beziehungsweise alle Höhlen nach Plündergut absuchten. Die in Lumpen gehüllten Beduinen hockten unter einer kahlen Akazie und blickten mißtrauisch auf den aus dem Geländewagen steigenden hageren blonden Israeli, der damals noch den Uniformrock trug. Aharoni bot ihnen Zigaretten an. Der ältere – zweifellos der Scheich – öffnete das Zigarettenpapier und streute den Tabak würdevoll in eine Pfeife. Er nahm eine spitze Scherbe aus dem Bauchgurt und stopfte damit den Tabak fester in die Pfeife. – »Darf ich die Scherbe sehen?« fragte Aharoni. Er erkannte darauf zwei hebräische Buchstaben in jener Schreibweise, die vor 2000 Jahren gebräuchlich war. Ohne sich seine Erregung anmerken zu lassen, gab er die Scherbe zurück.

Man rauchte schweigend. Dann fragte der Scheich: »Was machst du in dieser Gegend?« – »Ich suche Scherben.« Der Alte wurde böse: »Geh weg aus unserem Gefilde. Hier gibt es nur Felsen, Höhlen, Disteln und Dornen. Kostbare Steine oder Öl gibt es hier nicht.« Aharoni erklärte dem falkenäugigen Häuptling mit vielen Worten, in die er seine ganze Überzeugungskraft hineinlegte, daß er kein Schatzgräber sei, keine kostbaren Steine, sondern zertrümmerte Steine, Scherben und Trümmerhaufen ehemaliger Siedlungen »von den Römern«* suche. Die Ta'amirah-Beduinen berieten flüsternd untereinander. Sie waren nicht nur als Schmuggler, sondern auch als Antiquitätenplünderer versiert. Der Alte fragte dann listig: »Hast du eine Karte, auf der verzeichnet ist, wo das Gold liegen

* Mit »Römer« bezeichnen die Beduinen alle Feinde der Araber in der Vergangenheit, so auch die Christen und die Kreuzfahrer.

soll?« Alle Augen waren gespannt auf den hageren Professor gerichtet. »Gold?« fragte er verdutzt und rückte an seiner Brille. »Ja«, erklärten sie, »es liegt viel Gold hier in den Höhlen versteckt. Jenseits der Grenze haben es die Haschimiten bereits gefunden und nach Amerika verkauft. Auch in Israel ist es vergraben. Aber wir haben die Karte nicht.« Der Scheich wiederholte: »Gib uns deine Karte der verborgenen Schätze, und wir werden dir die Ziegenpfade, die dahin führen, zeigen. Laß uns zusammen suchen und den Schatz gleichmäßig teilen.«

Nach langem Hin und Her gelang es dem sonst wortkargen Professor, die Beduinen auch ohne Karte und ohne »Sesam-sesam-öffne-Dich« für seine erste Expedition in die judäische Wüste zu gewinnen. Verschollene oder unter Wüstensand versunkene Städte, »römische Städte«, fand er nicht. Alle Höhlen, zu denen ihn seine Begleiter, wie Gemsen kletternd, führten und die er mit einer Grubenlampe durchleuchtete, waren von Beduinen, die vorher hier geplündert hatten, ausgeräumt. Nur mit einer Scherbe, die er nicht ausgegraben, sondern dem Scheich abgekauft hatte, kehrte Aharoni von seiner ersten Expedition zurück und kassierte eine amtliche Rüge. Die zwei Buchstaben auf der Scherbe, in einer 2000 Jahre alten, nicht entzifferbaren Schrift geritzt, ließen ihm keine Ruhe. Ohne behördliche Unterstützung unternahm Aharoni am 16. 12. 1953 seine zweite Expedition. Die technische Ausrüstung mußten die freiwilligen Helfer aus dem galiläischen Kibbuz Alonim, in dem er früher Mitglied gewesen war, und einige seiner Studenten aus Jerusalem auf dem Rücken die Ziegenpfade bis zu den Höhlen hinaufschleppen. Hier errichteten sie Zelte. Ein Sturzregen löste eine Lawine aus, die die Zelte mit sich in die Tiefe riß und mit diesen auch den Proviant und die Arbeitsgeräte. Sie mußten, ohne nennenswerte Erfolge erzielt zu haben, die Arbeit abbrechen. Aus einem Rattenloch in der Tiefe der Höhle gelang es Aharoni, einige winzige schwarze verklebte Papyrifetzen herauszukratzen, die die Nagetiere zum Nestbau verwandt hatten. Es sollte eine längere Zeit vergehen, bis diese Papyri gereinigt, präpariert, zusammengesetzt, durch Infrarot-Fotografie vergrößert und entziffert werden konnten. Am

2. 5. 1955 unternahm der hartnäckige Forscher seine dritte Expedition in die Fuchslöcher der judäischen Wüste. Professionelle Bergsteiger mit Pickel, Seilen und Seilleitern nahm er diesmal mit, um die steilen Felswände endgültig zu bezwingen. Es gibt eine festverwurzelte Vorstellung vom Fluch der Pharaonen, der jeden trifft, der einen geheiligten Raum, ein Mausoleum oder eine Pyramide öffnet, und es scheint fast, als ob diese Höhlengeister hier am Werk und dem Professor nicht günstig gesonnen waren. Durch den dichten Staubnebel tastete sich Aharoni über Geröllbrocken in einem Gang vorwärts, mit einer Grubenlampe bewaffnet, wie immer der erste, von zwei seiner Schüler begleitet. Plötzlich war er verschwunden. Es dauerte einige Zeit, bis seine Begleiter neue Lampen brachten und feststellten, daß der Professor in einen Felsenritz gestürzt war. Mit Hilfe von Seilen zog man den von den Grubengasen Ohnmächtigen wieder nach oben. 5 Jahre später – so lange brauchte Aharoni, um sich von diesem Schreck zu erholen und seine Verletzungen zu vergessen – brach er wieder auf. Wenn der Erfolg auch dieses Mal nur bescheiden war, so rief sein Werk durch den Bericht eines Journalisten, der zufällig die Ausgrabungen besucht hatte, ein starkes Echo in den Zeitungen hervor und wurde sensationell aufgebauscht. David ben Gurion, der energische Staatschef Israels, rief alle interessierten Kreise zu einer »Archäologischen Offensive« auf. In einer großangelegten Gemeinschaftsarbeit, an der sich das öffentliche Altertumsamt, die Universität Jerusalem, der Verein zur Erforschung des Landes Israel, das Militär und viele ausländische Helfer beteiligten, wurde das Wüstenhochland zwischen der jordanischen Grenze und Masada in vier Zonen aufgeteilt, von denen jede von einem anderen Wissenschaftler erforscht wurde. Insgesamt nahmen an dieser »Offensive« in den Jahren 1960–1961 – außer den Militärkräften – 400 Mann teil. ZHL, so heißt die Israel-Armee, stellte Hubschrauber, Wagenpark, Zelte, tragbare Generatoren, Pioniertruppen, Verpflegung und Nachschub zur Verfügung. Professor Yigael Yadin, persönlicher Freund des Staatschefs, leitete die Organisation. Professor Yohanan Aharoni wurde auf seinen eigenen Wunsch der Ab-

schnitt der Höhlen im Nahal Se'elim zugeteilt. Es scheint, daß ihm die schlauen Beduinen oder die Höhlendämonen wieder zuvorgekommen waren. Das Schicksal wollte es, daß der Pionier dieses Werkes in seinem Grabungsabschnitt erfolglos blieb, das Glück begünstigte dagegen überreichlich Yadin und den bis dahin unbekannten Pinhas Bar-Adon. Was Aharoni von all seinen Abenteuern übrigblieb, war eine Scherbe, darauf 2 Buchstaben.

Von der Höhlenwohnung zum Wohnkomfort

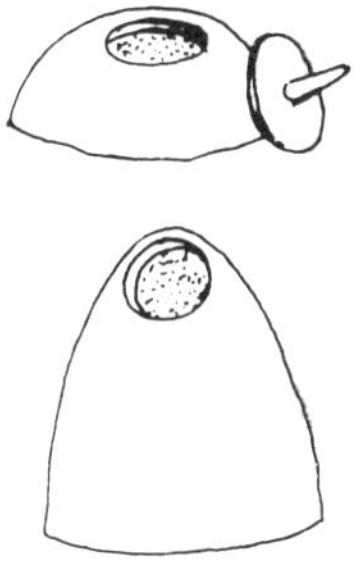

Backöfen aus Israel

Kleiner Kochofen

Aus den vielen Gesprächen, die ich mit Professor Aharoni († 1976) führte, der zu meinen besten Freunden zählte, ergab sich ein detailliertes Bild von den Höhlen – und den Höhlenwohnungen am Toten Meer: Von Chirbeth Qumran bis zum Nahal Se'elim bei Masada wurden in den letzten 30 Jahren Hunderte von Höhlenwohnungen untersucht, deren erste Bewohner Steinzeitmenschen waren, später auch Flüchtlingen zeitweise Unterschlupf gewährten. Der älteste Steinzeitmensch versteckte sich in ihnen vor den Raubtieren, der junge David und seine Räuberschar vor dem Zugriff der Regierungstruppen des Königs Saul, die Qumraner vor den Hasmonäern und vor Herodes und der letzte Judäerfürst Bar-Kochba vor den Schergen des römischen Imperiums.

In einer Höhlenwohnung bei Bethlehem haust eine Fellachenfamilie gemeinsam mit ihrem Vieh. Ausgebaute Grottenwohnungen sind wetterbeständiger als die sonst bei Fellachen gebräuchlichen Lehmhütten. Unter der Treppe Stallungen, neben der Treppe Futtergrube. Die Treppe führt zu der höher gelegenen gemeinsamen Schlafstelle.

In der nächsten Epoche der Zivilisation errichtete der Mensch ein Grottenhaus aus Steinen oder Lehm. Die Höhle war ihm zu eng geworden, deshalb mußte er sie durch zwei Wände verlängern und mit einer Frontwand abschließen.

Noch heute gibt es in der Umgebung von Bethlehem solche Grottenwohnungen, wo arme Familien mit ihrem Vieh zusammen hausen. In den Evangelien wird ein »Stall« (oder eine »Herberge«) erwähnt, der Durchreisenden mit ihrem Vieh Unterkunft bot, so auch der Familie Joseph von Nazareth. Erst als sich der Mensch vom Jäger zum Hirten entwickelt hatte, die Nähe feindlicher Tiere weniger fürchtete, errichtete er das luftige, transportable »Haarhaus« aus Ziegenfellen, also das Zelt, in der Nähe der Weidegründe. Der seßhaft gewordene, ackerbauende Mensch baute ein einkammriges Lehmhaus; fensterlos und eng, glich es ebenfalls einer Höhlen- oder Grottenwohnung. Die Lehmwände und das Dach konnte jeder Herbstregen oder Herbststurm aufweichen oder wegblasen. In Athen, zur Zeit der Hochkulturen, wohnten die Armen in ähnlichen Lehm- oder Holzhütten. Die unsolide Bauweise der unteren Stände erinnert an die Bauweise in Erdbebengebieten. Auch das Steinhaus, das in Gebirgsgegenden aufkam, war nicht für die Ewigkeit gebaut. Selbstverständlich gab es auch Villen in den judäischen Städten, die mit demselben Luxus ausgestattet waren wie die Villen an jedem Ort der hellenistisch-römischen Welt.

Herodesische Öllampen

Ich zitiere Aharoni im Wortlaut:

»Die Höhlen am Toten Meer zu untersuchen, machte ich deswegen zu meiner Lebensaufgabe, weil man hier wegen des trockenen, heißen Klimas mehr und besser konservierte Zeugnisse des Alltags und des wirklichen Lebens findet als in den ausgegrabenen Villen in Jerusalem, Cäsarea oder Samaria, die nicht nur vom Klima vernichtet, sondern bereits im Altertum gänzlich ausgeplündert und als Steinbruch benutzt wurden.«

Frühere Archäologen nahmen an, daß die Judäer, wie Wilde oder Beduinen, fast ohne Inventar in Zelten und Hütten hausten, weil man bei den zahlreichen Ausgrabungen kaum Ein-

Das Wohnhaus um die Zeitwende
Das traditionelle judäische ein- oder zweistöckige Haus bestand aus Lehmwänden auf Steinfundamenten. Es war klein, fast fensterlos; das Leben spielte sich hauptsächlich im Hof und auf dem Flachdach ab.

Das röm. Haus, das um 6 n.C. nach Judäa kam, hatte herabgezogene Dächer und das typische Atrium. Die röm. Verwaltungsbeamten wohnten in Vorstadtvillen (Villa suburbana) oder auf Landgütern (Villa rustica).

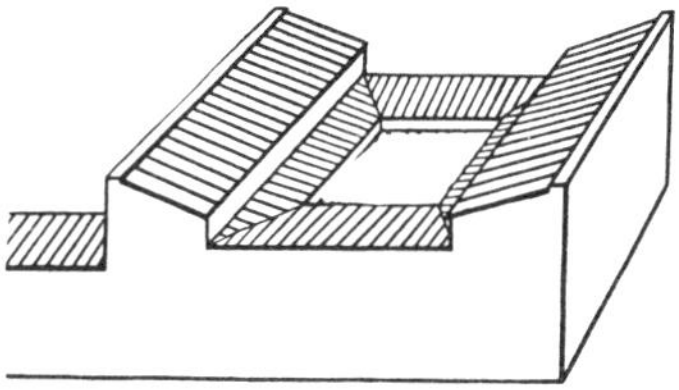

»Insulae«, röm. mehrstöckige Mietskasernen für Proleten, gab es in Cäsarea und anderen Orten. Immer wieder erhoben die antiken Autoren Klage über den immensen Prunk der Villen in Rom auf der einen Seite und die sich endlos dehnenden Elendsquartiere mit Scharen von Arbeitslosen und Bettlern auf der anderen Seite. (Insulae aus Ostia)

richtungsgegenstände in den zerstörten Orten fand. Nach jeder Katastrophe oder Kriegsverwüstung gruben die Überlebenden aus dem Schutt alles Brauchbare aus und trugen es fort. Noch mehr, die zerstörten Häuser benutzten sie als Steinbruch fur ihre neuen Häuserbauten. Das konnte man 1919 in dem vom Erdbeben zerstörten und fluchtartig verlassenen Messina noch erleben. Anders in den Höhlen am Toten Meer, wo Flüchtlinge ihre sämtlichen Habseligkeiten versteckten. Das ausgegrabene Inventar zeigt die neue anspruchsvolle Wohnkultur der Zeitwende. Zahlreiches Kochgeschirr, nicht nur einheimisches, schlichtes Topfwerk, aber auch aufwendiges Porzellan- und Metallgeschirr, kostbar verzierte Weinkrüge und Kelche, Möbelbeschläge, Holzkoffer und Schatzkästchen, Hocker, Körbe, Waagen, Rauchpfannen, Spielwürfel, Schminkutensilien, Alabastrone, Spiegel, Haarnadeln, Zöpfe, Nähnadeln, Knöpfe,

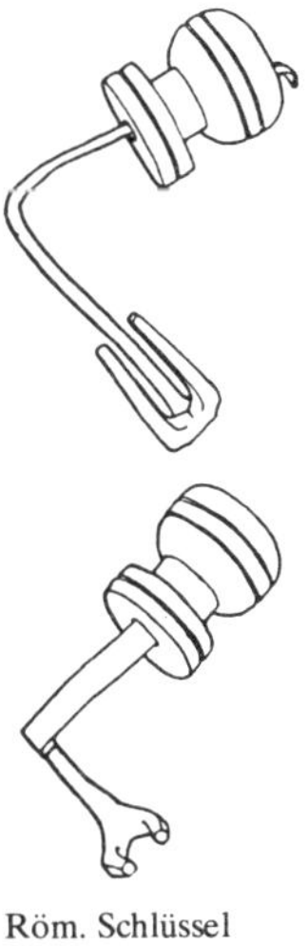

Röm. Schlüssel

Kleiderreste, Sandalen und nicht aufgearbeitete Wollknäuel kamen zum Vorschein. Hier in den Höhlen lebten ganze Familien. Die Männer übten weiter ihre Beamtenpflicht aus mit Feder und Tinte. Die Frauen vergaßen ihre tägliche Kosmetik nicht. Die Kinder spielten vor den Höhlen. Unter den schriftlichen Urkunden, die die Flüchtlinge außer ihrem Hausrat in ihre Verstecke mitnahmen, fanden sich lebensnahe Aussagen: Heirats-, Erbschafts-, Schuld-, Kauf-, Pacht- und Prozeßurkunden. Die zahllosen hochqualitativen Kleinfunde in den Höhlen am Toten Meer widersprechen unseren Annahmen über den sozial gesehen niederen Stand der hier versteckten Dissidenten und Rebellen, so daß die einen Forscher glauben, daß diese gerade den besseren Gesellschaftsschichten angehörten, andere wieder glauben, daß es sich um Raubgut aus Überfällen der Rebellen auf römische Villen handelt. Aharoni dagegen glaubt, daß es sich um den gutbürgerlichen Standard der Zeitwende handelt, der ohne Zweifel damals eine nie dagewesene Höhe erreichte:

Teller mit nabat. Muster (Jerusalem)

> »Diese Scherbe, die ich den Ta'amirah-Räubern abkaufte, stammt aus einer Höhle, wo sich Kriegsflüchtlinge verbargen. Darauf stehen zwei hebräische Buchstaben – L H –, die ich, da der Splitter von einer Weinschale stammt, ergänze mit ›lehajim‹, zum Leben! Genauer: zum *glücklichen Leben*! Trotz Niederlage, Zusammenbruchs, Schutt und Asche glaubten die Flüchtlinge, sich in ein glücklicheres Leben retten zu können.«

Text nebenstehend

Die Töpferkunst besitzt in Israel eine jahrtausendalte stolze Tradition mit einfachen aber ausdrucksvollen Stilformen. Um den steigenden Bedarf der schnell anwachsenden Bevölkerung zu decken, verwandelten sich die schlichten Handwerksbetriebe um die Zeitwende in Industrieunternehmen, die im Stempelverfahren und in Gußformen Geschirr und Lampen als billige Massenprodukte herstellten. Durch Urkunden aus Fajum ist eine genossenschaftl. Keramikfabrik bekannt, die drei Ägypter und zwei Judäer betrieben; ihr Markenzeichen war, da ihre Waren für den nichtjudäischen Markt bestimmt waren, eine Hermesfigur. Durch die Massenproduktion verlor die schöne judäische Töpferware ihr Gesicht und nahm griechische und römische Stilelemente auf. Bevor man in Qumran die Schriftrollen fand (1947), glaubten die Forscher an Hand der Keramikfunde, es handele sich um eine röm. Siedlung, da die Funde perfekt röm. Keramik entsprachen. Eigenartig allein sind die zahlreichen aus Gräbern stammenden herodesischen Öllämpchen mit verschlossenem Oberteil, das kein Verschmutzen und Verdunsten des Öls mehr zuließ. Eine in Judäa bis zur Zeitwende unbekannte Technik stellten die aus Jerusalemer Stein gehauenen Vasen und Krüge dar. Auf Seite 188 sind Steinvasen abgebildet, sie stammen aus einer 1967 ausgegrabenen Villa in Jerusalem. Sie entsprechen genau jenen, die auf einem Sarkophag vom Ölberg dargestellt sind. (Nach Avigad)

5. KLEIDERMODE

Von der Pumphose zum T-shirt

Kleidung diente nicht nur der Verhüllung oder Wärmung des Körpers, sie war auch Ausdruck von Reichtum und Standesbewußtsein, persönlicher oder amtlicher Autorität. Außerdem drückte sie Zeitgeschmack und Weltanschauung aus. Als im Jahre 332 v. C. der Hohepriester von Jerusalem vor Alexander dem Großen erschien, trug er stolz die Amtstracht eines persischen Satrapen, mit Tiara und Turban, mit persischen Reiterhosen und darüber einem plissierten, hauchdünnen Rock mit goldenem, edelsteinverziertem Brustharnisch. In den Mantelumhang waren flimmernde Sterne eingewirkt. Die Amtstracht des Priesters versuchte die Kleidung Gottes zu imitieren. Nach der Legende soll Alexander von dem exotischen Aussehen so beeindruckt gewesen sein, daß er vom Pferd stieg und auf die Knie fiel. 270 Jahre später empfing der Römer Pompejus, bevor er Jerusalem besetzte, eine judäische Abordnung in Damaskus. Dieser gehörten auch aristokratische junge Männer an. Sie wollten dem als Philohellenen bekannten Italiener dadurch imponieren, daß sie nach der letzten hellenistischen Mode mit breitrandigem Hut und elegantem Chlamys, ein bis zum Knie reichender makedonischer Reitermantel, erschienen. Die Kleidung sollte ihren gesellschaftlichen und kulturellen Stand hervorheben, erregte aber auch den Widerwillen des frommen Chronisten der Makkabäerbücher, der diese Szene überliefert hat. Wenn ein Bauer in Attika einen mit einem Chlamys bekleideten Stutzer nur sah, geriet er schon in Zorn. In persischer Kleidung begrüßte der Hohepriester den Makedonier, in griechischer Stutzerkleidung begrüßten die jungen Judäer den Römer. So ändern sich Mode und Gesinnung nach den Erfordernissen der Zeit.

Die schnelle Veränderung der Mode, der wir heute ausgeliefert sind, gab es damals nicht, und es dauerte einige Jahrzehnte,

Quasten
(Dura Europos)

bis auch konservative Kreise die altarmenische bequastete Kaftan-Kleidung ablegten und sich ausschließlich griechisch kleideten. Den Unterschied zwischen Männer- und Frauenkleidung betonten in der archaischen Zeit Quasten, die von den Ecken des Obergewandes des Mannes herabhingen. Die Evangelien betonen, daß auch Jesus Quasten trug, allerdings nicht extralange wie jene, die ihre Frömmigkeit zur Schau stellten.

»Die Tracht der Judäer«, schreibt W. F. Albright, »bestand damals im wesentlichen aus den gleichen Kleidungsstücken, wie sie von den Griechen getragen wurden. Es ist ganz falsch, die Männer jener Zeit im Hemdrock und Überwurf der heutigen Araber darzustellen. Turban, Fez und Keffije (ein arabisches viereckiges Kopftuch, das durch einen Wollreifen auf dem Kopf gehalten wird) kamen erst im Mittelalter auf.«

Die Kleidermode geht verworrene Wege; so paradox es klingt, der Chiton, ein Grundmodell der griechischen Kleidung, war semitisch-babylonischen Ursprungs. Es war meistens aus Leinen und auf den Schultern, längs des Oberarmes, genäht oder genestelt. Der Jüngling oder einfache Mann trug einen kurzen, ärmellosen oder kurzärmeligen, ältere und vornehme Männer einen bis zu den Fußknöcheln reichenden Chiton. Der *Chiton* (oder *khiton*) entspricht dem *kutonet* im Hebräischen. Heute würde man es T-shirt nennen. Der wollene Mantel oder Überwurf, *himation* genannt, ist wohl das älteste Kleidungsstück des Menschen, ursprünglich ein wollenes, rechteckiges Tuch, das man auch zum Zudecken und Einschlagen verwandte, keine Knöpfe hatte und nur mit Spangen und Fibeln auf einer Schulter zusammengehalten wurde, und zwar so, daß es eine Hand frei ließ und die andere die breiten Falten, die am Körper herabfielen, hielt. Den einfachen Mantel, der nur zum Schutz gegen das Wetter diente, nennt der Talmud nicht *himation,* sondern *pinas* oder *palais* (vom lateinischen *paenula* oder *pallium*). Das Himation war das Letzte, was Ärmste noch veräußern konnten. Eine hellenistische Novelle erzählt von dem verlorenen Sohn, der das Erbe seines Vaters vertan hatte, in der Not zuletzt sein Himation verkaufte, weil er fälschlicherweise meinte, es sei schon Frühling geworden, und dann erfror. Das bescheidene Kleidungsstück, das Jesus seinen Jüngern als Zeichen der Selbstlosigkeit empfahl und wahrscheinlich selbst trug, war eben der Chiton (Mt. 10,9 f.), ein schlichtes, leinernes T-shirt. Auch die kynischen Missionare demonstrierten mit anspruchsloser Kleidung ihren Protest gegen den Luxus der römischen Kaiserzeit. Das Neue Testament bezeichnet den einfachen Fischermantel mit *ependytes* (Jo. 21,7), den Reisemantel des Paulus mit *phelone*. Der zottige Hirtenmantel aus Fell oder Loden hieß *paenuk*. Johannes der Täufer trug einen rauhen Schurz aus Kamelhaarfell, um seine Zugehörigkeit zur Wüste zu demonstrieren. Jesus sprach zur Volksmenge, die zu Johannes in die Wüste pilgerte:

> »Wozu seid ihr in die Wüste hinausgegangen? Ein Rohr zu schauen, das vom Wind bewegt wird? Oder wozu seid ihr hinausgegangen? Einen Menschen zu sehen, der mit *weichen* Kleidern angetan ist? Siehe, die weiche Kleider tragen, sind in den Häusern der Könige« (Mt. 11,7).

Verweichlichte Höflinge in entsprechender Kleidung! Die Männerkleidung betonte durch strenge Gesellschaftsgesetze die Standeszugehörigkeit ihres Trägers. Aus dem *Himation* wurde die *Toga* der Römer. Ausländer, Verbannte und Sklaven durften keine Toga tragen. Wer eine Toga mit Purpurstreifen, die nur regierenden Kreisen vorbehalten war, anhatte, wurde von Nero hingerichtet. Hosen und Unterwäsche kannte man nicht. Kaiser Augustus, der selbst im Sommer fror, trug drei Togen übereinander. Den Tempel durfte man nur in einem Mantel ohne Geldgürtel, ohne Schuhe und Stock betreten.

Immer wieder betonen die altisraelitischen Quellen, daß ihre Vorfahren, selbst Könige und Priester, nur Schurze und schlichte Hemdkleider kannten. Feiertagskleider waren für manchen unerschwinglich und wurden von dem Vater auf den Sohn vererbt. In einer römischen Komödie gibt ein Schauspieler auf die Frage, wie alt er werden wolle, die Antwort: »So alt wie das Sabbatgewand eines Judäers.«

Wie sahen die Judäer um die Zeitenwende aus? Zwar gibt es unzählige hellenistische Terrakotten, die naturalistisch die

Männerkleidung
a) Eleve mit kurzer Clamys(Mäntelchen), die über der Brust oder der rechten Schulter zusammengeheftet wurde; b) Jüngling mit kurzem gestreiftem langärmeligem Hemdrock; c) langes wollenes Himation, Philosophenmantel genannt; d) persische Tracht mit Pumphosen und Stiefeln; e-g) Gelehrte aus Dura Europos mit gestreiftem Untergewand und einem »Gamma« auf dem Obergewand.

Mode ihrer Zeit wiedergeben, aber könnte es nicht sein, daß die Judäer eine Sondertracht (wie im europäischen Mittelalter) trugen? Diese Frage konnte 1932 mit einem Nein beantwortet werden, als französische Archäologen Dura-Europos am Mittellauf des Euphrat in Syrien freilegten. Auf den reich ausgemalten Wänden einer Synagoge, die 256 n. C. zugeschüttet wurde, sind biblische Geschichten abgebildet. Die Kleidung der Judäer auf dem Bilderzyklus ist fast ausschließlich griechisch-römisch, allerdings mit kleinen asiatischen Nuancen. Die hierarchisch starren Gestalten zeichnet ein innerliches, volkstümlich-religiöses, echt judäisches Gefühl aus, das von der äußerlichen griechischen Kleidung nicht beeinträchtigt wurde. Man nahm an, die Judäer trugen wie etwa die Inder heute nur ungebleichte, also weiße Kleidung (Lk. 23,11). Dieser Irrtum konnte jetzt korrigiert werden. 1960–1961 gelang Yadin in den Höhlen am Toten Meer der Fund vollständiger wollener Gewänder.

> »Die Wichtigkeit dieser Funde«, schreibt Yadin, »besteht darin, daß es die einzigen vollständig erhaltenen Kleidungsstücke aus der Römerzeit sind und die einzigen, von denen wir ohne Zweifel wissen, daß deren Träger Judäer waren.«

Laboruntersuchungen der Gewandfragmente ergaben, daß sie *alle* bunt waren. Textillabors in Europa und Amerika analysierten 34 verschiedene Farbtöne aus den Geweberesten. Die drei Grundfarben Gelb, Rot und Blau stammen aus Pflanzenextrakten wie Krokus, Kreuzbeere, Reseda, Safran, Scharlachbeerwurzel und Granatapfel. Bei der Textilfaseruntersuchung stellten die Chemiker fest, daß es unter den Funden aus den Höhlen am Toten Meer auch Stoffe aus gemischten Fäden von Wolle mit Seide oder Leinen gab, die laut dem Kleidergesetz verboten waren. Jedes Kleidungsstück, das Professor Yadin fand, bestand aus zwei an den Schmalseiten zusammengenähten Stoffbahnen, die in der Mitte eine Öffnung für den Hals wie bei der römischen Tunika frei ließen. Viele Stoffbahnen hatten einen Längsstreifen neben der Webkante, am Körper verliehen sie dem reich gefalteten Gewand eine belebende Note. Einige Stoffbahnen hatten statt der Längsstreifen kurze, gewinkelte

Streifen mit gegabelten Enden. Sie sahen wie der dritte Buchstabe, Gamma, im griechischen Alphabet aus und wurden Gammastreifen oder Gammadia genannt. Dieselben Gammastreifen tragen verschiedene Personen auf den Wandbildern in der antiken Synagoge von Dura-Europos sowie Jesus und seine Jünger auf einem byzantinischen Mosaik in Ravenna.

»Gamma«-Muster

Jesus und seine Jünger tragen auf einem frühchristlichen Mosaik (5. Jh. n.C.) in Ravenna gestreifte Unterkleider und ein »Gamma«-Muster auf dem Obergewand. Jesus trägt braune, die vier Jünger weiße Kleidung.

Frauenschönheit von exotischem Reiz

Die Kleidung der Frauen und Männer war zu Beginn die gleiche, muß aber dann wegen des Verbots des Kleidertausches merkbare Unterschiede aufgewiesen haben. Weitere Erkennungsmale unterschieden Halbwüchsige von Ehefrauen, Hetären von Witwen, Adelige von Bürgerinnen, Herrinnen von Dienerinnen. Die Unterschiede zwischen einfachen und Luxuskleidern wurden dann größer und die Zwischenformen zahlreicher. Selbst solche Frauen, die am Hungertuch nagten, waren beim Kleiderkauf keineswegs anspruchslos. Auch in den unterentwickelten Ländern fanden die Frauen rasch Geschmack an den modischen Kleidern der fortgeschrittenen Länder. Diesen Vorgang kann man heute in Kairo verfolgen: Kaum war der arabische Schleier gefallen und ein gewisser Wohlstand erreicht, trugen die Mädchen der Oberschicht gewagtere Minikleider als die Pariserinnen. Dagegen sind die *Fellachinnen* in den Dörfern um Kairo traditionell gekleidet. Genauso wird es um die Zeitwende in Judäa gewesen sein. Josephus beschreibt die Dörflerinnen im Gegensatz zu den Jerusalemer Damen, die ihre neuesten griechischen Modeschöpfungen im Theater und auf allen Festlichkeiten zur Schau stellten:

»Die galiläischen Bäuerinnen aber muß man sich in lumpigen, knöchellangen Röcken vorstellen.«

Verfolgen wir die Kleidung der Frauen von der Wiege bis zum Grabe: Die Windel galt als Zeichen dafür, daß das neugeborene Kind »angenommen und anerkannt« wurde (Lk. 2,7,12). Aus diesem Grunde wurden Findelkinder nackt ausgesetzt. Die Windel war ein 6 m langes Wickelband, in welches das neugeborene Kind während der ersten sieben Tage fest gewickelt wurde, um die Glieder zu strecken. Yadin fand am Toten Meer ein leinernes Kinderhemdchen. Es hatte an den Enden verschnürte Beutelchen, die Kräuter, Gewürze und Samen enthielten. Diese dienten prophylaktischen und heilenden Zwecken. R. Abaye sagte:

»Meine Mutter erzählte mir: ›Drei Knoten beugen jeder Krankheit vor; fünf heilen sie; sieben sind wirksam gegen jede Hexerei‹.«

Reinheit und Jungfräulichkeit waren das höchste Gut und Vorbedingung einer Ehe. Deshalb trugen Mädchen eine ihre Jungfernschaft symbolisierende weiße Kleidung und wurden vor der Pubertät verheiratet. (Daß das Hymen auch ohne Geschlechtsverkehr einreißen kann, war im Altertum unbekannt). Ein Adi-Schmuck, eine Art Keuschheitsgürtel für Jungfrauen, wird ebenfalls erwähnt. Im Ägyptischen bedeutet »adi= unterer Teil«, war also ein Schmuck, der unter der Gürtellinie getragen wurde. »Teenager« drapierten einen hauchdünnen Überwurf zu einem doppelten Chiton. Unterkleid und Überwurf bildeten auf reizende Weise ein Ganzes, ließen Schultern

Eine verschleierte Braut reicht in feierlicher Zeremonie dem Bräutigam die Hand. Dieser hält den Ehekontrakt in der Hand. Oft kam es vor, daß sich Eheleute erst in der Hochzeitsnacht nach der »Entschleierung« zum ersten Mal sahen. (Nach einem etruskischen Sarkophag)

und Arme frei, und die weiblichen Formen traten durch den höher gebundenen Gürtel vorteilhaft hervor. Kaiser Tiberius ließ jede verheiratete Frau, die öffentlich in einem Chiton der Teenager erschien, der mehr enthüllte als verhüllte, bestrafen.

Alle Dämonen lauerten einer Kind-Braut auf, wenn sie das väterliche Haus verließ und das Haus ihres Mannes betrat. Ein Schleier umhüllte sie und schützte sie vor Gefahren. Mit diesem weihte sie sich zum Opfer für die Hausgötter ihres Gatten, die sie zu versöhnen trachtete. Hieronymus bestätigt, daß die ersten Nonnen als Braut Christi denselben Schleier wie weltliche Bräute anlegten, nur in einer anderen Farbe: statt in Rot in Weiß. Der Bräutigam durfte sie tagsüber nicht sehen, erst nachts durfte er sie entschleiern. Es ist falsch, sich die Frauen jener Zeit verschleiert wie die Araberinnen vorzustellen. Die Frauen genossen nach literarischen und archäologischen Quellen viel größere Freiheiten als Mohammedanerinnen. Als stolzes Zeichen ihres Ehestandes trugen sie eine Haube, ein Diadem oder eine Krone. In der Hochzeitsnacht vertauschte die Kindbraut den Schleier mit der Haube (»Sie kam unter die Haube«). Vom ersten Tag ihrer Ehe durfte sie nicht mehr ohne

Haube auf die Straße gehen oder sich in ihrer eigenen Wohnung ohne Haube einem Fremden zeigen. Ihr Mann hatte das Recht, sie beim geringsten Argwohn zu verstoßen. Der sittenstrenge Gallus, ein Feldherr des Kaisers Augustus, verstieß seine Frau, weil sie in Rom ohne Haube auf die Straße gegangen war. Im alten Mesopotamien goß man einer Frau, die sich mit »unbedecktem Haupt« öffentlich sehen ließ, heißes Pech auf den Scheitel oder schnitt ihr die Ohren ab. In Athen verlangte ein Puritaner, Frauen, die ohne Haube oder Schleier im Tempel erschienen, vom Gottesdienst auszuschließen. Diesem antwortete der Philosoph Phetarch (46–120 n. C.):

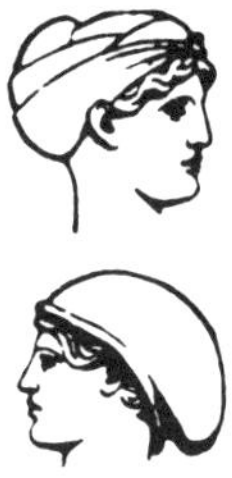

Kopftuch und Haube (griech.)

>»So willst du einer Hetäre, die mit offenem Haar von ihrer Schönheit Gebrauch macht, das Betreten eines Tempels verbieten, aber es empört dich nicht, den Apollon von Erstlingen und Zehnt-Opfern umgeben zu sehen, die von Mord, Krieg, Plünderung stammen?«

Jud. Mutter mit langem Schleier

Paulus schreibt im 1. Korintherbrief (11,5 ff.):

>»Jede Frau, die betet ... mit unverhülltem Haupt, entehrt ihr Haupt, denn sie ist dadurch ein und dasselbe wie die Geschorene..., denn ein Mann soll das Haupt nicht verhüllen, da er Abbild und Abglanz Gottes ist; die Frau aber ist Abglanz des Mannes..., deswegen soll die Frau eine *Macht* auf dem Haupte haben, um der *Engel* willen.«

Mit Macht ist wohl die Macht des Mannes wie auch die Haube gemeint. Im äthiopischen apokryphischen Henochbuch wird der Satz »die ihr Haupt um der *Engel* willen verhüllen müssen« (1. Mose 6,2) so erklärt, daß damit die Engel Schamschaesai und Azael gemeint sind, die, von der Schönheit der Menschentöchter betört, sie verführten und zu gefallenen Engeln wurden.

Ganz so puritanisch, wie es scheint, war damals die Zeit ganz und gar nicht. Der Gesetzgeber empfiehlt den Frauen, durch Schönheitspflege und durch Kleidung ihre Persönlichkeit hervorzuheben; er bestimmt, daß eine Frau einen Teil ihrer Mitgift oder ihres Haushaltsetats für Kleider und Kosmetik ausgeben dürfe. In den Eheverträgen werden Morgengaben in Form von Kleidern und Schmuck erwähnt. In einer Urkunde aus Ele-

a b

c d

e f

Frauenmode

a) Frau in Peplos. Im Gegensatz zum Chiton blieb es meist an der rechten Seite offen, darüber der Apoptygma (Überschlag); b) griech.-orientalische Tracht mit langem Chiton, über den Kopf gezogenes Schleiertuch; c) Kleidermode in Dura Europos: junges Mädchen mit unter der Brust gerafftem Hemdkleid und tief sitzendem »Jungfräulichkeitsgürtel« (?). Auf dem Kopf trägt sie ein kurzes befranstes Tuch; d–f) Matronen in plumpen Röcken, von zwei Gürtelwülsten gehalten; e) mit Pumphosen.

Wie sah eine Frau in neutestamentarischer Zeit aus? Dieses Mumienporträt wurde bei Haifa gefunden.

phantine heißt es, Demetria bringe ihrem Mann Kleidung und Schmuck im Wert von 1000 (!) Drachmen in die Ehe mit. Kulturgeschichtlich wichtiger ist ein Ehekontrakt vom 5. April 128 n. C., der am Toten Meer gefunden wurde: Die Mitgift der Selampsione (Salome-Zion), aus Silber, Gold und Kleidern bestehend, hatte einen Wert von 200 Silberdenari – eine wahrhaft beträchtliche Summe.

Frauenschönheit war eine nationale Verpflichtung. Kleider aus importierten Stoffen, die sündhaftes Geld kosteten, wurden bevorzugt, selbst wenn sie den ganzen Haushaltsetat verschlangen. Modebewußte Damen trugen Byssus aus Ägypten, durchsichtige Baumwollgewebe aus Indien, Buntstickereien aus Persien, Purpur aus Tyros, Naturseide aus China, Damast aus Damaskus und hauchdünnes Musselin, das in Rom »gewebte Luft« hieß. In einem Aufruf mit dem Ziel, diese Unsitte abzubrechen und zu den einfachen Bauernkleidern der Ahnen zurückzukehren, spottete der Philosoph Seneca selbst:

> »Mit den guten Sitten ist es vorbei! Das Kleiderlaster triumphiert! Tugend und Anstand sind tot! Die Menschheit wird immer schlechter! So sprach man zur Zeit unserer Väter, und wir wiederholen es heute, und morgen werden es unsere Kinder sagen.«

Trauer- und Witwenkleider wurden oft von der hellenistischen Kunst dargestellt. Erschütternd wirken auf den Betrachter die verhüllten Klagefrauen auf dem Alexandersarkophag aus Sidon aus dem 4. Jh., der heute in Istanbul ausgestellt ist. Ein Zug von Klagefrauen ist dort abgebildet, jede zeigt, psychologisch differenziert, eine andere Trauergebärde. An den langen Schleiergewändern ist die Farbe nicht zu erkennen. Die Farbe der Trauer war Weiß.

Schuhe, ein Luxus – Fußpflege, eine Pflicht

Fußbekleidung war kostspielig, man ging im Hause barfuß; aber auf der Straße ohne Schuhe zu gehen verstieß gegen die Sitte: Nur Sklaven oder Trauernde gingen barfuß. Der Rabbi, der gleichzeitig Schuster war, erklärte:

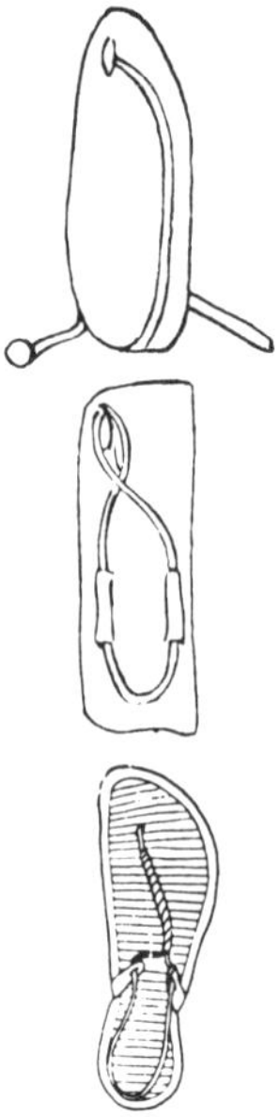

Sandalen
(Israel)

»Wer Schuhwerk trägt, zertritt Dornen, wer keines trägt, wird vom Dornengestrüpp zertreten. Wer auf einem Roß reitet, ist König, auf einem Esel Edelmann, auf Schusters Rappen Bürger; wer aber barfuß läuft, ist ein Toter!«

Ein anderes Volkswort behauptete: »Erst wenn ein Sohn barfuß läuft, erinnert er sich an sein Vaterhaus.« Im Lukas-Gleichnis kommt der verlorene Sohn barfuß zu seinem Vater zurück, und dieser befiehlt den Knechten sogleich, ihm Schuhe zu bringen (15,22). Das Wiederanlegen von Schuhen bedeutete die Wiederaufnahme in die freie Gesellschaft. Als Sklavendienst verstand man, einem Zweiten die Sandalen abzustreifen oder die Schuhriemen zu lösen (Lk. 3,16). Jedem Gast zog ein Sklave oder der Hausherr die Sandalen aus und wusch ihm die Füße.

Diese auch im alten Griechenland verbreitete Sitte (denn die Wege im alten Hellas waren genauso staubig wie in Israel) beschreibt bereits Homer. Auf einer griechischen Vase aus Etruria wäscht die Amme Antiphata die Füße des ewigen Wanderers Odysseus in einem ovalen Becken mit Griff. Bewegliche Fußwannen aus Ton mit Ständer in der Mitte wurden an vielen Orten Israels gefunden. In den Patrizierhäusern in Jerusalem gab es ausgehöhlte Steine mit Fußstützen, darin 2 bis 3 Löcher, aus denen das schmutzige Wasser in die darunterliegende Grube floß. Jeder, der eine Wohnung betrat, mußte sich vorher

Die Füße eines Gastes zu waschen war jedermanns Pflicht. Homer erzählt, wie die treue Amme Antiphata ihrem geliebten und nach langer Irrfahrt zurückgekehrten Odysseus die Füße wäscht. Nach einem Vasenbild aus Etruria. (National-Museum, Neapel)

die Füße waschen – ein Brauch, der heute noch vor jedem islamischen Heiligtum gepflegt wird.

Die in den Höhlen am Toten Meer und in Masada gefundenen Sandalen waren von einfachster Machart: Ein Stück unbearbeitetes Leder ohne Absatz, mit Bändern, die zwischen der großen und der zweiten Zehe zur Fußspanne liefen und am Fußgelenk oder an der Wade verschnürt wurden, war das Hauptmodell.

In einer Höhle im Nahal Heber, 5 km nördlich von Masada, fand Yadin auch orthopädische Sandalen:

> »Ein Schmuckkasten war das erste Anzeichen dafür, daß wir das Versteck einer Frau gefunden hatten. Nun kam ein Paar außerordentlich gut erhaltener Frauensandalen zum Vorschein. Eine der Sandalen sah etwas orthopädisch aus, und in der Tat sagte mir später ein Orthopäde, der sie prüfte, die Trägerin müsse gehinkt haben. Später sollten wir noch viel mehr über diese Frau erfahren. Sie hieß Babata und hinterließ ein Archiv von 3 Dutzend Urkunden, wohl die wichtigsten Dokumente zur Sittengeschichte dieser Zeit.«

Die Fußbekleidung bildete einen Gradmesser für Reichtum. Es gab weiße oder rotgefärbte, vergoldete, mit Stickerei, Perlen und Juwelen besetzte Luxussandalen. Elegant und praktisch waren Schnabelschuhe aus Babylon mit nach oben gekrümmter Spitze, die die Zehen in Bergländern besser schützten. Weiche Saffiansandalen kamen aus Laodikeia. Ein hoher, grober Riemenschuh hieß *pero*. Der halboffene, mit Nägeln beschlagene Soldatenstiefel *caliga* gab dem Kaiser Caligula den Namen. Einen *colceus* aus rotem Oberleder, der bis zur Hälfte des Schienbeins reichte, trugen die besseren Leute.

Der römische Schriftsteller Marcus V. Martial (etwa 40–100 n. C.) war ein begeisterter Schuhkäufer, gelangte in Rom zu Ruhm und Reichtum, geriet im Alter in Vergessenheit und Not, mußte barfuß laufen und sich ins Landleben zurückziehen. Er gibt zu, von seinem Schuster – ein Hans Sachs der Antike – die Kunst des knappen, scharfen Epigramms erlernt zu haben. Zugleich betont er, daß ihn der kluge Schuster durch seine hohen Preise arm gemacht habe:

Sandalen (röm.)

»Das war in Rom, wo selbst der Hunger teuer ist, wo man im Sommer täglich 4 Togen wechselt (und teures Schuhwerk tragen muß), hier auf dem Lande benötige ich eine einzige Toga in 4 Tagen und laufe barfuß in meinem Palast.«

Auch in Judäa »machte das Schustern weise«. Vier Schriftgelehrte, R'Johanan ha-Sandelar, R'Jose, R'Chaninja und R'Oschaja waren Schuhmacher. Die dürftigen Werkstätten der beiden letzten lagen in den winkeligen Außenbezirken der Huren. Wenn sie ihnen das Schuhwerk anprobierten, Sandalen an- und auszogen, wandten sie den Kopf ab und murmelten Psalme, um die schönen Waden nicht zu sehen. Der Sklavendienst an den Hetären versetzte sie in die Lage, »durch die Fähigkeit der Hände die Seele zu bilden«.

Haartracht und Haarpracht

Esther mit der Mauerkrone (Dura Europos)

Es war einmal ein reicher Herdenbesitzer, der hieß Kalba Sabua. Seine einzige Tochter Rahel begegnete eines Tages einem Hirten namens Aqiba. Das Fräulein in Seide, von den klugen Augen des von einem zottigen Fell bekleideten Wilden fasziniert, bat ihren Vater, seinen Miethirten heiraten zu dürfen. »Nur über meine Leiche«, sprach der Alte und warf seine Tochter hinaus. Rahel und Aqiba flohen bei Nacht und Nebel und feierten ihre Hochzeitsnacht in einem verlassenen Schuppen auf einem Strohlager. Am Morgen sammelte der Hirte die Strohhalme aus dem Haar der Geliebten, küßte sie und sprach: »Eines Tages lege ich dir statt der Strohkrone ein goldenes Diadem aufs Haupt.« Da klopfte der Prophet Elias, als Bettler verkleidet, an die Tür des Schuppens und bat um etwas Stroh für seine Frau, die unterwegs auf offenem Felde von Geburtswehen überrascht wurde. »Siehst du, meine Liebe«, sprach der Hirte zu seiner Frau, als sich der verkleidete Bettler für einen Strohpacken tausendfach bedankte, »auch eine Strohkrone ist viel, denn es gibt Leute, die noch ärmer sind und nicht einmal Stroh besitzen.« Aus dem Hirten mit den klugen Augen wurde auf Rahels Wunsch ein bedeutender Gelehrter mit eigener Schule und 20 000 Schülern.

Diese Legende paßt gut zu dem berühmten Rabbi, der es durchsetzte, daß das »Hohe Lied«, dieses glühende Liebeslied, in den Kanon Aufnahme fand. Die himmlische Liebe ist die Sublimität der irdischen Liebe. –

Soweit die Legende. Bevor es Hauben und Schleier gab, trugen die Frauen, damit die Haarfülle nicht in die Stirn fiel, eine einfache Schnur aus Leinen, Wolle oder Stroh um den Kopf gebunden. Daraus wurde das Diadem der Wohlhabenden und Fürstinnen. Eine mit Perlen, Gold, Silbermünzen und Purpur geschmückte, mauerartige Krone nannte man »Goldenes Jerusalem«. Auch die syrische Isis schmückte eine Mauerkrone. Schöner als Krone und Schleier ist langes, dichtes, sprühendes

Ohrringe (israel.)

Aqmat aus Palmyra, Gattin eines reichen Kaufmanns, trägt ein goldenes Diadem mit geflochtenem Stirnband, über dem goldgepuderten Haar einen hauchdünnen Schleier und reichen Schmuck. Der ziselierte Schmuck (nebenstehend nach Funden in Israel um 50 v.C.) sieht genauso aus, wie er noch heute im Nahen Osten getragen wird. (Büste aus Palmyra, ca. 100 n.C.)

Frauenhaar. Im 1. Korinther-Brief heißt es:

> »Wenn ein Mann langes Haar trägt, ist es eine Schande für ihn, wenn aber eine Frau langes Haar trägt, ist es eine Ehre für sie; langes Haar ist ihr statt eines Schleiers gegeben« (1. Kor. 11,14).

Neben der Kleidung, oder vielmehr in Verbindung mit ihr, war von jeher die Frisur Ausdruck menschlicher Kultur. Die Zeitwende war, was die Gestaltung der Haartracht angeht, die erfindungsreichste der Antike. Auf alexandrinischen Terrakotten und auf römischen Grabbildern und Wandbildern sind die mannigfachen individuellen und originellen Formen zu sehen.

Haartrachten (griech. röm.)

Sie reichen von der betonten Schlichtheit eines einfachen Knotens oder Zopfes bis zu den raffiniertesten und überladensten Gebilden.

Ovid schildert ausführlich, wie sich elegante Frauen in Rom bei jeder Gelegenheit anders, raffinierter und »löckchenreicher« frisierten. In der Kaiserzeit war es Mode, das Haar in 1000 Löckchen an Stirn und Schläfen, von einem *onatrix,* einem Haarkünstler, künstlich gedreht und aufgetürmt, zu tragen. Mit Hilfe von Ziegenfett, Buchenholzasche und Olivenöl wurde das Haar glänzend. Zum Steifen der Frisur benutzte man Kuhmist, Lehm , Wachs oder Butterfett. Darüber sprühte man starkes Duftwasser. Um den tausend Kräusellöckchen einen kupferroten Ton zu geben, empfiehlt Plinius als Färbemittel die Cyprusblume, die bei Jericho wächst. Bodenfunde zeigen Haarbinden, Haarnetze, auch aus feinem Metall, Haarnadeln, Kettchen, Spiralen, parfümierte Pomaden, Haarfärbemittel, Kämme, auch elfenbeinerne, und vor allem Spiegel. Meist sind es Handspiegel oder Reisespiegel mit Scharnieren in einem Kästchen. Die Handspiegel zählen zu den schönsten Schöpfungen der damaligen Kleinkunst. Ein anmutiges Rätsel, das nach dem Spiegel fragt, lautet:

»Siehst du mich, sehe ich dich,/ Du siehst mich mit Augen, ich sehe dich ohne Augen.../ Willst du, rede ich ohne Stimme, denn die Stimme gehört dir,/ mir aber öffnen sich die Lippen klanglos.«

6. GEWERBEFLEISS

Rabbi und Handwerker

»Arbeit macht schmutzig. Minderwertig ist jeder, der von seiner Hände Arbeit lebt« – so der griechische Philosoph Platon (gest. 427 v. C.) –, »teils, weil Erwerb um des Erwerbens willen plebejisch ist, teils, weil physische Arbeit den Menschen vom höheren philosophischen Geistesflug abhält«. Sokrates (gest. 470 v. C.) hielt philosophische Gespräche in den Straßen Athens wie im Gymnasium ab und belehrte einen nervösen Schüler, der vor versammeltem Volk unsicher stammelte:

> »Vor wem schämst du dich? Vor den Walkern, Schustern, Zimmerleuten und Krämern, deren Trachten einzig darin besteht, billig einzukaufen und teuer zu verkaufen (ohne an geistige Güter zu denken)?«

Mit der gleichen Geringschätzung äußerte sich Cicero (104–43 v. C.) über Gewerbe und Handel, aber aus einem anderen Grund: Nur jener Gewerbebetrieb ist schmutzig und verächtlich, der nicht *viel* einbringt. Leiter von Großbetrieben, die die Arbeitskraft anderer in Kapital umschlagen, sind würdige Aristokraten und wichtig für die Nationalökonomie. Cicero unterscheidet zwischen einem Kleingerber, der den für sein Gewerbe nötigen Hundekot selbst einsammeln muß und stinkend ins Bett seiner Frau steigt, und einem Großgerber, der von Sklaven den Urin einsammeln läßt und seine Frau mit Reichtum verwöhnt.

Die griechische Absage an die Arbeit, als ob sie einen Menschen entwürdige, gab es in Israel nie. Es gab keine ritterliche Feudalkaste und keine feudal-theologische Gesellschaft, keine

Werkzeug (Israel)

Fürsten und Grafen, die Gönner und Förderer der Akademien und Gelehrten sein konnten. Der Schriftgelehrte erhielt keine staatliche oder institutionelle Unterstützung, um sein Lehramt vollamtlich zu betreiben, er mußte sich selbst ernähren. In einem Land, wo es mehr Steine als Brot gab, war es nur möglich, »im Schweiße seines Angesichtes« seinen Lebensunterhalt zu verdienen. Der knapp honorierte Pädagoge versuchte »torah we'aboda« (= Lehre und Arbeit) zu verbinden. Es sind dies die zwei Grundpfeiler von Himmel und Erde, Materie und Geist, Erzeugen und Willen, Handwerk und Philosophie, von Leben und Lebensexistenz schlechthin. Das Bibelwort »Du sollst das Leben wählen« (5. Mose 30,19) kommentiert R'Juda ha'Nasi (180–218 n. C.) mit den markanten Worten: »Damit hat Gott gesagt: Du sollst die Arbeit wählen.« Die alten Propheten Israels kamen aus ländlichen, weidereichen Gefilden, die Schriftgelehrten der Zeitwende aus den dumpfen Handwerkervierteln der Städte. Der philosophische Schuster, der predigende Zimmermann, der »spintisierende« Weber waren die neuen Repräsentanten der urbanen Gesellschaft. Sie waren die bürgerlichen Gegenspieler des absolut regierenden Königtums – sei es das hasmonäische oder herodesische – oder der römischen Besat-

Im Steinbruch wurden die Blöcke schichtweise freigehauen, indem man im Abstand von 5 bis 12 cm Holzkeile trieb, die, über Nacht befeuchtet, aufquollen und den Block lossprengten. Die Steinleger waren gleichzeitig Steinbrecher und Steinmetze. Sie bildeten wie zur Zeit der mittelalterlichen Bauhütten eine stolze Innung. (Nach Irmscher)

zungsmacht und brachten, im sozial verstandenen Auftrag, neue freiheitliche Wertbegriffe aus dem produktiven Stand jener, »die von der Hände Arbeit lebten«, zum Ausdruck. Unter dem damaligen Stadtvolk ging ein Nachdenken über die wirtschaftlichen Unterschiede der Stände um, aus den nachdenkenden Bürgerkreisen kamen die Schriftgelehrten, die oft nur ein »Schusterhebräisch« (Volksaramäisch) sprachen, um sich dem Volk verständlich zu machen. Die wirtschaftlich schlechtgestellten Schriftgelehrten können in ihrer Mehrheit nach einem Wort von Wilhelm Raabe als »Hungerpastoren« bezeichnet werden.

Die erbliche Priesterkaste, die im 6. Jahrhundert v. C., von den Persern unterstützt, den weltlichen Adel ablöste und ihrer hierarchischen Regierungsgewalt entsprechend einen funktionierenden Apparat von Verwaltern, Schreibern, Steuereintreibern, Subalternbeamten, Richtern, Polizei und Aufsehern aus ihrer eigenen Reihe stellen mußte, wuchs zahlenmäßig zu einem Monstrum an. Im 2. Jahrhundert v. C. aber, mit der anwachsenden weltlichen Macht der hasmonäischen und herodesischen Herrscher, verlor die Priesterkaste schrittweise ihr politisches und wirtschaftliches Übergewicht und geriet immer mehr in Armut und Abhängigkeit. Eine große Zahl arbeits- und brotlos gewordener Priester ließ Herodes I. zu Bauhandwerkern umschulen. Sein Enkel Agrippa I. verschaffte ihnen Arbeitsplätze bei der Straßenbepflasterung. Daß es so einfach war, geistliche Herrschaften in einen manuellen Beruf einzugliedern, beweist, daß sie schon vorher mit rauher Arbeit vertraut waren. W. S. Bodenheimer, Professor an den Universitäten Leiden und Jerusalem, stellt nach einer Untersuchung fest, daß die judäische Priesterschaft neben dem Tempeldienst auch eine Hilfswirtschaft oder ein zusätzliches Handwerk betrieb. Tatsächlich bestellte Herodes in den Tempelwerkstätten 1000 Kleider für arm gewordene Priester, die diese nicht selbst bezahlen konnten. Laut M. J. Rostovzeff entstanden die Verbände der Handwerker in Kleinasien als Nachfolgeorganisation jener Handwerker, die für Tempel arbeiteten – »eine Vereinigung von Leuten, deren erblich übernommene Beschäftigung ihr spezielles Gewerbe bildete, vielleicht Nachfolger von Priesterfamilien, die die Gewerbegeheimnisse kannten und hüteten«.

Die Bauhandwerker

In jedem neuen Staat- oder Stadtwesen ist der Hauptauftraggeber der städtischen Industrie und des Gewerbes der Staat. Die Masse besitzt weder das nötige Entwicklungskapital noch das entsprechende Interesse. Außer dem Heerwesen ist das Bauwesen für alle Handwerker eine Schlüsselposition. Es wird vielfach übersehen, daß die Entwicklung des Handwerkerstandes in erster Linie mit dem aufwendigen herodesischen Tempelumbau zusammenhängt. Herodes, wie schon gesagt, ließ Tausende von Priestern zu Bauhandwerkern umschulen, außerdem fanden als Zulieferanten freie Steinmetze, Zimmerleute, Kunsttischler, Gold-, Silber- und Kupferschmiede, Elfenbeinschnitzer, Weber, Färber, Seiler, Gerber, Wagenbauer, Fuhrleute, Lastträger, Kranführer usw. Beschäftigung. Der Wohlstand, durch Staatsaufträge angehäuft, wurde in Privatbauten und Einrichtungsgegenstände investiert. Ein Rad griff ins andere. Das Geld rollte. Auch die neuen Städtebauten brachten dem Bauhandwerk Aufträge und Reichtum ein. Der Zimmermann Joseph von Nazareth fand Arbeit bei dem Neuaufbau der ersten Residenz seines galiläischen Landesfürsten in Sepphoris (Saffurje), die nur $4^1/_2$ km von seinem Heimatdorf lag, und nicht im winzigen »Flecken« Nazareth, wo die Olivenbauern und Ziegenhirten sich selbst ihre Hütten bauten. Als Antipas seine Residenz an einen geographisch günstigeren Punkt am See Genezareth verlegte, stockte der Arbeitsmarkt in Sepphoris, und vielleicht wanderte aus diesem Grund Jesus, der Sohn des Joseph, nach Kapernaum, um neue Arbeit zu finden. Der Beruf der beiden wird im griechischen Orginaltext des Neuen Testaments mit *tekton* bezeichnet. Luther übersetzt es mit Zimmermann, weil zu seiner Zeit die meisten Häuser in Deutschland Fachwerkbauten waren und der Zimmermann der

Mit Drillbohrer
Holzspalten
Hobeln
Sägen

wichtigste Handwerker beim Häuserbau war. Im holzarmen Israel errichtete man die meisten Häuser aus Stein, so daß man nicht an einen Zimmermann oder einen Bautischler im weitesten Sinn denken muß, sondern an einen Maurer oder Steinmetz. Laut Vitruvius mußte ein *tekton* Geometrie, Mathematik, Optik und Astronomie beherrschen und mit größter Sorgfalt seine Arbeit ausführen, da jeder Stein, den er zerbrach, von ihm ersetzt werden mußte. Außerdem erforderte der Beruf des Steinmetzmeisters schöpferische Selbständigkeit. Die Anweisungen, die er erhielt, waren nur allgemein und schematisch gehalten und gestanden ihm eine gewisse Gestaltungsfreiheit zu. Zur technischen Beherrschung neuer Mauerarten hatte er meist nur sehr einfache Werkzeuge zur Verfügung, die zudem teuer waren. Als bahnbrechende Neuheit müssen die Meßgeräte bezeichnet werden, die eine technisch entwickeltere Arbeitsweise ermöglichten. Die Aufträge wurden komplizierter, der Geschmack wurde anspruchsvoller, der Handwerker wurde zum Künstler.

Es herrscht die irrige Ansicht vor, daß die hervorragenden architektonischen Leistungen um die Zeitwende in Judäa römischen oder griechischen Ingenieuren zu verdanken sind. Die Wirklichkeit widerspricht dieser Auffassung. Die Bauten sind ebenso wie die wundervollen frühgotischen Kathedralen im Rheinland und in Frankreich das Werk der Bauhütten, der organisierten schöpferischen Steinmetze. Reich wurden die Handwerker nie, aber am Hungertuch brauchten sie auch nicht zu nagen.

Ein Archi-tekton war kein Architekt, sondern der Ober-Tekton (Baumeister). Seine Gehilfen, die rings um ihn abgebildet sind, sägen, hacken und bohren Bretter (rechts oben). Die Göttin Minerva (rechts unten) und Dädalus belehren die Menschen. (Röm. Goldglas)

Schmied sitzt bei der Arbeit

Jede Zunft eine Großfamilie

Die Zünfte haben eine lange Tradition in Israel. Schon durch das starke Familien- und Zusammengehörigkeitsgefühl der hebräischen Stämme entstand eine Art Gildewesen. Der Urtypus war der Familienbetrieb. Die Judäer kannten keine privaten Großbetriebe und waren keine Sklavenhaltergesellschaften wie die Römer. Selten wurden zusätzliche Kräfte angestellt; die Familienmitglieder genügten im Betrieb vollauf.

Ohne Ausnahme arbeiteten alle Handwerker, wie noch im heutigen Orient, gemütlich im Sitzen, selbst die Tischler und Schmiede. Das Betriebsklima war gut; sie waren eine große Familie. Der Vater lehrte seinen Sohn das Handwerk; als strenger Patriarch war er das Oberhaupt des familiären Handwerkbetriebes, in dem nicht nur die Söhne, sondern auch die Frauen und Töchter tätig sein mußten. Der Vater hatte ein Anrecht »auf der Hände Arbeit seiner Töchter« bis zu ihrem 12. Lebensjahr. Mit 12 Jahren und 1 Tag mußte er sie verheiratet haben. Ebenso uneingeschränkt gehörte ihm gesetzlich die Arbeitskraft seiner Frau, der nicht nur die Herstellung, sondern auch der Verkauf der Erzeugnisse oblag. Linguistisch ist der Ursprung erhalten geblieben: Die Zunft hieß *mespacha* (= Familie) und die Zunftgenossen hießen *banim* (= Söhne) (Neh. 3,31).

In den schnell wachsenden Städten des ersten und zweiten Jahrhunderts vor unserer Zeitrechnung entstand beim aufblühenden Gewerbe ein stolzes Standesbewußtsein. Die Handwerker zeigten sich auf den Straßen mit ihren Gildenzeichen ebenso keck wie die Ritter mit ihren Degen und die Adeligen mit ihren Togen. Die Leinenweber trugen als Wappen eine kleine Webspule im Ohr, die Färber eine wollene Farbprobe als Halskette, die Schneider Nadel und Faden am Gewand, die Wollweber ein Wollbüschel, die Schreiber ihren Federkasten, die Bautischler ein Winkelmaß usw. ; »und alle rühmen sich ihres Handwerkes« (so R'Natan in den »Sprüchen der Väter«).

Die Organisation der Zünfte kontrollierte den Arbeitsmarkt, kämpfte gegen *unlautere* Konkurrenz und sorgte für die Befriedigung der sozialen Bedürfnisse. Sparkassen, Versicherungen, Begräbnisfonds, Verleihung von Arbeitsgeräten und Transportmittel waren genossenschaftlich organisiert. Die Handwerker mußten an die Krone eine Gewerbesteuer, genauer: Arbeitserlaubnissteuer, und alle 4 Jahre statt des Frondienstes eine Ersatzsteuer leisten.

Als nach der römischen Besetzung das Großkapital vom Westen her hereinbrach und das erarbeitete Nationalvermögen nach Rom abgezogen wurde, kam es zum Niedergang der Zünfte. R'Meir, ein Schüler R'Aqibas, der 135 n. C. lehrte, hat das Leidvolle der Arbeit erkannt und drückt die neue Erkenntnis vorsichtig aus:

»Keine Arbeit ohne Armut und Reichtum.«

Das heißt: Waren früher alle Handwerker reich gewesen, so gab es nun im steigenden Maße auch arme Handwerker. Die staatlichen Behörden führten durch eiserne Kontrolle die Einschränkung der schwächeren Gewerbebetriebe durch. Die Macht der Gilden war gebrochen.

Jede Gilde in den Kolonien bedurfte nun einer Bestätigung durch das Protektorat, die schwer zu erhalten war. Plinius versuchte einmal, die Erlaubnis für eine Gilde (»collegium«) zum Löschen von Bränden in Nicomedia (heute Izmir, Türkei) beim Kaiser zu erlangen. Sie wurde abgelehnt, da die Einwohner dieser Gegend als *temperamentvoll* galten. Die römischen Behörden sahen in den Gilden nur geheime Organisationen mit umstürzlerischen Absichten, und in dieser Situation riet R'Schemaja den Gildenbrüdern: »Liebe die Arbeit, hasse das Herrsein, mache dich nicht der Obrigkeit bekannt.«

Brotfabrikation unter Staatskontrolle

Um das städtische Gewerbe zu erschließen und die staatliche und militärische Versorgung zu sichern, führten die Hasmonäer die *annona,* die zwangsweise Ablieferung eines Teils des angebauten Getreides, ein. Es wurde in staatlichen Silos aufbewahrt und in Großbäckereien, die unter staatlicher Kontrolle stan-

Mahlen
Sieben
Teigknetmaschine
Brot formen
Brotofen
Brot wiegen
Brotverkauf

den, verarbeitet. Die Menschen lebten hauptsächlich, manchmal fast ausschließlich, von Brot, aus Korn und Hülsenfrüchten zubereiteten Breien oder von Mehlspeisen. Aus kleinen städtischen Familienbetrieben entstanden die brotverarbeitenden Industriebetriebe. In Pompeji, das um 79 n. C. 12 000 bis 15 000 Einwohner zählte, konnten bis jetzt 40 Großbäckereien freigelegt werden. Jerusalem war bedeutend größer als Pompeji und muß dementsprechend mehr Großbäckereien in seinen Mauern gehabt haben. Durch überwachte Brotherstellung und kontrolliert niedrige Brotpreise versuchte die Krone, das Elend und die Gefahr eines einschneidenden sozialen Bruchs in den unteren Volksschichten abzuwenden. Nicht nur für die Krone, auch für die Tempelbelieferungen besaßen bestimmte Großbäckereien ein Monopol. Bekannt wurde die Großbäckerei Garmo in Jerusalem, die seit Jahrhunderten den Tempel mit Schaubroten belieferte. Hier brach der erste Streik los. Sie stellte, um eine größere Gewinnspanne zu erzwingen, die Lieferung der heiligen Brote ein; daß damit der Altar, der Gottestisch, tagelang leer blieb, erschien ihr nicht als Frevel. Die Tempelverwaltung versuchte schleunigst, woanders Brote zu bestellen; als das im Lande nicht klappte, importierte sie aus Alexandrien heilige Brote; als auch dieses nicht half, war sie gezwungen, den Bäckern von Garmo die Lohnerhöhung zuzubilligen.

Um der steigenden Nachfrage durch die rasch wachsende Bevölkerung nachzukommen, mußten die Großbäckereien ihre Betriebe mechanisieren. Großräumige Öfen mit Luftzufuhr und gemauertem Rauchabzug, mechanische Knetmaschinen, in denen sich zwei waagerechte Flügel zwischen festsitzen-

den Hölzern in einem Steintrog drehten, sowie die großen Kornmühlen in Glockenform sind die hauptsächlichen technischen Errungenschaften der damaligen Brotfabrikation. Kornmühlen aus Basalt wurden an mehreren Orten in Israel gefunden, selbst in Chirbet Qumran – ein Zeichen dafür, daß auch die Dissidenten eine moderne Bäckerei besaßen.

Brot stellt man heute, nach 2000 Jahren, nicht viel anders her als früher, nur scheint es, daß »königliche Bäcker und öffentliche Brotlieferanten« damals mehr verdienten. Marcus Vergilius Eurysaces, ein ehemaliger Sklave, Emporkömmling und erfolgreicher Großbäcker, hat sich in Rom ein noch heute stehendes Denkmal in der Via Casilina (bei der Porta Maggiore) errichtet. Auf dem Grabfries sind der Brotherstellungsprozeß und der Brotverkauf dargestellt: Aus der mit Pferdekraft betriebenen Teigrührmaschine gelangt der fertige Teig, mit 25 Prozent Sauerteig und Salz vermischt, auf einen langen Formtisch. Gesellen mit behandschuhten Händen pressen ihn in Brotformen oder formen ihn – mit Zutaten vermischt – zu Kuchen. Mit behandschuhten Händen! Denn sie fürchteten, abergläubisch, wie sie waren, daß im gesäuerten Teig böse Geister (= Bazillen) stecken.

Der Backofen *(furnus)* bestand aus einem Boden *(area)* und einem kleinen Gewölbe, das unten mit einem Ofenloch versehen war; dort wurden das Brennmaterial und der Teig eingeführt und die Asche und das Brot wieder entnommen. Es gab auch kompliziertere Großöfen aus dicht nebeneinanderliegenden Ziegelsteinen mit hohem Kamin. Unter der Ziegelsteinfläche befand sich eine mehr als 10 cm dicke Sandschicht, die Hitzeverluste vermeiden sollte. Für feineres Brot gab es besondere

Fries einer Großbäckerei (Ausschnitt) vom Grabmonument des M.V. Eurysaces auf der Via Casilina in Rom (100 n.C.).

Backofen in Pompeji

Tonöfen mit Doppelwänden. Mehrmals erscheint auf dem Eurysacesischen Fries eine Anzahl Beamte, die registrieren, prüfen, wiegen und abrechnen, ob das vom Staat gelieferte Getreide mit der hergestellten Teigware übereinstimmt. Es gab mannigfaltige Brotformen, vom kleinen runden oder ovalen Brötchen bis zum flachen Fladen und dem länglichen, etwa 500 g schweren Brotlaib, also von allen figürlichen Spielarten bis zu obszönen Gebilden von apotropäischer Bedeutung. Es gab Brot aus grober Gerste, aus gewöhnlichem oder feinstem Weizenmehl, aus Mischmehl, Hirse oder Einkorn. Es gab Mohnbrot, Sesambrot, Honigbrot und mit Pistazien, Mandeln, Nüssen, Datteln und Feigen angereicherte Brote. Mit Hefe gebackenes Brot wurde von einfachen Leuten gemieden, weil die Hefe für sie eine zersetzende, fäulniserregende, »dämonische« Kraft besaß. Aulus C. Caelsus, Zeitgenosse des Kaisers Tiberius, schreibt:

> »Für den Magen am zuträglichsten sind herbe Nahrungsmittel, leicht mit Salz bestreutes, *ungesäuertes* Brot und eingeweichter Speltbrei.«

In Judäa und auch in Hellas aß das Volk hauptsächlich ungesäuertes Brot. Dieser Brauch herrscht im Orient bis zum heutigen Tag vor. Mit Hefe gesäuertes Brot wird im Neuen Testament positiv (Mt. 13,33) und gleichzeitig negativ (Mk. 8,15) gewertet.

Seit den Tagen der Urväter war Judäa in den Jahren des Regenausfalls von Hungersnöten heimgesucht. Die Sage der Patriarchen ist ein Epos des Hungerdeliriums. Auch das Neue Testament berichtet von einer Welt des Hungers, der Knappheit, des immerwährenden Mangels und der Überbevölkerung. Keine andere Epoche hat in ihren Träumen und ihrer Phantasie so den Zustand des Sattseins herbeigesehnt und das Wunder von der Speisung der Fünftausend so tief nacherlebt.

Die Geschichtsschreiber verzeichnen in den Jahren 40, 38, 31, 26, 24, 21 v. C. und 6, 19, 46 n. C. Dürren und Hungerkatastrophen in Judäa, wo der Staat oder die Gesellschaft eingreifen mußte, um die Brotknappheit zu bewältigen. Um 6 n.C. verschlimmerte sich die Lage, als mit der römischen Besetzung Ju-

Brothändler oder öffentl. Brotverteiler in Pompeji. Er hockt auf dem Ladentisch. Links ein kleiner Korb mit weißen Semmeln. Schwarzbrot ist neben und hinter ihm aufgestapelt. Martial, Klassiker des röm. Epigramms, schrieb einem Großbäcker: »Deine Geliebte wird fett von Semmeln, deinen Kunden lieferst du Schwarzbrot.« (Wandbild aus Pompeji)

däa einen Teil seiner Kornernte an Rom abliefern mußte. Erst wenn man sich diese Nahrungsunsicherheit um die Zeitwende in vollem Umfang vorstellt, wird man die ewigen Worte des Evangeliums verstehen: »Unser tägliches Brot gib uns heute!« Moderne Philologen übersetzen den griechischen Originaltext exakt mit »unsere tägliche Brotration gib uns heute«. Das heißt, es handelte sich um ein für Unbemittelte vom Staat kostenlos zugeteiltes rationiertes Brot. Brot, das tägliche Brot, Hauptnahrung des Volkes, Kernstück jeder Mahlzeit, wurde zu dem Politikum in Rom. Rom sank seit den Tagen des Julius Cäsar zu einem Konsumentenstaat herab; circa 20 000 Proletarier erhielten kostenloses Brot zugeteilt. Alle unterworfenen Völker mußten für den knurrenden Magen Roms Korntribute bezahlen und durch Abgabe eines Viertels ihrer Kornerzeugung Rom miternähren. Der jährliche Brotkonsum betrug in Rom pro Kopf 260 kg, in Judäa nur 119 kg. Diese Zahlen sprechen für sich.

Der Elitestand der Metallarbeiter

Kleiner Amboß

Bis tief in die Römerzeit hinein blieb Alexandrien Metropole und geistiges Zentrum des Judentums in der Diaspora. Die alexandrinische Gemeinde besaß seit Alexander dem Großen Sonderrechte, in erster Linie eine autonome Verwaltung mit einem Ethnarchen an der Spitze. Ihren Stolz bildete die Große Synagoge. Sie war so groß, daß ein Synagogendiener von einem zentralen, erhöhten Platz mit einer Fahne Zeichen geben mußte, wann die Gemeinde beim Gebenedeien ein »Amen« rufen sollte. Die Männer saßen streng nach Ständen, Zünften und Unterzünften getrennt. Wenn ein wandernder Geselle kam, erkannte er an dem Gildenzeichen seine Zunftgenossen, an die er sich zwecks Arbeit oder Hilfe wenden konnte.

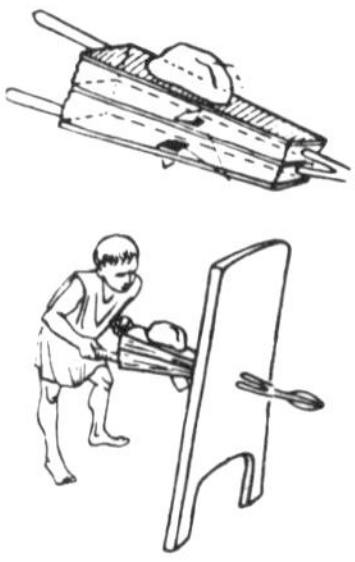
Blasebalg und Schutzwand

Eine Großzunft war in Unterzünfte geteilt. Äußerst differenziert war das Metallgewerbe. Es gab Gold- und Silberschmiede, Grob- und Feinschmiede, Erzgießer, Münzpräger, Werkzeug-, Waffen- und Messerschmiede sowie Kleinschmiede, die auf Nägel, Nähnadeln und Schreibgriffel spezialisiert waren. Auf der untersten Stufe standen die Rohkupferschmiede, weil der Rauch ihrer Schmelzöfen die Luft verpestete. Die Waffenschmiede bildeten eine stolze Elite. Der römische Historiker Cassius Dio rühmt die vorzüglichen Waffenschmiede aus Judäa, die von den Römern Heeresaufträge erhielten. 1940 entdeckte man zufällig in Beth Tar (heute Bittir), etwa 10 km westlich von Jerusalem gelegen, mehrere Metallbearbeitungswerkzeuge, wie Amboß, Zangen, Schmiede- und Spitzhämmer, Meißeln, Feilen u.a.m.

Historische Abbildungen bestätigen, daß die Schmiede nur über kleine Werkstätten, wenig Werkzeug und wenig Arbeitskräfte verfügten. In einem engen Raum saß der Schmied hämmernd vor seinem Amboß oder vor dem Schmelzofen, ein Gehilfe oder zwei bedienten den Blasebalg und den Metallofen. Die Rohmetallbesorgung war für Judäa ein großes Problem, da sich die wenigen erzhaltigen Gruben in nabatäischem Besitz befanden. Die Hasmonäer mußten ihren Rohstoffbedarf, der für ihre ständigen Kriege enorm gewesen sein muß, aus den Nachbarländern importieren. Herodes ging einen Schritt weiter und mietete oder kaufte Bergwerke in Zypern. Darüber aber später mehr.

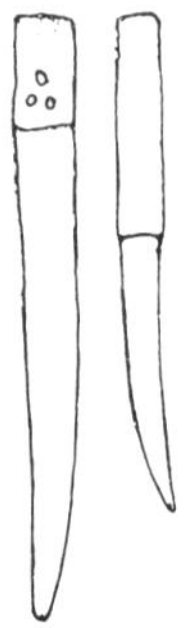
Messer (Israel)

In den Bergwerken wurden Kriegs- oder Strafgefangene im Tagebau beschäftigt. Einen Hinweis auf den Untertagebau gibt Hiob, und zwar bezogen auf den nabatäischen Sektor:

»Das Eisen holt man aus der Erde,/ und Erz schmelzt man aus dem Gestein./ Man setzt der Finsternis ein Ende; / bis auf den tiefsten Grund durchforscht man/ das Gestein des Dunkels und der Nacht./ Einen Schacht gräbt man, / fern von den Menschen hängen, schweben sie./ Aus der Erde kommt das Brot,/ und unter der Erde wühlt man wie das Feuer…«(Hi. 28,2 ff.).

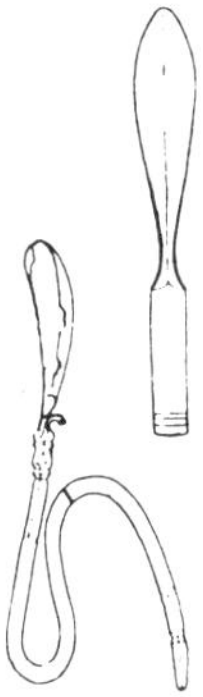

Medizinische Instrumente (Israel)

Eine Gilde für sich bildeten die Kunstschmiede, die vor allen Dingen für den Tempel arbeiteten. Sie mußten gleichzeitig in »korinthischem Erz«, Gold-, Silber-, Einlege- und Emaillearbeiten versiert sein. Ein Beispiel ihrer Kunst stellen die bewunderten Tore des Tempels dar, sie sind aus einer Legierung von Kupfer und Eisen gegossen und mit eingelegten Emaillierungen aus Gold und Silber, Stein- und Glasfluß verziert.

Josephus schreibt:

»Von den Toren des Tempels waren neun vollständig mit Gold- und Silberplatten überzogen und eines, das östliche, aus korinthischem Erz. Es übertraf die anderen an kostbarer Ausführung und Wert. Seine Höhe betrug 20 m und seine Breite 25 m. Die Verzierungen der Torflügel, aus massivem Silber und Gold, waren unvergleichlich schön…«

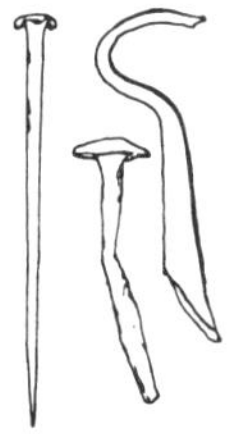

Haken und Stift (Israel)

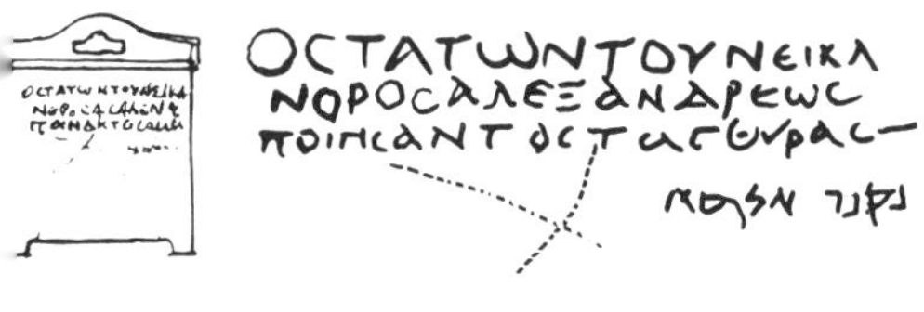

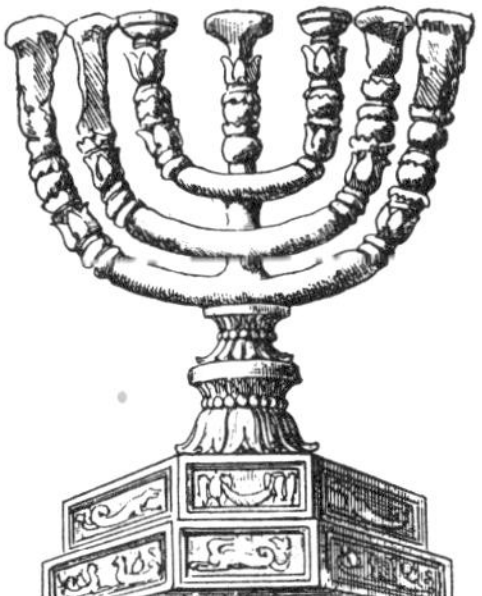

Ein Sarkophag, auf dem nördlichen Ölberg gefunden, trägt die griech. Aufschrift: »Gebeine (des) Nikanor von Alexandrien. Erbauer des Tores (im Tempel).« In hebr. Schrift sind die Namen seiner beiden Söhne hinzugefügt.

Der hl. Leuchter war ein selten schönes Meisterstück der judäischen Goldschmiedekunst, so daß Titus ihn als Prunkstück seiner Beute bei dem Triumphzug in Rom mitführen ließ. (Vom Titusbogen in Rom)

Das »erzene Tor« war eine Weihegabe des Nikanor von Alexandrien, eines von vielen Legenden gepriesenen, aber historisch lange nicht greifbaren ägyptischen Millionärs. Erst vor einigen Jahren fand man am Skopusberg östlich von Jerusalem einen steinernen Sarg mit der Inschrift: »(Gebeine des) Nikanor, der den Tempel (mit)erbaute.« Hier fand eine Legende durch die Archäologie ihre geschichtliche Bestätigung. Ein weiteres Meisterstück der frommen Goldschmiede war die Riesenrebe aus Gold, die über dem Eingang des Tempels hing. Die goldenen Amphoren und die goldenen Kelche für die Libation entstammten ebenfalls Weihegaben. So stifteten Kaiser Augustus und dessen Frau dem Tempel zu Jerusalem goldenes Geschirr. Ein Meisterstück judäischer Goldschmiedekunst war der siebenarmige Leuchter, der als Mittelstück den Tempel schmückte; von Titus geraubt, bildete er die kostbarste Trophäe bei seinem Triumphzug in Rom. Die Vorhangstange im Allerheiligsten, ein hohles Rundholz, war innen mit reinem Gold gefüllt und 300 Minen (129 kg) schwer. Sie fiel im Jahre 55 v.C. einem Tempelräuber, dem gierigen Millionär Crassus, zum Opfer, der das ganze goldene Inventar im Gesamtwert von 8000 Talenten (= 80 Millionen Drachmen) raubte.

Es wurde bereits die Frömmigkeit der Schmiede betont, die für den Tempel und den Pilgerbetrieb arbeiteten. Auch griechische Quellen heben die Frömmigkeit der Schmiede hervor, die ihre mit Liebe und unendlicher Geduld geschaffenen kultischen kunstgerwerblichen Kostbarkeiten dem Gott Hephaistos weihten. Die Abend- wie die Morgenländer glaubten, mit Weihegeschenken dem Tempel gegenüber ihre Ergebenheit demonstrieren zu müssen. Bei jedem Wallfahrtsfest schlugen die religiösen Gefühle und der lokale Patriotismus hohe Wogen. Auf allen diesen Festen wurde viel Geld von den Pilgern ausgegeben für Unterkunft und für Andenken und viel Geld z. B. von den Ephesern, die vom Tourismusverkehr lebten, eingenommen. Noch mehr: Der weltweite Touristenverkehr war die wirtschaftliche Haupteinnahmequelle der Stadt, ohne den sie nicht hätte existieren können. Die Apostelgeschichte schildert die Empörung der Silberschmiede in Ephesus über einen zugereisten Agitator, der ihr Geschäft mit sakralen Geschenkartikeln ruinieren wollte. Der Anführer der empörten Silberschmiede hieß Demetrius. Entweder war er Meister der Zunft der privilegierten Tempel-Silberschmiede oder Großunternehmer und als Mitglied der Handelskammer an der Organisation von Wallfahrtsfesten finanziell beteiligt:

»All die Arbeiter, die in ähnlicher Weise beschäftigt waren, versammelte er (im Theater) und sagte: ›Ihr Männer, ihr wißt, daß von diesem Gewerbe unser Wohlstand kommt. Und ihr seht und hört, daß dieser Paulus viel Volk nicht bloß von Ephesus, sondern fast von ganz Asien beredet und abwendig gemacht hat, indem er sagt, was mit Händen gemacht werde, das seien keine Götter. Aber es ist nicht nur Gefahr, daß dieses unser Geschäft in Verruf kommt, sondern auch, daß das Heiligtum der großen Göttin Artemis für nichts geachtet und künftig sogar ihrer Majestät Abbruch getan wird, die doch ganz Asien und der Erdkreis verehrt.‹ Als sie (die Gewerkschaftsversammlung) das hörte und voll Zorn wurde, schrien sie: ›Groß ist die Artemis der Epheser!‹ « (Apg. 19, 24 ff.).

Österreichische Ausgräber versuchten zwischen 1896 und 1908 vergeblich, den 125 m langen Riesentempel der Artemis auszugraben. In einem Sumpfloch fanden sie drei Statuen der Artemis mit dem sonderbaren Brustschmuck aus Rieseneiern. Sie sind auf wunderbare Weise unbeschädigt geblieben, überlebten 263 n.C. den Gotensturm und um 450 n.C. die christlichen Tempelzerstörer. Beide Male verbargen die Einheimischen die Statuen ihrer geliebten Göttin vor den Vandalen, indem sie sie vergruben. Artemis war es, die die Frauen beschützte, ihnen Kindersegen brachte, den Hausfrieden festigte und Ehen stiftete. Xenophon schildert ein Artemisfest mit feierlicher Prozession von jungen Mädchen und jungen Männern: »An diesem Tage wurde die Verlobung der Kinder aus den angesehenen Familien unter dem Schutz der Göttin vollzogen. Ohne sie, so glaubten ihre Verehrer, wäre eine Fortsetzung des Lebens unmöglich.«

Artemis v. Ephesos (Selçuk)

Bedeutende Textilindustrie

Spinnen (griech.)

Ein wichtiger Erwerbszweig war die Textilindustrie. Sie hat ihre führende Stellung im Wirtschaftsleben bis in das 18. Jahrhundert hinein behauptet und sie erst dann an die sich damals bildende Schwerindustrie abgegeben. Textilhersteller und -bearbeiter bildeten um die Zeitwende die größte Zunft. Es gab Flachshäcksler, Spinner, Weber, Buntwirker, Gobelinweber, Goldfadensticker, Zeltemacher, Teppichweber, Netzemacher, Färber, Walker, Wäscher und Tarsier. Als »Tarsier« wurden jene Spezialisten bezeichnet, die Filzgewebe à la Tarsus herstellten. Um billigere Arbeitskräfte auszubeuten, verlegte die römische Großindustrie die Herstellung von Textilien in die eroberten Länder. Die Textilindustrie für den Heeresbedarf konzentrierte sich auf die kleinasiatische Westküste und Kilikien, insbesondere auf Tarsus, wo Paulus ein sogenannter *skenopaios* (Apg. 18,3), ein Filzmacher bzw. Zeltstoffweber war. Hier gab es eine Gildensynagoge von »Webern und Fachleuten ersten Ranges«. Die Handwerker waren nicht ortsgebunden. Ein Beispiel dafür ist Paulus, der Tarsus verließ, mit 2 Arbeitskameraden eine kleine Weberei in Korinth eröffnete und nach ein paar Jahren an einem anderen Ort seinem Handwerk nachging. Inschriftlich bezeugt sind Leinenwebereien in Tiberias, Lydda, Gerasa, Cäsarea, Skythopolis (Beth Sean), Uscha, Beth Mehoza, Gisala und Sepphoris. R'Eleasar ben Porta (nach 135 n.C.) aus Sepphoris (heute Saffurje) im unteren Galiläa war hauptberuflich Weber. Als Gildenmeister vertrat er die judäische Gilde der Leinenweber vor den römischen Behörden. Die Anzahl der Webstühle in Sepphoris war so groß, daß ein Gesetz verbot, zwischen zwei Mauern mehr als einen Webstuhl aufzustellen. Das Weberhandwerk verlangte eine gründliche Ausbildung. Über Lehrverträge informieren uns Papyri aus Fajum. Die Lehrzeit dauerte 1 bis 4 Jahre. Der Vater mußte für den Sohn Lehrgeld bezahlen und sich verpflichten, daß der Lehrling innerhalb der vorgeschriebenen Zeit die Arbeitsstelle nicht wechselte. Die Tage, an denen er wegen Krankheit oder aus anderen Gründen fehlte, hatte er nach Ablauf der Lehrzeit ab-

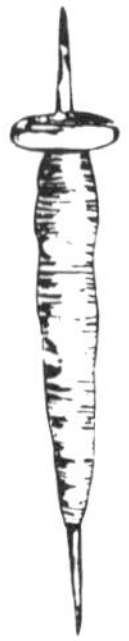

Spindel

Spinnen eines Doppelfadens

zuarbeiten. Die Arbeitszeit dauerte von Sonnenaufgang bis Sonnenuntergang. Der Lehrling erhielt 18 arbeitsfreie Tage pro Jahr zugesprochen. Nach einem anderen Papyrus bekam der Lehrling ein Taschengeld, und zwar im ersten Jahr monatlich 8 Drachmen, im zweiten Jahr 12, im dritten Jahr 16 und im vierten Jahr 20 Drachmen.

Walken

Eine Gilde für sich waren die Byssusweber, die hauchfeine, fast durchsichtige Stoffe nach indischer Art anzufertigen verstanden und für den Tempelkult arbeiteten. Sie konnten auch auf komplizierten Maschinen die Kleidung für die Hohenpriester samt Ärmel aus einem Stück anfertigen.

Gestell zum Trocknen von Stoffen

In Ägypten blieb die Byssusweberei Privileg der Tempelbehörden. Besondere Kunstfertigkeit verlangte man von den Tempelwirkern. Sie verstanden es, künstlerische Figuren in die Wandteppiche und Vorhänge des Tempels zu sticken.

Die Lage der Familienkleinbetriebe war nicht rosig. Sie mußten mit den unbezahlten Sklaven in den Großbetrieben konkurrieren. Frauen und Kinder in den Heimbetrieben arbeiteten billiger als Sklaven. Sie waren Zulieferer der monopolisierten Großbetriebe und wurden nach Stücklohn bezahlt oder nach dem Gewicht der gewebten Wolle bzw. bei Stickereien nach dem Gewicht der verarbeiteten Gold- und Silberfäden.

Aufrauhen von Stoffen

Das Webergewerbe unterlag großen Konjunkturschwankungen, je nach guten oder schlechten Ernten. Wenn es in einem Jahr eine Flachsmißernte gab, wurde in der Synagoge ein Lärmblasen veranstaltet wie bei großen Unglücksfällen oder beim Ausbleiben des Regens. Im Norden Judäas wurde hauptsächlich Flachs, im Süden Wolle verarbeitet. Frisch geschorene Wolle mußte zunächst vom Wollfett befreit werden; sie wurde in Kesseln mit Seifenkraut *(radix lanaria)* gewaschen, einem Zusatz, der das Fett entzog. Dann wurde sie auseinandergezupft und mit Hilfe eines Eisenkammes gekrempelt. Die Spinnerinnen rollten zwischen den Fingern oder auf dem Knie die Rohwolle zu einem Faden und befestigten diesen am oberen Ende des Spinnrochens. Sie versetzten die Spindel in kreisende und fallende Bewegung und zwirbelten den Faden ständig zwischen Daumen und Zeigefinger. Das Befeuchten des Wollfa-

Waschen von Textilien

Tuchscheren

dens geschah mit den angeleckten Fingern, dagegen wurde der Flachs mit den Lippen befeuchtet. Im Talmud heißt es:

»Spinnen von Wolle ist Frauenarbeit, dagegen Spinnen von Leinen ausschließlich Männerarbeit, weil das zum Spinnen des Leinenfadens notwendige dauernde Befeuchten der Flachsfaser die Lippen deformiert, und das ist den Frauen nicht zuzumuten.«

Die Bibel rühmt die rührige Hausfrau:

»Die ganze Zeit ihres Lebens tut sie sich emsig um nach Wolle und Flachs und schafft mit arbeitsfreudigen Händen; auch bei Nacht erlischt ihre Lampe nicht« (Spr. 31,12 ff.).

Bei jedem Hochzeitszug in Rom wurden der Braut Spindel und Rochen vorangetragen, neben Wiege und Herd die Werkzeuge ihrer Hauptbeschäftigung. Das Weben der Hausfrau bezeichnen die Römer mit dem archaischen Namen *lama* (= Wollarbeit). Die Rohwolle färbte man mit leuchtenden Farben

Die Arbeit am breiten griech. Webstuhl mußte im Gehen ausgeführt werden, so sagt Homer anschaulich, daß »Penelope den Webstuhl beschreitet« (Abb.). Hier sitzt sie traurig, ihr Sohn Telemachos versucht sie zu trösten. Die schöne treue Gattin des Odysseus wob 20 Jahre an einem Leichentuch, um die sie bedrängenden Freier durch diesen Vorwand abzuhalten, nachts trennte sie die tagsüber gewebten Fäden wieder auf, bis Odysseus von seinen Irrfahrten zurückkehrte. (Attisches Vasenbild)

Webstuhl (ägypt.)

und verarbeitete sie auf einem senkrechten oder waagerechten Webstuhl. Was die Webstühle betrifft, so waren alle älteren und neueren Konstruktionen in Gebrauch. Neu waren nur Vorrichtungen, die eine rasche Gruppierung der Kettenfäden ermöglichten, um beliebig bunte oder gemusterte Stoffe zu weben. Eine Weberin sollte laut Talmud im Durchschnitt 5 Sela (72 g) Kettenfäden und 10 Sela (144 g) Schußfäden, insgesamt also 215 g Wollstoff pro Tag fertigstellen. In 12 Stunden Arbeit fertigt heute eine Araberin den entsprechenden Stoff für ein Hemdkleid an, das sind 5,5 m auf 50 cm. Die Tempelweberei beschäftigte damals nur *jungfräuliche* Weberinnen: »Jungfrauen, die Leinen- oder Seidenfäden aus Ophir kunstvoll zu durchweben wußten.«

Der Tempelvorhang bestand aus persischem Byssus, das Ornat des Hohenpriesters aus indischem Byssus. Mit Byssus ist feingedrehte Baumwolle gemeint. Die von den alten Indern auf Bambusspindeln gesponnenen Dekkamusselin-Garne, aus denen der Byssus gewebt wurde, ergaben bei 500 g Baumwolle 408 km Fadenlänge. Aus jedem Gramm wurden 1000 m Faden gedreht und zu Stoffen, so durchsichtig wie Glas, gewebt.

Daß die Kunstweberei auch in Judäa zu Hause war, zeigt ein Stoff-Fragment aus Murabba'at: Es ist ein roter Wollstoff, der ornamental mit gelben Seidenfäden durchschossen ist.

Es gab zweierlei Seide: die einheimische, mindere, aus den Kokons einer Riesenmotte gewebt (Pachypasa otus Dr.), die in allen Mittelmeerländern lebt, und die des chinesischen Maulbeerseidenspinners (Bombyx mori). Maulbeerbäume gab es damals in Judäa noch nicht. Der Handel mit Seide aus China lag ausschließlich in den Händen der Parther. Er trug ihnen Riesengewinne ein. In den langen Perioden der damaligen chinesischen Geschichte diente die Seide als Zahlungsmittel und Haupteuereinnahme. In den chinesischen Handelsannalen heißt es:

> »Sie (die Römer) stellen Münzen aus Gold und Silber her (gut für den Welthandel). Sie unterhalten mit An-shi (den Parthern) und Tien-chu (den Indern) Handelsbeziehungen und ziehen daraus zehnfachen Gewinn... Ihre Könige hat-

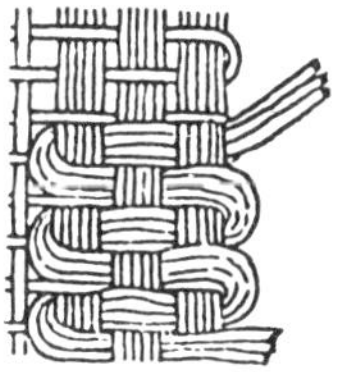

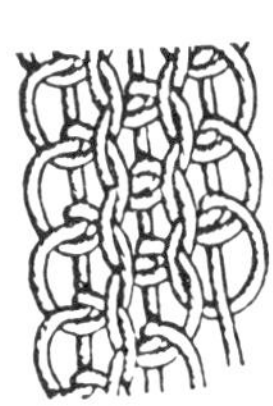

Gewebe, in Israel gefunden

ten schon immer den Wunsch, Gesandtschaften nach China zu senden, aber die An-shi hintertrieben das Zustandekommen der Verbindung, denn sie wollen das Seidenmonopol nicht aus der Hand geben. Das blieb so bis zum Jahre 166...«

Die schimmernde Rohseide wurde in syrischen und ägyptischen Betrieben für europäische Ansprüche umgesponnen. Alle fertigen Stoffe, ob Wolle oder Leinen, erfuhren eine Endbearbeitung in den Walkereien, in einem dünnen Mehl- oder Kleieteig bzw. einer Walkererde wurden sie geschmeidig gemacht und gestärkt, getrocknet und schließlich mit einem Stein oder Schlegel geschlagen, um das Gewebe zu verdichten oder mit Disteln aufzurauhen. Ein bemaltes Relief aus Sens in Frankreich zeigt einen Walker aus dem 1. Jahrhundert n.C., der in einem Bottich mit Wasser und Soda steht und, mit den Füßen stampfend, die Stoffe bearbeitet. Man nennt dies Walkertanz. Das gewalkte Tuch wurde über dünne Rohrgestelle aus Weidenzweigen gelegt und von unten geschwefelt, um die Leuchtkraft des Stoffes herauszuheben und weiße Stoffe noch stärker zu bleichen. Vor und nach jedem Arbeitsgang wurden die Stoffe immer wieder gewaschen und gespült. Es scheint, daß Waschen, Walken und Färben bei Kleinunternehmern im selben Betrieb ausgeführt wurden. Die Einrichtung eines solchen Betriebes muß recht kostspielig gewesen sein, darum erließen die Rabbinen ein Gesetz, das besagte: Wenn Nachbarn sich wegen schlechter Gerüche beschwerten und die Schließung einer Färberei oder Walkerei erzwingen wollten, durfte dieselbe erst nach drei Jahren erfolgen, wenn der Gewerbetreibende seine Investitionen amortisiert hatte.

Verdarb ein Färber Wolle oder Stoffe oder änderte er die Farbe, so mußte er nur den Wollwert ersetzen, und das defekte Stück ging auf ihn über. Ersetzte er nur den Mehrwert, dann ging die defekte Ware in den Besitz des Bestellers über.

Der üble Geruch der Färbereien entstand durch den Urin, den man zum Beizen, den Schwefel, den man zum Farbauffrischen benutzte, und die Abfälle der verwesenden Murex-Schnecken, aus denen man die Purpurfarbe gewann. Nicht nur an der phönizischen Küste, auch an der judäischen Küste von

Akko bis Askalon fand man Reste von kuchenartig zusammengepreßten Purpurschnecken. Juster berichtet, daß das Färberei- und Webereigewerbe im Imperium und auch in Rom hauptsächlich in judäischen Händen lag. Pausianas schätzte syrisches Leinen höher ein als das von der Peloponnes – letzteres sei nicht so schön gelb wie das »hebräische«. Chronisten aus der Zeit des Claudius erwähnen insbesondere Buntwebereien aus Judäa. Clemens von Alexandrien tadelte Ende des 2. Jahrhunderts n.C. die eleganten Männer und Frauen Ägyptens, die sich nicht mit einheimischen Erzeugnissen begnügten, sondern nur Kleidung »aus dem Land der Hebräer und aus Kilikien« trugen.

7. HANDEL UND BANKWESEN

Das Wirtschaftswunder

Aus keinem Krieg kehrten Sieger mit leeren Händen zurück. Das Wirtschaftswunder in Judäa begann um die Zeitwende mit den makkabäischen Kriegen, als vorher nie gekannter Reichtum ins Land strömte. Da man aber das leicht erworbene Vermögen nicht produktiv anzulegen verstand, wurden die Hasmonäer zu weiteren Eroberungen bis zur Erschöpfung gedrängt. Um das Jahr 75 v.C. trat eine Stagnation ein, ausgelöst durch innere Streitigkeiten, die zum Bürgerkrieg führten. Das gab den Römern den Grund, sich einzumischen und das Land zu berauben.

40 Jahre später gelang es Herodes I. – dem Sohn eines Finanzmannes, der auch Ministerpräsident der letzten Hasmonäer war und die entkräftete Dynastie »zur Seite schob« –, durch eine Hochkonjunktur im Baugewerbe die Wirtschaft wieder anzukurbeln. Dabei drängt sich die zwingende Frage auf: Womit konnte Herodes, der keine Eroberungskriege führte, seine Entwicklungs- und Städtebauprojekte finanzieren; den Tempelumbau, die Wasserleitungs- und Irrigationsanlagen, die Ansiedlung der Veteranen und Proletariermassen, die Kolonisation der Wüste, das Heer- und Spitzelwesen und den Beamtenapparat? Die alten Historiker hatten dafür eine schnelle Antwort parat: durch grausame Erpressung und Steuerbelastung des Volkes bis zum letzten Blutstropfen (so J.

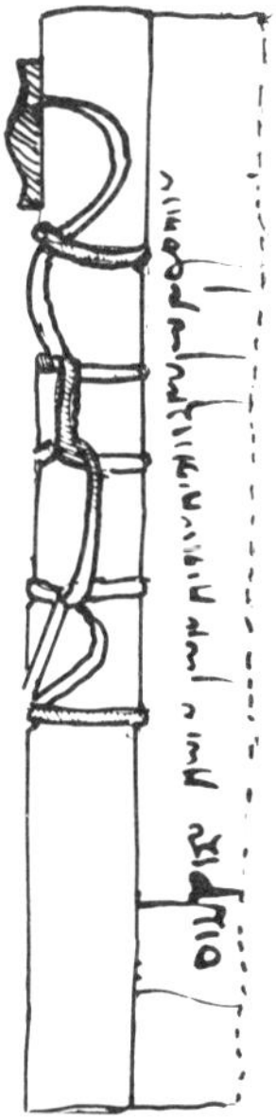

Verkaufsurkunde in doppelter Ausfertigung (Murabba'at)*

* Eine Urkunde wurde zweimal auf ein Papyrus geschrieben und von mehreren Zeugen unterschrieben und gesiegelt. Der untere Teil blieb offen. Erst bei einem erforderlichen Schiedsgericht wurde der obere Teil geöffnet und vom Richter geprüft.

Klausner). Dagegen errechneten moderne Wirtschaftsexperten, daß das direkte Steueraufkommen zur Zeit des Herodes nicht größer war als das während der Regierung seiner hasmonäischen Vorgänger und daß er einen großen Teil der Ausgaben aus seinem Privatvermögen decken mußte. Sie nennen als Vergleich Kaiser Augustus, das große Vorbild Herodes', der ebenfalls seine imperialen Entwicklungsprojekte aus seinen persönlichen Einnahmen bestritt. Die Abgaben aus dem Bodenertrag – die Bauernschaft bildete 90 Prozent der Bevölkerung – waren in Judäa niedriger als in den Nachbarländern. Die Abgaben aus dem Kapital waren gleich Null, da Judäa vor Herodes keinen Großhandel besaß.

Die jährlichen Steuereinnahmen betrugen insgesamt etwa 1000 bis 12 000 Talente. Die Liste der erhobenen Steuern – Einkommens- und Besitzsteuer, Salzsteuer, Handels- und Gewerbesteuer, Bodenertragssteuer, Kranzsteuer und Haussteuer – ist zwar lang, aber tatsächlich betrugen die Gesamteinnahmen nur 10 bis 15 Prozent des nationalen Bruttoeinkommens. Man hat berechnet, daß die Naturleistungen an Weizen, Gerste und Öl selbst im versklavten Ägypten nur 33 Prozent der königlichen Einnahmen betrugen. Von den Steueraufkommen des kleinen Landes konnte Herodes schwerlich sein gigantisches Aufbauwerk betreiben. Herodes besaß von väterlicher und mütterlicher Seite ein beachtliches Privatvermögen. Durch Einziehung der Güter der Hasmonäer sowie der seiner Gegner vergrößerte er seinen privaten königlichen Besitz erheblich, dazu kamen die einträglichen Palmgärten am See Genezareth und die Balsamplantagen bei Engedi. Mehr als aus der Steuer floß ihm aus dem Zoll zu, mit dem er den griechischen und nabatäischen Handel belegte. Durch Warenzölle, Wege-, Brücken-, Binnen- und Hafenzölle ließ Herodes keinen Einfall fremder Kaufleute ungenutzt.

Hier muß eine Bemerkung eingeschoben werden: Zölle und Zöllner aus der Sicht des Evangeliums, das zwischen 50 bis 100 n.C. entstand und auf der Synode von 382 n.C. unter Papst Damasios seine heutige Grundform erhielt, spiegeln die *römischen* Steuerverhältnisse wider. Nach dem Tode Herodes' verschlimmerten sich die politisch-wirtschaftlichen Verhältnisse, nachdem die Römer das kleine Land zerstückelt, die Zollschranken vervielfacht und die Steuerschraube bis ins Unerträgliche angezogen hatten. Beim Überprüfen der gestaffelten Zolltarife auf den römischen Listen muß den Betrachter eine Gänsehaut überlaufen. Die judäischen Zoll- und Steuereinnehmer, die für die römische Besatzungsmacht arbeiteten und außer den Erhebungen nach dem Vorbild der Prokuratoren noch private Geschäfte machten, wurden von ihren Volksgenossen als Abschaum der Menschheit bezeichnet: sowohl die *Architelone* als auch die *Telone.* Die Zollpacht vermieteten Rom und die Hellenen an meistbietende Finanzmänner gegen eine Pauschalsumme; diese Großpächter hießen *Architelone.* Die Zollerhebung erfolgte nicht durch staatliche Beamte, sondern durch Unterpächter oder durch Angestellte der Architelone. Diese nannte man *Telone.* Telone werden in großer Zahl im Neuen Testament erwähnt. F.M. Heichelheimer (»Wirtschaftsgeschichte des Altertums«) erkannte, daß die Zöllner in Kapernaum als Kleinunternehmer neben der Zollerhebung bei auswärtigen Kaufleuten auch die Besteuerung des lokalen Fischfangs gepachtet hatten. Der See Genezareth bildete eine Dreiländergrenze. Kapernaum erhob zur Zeit Christi Zoll für den galiläischen Landesfürsten Antipas (4 v. – 39 n.C.). Am östlichen Ufer lag die griechische Freistadt Hippos, die nach römischem Privileg einen Sonderzoll einstreichen durfte. Weiter nördlich stand eine dritte Zollschranke in Bethsaida-Julian, die für den Fürsten Philippus (4 v. – 34 n.C.) Zoll erhob. Durchreisende Kaufleute mußten auf der kurzen Strecke von einigen Kilometern bei mehreren Zollhäusern in dem zerstükkelten Land aufs neue Zoll entrichten. Von Kapernaum bis nach Jerusalem gab es in römischer Zeit 6 bis 7 Zollschranken, zur Zeit Herodes', als das Land unter seiner Verwaltung eine Einheit bildete, nur eine. –

Soweit die Zölle! Zurück zu Herodes und dem Wirtschaftswunder!

Die hauptsächlichen Gewinne für die Staatskasse warfen nicht Zölle oder die Steuereinnahmen, sondern der Groß- und

Außenhandel ab, der im alten Orient und auch im hellenistischen Ägypten in den Händen des Königs lag. Nach dem Vorbild der Ptolemäer monopolisierte Herodes unter strenger Beaufsichtigung von Landwirtschaft, Handwerk und Märkten den Außenhandel und legte wahrscheinlich für den Export eigene Agenturen, Fabriken und Bergwerkunternehmen an. Es galt, durch geschickte Planung die Ein- und Ausfuhr auszubalancieren.

Die Bedeutung des Großhandels unterstreicht R'Raba durch einen treffenden Vergleich:

> »Wer 100 Kupfermünzen in ein Handelsgeschäft investiert, gewinnt täglich Fleisch und Wein, 100 Kupfermünzen im Landleben bringen nur Stroh und Sorgen ein« (Jab 63 a).

Heute genießen die Juden den Ruf gewiegter Kaufleute. Aber, wie paradox es auch klingen mag: Im Altertum hatten sie als ausgesprochenes Bauernvolk eine negative Einstellung zum Handel.

Die extrem negative Einstellung zum Handel ist durch die Essener und Qumraner bezeugt, die eine antikapitalistische Gesellschaft ohne Geld und ohne Handel anstrebten, ebenso durch Jesus von Nazareth, der spontan »alle, die im Tempel verkauften und kauften, hinaustrieb« (Mt. 21,12 ff.). Den besten Beweis, daß um die Zeitwende der innerjudäische Handel sich in fremden Händen befand, lieferten wieder die Archäologen. 1968 fand man südlich des Tempelareals auf einem ausgegrabenen antiken Marktplatz über 7000 Münzen; die meisten tragen griechische, syrische, tyrusische, nabatäische und römische Prägungen, nur *ein* Prozent der Münzen stammt von Herodes I., Agrippa I. und II. sowie aus der Zeit der beiden Aufstände. Das bedeutet, daß sich auch der Lokalmarkt in Jerusalem in den Händen von Fremden, hauptsächlich von Griechen und Nabatäern, befand. Im alten Orient herrschte strengste staatliche Absatzlenkung. Der Herrscher bzw. der Staat – ähnlich, wenn auch im entgegengesetzten Verhältnis, den heutigen sozialistischen Staaten – war der einzige und größte Handelsunternehmer, Großfabrikant und Großgrundbesitzer.

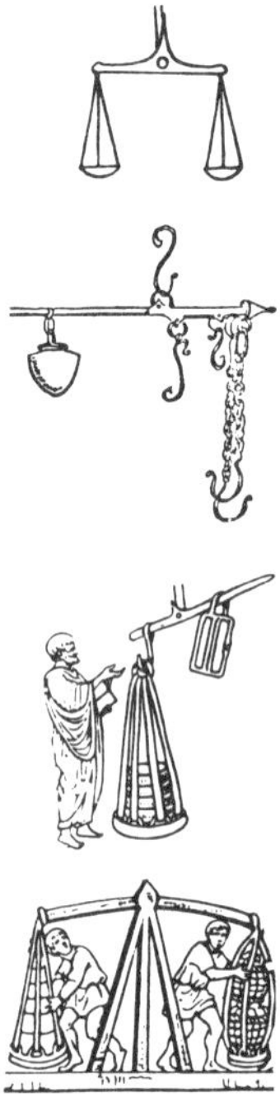

Verschiedene Waagen (röm. Zeit)

Bereits die Zenonpapyri aus dem 3. Jahrhundert v.C. melden regen Austauschhandel mit Ägypten: Wein, Öl und Getreide aus Galiläa, Zuchtvieh aus dem Golan, Balsam und Wolle aus Judäa. Askalon exportierte eine besondere Zwiebelart, Gaza lieferte Wein nach Alexandrien, aber auch Asphalt vom Toten Meer, der zur Mumifizierung verwendet wurde. Jericho und Engedi exportierten Balsam und Datteln bis nach Rom.

Den Versuch, mit judäischen Produkten den Weltmarkt zu erobern, wagten die Hasmonäer erst, nachdem sie den Hafen von Joppe (Jafa) in ihre Regierungsgewalt gezwungen hatten. Eine Urkunde aus dem Jahr 44 v.C. berichtet, daß im Hafen Joppe 182$^1/_2$ Tonnen judäisches Getreide verschifft wurden. Der Zwischen- und Umschlagshandel lag seit dem 3. Jahrhundert in den Händen der Griechen. Reisende griechische Handelsagenten, Schiffsagenturen und Niederlassungen spielten dabei eine große Rolle. Griechische Münzen waren eine Art Weltwährung. Griechische Banken regelten den bargeldlosen Zahlungsverkehr und finanzierten den komplizierten, riskanten Überseehandel. Um den Export anzukurbeln, mußten die Hasmonäer, wie schon gesagt, Griechen als Angestellte, Agenten und Handelspartner anwerben, und auch Herodes I. hatte keine Alternative. Sein großes Vorbild war Rhodos, das den internationalen Zwischenhandel meisterhaft beherrschte. Getreidehändler aus Rhodos tauschten Wein gegen Getreide ein, konnten Frachtkosten in jeder Höhe bestimmen und in Kriegszeiten die Kornpreise auf dem Weltmarkt hinauftreiben. Herodes pachtete die Hälfte der Kupferberghalden in Zypern und forcierte mit Hilfe von griechischen Teilhabern nach dem Vorbild von Rhodos den Austauschhandel von zypriotischem Rohmaterial für judäische Nahrungsmittel.

Zwischen Zypern und Judäa bestanden alte Handelsbeziehungen. Hiob erwähnte Zypern als Kupferlieferanten für Judäa (28,2). Neben den Griechen zählten auch Phönizier und Nabatäer zu den wichtigen Wirtschaftspartnern Judäas. Den großen Bedarf an Zedernholz für den Tempelneubau bezog Herodes, wie einst König Salomo, über Tyros durch Austauschhandel. Den deviseneinträglichen Balsam konnte er nur durch die Nabatäer auf den Weltmarkt bringen, die in diesem Punkt ein Weltmonopol besaßen.

Die Königsgegner sahen nicht das Positive, das die Entwicklung und Förderung des Handels mit sich brachte. Sie sahen nur das Negative, die *Überfremdung:* Herodes' Handelspolitik habe nur *fremden* Völkern gedient. Nach seinem Tod beklagten sich die Königsgegner bei Kaiser Augustus:

> »Der grausame Tyrann habe die eigenen Städte ausgesaugt und geschunden und das Mark des Landes an wildfremde Nationen verschwendet« (Jos. bell. 2,6,2).

Um das Rätsel des herodesischen Wirtschaftswunders zu lösen, für das die Quellen kaum Material liefern, müssen wir als Parallelbeispiel den Libanon nennen:

Bei einem Interview am 18. 10. 1975 wurde Saeb Salem, Führer der libanesischen Moslems, von ausländischen Journalisten gefragt, warum durch »Blut und Haß« das wirtschaftlich florierendste Land im Nahen Osten sich selbst vernichtet?

Libanon ist das einzige Land im arabischen Völkerverband, das eine – wenn auch schwache – christliche Mehrheit (54 Prozent) besaß. Zwar erhob Salem nicht dieselben Anschuldigungen wie die judäischen Gesandten gegen Herodes, aber als radikaler panarabischer Nationalist schob er alle Schuld der Regierung zu, die in den Händen von Ungläubigen liege und nur die Interessen der christlichen Großkaufleute aus Amerika und aus dem Westen vertrete. Der arabische Sektor werde von den Fremden ausgebeutet, und das ganze Geld des Libanon fließe nach Westeuropa und Amerika. Das beweise das Handelspräferenzabkommen mit der EG im Dezember 1972.

Unter anderem fragten die Journalisten, wieso diese gebrandmarkte Regierung seit 1946, nach Abzug der französischen Besatzungstruppen, dem Land trotz Bürgerkriegen, religiösen Proporzes, Überschwemmung durch palästinensische Flüchtlinge und Konflikts mit Israel ein Wirtschaftswunder bescheren konnte. Salem, selbst aus reichem Hause, antwortete mit einer Anekdote:

> »Einst wurde ein berühmter internationaler Währungsexperte aus Belgien ersucht, ein Gutachten über die libanesi-

sche Wirtschaft zu verfassen. Nach intensivem Studium des Handels und der Industrie verkündete schließlich das Finanzgenie: ›Wie eure Wirtschaft funktioniert, verstehe ich nicht. Eigentlich müßtet ihr schon längst bankrott sein. Aber macht um Himmelswillen so weiter – einen besseren Rat weiß ich nicht.‹ «

Das judäische Wirtschaftswunder verschwand kurz nach der Zeitwende, als die aus dem Westen eintreffenden römischen Großkaufleute den Großhandel und das einheimische Großgewerbe radikal verdrängten. Derselbe Vorgang ist auch in Griechenland und Kleinasien nachweisbar. Delos, Karthago, Korinth, Rhodos und Judäa büßten ihre Wirtschaftskraft ein und gingen nicht an der römischen Macht, sondern an der römischen Handelspolitik zugrunde.

Die Marktaufsicht

Bleigewicht (Askalon)

Aristoteles schreibt:

»Das nächste ist die Sorge für die notwendige Ordnung auf dem Markte, es muß zu diesem Zwecke eine Behörde vorhanden sein, welche die dort abgeschlossenen Geschäfte überwacht und darauf sieht, daß es bei denselben ordentlich und richtig zugehe. Denn Kauf und Verkauf zum Austausch des notwendigen Lebensbedarfs ist wohl für alle Staaten unentbehrlich.«

In hellenistischen Städten bestand das Amt des *Agoranimos,* das Marktaufseheramt, aus 10 Personen. Es handelte sich wie bei den Ädilen um eine Polizeibehörde, die Warenqualität, Maße, Gewichte und Preise überwachte und Marktverordnungen erließ. Viereckige oder runde Bleigewichte aus der hellenistischen Periode sind in Palästina gefunden worden. Sie trugen griechische Prägungen wie: »Agathokles, Überprüfer von Maßen und Gewichten«, »Trimimios, der Kreter«, »Satyros, Inspektor des Marktes«, »Alexander, Sohn des Alphios, Marktaufseher«. Die Gewichte der Hasmonäer und Herodeser waren aus Stein und wiesen ebenfalls griechische Inschriften auf, tru-

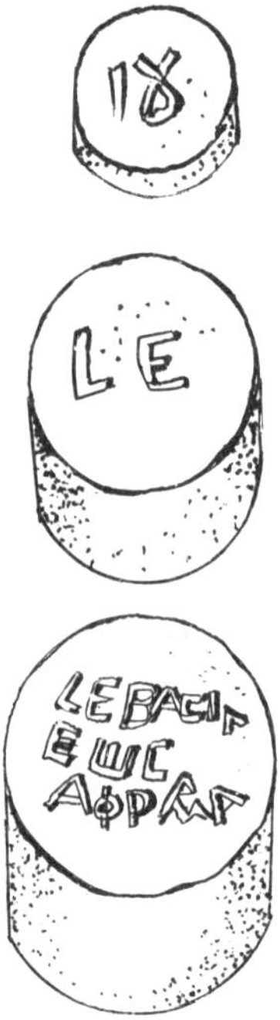

Gewichtssteine
(Jerusalem)

gen aber nicht die Namen der Marktaufseher. Durch den täglichen Gebrauch sind alle Gewichtssteine, die in großer Zahl, hauptsächlich in Jerusalem, entdeckt worden sind, stark abgegriffen, und das ursprüngliche Gewicht ist nicht mehr festzustellen.

Falsche Gewichte wurden beschlagnahmt, Krämer mit fehlerhaften Waagen schwer bestraft. Die Marktaufseher beaufsichtigten insbesondere den Korn-, Brot- und Olivenverkauf. Eine alexandrinische Terrakotta zeigt eine kleine Olivenverkäuferin auf einem Hocker sitzend, die auf einem Stäbchen einem Kunden aus einer Flasche eine Ölprobe reicht. Auch die Öl-Qualität wurde von der Marktpolizei genauestens überwacht. Öl und Getreide maß man mit steinernen Meßkrügen, die den Namen »herodesische Scheffel« tragen, weil sie alle aus herodesischer Zeit stammen. Krüge von einem Lot haben 0,54 l, die Krüglein von einem Beza 0,075 l Rauminhalt. Das physikalische Labor der Universität von Jerusalem prüfte 100 Krüge und stellte eine erstaunliche Übereinstimmung fest, sie differierten nur um 1 Prozent.

Die Marktaufseher trieben wahrscheinlich auch die Marktsteuer ein und ließen den Markt täglich kehren. Unter ihrer Aufsicht wurden Kaufverträge abgeschlossen, von Zeugen unterschrieben und registriert. Jeder Handelsabschluß erfolgte nach einem alten Zeremoniell:

> »Nun war es vor Zeiten Brauch in Israel, wenn es galt, bei der Lösung oder beim Tausch irgendein Geschäft rechtskräftig zu machen: Der eine zog seinen Schuh aus und gab ihn (in Gegenwart von 10 Zeugen) dem anderen. Das galt als Verkaufsbestätigung in Israel.« (Ruth, 4,7).

Herod. Meßbecher
aus Stein

In Mesopotamien übernahmen die Judäer den sogenannten »Mantelgriff«. In archaischer Zeit warf ein Krieger seinen Mantel über die Kriegsbeute und bezeugte damit seinen Rechtsanspruch. Auf dem Markt reichte der Käufer dem Verkäufer einen Rockzipfel oder den Zipfel seines Schweißtuches, und wenn dieser es ergriff, war der Handel abgeschlossen. Eine andere symbolische Handlung war das »An-sich-ziehen« und das »Hochheben« des erworbenen Gegenstandes. Die rabbinischen Quellen berichten von einem lustigen Disput beim Kauf eines Elefanten, der weder wegzuziehen noch hochzuheben war: Entweder müsse man das bewegliche Objekt mit dem unbeweglichen miterwerben, d. h. den Boden, auf dem der Elefant stand, oder man müsse den Elefanten auf 4 Steine stellen, damit er den Boden nicht berühre.

Handrechner

Auf die Wand schrieb der Kaufmann mit Kreide die Rechnung. Man sagt noch heute »eine Schuld ankreiden«. Dafür zog er auf einer Wand (oder Tafel) mehrere Längsstriche und setzte die Zahlen als Striche in die einzelnen Rubriken der Einer, Zehner, Hunderter, Tausender usw. Eine technische Vervollkommnung war der *Abakus,* die Rechentafel. In die Spalten zog man keine Striche, sondern legte Steine nach der zu errechnenden Ziffer. Lagen in einem Fach mehr als zehn Steine, räumte man diese aus und legte statt dessen einen Stein in das nächsthöhere Fach. Da es sich meist um Kalksteinchen handelte, hieß der Abakus auch *calculus;* daher das Wort »Kalkulieren«. Abakuse gab es im Tischformat aus Stein oder im Klein-

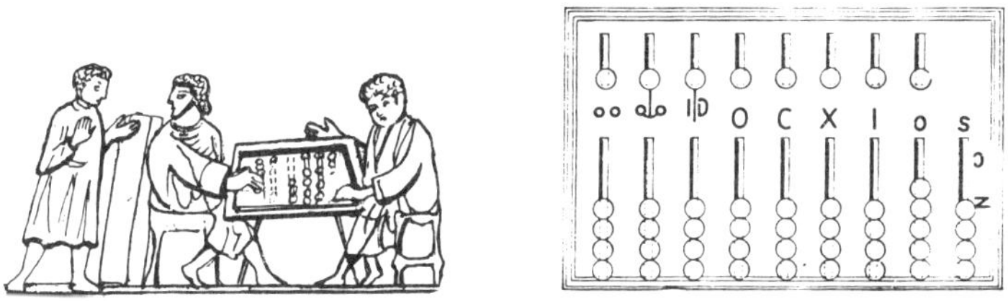

Abakus, Rechenbrett mit Gleitknöpfen nach Art heutiger Kinderrechenmaschinen. Der einfache Mann konnte nur mit den Fingern rechnen und der gewiegte lat. Kaufmann wußte den Kunden auf dem Abakus »ein X für ein U« vorzumachen (X lat. Zeichen für 10; U oder V für 5). (Grabstein in Trier)

format aus Bronze. Auf einem Grabstein aus Trier rechnen zwei Geschäftsleute auf einem großen Tisch-Abakus ab, trotzdem rechnet ein Gehilfe mit den Fingern nach. Sicher ist sicher! Südlich der Tempelumfassungsmauer wurde ein Abakus gefunden. Er ist etwas kleiner als der aus Trier. Die Schulden trug der Kaufmann in ein Wachstafelbuch ein. R'Aqiba schreibt einmal die dunklen Worte:

»Der Laden ist offen, und der Krämer leiht, die Schreibtafel ist geöffnet, und die Hand schreibt auf, und ein jeder, der borgen will, kommt und borgt...«

(Jeder wird in die Schreibtafel, »das Schuldbuch Gottes«, eingetragen.) Von R'Aqiba stammt auch der Ausspruch:

»Wer etwas verkauft, tue es mit einem gönnenden Auge. Die Gewinnspanne soll nach folgendem Prinzip berechnet werden: Verkaufe mehr dem Verlust nah und weit dem Verdienst, das ist die Eigenschaft rechtschaffener Kaufleute. Nahe dem Verdienst und weit vom Verlust – das ist die Eigenschaft der Bösewichte. Weit von beiden, das ist die Eigenschaft aller Menschen.«

Jede Ladenstraße war von Kolonnaden flankiert. In Sebaste maß sie $1^1/_2$ km und enthielt 800 Säulen. Zwischen je zwei Säulen lag ein überwölbter, offener Verkaufsladen, manchmal gab es einen zweistöckigen Bau mit einer Wohnetage, andererseits aber auch mehrstöckige »Warenhäuser«. Ein Laden bestand aus einem offenen, grottenartigen Gewölbe ohne Schaufenster, der von einem großen, breiten Stein- oder Holztisch ausgefüllt war. Auf diesem hockte der Verkäufer im Türkensitz. Die Ware war vor, hinter und über ihm in greifbarer Nähe aufgestapelt oder hing von der Decke herab. Bauchige Krüge mit flüssigen Nahrungsmitteln, Getränke oder Dattelmus steckten in separaten Löchern des Steintisches. Mehl, Linsen und Spelt lagerten in Amphoren, Feigen-, Dattel- und Rosinenkuchen in runden Strohkörben. Bei ländlichen Festen oder Spielen schlugen Getränke- und Gebäckverkäufer ihre Buden in den Arkaden des Amphitheaters auf. Fliegende Händler mit Wassersäkken auf den Rücken boten schreiend Erfrischungsgetränke an. Dattelsaft war sehr beliebt. Für jeden festen Verkaufsplatz kassierte der König eine Standmiete. Während der Nacht verschloß man die Läden von außen nach einem originellen System: Holzläden, die ineinanderpaßten, schob man in Steinrillen in Pfosten und Schwelle; mit einem Riegel, der sich über sie schob, wurden sie festgeklemmt. Die Bazare waren, wie heute in Istanbul, nach Branchen geordnet. Der Markt war, Verkäufer und Käufer eingeschlossen, eine reine Männergesellschaft.

Auch in Griechenland besorgten nicht die Hausfrauen mit ihrer weiblichen Dienerschaft, sondern die Männer die täglichen Einkäufe. Die Frau regierte Haus und Hausgewerbe, den Kontakt mit der Außenwelt unterhielt der Mann, der den größten Teil des Tages draußen zubrachte, entweder beruflich, einkaufend oder bummelnd. Eine Frau durfte keinen Markt betreten; die gerissenen Händler hätten mit ihrem Geschwätz – jedem Kauf im Orient geht ein langes Gefeilsche voraus – die Frauen nicht nur zu einem unnützen Kauf, sondern auch zur Sünde, zu einem Fehltritt verleiten können. (Andererseits sind Fälle bekannt, wo Frauen ihre eigenständig hergestellten Gewebe auf dem Markt selbst verkauften.) Die allgemeine Meinung war:

> »Ein Kaufmann kann sich schwer vor Unrecht hüten und ein Krämer vor Sünde. Um eitel Profit tun viele Unrecht, und die reich werden wollen, die wenden die Augen ab. Wie ein Nagel in der Mauer zwischen zwei Steinen steckt, so steckt auch die Sünde zwischen Käufer und Verkäufer.« So Jesus Sirach (27,1 f.).

Montag und Donnerstag war Markttag in Jerusalem. An diesen Tagen tagte auch das Gericht, es herrschte stärkerer Tempelbetrieb. Die Anziehungskraft, die der Tempel besaß, und das Interesse der Menschen an den Tagungen des Gerichtshofes wirkten sich auf das Marktwesen ähnlich aus wie die Messen, die zur Zeit der »Messe« vor den Kathedralen des Mittelalters als Markt abgehalten wurden. Die heutige Bezeichnung »Messe« für internationale Ausstellungen geht auf die lateinische Bezeichnung »messa« (= liturgische Feier) zurück. Zur Zeit der großen Wallfahrtsfeste, wenn Jerusalem als Pilgerzentrum voller ausländischer Gäste war, bot sich gute Gelegenheit zum Anknüpfen von internationalen Handelsbeziehungen, denn ein Teil der Wallfahrer bestand aus Kaufleuten, die die heilige Pflicht mit Nützlichem verbanden.

Tempel und Bank, eine wirtschaftliche Einheit

Im alten Ägypten und sumerischen Mesopotamien bildeten Tempel und Bank eine wirtschaftliche Einheit. Auch das grie-

Tafel 17. *Unterwasserarchäologie* bildet einen ganz jungen Forschungszweig, dessen erste Testversuche bereits große Erfolge aufzeigen. So konnte sie nach Funden aus gesunkenen römischen Schiffen bei Cäsarea nachweisen, daß Judäa nicht nur ein wichtiger Kornlieferant Roms gewesen war, sondern auch Mühlsteine nach Italien exportierte.
(Foto: Qadmoniot)

Tafel 18. *Mobiliar eines Patrizierhauses* in Jerusalem (1. Jh.). Genau wie in jeder anderen antiken Stadt gab es in Jerusalem Patrizierpaläste mit kostbarem Mobiliar. Jesus nahm das letzte Abendmahl mit seinen Jüngern in einem Patrizierhaus ein. Ein ähnlicher Serviertisch könnte dort gestanden haben. Er konnte viereckig oder wie auf dem Wandbild aus Pompeji rund sein. ↓
(Foto nach N. Avigad)

Tafel 19. *Ein »verborgener Schatz«.* 47 Silbermünzen in einem Tonkrug fanden 1977 Archäologen der Universität Tel Aviv in Tell Michal bei Herzlia. Für 47 Silberlinge (»Sekel«) konnte man in alter Zeit zwei Frauen oder ein Grundstück kaufen. Das Geld mit gleichem Münzbild stammt aus versch. Prägeanstalten von Jafa bis Tyros. Später erlaubte Rom nur der Stadt Tyros, Silbergeld zu prägen.
(Foto: M. Hajut)

Tafel 20. *Die antike Synagoge in Kapernaum* (um 250 n. C.), am lieblichen See Genezareth gelegen. Im Vordergrund Friesfragmente und Säulenteile der Frontseite, dahinter korinthische Säulen des nordwestlichen Umgangs mit darübergelegtem Epistyl. Die Ecksäule besteht aus einem quadratischen Pfeiler mit zwei vorgelegten Halbsäulen. Die zahlreichen Synagogenruinen in Galiläa entstanden nach der Vernichtung des Tempels und sind Zeugen des ungebrochenen Lebenswillens der judäischen Gemeinden.
(Foto: Isr. Fremdenverkehrsamt, Frankfurt)

17. Unterwasserarchäologie in Israel
(unten) Mühlsteine aus einem gesunkenen Schiff bei Cäsarea

18. Mobiliar eines Jerusalemer Patrizierhauses

Tyrische Sekel und
hebräische Sekel

19. Zerbrochener Krug mit Silbermünzen (Sekel)

20. Antike Synagoge in Kapernaum

21. Mosaikbilder in antiken Synagogen
a) Die »Opferung Isaak« in Beth Alpha
b) »Thoraschrein« in Hamat Tiberias

22. Nabatäische Heiligtümer
a) Delphinengöttin
b) Felsgrab el Chazne in Petra

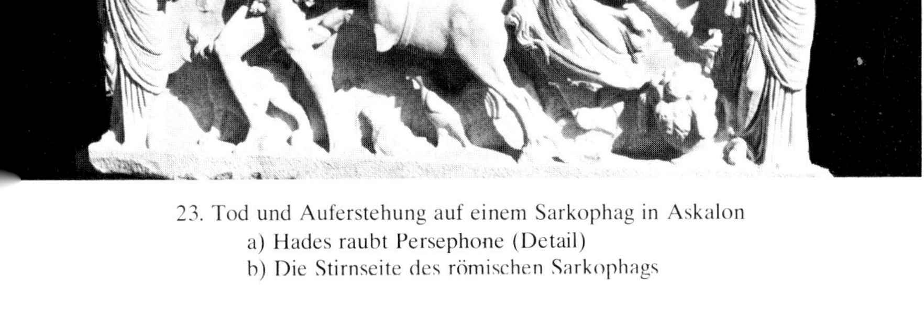

23. Tod und Auferstehung auf einem Sarkophag in Askalon
a) Hades raubt Persephone (Detail)
b) Die Stirnseite des römischen Sarkophags

24. Griechisch-orthodoxes Kloster am Quarantänenberg bei Jericho

Mosaik-Fußböden mit bildlichen Darstellungen bildeten den Hauptschmuck der antiken Synagogen (oben). Aus der Synagoge in Beth Alpha (6. Jh.): Abraham mit Turban und gestreiftem Hemdkleid schwingt seinen gefesselten Sohn hoch und zückt das Messer. In der linken Ecke erscheint die Hand Gottes, darunter steht auf Hebräisch: »Abraham, strecke (deine Hand) nicht (gegen deinen Sohn) aus!« (unten). Aus der Synagoge in Hamath-Tiberias (3./4. Jh.): Thoraschrein von hl. Leuchter, Weihrauchschaufel, Lärmhorn, Palmenwedel und Zironat umgeben. (Foto: Mirlin-Jaron) Tafel 21.

Nabatäische Heiligtümer. Beispiele eines semitisch-griechischen Synkretismus zeigen Tafel 22.
a) die Dolphingöttin Atargatis-Allath von Dschebel el-Tannur und
b) das prachtvolle Felsengrab el-Chazne im Wadi Musa bei Petra (1. Jh.). Petra war die Hauptstadt des nabatäischen Reiches, gebietsmäßig und materiell dem Nachbarstaat Judäa überlegen, ihn oft politisch und wirtschaftlich gefährdend.
(Foto: Israel Dept. of Antiquities)

Tod und Auferstehung. Auf der Stirnseite eines Sarkophags aus Askalon entführt Hades die sich sträubende Persephone in die Unterwelt. Die Pferde hält Hermes, vielseitiger Götterbote, Schutzherr der Wanderer und des Handels (er tritt bezeichnenderweise mit dem Fuß auf einen Geldbeutel). Von Trauer und Zorn ihrer Mutter Demeter (links) bewegt, gestattet Zeus (rechts), daß Persephone zwei Drittel des Jahres wieder an die Oberwelt zurückkehrt. Sie symbolisiert die wiedererwachende Natur und wurde zur hellenistischen Zeit Symbol der Auferstehung. Tafel 23.
(Foto nach M. Avi-Yona)

Griechisch-orthodoxes Kloster auf dem Berg Qarantel bei Jericho vom Höhleneingang einer Einsiedelei gesehen. (Qarantel bedeutet im Arabischen »Vierzig«.) Im 6. Jahrhundert an jener Stelle erbaut, wo, der Tradition nach, Jesus sich vor seiner Sendung 40 Tage in die Wüsteneinsamkeit zurückgezogen hatte. Einsiedeleien gab es bereits früher, erst Justinian I. (527–565) ließ mit Mauern und Polizeiwachen gesicherte Klöster im Land errichten. Die Eremiten lebten in den umliegenden Höhlen und nur zum gemeinsamen Mahl und Gottesdienst oder bei beduinischen Überfällen zogen sie sich hinter die Mauern zurück. Tafel 24.
(Foto: N. Jeremias)

chische Bankwesen nahm im Heiligtum seinen Anfang. Die Tempelverwaltungen liehen die durch Opfer und Schenkungen angesammelten horrenden Gelder gegen Zinsen aus. Auf der Agora in Athen, am Forum in Rom, im Schatten des Zeus- oder Jupitertempels, standen Wechseltische. Nicht anders wird es in Jerusalem gewesen sein. Bereits zur Zeit Salomos gab es Nebenräume zum Abstellen der Weihegaben (1. Kö. 6,5), vielleicht auch Kammern, in denen man persönliche Schätze unter die Obhut der Gottheit stellen konnte (Neh. 12,47). Im 2. Makkabäer-Buch wird berichtet, daß der »Gotteskasten von Jerusalem über die Maßen reich an Geld wäre« (3,6), gefüllt mit den »Zinsgroschen« aus aller Welt; aber zum Teil auch mit den deponierten Sparpfennigen kleiner Leute. Insgesamt lagen in den wohlbehüteten Schatzkammern der Tempelverwaltung um 170 v.C. etwa 400 Zentner Silber und 200 Zentner Gold.

Der gewaltige Tempelhof von Jerusalem, der ein Siebentel der heutigen Altstadtfläche bedeckt, bildete, wie jede Agora in griechischer Zeit, das kulturelle, wirtschaftliche und politische Zentrum der Stadt. Er zerfiel in zwei Teile, den äußeren, profanen »Vorhof der Heiden« und den Innenhof, den nur Judäer betreten durften, und zwar barfuß und ohne Geldbeutel.

Ein Wucherer legt seine Hand auf den Münzhaufen. Sein Gehilfe hält eine eben erhaltene Münze prüfend hoch. Der bärtige Bauer, ein Pachtzahler oder Anleiherückerstatter, schaut traurig auf das Goldstück. Relief aus dem Rheinischen Museum in Trier (ca. 200 n.C.)

R'Aqiba fügt hinzu: »Geschäfte mit Geldern des Heiligtums und mit Geldern der Armen sind nicht erlaubt.«

Im äußeren Tempelplatz saßen an hölzernen Tischen die *kollybistes,* die Kleinmünzwechsler. Sie tauschten die mannigfaltigen Münzen aus dem In- und Ausland in den vom Tempel vorgeschriebenen tyrischen Sekel um und verlangten dafür pro Silbermünze als Aufgeld eine kleine Kupfermünze; daher ihr Name: Eine kleine Münze hieß *kollybos,* die Geldwechsler *kollybistes.* Das Aufgeld betrug etwa 2 Prozent. Mit diesem Zinssatz würde heute keine Bank arbeiten. Die Wechsler hießen im Hebräischen *sulhani* (= Tischinhaber); Matthäus (25,27) nennt sie im Griechischen *trapizites.* Er meint damit aber keine Wechsler, sondern Geldverleiher. Jesus, gewiß kein Freund des Reichtums, empfiehlt seiner Gemeinde, das Geld zu einem möglichst hohen Zinssatz anzulegen (Mt. 25,14). Er war ein Gegner des Geldbetriebes im Tempelhof, aber kein Gegner der Banken.

Wie hoch war der Zinssatz in der Antike?

In Rom gab es nicht weniger als 2000 Banken. Sie verliehen Darlehen mit 40 bis 80 Prozent pro anno. Private Geldverleiher forderten für Darlehen an Bauern wegen des Risikos eines schlechten Erntejahres viel höhere Zinsen. Männer wie Cicero oder Brutus nahmen »nur« 48 Prozent Zinsen! Laut den Urkunden am Toten Meer war in Judäa ein Zinsfuß von 20 Prozent üblich, das wurde von den Schriftgelehrten als wucherische Übervorteilung angesehen, da für sie das strenge alttestamentarische Zinsverbot noch seine Gültigkeit hatte.

> »Die in der Wüste Judäa aufgefundenen Urkunden«, schreibt Elisabeth Koffmahn, »bestätigen jene eigenartigen Prinzipien, durch die sich das israelitische Schuldrecht von anderen Rechtssystemen unterschieden hat, nämlich daß das Zinsennehmen unter Juden, in welcher Form auch immer, grundsätzlich verboten war (2. Mose 22,24), daß es nur eine Vermögensschaffung gegeben hat und eine Schuldkundschaft, d. h. eine persönliche Verpfändung an den Gläubiger (vgl. Neh. 5,2, wo arme Juden Söhne und Töchter verpfänden). Das jüdische Pfand war nur Sicherungspfand. Ohne

gerichtliches Urteil konnte der Gläubiger, im Falle der Säumnis des Schuldners, nicht zu seinem Geld gelangen.«

Für Rechtshistoriker ist interessant, daß Frau Koffmahn auch die Ehekontrakte als Schuldverschreibungen ansieht:

»Eine Ehe bildet eine Wirtschaftseinheit. Jeder Ehepakt war nach den Urkunden, die am Toten Meer gefunden wurden, nichts anderes als ein Schuldschein des Mannes an die Frau – eine generalhypothekarische Bindung. Der Ehemann haftet seiner Frau für die Bezahlung eines festgesetzten Betrages sowie des eingebrachten Frauenvermögens für den Fall einer Scheidung oder seines Todes mit seinem ganzen Vermögen. Diese Verpflichtung war für den Mann eine schwere Belastung. Unter griechisch rechtlichem Einfluß setzte sich die Institution der Spezialhypothek-Bank durch!«

Frau Koffmahn fährt fort:

»Eine weitere Änderung des alttestamentarischen Gesetzes betrifft das ›Jobeljahr‹, wonach alle 7 Jahre, im Sabbatjahr, jede Schuldverpflichtung annulliert werden mußte. Seit der späthasmonäischen Zeit erhielt jede Darlehensurkunde die Klausel, die einen Rückfall eines Darlehens oder Pfandes oder eines Landbesitzverkaufes an den Schuldner, Verkäufer oder den früheren Besitzer ausschloß. Die banktechnischen Gebräuche entstanden in hellenistischer Zeit. Die Bezeichnung Hypothek-Bank, im Hebräischen ›ha'potheka‹ hat zweifellos ihre Wurzel im Griechischen.«

Das Zinsverbot, so führt Frau Koffmahn aus, bezog sich nur auf private Geldverleiher oder private Geldinstitutionen, nicht auf die Tempelbank. Sowohl im Alten Testament wie auch im Talmud existiert eine Bestimmung, die besagt, daß »wer etwas genießt, das dem Heiligtum gehört, es mit einem Fünftel mehr (in Geld oder Naturalien) zurückzuersetzen hat«. Das heißt, dem Tempelfiskus war erlaubt, 20 Prozent Zinsen zu erheben, bzw. einzustreichen. Wer aber durch boshaftes Verschulden oder durch boshafte Veruntreuung das Darlehen nicht zurückzahlte, mußte, wenn sein Vergehen durch Zeugen gerichtlich erwiesen war und kein Geständnis vorlag, den Schuldbetrag doppelt zurückerstatten, d. h. mit 100 Prozent Verzinsung. Die

Tempelbank war nicht nur die größte Finanzmacht, sondern nach dem Staat der größte Grundbesitzer. Sie diente in der Antike fast ausschließlich zur hypothekarischen Haftung. In einer gründlichen Studie wies K.H. Rengsdorf (»Bibel und Qumran«, Berlin 1966) nach, daß seit der persischen Zeit der Tempel der größte Bodenbesitzer war, wo die Domänen der davidischen Könige und weltlichen Fürsten auf Befehl der Perser zu Kirchengut wurden. Es gibt keine Informationen darüber, aber berechtigte Annahmen, daß die Hasmonäer oder Herodianer die Latifundien zurückgefordert haben und einen Teil der Arbeiten, wie z. B. den Tempelumbau, Zufahrtsstraßen oder Wasseranlagen zum Tempel, mit Geldern des Tempelfiskus bestritten. Für den Bau einer Wasserleitung entnahm Pilatus Geld aus dem Tempelfiskus, da im Jahre 6 n.C. der Privatbesitz und das Privatrecht der judäischen Könige auf den römischen Kaiser übergingen. Interessant ist, daß 1960 in einem Cañon am Toten Meer Briefe des letzten judäischen Fürsten Bar-Kochba entdeckt wurden, in denen er Kommandanten in Engedi scharf tadelte, weil sie von »dem Vermögen des Hauses Israel (= Tempel) essen, aber nicht für ihre Brüder und ihre Bedürfnisse sorgen«.

Der Tempelfiskus wird hier »Vermögen des Hauses Israel«, Engedi als eine der Latifundien des Tempels genannt, und Bar-Kochba bezeichnet sich als Nachfolger der Römer, was das Besitzrecht auf diese Latifundien betrifft.

So wurde der Tempel, dank der zahlreichen Geschenke aus dem Ausland und seiner ausgedehnten Latifundien, die sicherste Bank Judäas, in die jeder sein Vertrauen setzte.

Die Münze Gottes und die Münze des Kaisers

Im Frauenhof des Tempels standen 13 hornförmige Opferstökke. Frauen waren nicht steuerpflichtig, dafür gebefreudiger. Einmal beobachtete Jesus ein armes Mütterchen, das mit zitternden Gichtfingern zwei Pfennige aus ihrem Gürtel knüpfte und in ein Horn legte.

»Diese arme Witwe«, erklärte Jesus seinen Jüngern, »hat mehr eingelegt als alle. Denn jene haben alle aus ihrem Überfluß zu den Gaben eingelegt; diese aber hat aus ihrem Mangel heraus Gut eingelegt, das sie hatte« (Lk. 21,1).

Wer kann mit »alle« gemeint sein? Nicht nur Judäer aus dem In- und Ausland, auch Prosemiten und Proselyten aus aller Welt brachten dem Tempel in Jerusalem Weihegeschenke dar. Durch Zahlung des niedrigen jährlichen Steuersatzes ($^1/_2$ Sekel entspricht dem Wert von 6 Gramm Silber) fühlte sich das Weltjudentum mit dem Zentralheiligtum tief verbunden. Laut Philon von Alexandrien wird der Sekel Lösegeld genannt.

»Deswegen gibt man die Spenden bereitwillig, fröhlich und guter Dinge, als ob man mit diesem Opfer Erlösung von Knechtschaft oder Heilung von Krankheit finde.«

Die in der Diaspora gesammelten Münzen kamen in plombierten Lederbeuteln oder Kisten, in militärisch gesicherten Karawanen, von Tausenden Pilgern begleitet, nach langer Reise in Jerusalem an.

Organisierte Gruppenreisen aus aller Welt nach Israel waren keine Seltenheit. Sie brachten ausländische Valuta ins Land, die bei den Händlern in den Bazaren und bei den Beamten der Wechselbanken große Verwirrung hervorriefen. Man bedenke, neben den griechischen, römischen, syrischen, parthischen, nabatäischen Staatsmünzen kursierten um die Zeitwende auch alle Münzsorten der hasmonäischen und herodesischen Herrscher sowie die Münzen der Dutzende freier Städte in Palästina, die ein Münzrecht besaßen. Wie die Wechsler und Händler sie unterschieden und ihren Wert bestimmten, ist bis heute ein Rätsel. Aus diesem Grund wandte ich mich an Dr. Kindler, Direktor des Münzkabinetts in Tel Aviv, und bat ihn um ein Informationsgespräch, das ich hier wiedergebe:

Judäa erhielt von den Römern nicht ein unbegrenztes Münzprägerecht. Es durfte Kupferkleingeld prägen, aber keine Silbermünzen. Aus wichtigen wirtschaftlichen Gründen gestatteten es die römischen Herrscher einigen kleinasiatischen Städten, vor allem Tyros, Silbercouranten zu prägen. Der tyrische Sekel hatte ein Gewicht von 14,5 g Silber und behielt dieses fast zwei Jahrhunderte (124 v.–56 n.C.) unverändert bei. Damit war es die stabilste Währung jener Zeit. Raumtechnisch ist es unmöglich, daß eine Bank ihr verwaltetes Kapital in Pfennigmünzen einlagert – Papiergeld und Wertpapiere gab es noch nicht –, deswegen beschlossen die Priester von Jerusalem, die Reserven in Edelmetallen, und zwar in Silbercouranten aus Tyros, anzulegen. Alle anderen Münzen mußten vorher an den Wechseltischen im Vorhof gegen tyrische Silbermünzen eingewechselt werden. Archäologische Funde bestätigen es: In Isfia, einem Drusendorf auf der Karmelhöhe, fand man 1960 zufällig einen größeren Münzschatz. Kleinasiatische Kollektensammler

Tetradrachme von Tyros aus dem Jahr 107 v.C. Vorderseite: Der mit einem Lorbeerkranz geschmückte Kopf des phönizischen Gottes Melkart. Rückseite: Ein Adler steht als Beschützer des tyrischen Seehandels auf einem Schiffsbug. Inschrift: Das hl. und unverletzbare Tyros. Gewicht 14,17 g Silber, Durchmesser 27,9 mm. (Münzkabinett British Museum, London)

Hebräischer Sekel. Weder die Hasmonäer noch Herodes konnten oder durften Silbersekel prägen, erst im Jahre 66 n.C. nahmen sich die Aufständischen das Recht, eigenes Tempelgeld zu prägen, bzw. röm. Münzen zu überprägen. Auf der Vorderseite: Zweig mit drei Granatblüten und der althebräischen Umschrift: Das hl. Jerusalem. Rückseite: Weihekelch (mit der Zahl) 2 (zweites Jahr der Freiheit) und Umschrift: S(ch)ekel Israel. (Münzkabinett Tel Aviv)

Silberdenar
des Tiberius
(die Steuermünze
von Mt. 22,20)

(griech. apóstolos) hatten im Jahre 66/67 n.C. beim Herannahen einer römischen Patrouille den Geldtransport in der Erde vergraben, um ihn nach Kriegsende an den Jerusalemer Tempel abzuliefern. Die Kollekte enthielt 4950 tyrische Silbermünzen (95 Prozent), außerdem 275 Kupfer Reisegeld. Von 7200 Münzen, die 1968 bis 1972 an der südlichen Tempelumfassungsmauer von Prof. Benjamin Mazar ausgegraben wurden, stammen 6277 aus Tyros. Das sind 87 Prozent!

Wie sah der tyrische Silbercourant, den Josephus als »heilige hebräische Münze« bezeichnet, aus? Auf der Vorderseite trug er den tyrischen Stadtgott Melkert, auch Moloch genannt, dem die Phönizier Kinder opferten und der in hellenistischer Zeit als Zeus' Lieblingssohn Herakles idealisiert wurde, auf der Rückseite den Adler, den Lieblingsvogel des Zeus.

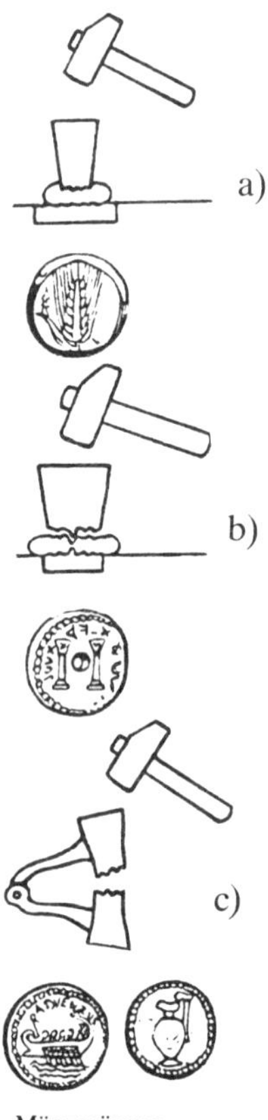

Münzprägung
a) Gesenkschmiede
b) Kornspitzenkonzentrierung
c) Prägezange

Erweckten diese heidnischen Münzbilder bei tiefgläubigen Menschen nicht Abscheu? »Geld stinkt nicht«, es hat keinen emotionalen, sondern realen Wirtschaftswert, sagte Vespasian, als er in Rom die Jauchesteuer einführte. Es wird, wie es die Praxis noch heute beweist, nicht nach dem Münzbild oder Geruch, sondern nach dem Münzwert bemessen.

Steuergeld, ob kirchlich oder staatlich, mußte von jeder Finanzhoheit und jeder Verwaltungsorganisation damals standardisiert werden. Das Steuergeld für den Tempel wurde nach denselben Methoden eingetrieben und verwaltet wie das Steuergeld der Krone. Man gab Gott, was die Kirche, dem Staat, was der Kaiser verlangte. Das hieß Steuer. Der Silberdenar des Kaisers Tiberius bildete die reichseinheitliche Steuermünze von den britischen Inseln bis Indien, auch in Judäa. Daß sie in Jerusalem so selten gefunden wurde, lag nach der Überlieferung an dem Münzbild, das in aufdringlicher Weise den Kaiserkult propagandierte. Um das Kaiserbild herum stand geschrieben: TIBERIUS CAESAR DIVI AUGUSTI FILIUS AUGUSTUS (Kaiser Tiberius, der erhabene Sohn des vergötterten Erhabenen oder des göttlichen Augustus). Das Wort DIVI deutet an, daß der Kaiser zum Gott erklärt war. Eine Münze mit griechischem Text lautet: TIBERIOS KAISAR THEOU SEBASTOU HYIOS SEBASTOS (Kaiser Tiberios, anbetungswürdiger Sohn des anbetungswürdigen Gottes). Auf der Rückseite steht: PONTIFEX MAXIMUS oder ARCHIEREUS, der Hohepriester (Jupiters). Tiberius wird damit vom Steuerzahler als Gott und Hohepriester anerkannt. Als anbetungswürdige Person verkörpert er den gottgewollten Staat, das Imperium, dem alle unterworfenen Völker dienen müssen. Nach römischem Staatsrecht war der Silberdenar kaiserliches Eigentum und an die Reichsbevölkerung nur ausgeliehen, das freilich in Form der *Steuer* an den Kaiser zurückerstattet werden mußte. Den Ausspruch Jesus': »So gebet dem Kaiser, was des Kaisers ist, und Gott, was Gottes ist!« (Mt. 22,20) erklärt der berühmte Arzt und Jesusforscher Albert Schweitzer:

»Es kann kein Zweifel sein, daß es sich bei diesem Ausspruch um einen *ironischen* Parallelismus (von Kaiser und Gott) handelt.«

Am radikalsten waren die Essener. Sie rührten aus politischer und religiöser Überzeugung keine Silbermünzen an, da man »das Bild des Mammon weder tragen noch ansehen oder verehren dürfe«. Mit dieser Weigerung schlossen sie sich weitgehend vom wirtschaftlichen Leben aus und lebten in einer geldlosen Kommune.

Ich verließ Dr. Kindler, der mich nach dem Interview durch seine eindrucksvolle, reiche Sammlung führte. Ich hatte und habe zu Geldwerten ein schlechtes Verhältnis und mußte Dr. Kindler um weitere Informationen in der Münzkunde ersuchen, um mir mehr Klarheit über den Mammon zu verschaffen.

Geld regiert die Welt, Kupferkleingeld in Israel

Die Münzen bildeten eine wichtige Einnahmequelle der Herrscher. Jeder prägte sie in rascher Folge. Die Münzbilder bildeten Embleme ihrer Regierung. Der wirtschafts-, kultur- und kunstgeschichtliche Aspekt der in Palästina mannigfach ge-

Die freien griech. Städte in Judäa besaßen in röm. Zeit das Prägerecht, so (auf der Abb.) Apollonia, Askalon, Cäsarea, Cäsarea-Philippi, Dor, Gaza, Gadara, Ptolomais, Sebaste, Sepphoris und Hippos. Es war schwer für einen Händler, die zahlreichen lokalen Münzen, die auf dem Markt gleichzeitig kursierten und keine Wertangaben trugen, zu unterscheiden und zu bewerten.

Verschied. Münzen König Alexander Jannäus

prägten und überall kursierenden winzigen Bronzemünzen ist von unschätzbarem Wert. Die Vielfalt der ethnisch verschiedenen Menschen, die auf dem kleinen Raum nebeneinander, aber nicht miteinander lebten, die Buntheit ihrer Religionen, Kulturen, Verfassungen und Lebensauffassungen ist von den Emblemen der Münzen abzulesen.

Als stolzes Zeichen der wiedergewonnenen nationalen Selbständigkeit prägten die ersten hasmonäischen Fürsten Münzen mit Kultsymbolen und althebräischen Aufschriften. Die Symbole sollten ihre priesterliche Abstammung, die althebräische Schrift, die nicht mehr kursierte, ihren neuen Staat als Fortsetzung des Reiches David bezeichnen. Damit legitimierten sich die Hasmonäer als charismalische Herrscher, die die althebräische Kultur wiederbelebten. Ihre Münzen besaßen nur lokalen Marktwert.

Alexander Jannäus (103–76 v.C.) war der erste hasmonäische König, der den Münzumlauf bedeutend erweiterte. Als er durch glänzende Siege seinem ausgedehnten Reich auch griechische Städte angliederte und seinem Geld internationale Anerkennung verschaffen wollte, ließ er eine *zwei*sprachige Währung in Umlauf bringen. Auf der einen Seite seiner Münzen steht eine hebräische – »jehonatan hamelek« (König Jonatan) –, auf der anderen eine griechische Aufschrift – »basileōs Alexandrou« (König Alexander). Zur Erinnerung an seinen Sieg über griechische Hafenstädte wählte er das stolze Symbol eines Ankers mit zwei Querhölzern.

Beim Niedergang dieser Dynastie versuchte ein Enkel Jannäus', Mattathias Antigones (40–37 v.C.), durch Prägung von Münzen mit nationalen Bildmotiven seine Rückkehr zur völkischen Eigenart zu beweisen. Auf der Bronzemünze des letzten hasmonäischen Königs erscheint zum erstenmal der siebenarmige Leuchter, das Symbol der Judenheit. Mit dem Namen Mattathias begann die Glanzperiode der hasmonäischen Dynastie, und mit diesem Namen erlosch sie.

Zwei Münzen König Mattathias Antigones

Herodes I. ging einen Schritt weiter als Jannäus. Um seinem Geld und seinem Namen auch über die Landesgrenzen hinaus Geltung zu verschaffen, ließ er die hebräische Beschriftung weg und prägte *nur* Münzen mit griechischer Aufschrift. Münzen mit hebräischer Aufschrift für den lokalen Bedarf waren noch ausreichend auf dem Markt vorhanden. Seine Münzbilder aber hielten sich im strengen Rahmen des religiös Erlaubten. Neu ist nur das Monogramm ₽, das auf seinen Münzen erscheint.

Münzen des Königs Herodes I.

Die Münzen von Herodes' Söhnen und Enkeln zeigen eine weitere Emanzipation an. Archelaus (4 v.–6 n.C.), der die wichtigen Gebiete Judäa und Samaria erhielt, nannte sich auf seinen Münzen stolz »Ethnarch« und verwandte nur traditionelle Symbolik. Antipas von Galiläa (4 v.–39 n.C.), wohl der frömmste der Herodessöhne, prägte auf seine meisten Münzen den Palmzweig, das Symbol seiner Hauptstadt Tiberias. Philippus dagegen, der überwiegend nichtjudäische Gebiete erhielt, wagte es, nach syrischem Brauch Porträts und heidnische Tempel auf seine Münzen zu prägen. Nach dem Jahre 6 n. C., als die Römer Judäa besetzten, gelang es ihnen nur teilweise, die römische Münzeinheit durchzusetzen. In den nahöstlichen Handelszentren blieben die griechische Münze und die griechische Münzbezeichnung weiter vorherrschend. Dagegen wird im Neuen Testament die Währung in römischen Normen angegeben, obwohl Jesus die täglichen Notwendigkeiten auf dem

Münze des Ethnarch Archelaus von Judäa-Samaria

Münzen des Fürsten Antipas von Galiläa

Münze des Fürsten Philippus aus Cäsarea-Philippi

Markt in Nazareth oder Kapernaum mit judäischen *Prutot,* den kupfernen Kleinstmünzen seines Landesfürsten Antipas, einkaufte und die Tagelöhner oder Fischer ihren Lohn nicht in Denaren, sondern in Prutot oder Drachmen erhielten.

Die deutschen Theologen Strack und Billerbeck schreiben:

»Die römische Münzeinheit im Neuen Testament kann nur so erklärt werden, daß zur Zeit der Redaktion der Evangelisten kein jüdisches Geld mehr im Umlauf war. Das trat im Jahre 70 n.C. ein. Oder aber, daß die Redaktion der Evangelisten die hebräischen Geldwerte ihren römischen Lesern durch ihnen geläufige Münzen erklärte. So übersetzte Luther die römische Münze mit Pfennigen, Heller, Groschen usw., um den deutschen Lesern des 15. Jahrhunderts Kopfzerbrechen zu ersparen.«

Die größte Anpassung an die römische Kultur erreichten die Münzen zur Zeit des Königs Agrippa I. (37–44 n.C.). Der König, halb herodesischer, halb hasmonäischer Abstammung, wagte auf einer seiner Münzen sogar römische Kaiser darzustellen. Eine Münze Agrippas I. zeigt sein Porträt! Das war ein unerhörter Verstoß gegen das Bildverbot. Erstaunt stellt man fest, daß die Judäer diesem Enkel Herodes' jede Freiheit gestatteten, die sie dem Großvater keinesfalls erlaubt hätten. Mit Agrippa I. erreichte Judäas Assimilation, seine Bereitschaft, sich der heidnischen Umwelt anzupassen, den Gipfel des Möglichen. Gleich nach seinem Tode stürzte es jäh durch die plötzliche gewaltsame römische Besetzung in die schwerste Rückentwicklung. Während der römischen Besetzung prägte jeder der dreizehn Prokuratoren in rascher Folge inflationistische Mengen von Münzen, um soviel wie möglich am Geldumlauf zu verdienen, bis das wirtschaftliche Chaos und damit der Aufstand ausbrach.

Die Münzbilder beider Aufstände (66–70 und 132–135 n.C.) zeigen den seelischen Hintergrund dieses eigenartigen Volkes, das es, obwohl eine der kleinsten Nationen, mit der titanischen Weltmacht Rom aufnahm und ihr sieben Jahre trotzen konnte. Die Münzbilder zeigen wieder die althebräischen Schriftzeichen wie bei den ersten Hasmonäern, eine Schrift, die

Die Münzen der beiden Befreiungskriege (66 – 70 und 132 – 135 n.C.) spiegeln die gesteigerten patriotischen Gefühle des judäischen Volkes wider. Alle Aufschriften sind nur hebräisch und verkünden stolz: »Im ersten Jahr (der Freiheit)« »für die Freiheit Zions« oder »das befreite Jerusalem«. Der Aufstand, als »hl. Krieg« proklamiert, benutzte nur religiöse Parolen und Symbole. Die pflanzlichen Münzbilder stellen das »gelobte Land«, die Musikinstrumente »Einsatz für Gott und Tempel« dar. Da sind Dattelpalme, Weinstock, Granatäpfel, Palmwedel und Körbe mit Erstlingsfrüchten, auch Kelche und Kannen für den Opferdienst, Leier und Trompeten der Tempelmusik und die Fassade des Tempels abgebildet. (Münzkabinett Tel Aviv)

kein Laie mehr lesen konnte und das Geld für den Auslandshandel wertlos machen mußte. Sie verwarfen die griechische und lateinische Beschriftung und kehrten auf Grund des neuerworbenen Selbstbewußtseins trotzig zur unverfälschten nationalen Schriftweise zurück. Die Münzen drückten nur einen kultischen Wert aus, deswegen prägten die Aufständischen auf die Münzbilder ausschließlich religiöse Symbole, Tempelgegenstände und das Tempelportal selbst. Sie verwarfen den tyrischen Sekel und gaben zum ersten Mal in der judäischen Geschichte eigenes Silbergeld für die Tempelsteuer aus. Es fehlte an Rohsilber, also überprägten sie rigoros römische Tetradrachmen. Auf ihren Münzen erschienen Kampfparolen: »Zur Befreiung Zions«, »Zur Erlösung Israels« oder »Für das Heilige Jerusalem«. Die Münzbilder des Aufstandes sind das Schönste, was judäische Künstler je entworfen und geprägt haben. Sie zeigen, daß Israel, paradoxerweise, wenn es sich einkapselt und isoliert lebt, zu höheren Kulturtaten fähig ist.

8. LAND- UND SEEWEGE

Das Reisen im Schatten des Weltfriedens

Die Straßen der Antike dienten Militär- und Handelszwecken. Wegen der Gefahren auf den Straßen konnten Handelskarawanen nur unter Militärschutz reisen; an einen privaten Tourismus war kaum zu denken. Es blieb ein Wunschtraum aller Völker der Antike, in Sicherheit weite Reisen zu unternehmen. Erst Kaiser Augustus stellte die Sicherung aller Straßen- und Seewege des Imperiums in den Mittelpunkt seiner Politik. Nur so blieb der Weltfriede bis in die äußersten Ecken der antiken Welt erhalten. Unter diesem Vorzeichen konnte Herodes I. an den Ausbau des weltweiten judäischen Pilger-Reiseverkehrs, insbesondere zu Festzeiten, denken, der für die Staatskasse nicht weniger wichtig war als der Handelsverkehr. Daß Herodes I. bei der Sicherung der Verkehrswege in erster Linie an die Pilger dachte, beweist die Ansiedlung von Militärkolonisten in Trachonitis, im nördlichen Transjordanien, mit der er dem dor tigen beduinischen Bandenwesen ein Ende bereitete. Damit wurde die östliche Pilgerstraße, die durch dieses Gebiet führte und auf der die babylonischen Festkarawanen zogen, sicher. Die Menschen der damaligen Zeit kannten durchaus schon das Fernweh. Dank Augustus' befriedetem Straßenimperium nahm auch der Drang der Pilger nach Jerusalem zu, der zum Massentourismus der Zeitwende auswuchs. Philon von Alexandrien bezeugt es:

> »Zehntausende Pilger aus Tausenden von Städten reisten teils zu Land, teils zu Wasser von Osten und Westen, Norden und Süden zu jedem Fest zum Heiligtum nach Jerusalem.«

Römerstraße
1 Plattenlage
2 Feinschüttung
3 Grobschüttung
4 Querlage
5 Grobschichtung
6 Mutterboden
7 Gleisspur
8 Meilenstein

Meilenstein bei Akko aus der Zeit Neros

Alle Wege der Welt führten nach Rom und alle Wege des Weltjudentums nach Jerusalem. Am Nordtor, dem heutigen Damaskustor, stand eine Säule, von der aus alle Straßen, die nach Norden und Süden, Westen und Osten führten, gemessen wurden. Noch heute nennen die Araber dieses Tor Bab el-Amud, Tor der Säule. Die Entfernungen wurden nach Schritten gemessen. 2000 Schritte zu je 75 cm Schrittlänge bildeten eine Meile. Die Meilensteine, die in großer Zahl in Palästina gefunden wurden, stammen aus römischer Zeit, als der moderne, geschotterte, gepflasterte und zementierte Straßenbau bekannt war, der 115 n.C. in seinen Grundzügen abgeschlossen wurde. Die römischen Straßen, die man noch heute stellenweise verfolgen kann, lagen auf den alten israelitischen Wegen.

Mit *via* wurde eine öffentliche Straße, mit *strata* eine gepflasterte, mit *ambitus* ein Umgehungsweg bezeichnet. In Palästina waren die Umgehungswege 75 cm breit, die öffentlichen Straßen 2 bis 3 m. In den Kurven erreichten sie 5 m und mehr. Die Überlandstraßen bestanden aus drei verschiedenen Steinlagen. Die unterste *(statumen)*, etwa 30 cm dick, war aus großen Steinen in Zement verlegt; die zweite *(rudera)* bestand aus gestampftem Kies, Geröll und Tonerde; die oberste aus großen, polygonalen Platten, die oben geglättet oder gerillt waren. Sie sind am Stadttor von Cäsarea und im Ecce-Homo-Konvent in Jerusalem noch heute in guterhaltenem Zustand zu sehen. Römische Straßen führten, ohne Rücksicht auf die Geländegestaltung, geradlinig über Berg und Tal. Das muß mit der von den Römern vortrefflich ausgebauten Lichttelegraphie zusammenhängen. Der frühe Talmud berichtet, die Judäer hätten längs den Römerstraßen durch Lichtsignale den Anfang der Monate oder die Ankündigung der Feste ihren Glaubensbrüdern in der Diaspora übermittelt.

Die Meilensteine, etwa 2 m hohe Steinsäulen auf einem kubischen Sockel mit rundem Oberleib von etwa 60 cm Durchmesser, dienten den Straßenmeistereien und den Reisenden zur Orientierung. Die Inschriften gaben die betreffende Meilenentfernung von einem bestimmten Ausgangspunkt, *caput viae* genannt, an. Bei Ausbesserungsarbeiten wurden zu den alten jeweils neue Meilensteine gestellt, so daß ganze Gruppen von ihnen am selben Platz zu finden sind. Einen der ältesten Meilensteine fand man bei Akko. Er stammt aus dem Jahre 52 n.C. und trägt die Aufschrift: IMP(eratori) NER(oni) CAESARI COL(onia) PTOL(omais) VETER(anorum) VICI NEA COM(E)ET GEDRU: dem Imperator Nero, dem Kaiser (gewidmet durch) die Veteranenkolonie Ptolomais (beim Bau der Straße nach) Gedru (dem heutigen Chirbet Dschedru bei Haifa).

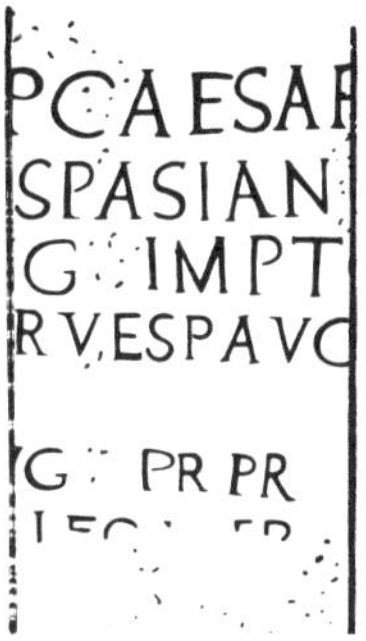

Meilenstein in Jerusalem aus der Zeit Vespasians

In Jerusalem entdeckte man an der südlichen Tempelumfassungsmauer einen Meilenstein, der dem Vespasian gewidmet ist. Wie bereits gesagt, entstanden die hervorragenden Straßenanlagen erst in römischer Zeit. Marcus Ulpius Trajan (98–117 n.C.) war ihr Erbauer.

Wie aber sahen die Straßen vor der Zeitwende aus? Die Wege, nicht nur im Osten, waren meist holprig, eng, im Winter schlammig, im Sommer von Staubwolken verhüllt, für die Fort-

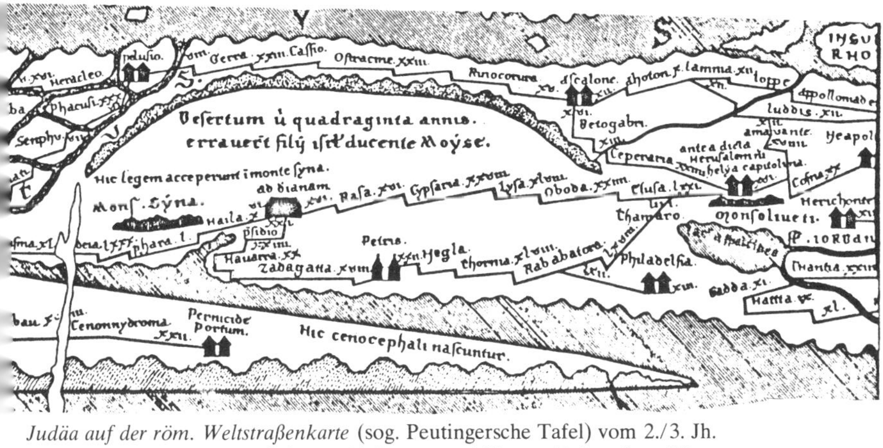

Judäa auf der röm. Weltstraßenkarte (sog. Peutingersche Tafel) vom 2./3. Jh. n.C. Sie bestand ursprünglich aus 12 Pergamentblättern. Folgende größere Städte sind eingezeichnet: Caesara-Panea, Tiberias, Scythopolis (Beth Sean), Ptolomais (Akko), Coportani (röm. Kolonie bei Megiddo), Cäsarea, Neapolis (Nablus), Jericho, Jerusalem, Joppe (Jafa), Askalon und 19 andere kleinere Orte. Links in der Karte das Niltal, rechts die Stadt Jerusalem. (Nat. Bibliothek, Wien)

bewegung zu Fuß oder auf dem Rücken eines Esels gedacht. Der Mensch der Antike konnte mühelos weite Strecken zu Fuß zurücklegen, auch wenn es über Dornengestrüpp und Steinhalden ging. Obwohl man eine Laufstunde mit 5 $^1/_2$ km berechnete, dauerte eine Reise von Joppe nach Jerusalem (etwa 65 km) wegen der schlechten Wege zwei volle Tage. Die Legionäre, die Paulus in Jerusalem verhafteten und nach Cäsarea brachten, brauchten für eine fast gleiche Strecke ebenfalls zwei Tage (Apg. 23,23 ff.), obwohl sie die beste Überlandstraße, die »Via Mara«, benutzten, und das teilweise zu Pferd. Ein Fuhrwerk legte auf einer Landroute pro Tag um 10 km zurück. Das schnellste Beförderungsmittel, die Kurierpost, schaffte 8 km in einer Stunde. Nach den Zenonpapyri dauerte eine Reise mit Eselskarawanen von Ägypten nach Judäa 36 Tage.

Der Berufsreisende Zenon berichtet ausführlich, wie eine Reise im Altertum organisiert wurde. Zunächst stellte man einen Plan auf, der berücksichtigen mußte, wo man Quartier und Verpflegung bekam, und wählte Wege und Umwege, die garantiert ruhige Ortschaften berührten. Jesus und seine Jünger mußten für ihre Reise von Galiläa nach Jerusalem einen weiten Umweg über Ostjordanien wählen, weil die Bewohner des samaritanischen Gebirges, durch das die kürzeste Verbindung lief, fremdenfeindlich eingestellt waren und Pilgerzüge überfie-

Reisewagen. In der Antike wurden einachsige Wagen bevorzugt, die bei den schlechten Straßen hohe Räder haben mußten. Nur auf guten Straßen durften Vierrad-Wagen mit vorderem Drehgestell gebraucht werden. (Links:) Zweirad-Reisewagen mit Maultierbespannung. (Nach einer röm. Münze.) (Rechts:) Vierrad-Reisewagen mit Vordergestell, Reisekabine und Gepäckraum unter dem Planendach. (Nach einem Relief in Maria Saal)

len. Man nahm genügend Proviant mit, Brotgetreide und Essiggetränke für die Reisegesellschaft, Futter für die Tiere, außerdem Geschirr, Decken, Zelte, Waffen und, wie Zenon ausdrücklich erwähnt, auch eine Unmenge Papier zum Schreiben. Unterkunft fanden Menschen und Tiere gemeinsam in Karawansereien, in meist verrufenen Herbergen, oder in Höhlen; im Freien übernachtete aus Sicherheitsgründen niemand. Stets reiste man in Gesellschaft, niemals allein. Meistens wurde man von einem Gastfreund aufgenommen, Gastfreundschaft war in Israel seit den Tagen Abrahams sprichwörtlich. Als beste Reisezeit galten die regenlosen Monate zwischen März und November. Das populärste Beförderungsmittel war und ist noch heute im Orient der Esel. Mit dem Ausdruck »die Tiere beladen« (Ri. 19,7) ist die Morgendämmerung gemeint, wenn man zur Reise aufbrach. Kranke und Vornehme wurden in Sänften befördert, die zum »liegenden Sitzen« eingerichtet waren und von zwei Eseln getragen wurden; manchmal besaßen die Sänften den Luxus eleganter Equipagen, für adlige Frauen wurden sie auch mit Vorhängen versehen. Für den Fernverkehr gab es zwei Wagentypen: *cursus clabubaris* (mit Pferden, Mauleseln oder Ochsen, mehr für den Warentransport geeignet) und *cursus velox,* den Expreßdienst mit schnellen Pferden, die an jeder Poststation gewechselt wurden. Der *cursus publicus* blieb dem Diplomatenverkehr vorbehalten. Mit diesem schnellsten Fahrzeug konnte man in 24 Stunden 200 km zurücklegen. Im überdeckten Reisewagen, der *reda,* reiste man langsamer, dafür bequemer. Er war mit Polstersesseln, Klapptischen, Brettspielen und Schreibtisch ausgestattet. Plinius, der in einer *reda* um 68 n.C. durch Judäa reiste, diktierte unterwegs seinem Sekretär naturgeschichtliche Beobachtungen.

Sänfte
(Dura Europos)

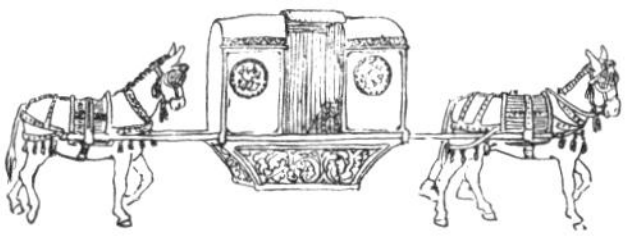

Wertvoll ausgestattete Sänfte aus Pompeji.

Ein Seemärchen

Die Straßen bildeten das Imperium der Römer, das Meer das Königreich der Griechen. Bis zum Beginn der hellenistischen Ära wurde das Meer bei den Judäern als Ende der Welt angesehen. Dann änderte sich diese Vorstellung. Das Meer stellte für sie nicht mehr das Ende der bewohnten Erde dar, sondern das verbindende Element der westlichen Völkergemeinschaft. Judäa wurde zu einem Teil der Gesamtmenschheit. Dieser neue, umwälzende Gedanke kommt am klarsten im Buche Jona zum Ausdruck, das zwischen dem 4. bis 2. Jahrhundert v.C. entstand. Der historische Hintergrund der Erzählung ist nur fiktiv; der Verfasser kennt nicht einmal den Namen des assyrischen (oder soll es heißen syrischen?) Herrschers, und Ninive ist einfach ein Synonym für eine »große Stadt voller Bosheit«. Vielleicht geht der Name auf König Ninus zurück, der nach einer spätgriechischen Sage Ninive gründete und ein Reich regierte, das genau wie das Imperium der Hellenen ganz Vorderasien, samt Ägypten und Indien, umfaßt haben soll. Sebulon war der erste seefahrende Stamm der Hebräer, und aus Sebulon stammte ein weithin unbekannter, aber historischer

Phantasie-Fische gab es in den Märchen aller Völker. Sie zeigten den Seefahrern den Kurs, retteten sie bei Seenot, auch wenn sie den Helden in ihrem Maul bergen mußten. Durch Alexander den Großen kamen griech. (links) und indische (Mitte:) Seemärchen nach Judäa; (rechts:) ein Riesenfisch speit den Jona wieder aus. (Mittelalterl. Darstellung.)

Mann, der Jona hieß (2. Ko. 14,25). Denselben Namen wählte der Verfasser für den passiven Helden seiner humorvollen Abenteuererzählung: Jona erhielt von Gott den Befehl, im Osten als Prophet aufzutreten; er weigerte sich, den Auftrag zu erfüllen, und floh seewärts ans westliche Ende der Welt. (In dieser Erzählung erscheint das Meer noch als ein die Weltordnung gefährdendes Element, das mit riesigen Fabeltieren bevölkert ist.) Als der kleine Jona von den rohen phönizischen Matrosen bei Seenot über Bord geworfen und von einem riesigen Fisch verschlungen wurde, *dankte* er im Bauch demselben Gott für seine *Errettung!* Errettung wovon? Daß er in die stürmische See geschleudert wurde und im Maul eines Ungeheuers landete?

In diesem köstlichen Märchen gibt es viele gedankliche Purzelbäume. Vom Dankgebet gerührt, »gebot der Herr dem Fisch, und er spie Jona ans Land«. Im Jona-Buch erscheinen nautische Fachausdrücke, wie Schiff, Schiffsraum, Kapitän, die sonst nirgends in der Bibel vorkommen. Jona, vom Fisch ausgespien, verkündete auftragsgemäß, aber auch zur eigenen Freude, den Untergang der Heidenstadt innerhalb von 40 Tagen. Daraufhin hüllten sich alle Lebewesen, Menschen und Vieh, in Trauerkleidung, fasteten und bereuten ihre Freveltaten. Auch Rinder und Schafe – diese vernunftbegabten Lebewesen – änderten ihren sündhaften Lebenswandel und genossen nichts, weder Weide noch Tränke! Der himmlische Urteilsspruch wurde aufgehoben und Ninive begnadigt. Das erfüllte Jona mit großem Zorn. Wofür mußte er alle Reisestrapazen und den gräßlichen Aufenthalt im Schlund eines Wales ertragen, um dann vor diesem heidnischen Lumpengesindel als Lügner dazustehen? Er mußte lernen – nicht nur er, sondern nach Ansicht des Verfassers alle seine Leser –, daß Gottes Liebe nicht auf ein einziges Volk beschränkt ist, sondern auf *alle* Völker der Welt.

Das neue in dieser Dichtung ist die Überzeugung, daß jeder Mensch, ob Judäer oder Heide, durch frei praktizierte Moralität sein Schicksal bestimmen kann. In dem ganzen Buch kommen Begriffe wie »die Fremden« nirgends vor. Es kommt nur

Schiffe und Anker auf Münzen Alexander Jannäus

auf eines an: Hier stehen Menschen vor dem Untergang, und es ist gleich, welchen Glauben die Menschen haben. Nichts entbindet den Propheten von der Pflicht, den Menschen zu dienen, nicht den Menschen seiner Heimat allein, sondern der Menschheit.

Wahrscheinlich ist das Jona-Märchen, das viele Parallelen zu Odysseus' Aufenthalt bei dem arroganten Seevolk der Griechen hat, in Joppe entstanden. Hier befand sich der Schauplatz des griechischen Seemärchens von der Jungfrau Andromeda, die auf einer Felsklippe vor dem Hafen, von einem Seeungeheuer bedroht, von Perseus gerettet wurde. Im Hafen Joppe wurden griechische Märchen, obwohl artfremd, »eingemeindet«. Joppe stellte den ersten großen Verbindungshafen Judäas mit der westlichen Welt dar. Das Meer war keine unüberbrückbare Grenze mehr. Die Welt wurde kleiner. Die Völker rückten näher aneinander heran und lernten sich kennen. Keiner konnte sich den Einflüssen der großen Welt entziehen.

Die Schiffahrt

Den Hasmonäern gelang ein kühner Vorstoß zum Mittelmeer; nach der Eroberung der Hafenstadt Joppe öffnete sich für Judäa das Tor nach dem Westen. Nach wenigen Jahren aber mußten sie auf Befehl von Pompejus Joppe und die übrigen Hafenstädte räumen, so daß Jerusalem ohne den lebensnotwendigen Zugang zum Meer seine Verbindung mit dem Westen verlor. Erst Julius Cäsar, der durch seine Toleranzerklärung im Jahre 44 v.C. seine positive Einstellung zu dem Volk der Judäer bekundete, schloß Joppe endgültig an Judäa an. Damit nahm der Pilgerverkehr aus Übersee seinen Anfang. Die Erschließung weiterer Seewege blieb den Herodesern vorbehalten. Augustus überließ Herodes die Hafenstädte Asdod, Gaza und Anthedon; doch erhielten diese hellenistischen Städte eine begrenzte Selbständigkeit. Die Häfen blieben wegen ihrer fiskalen Unabhängigkeit und des unausrottbaren Seeräuberwesens für Herodes I. problematisch. Er mußte einen eigenen Hafen bauen,

Piratensegler und Fähre. Erst als 140 v.C. die Hasmonäer die Hafenstadt Jafa eroberten, konnte eine nationale Schiffahrt entstehen; sie begann aus Konkurrenzschwäche zunächst als Piraterie: a) Auf einer Wand des Jason Mausoleums ist ein Piratenschiff eingeritzt (um 100 v.C.). Auf dem Bug des Seglers steht ein Bogenschütze. b) Binnenschiffahrt gab es immer. Auf einer Felszeichnung schleppt ein Segler ein Fährenboot über das Tote Meer.

über den er ganz und gar allein verfügen konnte. Die große Stunde maritimer Entfaltung schlug erst im Jahre 10 v.C., als der Hafenneubau in Cäsarea vollendet wurde.

1960 starteten die Amerikaner E. A. und M. C. Link die erste Unterwasserexpedition in Cäsarea, um den versunkenen herodesischen Hafen auf dem Meeresgrund zu erforschen. Die mit schwarzer Gummihaut, Flossen, Taucherbrille und Sauerstoffflasche ausgerüsteten Forscher führten Unterwasserkame-

Cäsarea. Ultraviolette Fliegeraufnahmen ließen unter den Dünen die verschütteten Fundamente der halbkreisförmigen herodesischen (3) und der röm. (4) Stadtmauer erkennen, dagegen sind die heute sichtbaren Mauern der mittelalterlichen Stadt (7) bedeutend kleiner: 1) Aquädukte, 2) Amphitheater, 5) Hippodrom, 6) Theater, 8) jetziger Fischerhafen, 9) Grenzen des antiken Hafens. (Nach Bondt)

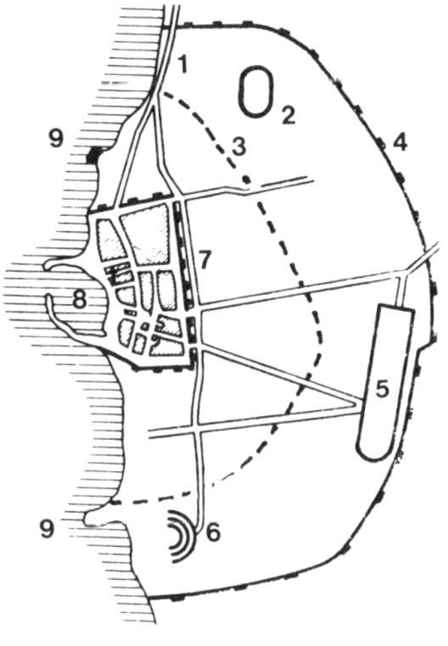

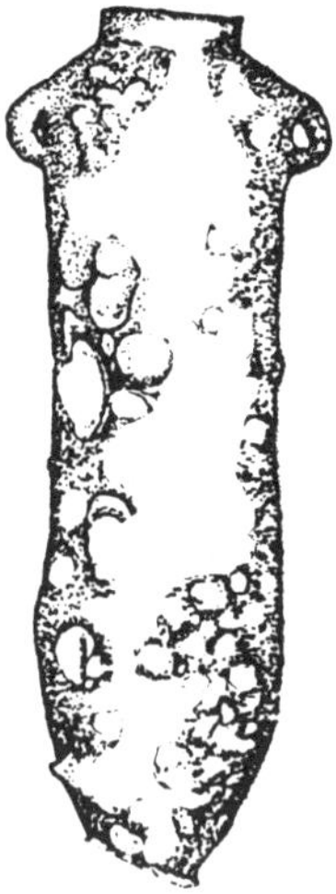

Amphore, auf dem Meeresgrund gefunden (Cäsarea)

ras mit sich. Funde aus Holz, Eisen oder Leder, die sich unter Wasser durch Sauerstoffentzug trefflich halten, zerfallen sofort, wenn sie an die Luft gebracht werden. Da hilft nur eines: sie zu fotografieren und an Ort und Stelle vermodern zu lassen. Die Links hatten auch elektronische Meßgeräte und Werkzeuge bei sich. Sie zogen mit Meßschnüren Quadrate von 2 mal 2 m auf den Meeresgrund, numerierten sie und legten eine genaue Lagekarte ihrer Funde an. Sie fanden nicht die von der Sensationspresse angekündigten versunkenen Schatzschiffe des Millionärs und Plünderers Crassus, auch keine anderen römischen oder phönizischen Geisterschiffe, dafür aber Trümmer, Säulenstümpfe und versunkene Kaimauern der antiken Stadt. Sie verglichen ihre Unterwasserkarte mit vorher gemachten Luftaufnahmen dicht über dem Wasser und mit den Beschreibungen des Josephus Flavius und kamen zu dem verblüffenden Ergebnis, daß der Bericht des so oft in Verruf geratenen Historikers genau mit ihren Vermessungen übereinstimmte. Im Museum von Newe Yam bei Cäsarea sind zweitausendjährige fahle Amphoren, Mahlsteine, Statuen u. a. zu sehen, die mit einer versteinerten Schicht von Meerespflanzen und Muscheln überzogen sind. Sie vermitteln eine blasse Ahnung von dem Erlebnis der amerikanischen Taucher in der Meerestiefe. Bevor die Links Israel verließen, äußerten sie ihren ersten Eindruck mit den Worten:

»Hier ist wohl eines der gewaltigsten Bauwerke des Herodes und einer der größten Häfen der Antike in den Meeresfluten versunken. Das übrige, meine Herren, können sie bei Josephus, den wir nach unserer Untersuchung vollkommen rehabilitieren müssen, nachlesen.«

Ein Satz aus dem langen Bericht des Josephus, den die Links beweisen konnten, lautet:

»Obwohl Herodes hier jeden Fußbreit der feindlichen Natur abringen mußte und die Küste heftigen Südwinden ausgesetzt war, die keine ruhige Landung gestatteten, ließ er bis zu einer Tiefe von über 9 m gewaltige Felsblöcke ins Meer senken und einen Damm von 50 m Breite und 270 m Länge errichten. Die Hälfte desselben diente dazu, die Wellen zu brechen, und hieß Prokymatia (Wellenbrecher), die andere erhielt eine steinerne Schutzmauer, mit Wehrtürmen bestückt. Der Eingang des Hafens war dem Nordwind zugekehrt.«

Damm und Prokymatia umschlossen nach der Feststellung der Links ein 150 000 qm großes ausgebaggertes Becken. Die Mole verlief in Bogenform 420 m in südwestlicher Richtung, dann schwenkte sie ab und kehrte nach Osten zur Hafeneinfahrt zurück. Sie war insgesamt 600 m lang. Am Molenkopf standen ein Leuchtturm und ein Wehrturm, deren Ruinen noch heute zu sehen sind. Ähnlich wie die Tempelplattform war das Hafengelände durch unterirdische Bogenkonstruktionen erhöht. Die Gewölbe dienten als Lagerhäuser. Ein Erdbeben (130 n.C.) zerstörte die meisten Bauten. Hier standen fünfstöckige Gebäude für Kontore und Güterumschlag, das Meßamt, die Sicherheitsbehörde, die die Zölle überwachte, und die Lagerhäuser für das Importgut. Abends war der Hafen mit Fackeln beleuchtet, wenn die Schiffe an den Strand gezogen wurden. Unter dem Straßenpflaster befand sich eine kunstvoll angelegte Kanalisation, die das Schmutzwasser aus der Hafenstadt ins Meer hinausführte und das Meerwasser zum Reinigen der Straßen in die Stadt leitete. Wasserleitungen transportierten vom Karmelgebirge und von dem Krokodilfluß her über Aquädukte, Flußbrücken, Tunnels und durch Rohre aus Sandstein oder Ton Nutzwasser für die Stadtgärten und Süßwasser zum Auftanken der einlaufenden Schiffe.

»Der Hafen von Cäsarea«, schreibt Abraham Negev, der 1961/62 das Festland untersuchte, »war so angelegt, daß man im Meer und am Strand gleichzeitig zu arbeiten begann. Teilweise wurde die Mole auf dem Festland errichtet bzw. ausgebaggert und schrittweise ins Meer vorgeschoben. Die bereits fertiggestellte Moleaufschüttung diente als Straße zur Beförderung der schweren Steinblöcke, die ins Meer versenkt wurden. Nach Vollendung der Mole und des Wellenbrechers wurde ein großes Becken auf dem Festland ausgehoben, das etwa 3 bis 4 m tief war, da die normalen römischen und alexandrinischen Segler damals keinen Tiefgang

110 m hoher Leuchtturm von Alexandrien

hatten. In dieses künstliche Becken ließ man Seewasser einströmen.«

Der Bau des Hafens von Cäsarea, im Jahre 22 v.C. begonnen, dauerte 12 Jahre, eine relativ lange Bauzeit. Sie weist auf die vielen technischen und sozialen Probleme hin, die beim Bau des ersten judäischen Hafens zu lösen waren. Die Einfahrt in das Hafenbecken sollte möglichst eng gebaut werden, damit sie im Krieg leicht gesperrt werden konnte. Sie führte zwischen Molen hindurch, die aus festem, von Eisenklammern zusammengehaltenem Quaderwerk bestanden und mit wasserfestem Eisenzement im Meeresgrund verankert waren. Auf den Köpfen der Mole waren hochragende, weithin sichtbare Statuen angebracht, die als Peilzeichen dienten. So war es Brauch in allen Häfen der Welt und auch im Hafen von Cäsarea. Für die judäischen Wallfahrer, die ankamen, waren die Statuen ein unangenehmer Anblick. Am Hafenbecken lagen die Kontore der ausländischen Schiffahrtsgesellschaften und Exportfirmen, die verrufenen Herbergen und Schenken der Matrosen, die Schlupflöcher der Piraten und Schmuggler. Ein See- und Hafenrecht gab es nicht, es scheiterte an den Interessen der kriegführenden Mächte, die sich der Seeräuberei bedienten. Die Römer benutzten Seeräuber zu politischen Zwecken und zur Beschaffung von Sklaven für ihren Sklavenmarkt. Erst als die Römer im Kampf gegen Mithradates merkten, daß die Piraten auch der Gegenseite halfen, schritten sie energisch ein. Schon in hasmonäischer Zeit gab es judäische Seeräuber, die zu großem Vermögen gelangten und sich in Mausoleen in Jerusalem bestatten ließen.

Errichtete Herodes eigene Werften in Cäsarea? Es ist anzunehmen, daß allein, ohne Unterstützung aus Tyros, Alexandrien oder Rhodos, Herodes keinen Schiffbau entwickeln konnte, obwohl es in Alexandrien Zünfte und Klubs judäischer Schiffsbauer, Zimmerleute und Seefahrer gab. Schiffe kleineren Umfangs für den Binnenseeverkehr baute man bereits in Judäa. Ein großes Problem bildeten die Ruderer, die außerordentliche Kraft besitzen mußten, um die lange Ausbildungszeit und das harte Training durchzuhalten. Die Heuer betrug im

Durchschnitt $^1/_2$ Denar täglich, wobei man bedenken muß, daß die Ruderer in den Herbst- und Wintermonaten arbeitslos waren. Nur für längere Fahrten gab es zusätzlich Naturalien, sonst mußten sich die Seeleute selbst beköstigen. Bereits im Jahre 14 v.C. konnte Herodes als Herr einer eigenen Flotte seinem römischen Freund Marcus V. Agrippa entgegenfahren, der damals einen Feldzug gegen den kimmerischen Bosperus unternehmen wollte, ihn aber nicht ausführte. Herodes begleitete ihn mit seiner Flotte bis Samos.

Hafen von Puteoli mit Mole, Laufstegen und Leuchtfeuer, ringsum öffentliche Gebäude wie Zollamt, Meßamt, Getreideamt und staatl. Lagerschuppen. Triumphbögen und Statuen der Götter und Cäsaren auf hohen Säulen durften nicht fehlen. Zum Schutz des Hafens gegen Stürme war die künstliche Mole wichtig. Statt einer Kaimauer zum Laden und Löschen genügte ein nicht zu flacher Sandstrand mit Laufstegen. Man darf annehmen, daß der Hafen von Cäsarea ähnlich aussah. (Nach Rostovtzeff)

Im Hafen von Cäsarea konnten bis zu 400 Schiffe ohne Tiefgang ankern. Man muß sich vor einer Überschätzung der antiken Schiffahrt hüten. Kein Schiff einschließlich der großen Getreidetransporter hatte mehr als 2 m Tiefgang. Ein mittlerer antiker Segler maß 20 bis 30 m Länge, 5 $^1/_2$ bis 6 m Breite, 2 $^1/_2$ bis

3 $^1/_2$ m Höhe und hatte nur einen Tiefgang von 1 m. Die Schiffe waren im Verhältnis zu den zu bewältigenden Verkehrswegen viel zu klein, wenn man die verhältnismäßig geringe Segelfläche eines mittleren Handelsschiffes mit der mitgeführten Nutzlast vergleicht. Bei einer Tragfähigkeit von 200 Tonnen betrug sie nur 140 bis 160 qm. Das größte Schiff der Antike trug 3310 Tonnen. Eine Galeere von riesigem Umfang hatte 40 n.C. in Alexandrien 2000 t Linsen und einen 25 m hohen Obelisk von 378 t Gewicht geladen. Ein 30 m langer Wein- und Öltransporter, der in Marseille unterging und geborgen wurde, hatte 8000 Amphoren und 10 000 Schüsseln geladen. Ein bei Cäsarea gesunkenes Schiff, das in letzter Zeit Tiefwasserarchäologen entdeckten, hatte außer der Mischladung zahlreiche Mühlsteine an Bord, ein jeder etwa 300 kg schwer. Die mittlere Geschwindigkeit der schwerfälligen Galeere betrug 4 bis 7 Knoten in der Stunde, das sind 65 bis 80 Seemeilen pro Tag. Ein Schnellsegler legte täglich bis zu 300 km zurück. Die Schiffe tasteten sich mühsam längs der syrischen und griechischen Küste vor, wag-

Die Schiffahrt übernahmen die Griechen sehr früh von den Kretern und den Phöniziern. a) Sagenhaftes kretisch-mykenisches Schiff des Königs Minos, b) Frachtsegler, der bis 3000 BRT führen konnte, c) Schnellsegler aus Tyros für 250 bis 600 Passagiere.

ten sich nur ungern aufs offene Meer, und beim Herannahen eines Sturms zog man, wenn es möglich war, die Fahrzeuge vorsichtshalber an den Strand.

Diodor berichtet, daß man von Rhodos nach Tyros in drei, nach Alexandrien in vier Tagen, nach Kyrene in 6 bis 7 Tagen gelangen konnte. Ein Schnellsegler legte die Strecke von Alexandrien nach Italien bei günstiger Witterung in neun Tagen zurück. Paulus, der wiederholte Male im Hafen von Cäsarea gelandet war, brauchte einen ganzen Tag, um von Cäsarea nach Tyros, 14 Tage, um von Kreta nach Malta, und »viele Tage« (die Zahl ist unbekannt), um bei ungünstigem Wind von Cäsarea nach Knidia, einer Halbinsel an der Südwestküste Kleinasiens, zu gelangen (Apg. 27,3). Das alexandrinische Getreideschiff, mit dem Paulus von Kreta nach Italien fuhr, hatte nur 276 Menschen an Bord. Josephus reiste einige Jahre später auf einem Schiff nach Rom, das 600 Passagiere an Bord hatte. Plinius erwähnt ein Riesenschiff mit 1200 Passagieren.

Der Kompaß war noch nicht erfunden, man richtete sich nach der Küste, nach dem Vogelflug und nach den Sternen. Jedes Schiff besaß 2 oder 2 Paar Steuerruder, eines vorn und eines hinten. Gelenkt wurde mit dem kleinen Hintersegel, das in der Apostelgeschichte *artemon* heißt (30,40). Mit einem Senkblei maßen die Matrosen die Meerestiefe, und zwar nach Klafter und Faden. Ein Faden bedeutete die Fadenlänge, die ein Matrose mit ausgestreckten Armen maß, also etwa 1,8 m. Das Schiffszeichen *(parasemon, episemon)* am Vorderteil des Schiffes war eine gemalte oder geschnitzte Galionsfigur, es stellte das Wappen der Gottheit oder sie selbst dar, nach der das Schiff benannt war. Dem Schiffsgott des Schiffes mußte während der Reise und bei der Ankunft geopfert werden. Die Matrosen, rauhe Gesellen, waren »elende«, aber gläubige Menschen.

Apollonios, der empfindsame Heilige und Philosoph, um 184 n.C. als Märtyrer in Rom gestorben, ging »um die Zeit, da die Lampen bei der Abfahrt der Schiffe entzündet werden« zum Hafen und betrachtete ein Schiff, das der Isis geweiht war, und die Schiffsleute, die der Isis opferten. Er schreibt:

»Doch die Schiffsmannschaft bestand aus elendem, unter schlechten Sternen geborenem Gesindel, das seine Schiffe an Felsen zerschmettert, wenn der Gewinn nicht die Schulden aufwiegt.«

Diesem subjektiven Bericht des Apollonios steht die hohe Achtung entgegen, die fast alle Schriftsteller dem antiken Steuermann zollen. Dem Können der Seeleute, die ohne Instrumente auskommen mußten, wurde während der Fahrt größtes Vertrauen entgegengebracht, doch im Hafen war alles vergessen, und die beherzten Männer wurden an Land wie Gesindel behandelt.

Die Schiffe verkehrten hauptsächlich zwischen April und September, wenn das Mittelmeer ruhig war. Von November bis März ruhte die Schiffahrt völlig. Die Schiffe lagen in dieser Zeit in Werften und wurden überholt. Seestürme sind im ruhigen Mittelmeer, anders als im offenen Ozean, selten. Bei Sturmgefahr wurden die Segel eingezogen und der Schiffsrumpf mit geteerten Tauen und Ketten »untergürtelt«, wie die alten Schriftsteller es nannten, um die Planken besser zusammenzuhalten (Apg. 27,17). Bei verstärktem Sturm mußte man das Schiff erleichtern und jeglichen Ballast, Troß und Mobiliar über Bord werfen, erst zuletzt die Fracht. Die Schiffbrüchigen retteten sich auf Beibooten oder Planken und trieben Tag und Nacht auf dem offenen Meer, bis sie von anderen Schiffen an Bord genommen wurden. Die Seefahrt blieb ein Risiko, und die antiken Schilderungen von Schiffbrüchigen und Katastrophen wurden durch die ständig wachsende Zahl versunkener Schiffe, die die Unterwasserarchäologen auffanden, bestätigt. Den Augenzeugenbericht von der abenteuerlichen Seereise Paulus' mit dem dramatischen Schiffbruch in der Apostelgeschichte liegen viele genau beobachtete Details zugrunde.

Ein Kaufmann namens Flavius Zeuxis aus Hieropolis in Phrygien wird in seiner Grabschrift dafür gerühmt, daß er trotz Stürmen und Gefahren nicht weniger als 72mal geschäftlich nach Italien gereist sei. Strabo berichtet, daß von Rom jährlich 120 Schiffe nach dem Orient gingen und umgekehrt.

Die meisten Reisen in der Apostelgeschichte begannen im

Hafen von Cäsarea. Cäsarea war der Ausgangspunkt der aufblühenden, hoffnungsvollen judäischen Schiffahrt, das Tor zur großen Welt, gleichzeitig auch das Tor zu einer fremden Welt.

Betrachtet man, was Judäa vom 4. Jahrhundert bis zum 1. Jahrhundert v.C. auf technischem Gebiet erreicht hatte, so ist, neben dem Tempelbau, die Errichtung des Hafens von Cäsarea der Höhepunkt. Zugleich aber waren damit gesellschaftliche Probleme verbunden. Bis zur Zeitwende gab es in den antiken Ländern keine Hafenstädte, nur Städte mit Häfen. Der Hafen war das Herz der Stadt – nicht zu trennen von ihr und ihrem Leben und von der gleichen Mauer umschlossen – und verlieh ihr eine eigentümliche international-gemischte Atmosphäre, die durch ein- und ausfahrende Schiffe aus aller Welt und ihre fremdländische Schiffsmannschaft entschieden geprägt wurde. Zwar hatte Cäsarea den Exporthandel erschlossen, die Touristik vergrößert, Reichtum gebracht, seinen geistigen Horizont erweitert, gleichzeitig aber strömten hier in gesteigertem Maß gefährliche fremde Elemente ein, die, weil unbewältigt, zur Vernichtung Judäas beitrugen.

9. SCHRIFT UND SPRACHE

Das zweisprachig entzweite Land

Ibn Sauds ältester Sohn und Thronfolger hat einmal bei einem Besuch in England, den er zusammen mit einer Einkaufskommission im Jahre 1926 unternahm, den Satz gesagt: »Wir wollen die Gaben Europas, aber nicht seinen Geist.«

Septuaginta

War eine solche Scheidung möglich? Als der römische Dichter Ennius die griechische Sprache erlernte, gab er der Freude, die man empfindet, wenn man mittels der Sprache in das Seelenleben eines fremden Volkes eindringt, mit folgenden Worten Ausdruck: »Ich habe drei Herzen, denn ich kann sowohl Griechisch als auch Oskisch und Lateinisch sprechen.«

Wer Griechisch erlernte – wie heute etwa Englisch –, lernte eine neue, eine zusätzliche Welt kennen. Wer Griechisch sprach, konnte sich mit allen zivilisierten Menschen, von Lyon bis Indien, vom Nil bis zum Kaspischen Meer, verständigen. Wer griechisch dachte, wurde unbewußt zum Bindeglied zwischen zwei Kulturen. Eine Sprache hat außer ihrer kulturellen auch eine politische Funktion: Sie sichert den Zusammenhang einer Gruppe. Die ersten, die im Osten die griechische Sprache übernahmen, waren die höheren Beamten, Diplomaten, Adligen und Großkaufleute – kurz, die Oberschicht der Gesellschaft. Die diplomatische Korrespondenz und die Staatsverträge mußten in griechischer Sprache abgefaßt werden. Am Welthandel Interessierte mußten griechische Korrespondenz führen. Es gehörte in Familien der städtischen Aristokratie, selbst der hohepriesterlichen, zum guten Ton, die Kinder zweisprachig zu erziehen. Nicht nur weltliche Adlige, Diplomaten und Kaufleute, auch Hohepriester und Schriftgelehrte trugen gräzisierte Namen, um ihre griechische Kulturzugehörigkeit zu unterstreichen. Der Talmud, der die hebräische Eigenständigkeit und religiöse Exklusivität eigentlich erhalten und fördern wollte, enthält nicht weniger als 6000 griechische Lehnworte und eine noch größere Zahl Aramismen. In die Gedankenwelt der Rabbinen und der apokalyptischen Literatur sind griechische Vorstellungen eingeflossen. Die griechischen Grabinschriften, die im 1. Jahrhundert v.C. etwa 30 Prozent aller Epigraphe ausmachten, steigen im 2. bis 4. Jahrhundert n.C. in Beth Schearim auf 80 Prozent an.

Diese liberale Einstellung auf den Inschriften und den bildlichen Darstellungen in der gewaltigen Nekropole von Beth Schearim beweist, daß es auch eine liberale Richtung unter den Rabbinen gab. R'Johanan weist auf die Ehre hin, die Sem, der Ahnherr der Semiten, und Japhet, der Ahnherr der Griechen, beide Söhne Noahs, ihrem Vater bezeugen (1. Mo. 9,26 f.), und sagt: »Deswegen war Sem des *talith* (Gebetsmantel) und Japhet des *pallium* (Mantel der Philosophen) würdig.«

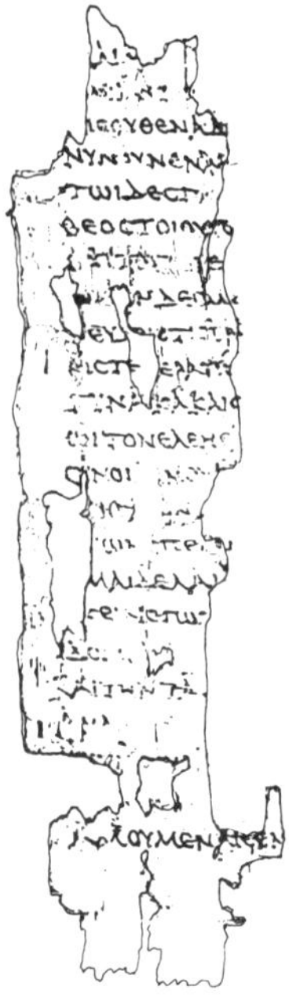
Philosophischer Text in griech. Schrift aus Qumran

Die Gelehrten und Vornehmen bedienten sich in Judäa des Griechischen als zweite Sprache, wie etwa im heutigen Skandinavien das Englische fast selbstverständlich ist. Das einfache Volk aber blieb bei seinem aramäischen Heimatdialekt. Selbst jene, die in der Nähe griechischer Städte lebten, werden nur ein paar griechische Wörter oder einen Mischdialekt, den sie beim Verkauf des Gemüses oder der Fische in den Städten brauchten, gelernt haben.

Zornig ruft der Fürst R'Juda ha'nase (um 150 n.C.) im Lehrhaus aus:

> »Wozu brauchen wir das (verstümmelte) Syrisch im Lande Israel? Entweder (verwendet) die heilige Sprache (das Hebräisch) oder das Griechische« (b. B.K. 83a).

Pointiert spricht der Gelehrte statt von *suri* (= syrisch) von *suresi* (= verstümmelt, entmannt). Der aramäisch-hebräische Volksdialekt klang in seinen Ohren wie verstümmeltes Hebräisch.

Simon bar Kochba, der im 2. Aufstand gegen Rom mit dem

nationalen Selbstbewußtsein auch die althebräische Sprache erneuern wollte, mußte in einem griechisch verfaßten Befehl sich für die Fremdsprache entschuldigen, weil in seinem Hauptquartier keiner Hebräisch verstand. Das geläufige Griechisch jener Zeit war kein klassisches Griechisch, sondern ein orientalischer Dialekt, *Koine* genannt, von den Hellenen zur *lingua franca* der zivilisierten Welt erhoben. In Koine ist die Septuaginta übersetzt und das Neue Testament geschrieben. Nur so konnten sie im Volk weiteste Verbreitung finden. In Judäa selbst gab es völkisch und sprachlich buntscheckige Enklaven. In den griechischen Bezirken sprach man den griechischen, in den judäischen den hebräischen Dialekt. Im rein judäischen Sektor herrschte ein Zweisprachensystem vor. Die niederen Schichten sprachen *nur* den hebräischen Dialekt, die höheren *auch* das gebildete Griechisch.

Die neue Zeit forderte einen neuen Ausdruck, ein neues Denken. Das Leben war hastiger, verworrener, komplizierter, kurz: fortschrittlicher geworden. Im unablässigen Ringen mit den auf sie zustürzenden neuen Problemen wählten die »Hellenisten« – wie wir mit einem wenig glücklichen Namen jene Gruppe bezeichnen, die bereit war, die griechische Sprache und Kultur anzunehmen – den Weg der Anpassung. Die andere Gruppe, die »Nationalbewußten« – die man häufig, aber falsch, Pharisäer nennt –, wählten den Weg der Selbstbesinnung auf angestammte Werte und lehnten es ab, zwischen zwei Welten zu schweben, was ihrer Meinung nach zur Selbstaufgabe und Selbstentfremdung führen mußte. Als Sprecher der Hellenisten gilt Philon von Alexandrien (30 v.–45 n.C.), ein Aristokrat von Geburt und aristokratischer Denker. Er besuchte die Universität in Alexandrien, damals die bedeutendste Hochschule der antiken Welt, und diskutierte in ihren Wandelhallen im Sinne Platons und Aristoteles'. In seinem Buch »Quod omnis probus liber sit« (Die Freiheit der Weisen) erklärt er,

> »wie man als Judäer die hellenistische Bildungswelt verwerten kann, ohne seine Eigenart zu verlieren«.

In einem knappen Satz kann man Philons Weltanschauung ausdrücken: eine Brücke von Jesaja zu Platon schlagen. Durch seine Lehre und ihre sittliche Überlegenheit genoß das Judentum im gesamten Imperium außerordentliches Ansehen; Mitläufer, Sympathisanten und Proselyten mehrten sich.

Aber die klassische, aristokratische Philosophie, die Platon und Philon vertraten, verkümmerte in der späteren Zeit zu einer politischen Philosophie. Hellenistische Philosophen der neuen Schule »des Mitleidens« wandten sich dem Volke zu. Die Zeiten wurden schlechter und wirrer, Hilflosigkeit und Ratlosigkeit breiteten sich aus. Die griechische Kultur hatte als Lebensbasis versagt. Für die aristokratischen Klassiker, die Vertreter der »Weltseele«, blieb der Konflikt des Ichs mit der Welt, der tief in die Seele drang, ein »Mit-sich-selber-Reden«,

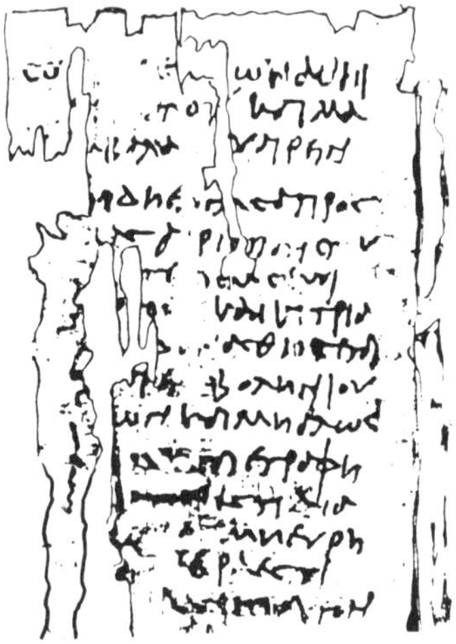

Teil eines Befehls aus dem Hauptquartier des Bar-Kochba, in einer Höhle am Toten Meer gefunden. Der Führer des Aufstandes gegen Fremdherrschaft und Fremdenkultur entschuldigt am Schluß den griech. geschriebenen Brief, »da hier (im Hauptquartier) es keinen gibt, der Hebräisch (zu schreiben) versteht«. (Nach Yadin)

ein Nonkonformismus, der der Masse keine Antwort auf die sie bewegenden Fragen gab. Dagegen drängte es die populären Philosophen auf Straßen und Märkten, ihre Ideen »herauszuschreien«. Sie boten nur emotionelle, keine reale Hilfe zur Änderung der Weltmisere an, dafür eine praktisch-seelische »Lebens- und Orientierungshilfe«, gefährliche Träume mit entsprechender Trostfunktion: Liebe, Hoffnung, Glauben. Weiter verlangten die Pharisäer, die eine Art Popularphilosophie vertraten, das Volk müsse sich gegen die griechische Kultur abgrenzen und sich auf Israels charismatische Sendung und Auserwähltheit besinnen. Historisch traten die saduzäischen und pharisäischen Philosophenschulen, wie sie Josephus nennt, die aber eigentlich Parteien genannt werden müssen, mit besonderer Schärfe in der hasmonäischen Zeit politisch auf, und zwar nicht in einer niedergehenden Epoche, sondern zu einem Zeitpunkt, als Israel im Zenit der Macht stand. (Man darf sich beide Rivalen nicht als eigentliche Parteien im heutigen Sinne vorstellen, die Mitgliedskarten und Beiträge fordern, eher als zwei gleiche Geistesrichtungen mit nuancierten Abweichungen im Rahmen einer fortschrittlichen oder konservativen Grundhaltung.)

Um Judäas Einheit zu wahren, vernichtete König Hyrkanus (135–104 v.C.) das ketzerische Samaria; denselben Gedanken der Reichseinheit setzte sein Sohn Aristobul (104–103 v.C.) fort, als er die Heiden in Galiläa zwang, die Einheitsreligion anzunehmen. Sein Nachfolger Alexander Jannäus (103–76 v.C.) ging noch einen Schritt weiter; er versuchte, beide Völkerschaften, Griechen und Judäer, im Sinne seines großen Vorbildes, Alexanders des Großen, einander näherzubringen, indem er die Griechen in seinem Land dazu zwang, Judäas Oberhoheit anzuerkennen, die Judäer aber dazu, sich zu hellenisieren. Zwar war Jannäus ein militärisches Genie, wohl das größte in der judäischen Geschichte, aber ein miserabler Diplomat. Diplomatie ist die Kunst des Möglichen. Innenpolitik ist die Versöhnung des Möglichen mit dem Unmöglichen. Seinen außerordentlichen außenpolitischen Erfolgen standen seine innenpolitischen Mißerfolge gegenüber. Es kam zur Erhebung der Volkspartei. Tausende Pharisäer ließ der unnachgiebige König kreuzigen. Durch die Märtyrer stieg die Bewegung noch mehr in der Volksgunst. Es entspricht der Entwicklungstheorie, daß die Hasmonäer, die aus der volksgebundenen Frömmlerbewegung der Hassidim kamen, Anti-Hellenisten waren, die Aristokratenpartei der Sadduzäer gründeten und Einpeitscher des Hellenismus wurden. In seiner Todesstunde soll Jannäus seiner Gattin und Nachfolgerin, der Königin Alexandra Salome (76–67 v.C.), geraten haben, die Sadduzäer fallenzulassen und den Pharisäern das Ministeramt zu übertragen. Das Ringen der beiden Parteien, der Pro- und Antihellenisten, entschieden die Römer. Mit der Vernichtung Jerusalems wurde auch die monarchische Adelspartei der Sadduzäer vernichtet. Aus der Nation war eine Gemeinde geworden, die sich schneckenhaft zurückzog und jeden Einfluß von außen, jeden Kompromißversuch mied. Für den absoluten Theismus mußte alles beunruhigende und verletzende »hellenistische Gedankengut« entfernt werden. Jene sadduzäischen Schriften aber, die aus dem Volksbewußtsein nicht mehr auszulöschen waren, korrigierten die Pharisäer in ihrem Sinne. Von den abgeschlagenen, veränderten, umgeformten sadduzäischen Meisterwerken der hellenistischen Epoche blieben nur stümperhafte Torsos der Nachwelt erhalten. Zu den aus dem Kanon verbannten Schriften zählen unter anderem die Makkabäer-Bücher und die »Weisheitssprüche des Jesus von Sirach«. (Nur durch griechische Übersetzungen blieben diese Bücher als wichtige historische Zeugnisse erhalten.) Zu den im pharisäischen Geist umgeformten sadduzäischen Meisterwerken zählen das »Buch Hiob«, der »Prediger Salomo«, »Jona«, »Ruth« und das »Hohelied«. Die sadduzäische Gedankenwelt, die Gottes Walten nicht blind akzeptierte, sondern logisch erfassen wollte, formuliert Hiob mit sei-

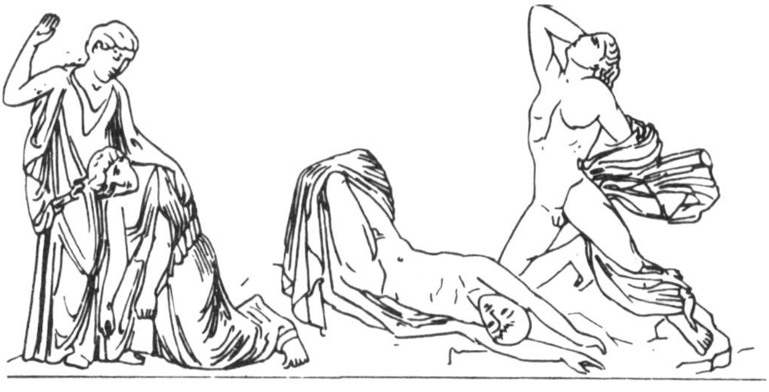

Die Dichtung vom Dulder Hiob, im archaischen Stil verfaßt, entstand in der griech. Epoche. Sie hat gewisse Ähnlichkeit mit der Niobe-Sage. Im Gegensatz zu Hiob, den Gott durch den Teufel versucht, schmäht Niobe, Königin von Theben, die Götter, und zur Strafe werden alle ihre 14 Kinder getötet. (Von einem Tempelfries in Olympia, um 430 v.C.)

nen bohrenden Fragen: Warum leiden die Guten schuldlos? Warum werden Bösewichter belohnt? Trotz aller Korrekturen konnte der ketzerische Geist dieses Buches nicht einfach weggewischt werden. Ein moderner Philosoph meint dazu: Das Beste an der Religion sind die Ketzer.

Der »Prediger Salomo« ist am meisten von der skeptischen hellenistischen Philosophie beeinflußt worden. Er verwirft die »Vorspiegelung künftigen Glückes« durch die Populärphilosophie, »das Versprechen einer Auferstehung« als künftige Belohnung für gegenwärtige Miseren. Er ruft seinem Jünger zu: »Freue dich (heute), genieße schnell, denn du lebst nur *einmal!*« Er entlarvt die Welt als Trugbild und die sogenannte Weisheit als eitle Torheit; alles Handeln des Menschen ist nur ein Haschen nach Wind (Pred. 1,14). Warum der ewige Kampf, warum die vielen Opfer? Wozu die ewige Unruhe in unserem Leben? Müde und skeptisch gibt er die Antwort: »Es ist alles nichtig!«

Das Neue im Denken der Zeitwende zeigt das Buch »Ruth« und »Jona«. Ruth, die Moabiterin, demonstriert völkerversöhnende und verbindende Toleranz; sie will nicht in die *alte* Heimat zurückkehren, sondern in dem *neuen* Land Wurzeln schlagen, dessen Weg ihr Weg, dessen Schicksal ihr Schicksal, dessen Sprache ihre Sprache ist. Jona betont eine weitere weltweite Auflockerung und wie Philon »Israels Sendung an die Welt«. Jona rettet Ninive, die Hauptstadt des Erbfeindes. Die erhaltenen Werke der »Hellenisten« weisen sie auch, zum Erstaunen aller Philologen, als Meister des klassischen literarischen Hebräisch aus. Auf die lyrische Brillanz des »Hohenliedes« braucht nicht hingewiesen zu werden, sie ist jedem Kenner bekannt. Arkadisches friedliches Hirtenleben und irdische Liebe werden in glühenden Farben geschildert, so daß das Hohelied zu den schönsten Juwelen der Weltliteratur zählt. In dem Kanon wurden nur jene Verse aufgenommen, die »dem geschichtlichen Prozeß eines theokratischen Volkes entsprachen oder als Umdeutung verstanden wurden« (so C. Westermann). Daß die hebräische Sprache bei den Hellenisten absolut nicht verkümmert war, beweist der »Prediger Salomo« in seinem meisterhaften »Lied von Jugend und Tod«.

»Freu dich, Jüngling, in deiner Jugend, sei guter Dinge in der Blüte des Lebens! Wandle, wie es dein Herz gelüstet, und genieße, was deine Augen erschauen!... (denn bald ist deine Zeit vorbei), wenn es dunkelt und die Tore der Stadt man schließt, wenn der Ton der Brotmühlen leise verstummt, wenn das Zwitschern der Vöglein erstirbt, wenn gedämpft werden alle Töchter des Gesanges...(Freue dich, ehe) der Mandelbaum weiß blüht (im Greisenhaar) – – ehe die silberne Schnur (der Parzen) zerreißt und die goldene Ampel zerspringt, ehe das Rad bricht und in den Brunnen stürzt und der Eimer an der Quelle zerschellt (freue dich also). Denn der Mensch geht bald in sein ewiges Haus, und die ihn beklagen, ziehen (mit der Leiche) auf den Gassen umher, und der Staub wird wieder zur Erde, wie er gewesen, der Odem aber kehrt wieder zu Gott, der ihn gegeben« (Pr. 11,9 ff.).

Die Zeit der großen Propheten Israels war vorbei, ihre Söhne waren aus minderem Holz geschnitzt. Beide, sowohl Sadduzäer wie Pharisäer, wählten paradoxerweise den zwielichtigen Propheten Jesaja zu ihrem Leitstern.

Das Comeback des Jesaja

Neben den modernen, würfelförmigen Gebäuden des Israel-Museums in Jerusalem steht abseits ein pittoresker Bau, der die antike Handschriftensammlung enthält. Das flache, spitz zulaufende Kuppeldach ist den Deckeln der Tonkrüge nachgebildet, in denen man in Qumran die Handschriftenrollen aufbewahrte. Tonkrug und Buchrolle waren ein passendes Symbol. Das Mittelstück der Sammlung bildet eine Rundvitrine mit einer von den sieben Schriftrollen, die im Jahre 1947 von einem Beduinenhirten in einer nahe dem Nordwestufer des Toten Meeres gelegenen Felshöhle zufällig gefunden wurden. Er ging eine verirrte Ziege suchen und fand den kostbarsten literarischen Schatz des Jahrhunderts. Über diese Entdeckung berichtet der Amerikaner A. Powell Davies:

»Ein Loch in einem Felsvorsprung führte den jungen Hirten in eine Höhle, etwa 2 Meter breit und 8 Meter lang. Auf dem Boden lagen mehrere Tonkrüge, unter vielen Scherbenresten, die frühere Schatzsucher schon zerschlagen hatten. Er konnte den Inhalt kaum erkennen: zerfallene walzenförmige Gegenstände von ziemlich üblem Geruch. Es läßt sich heute nicht mehr feststellen, ob tatsächlich alle Manuskripte noch in Krügen versiegelt waren, als sie die Ta'amirah-Beduinen fanden, oder ob sie in ihrer Gier, sich des Inhalts zu bemächtigen, die Krüge zerschlugen. (Sie boten die Manuskripte mehreren zum Verkauf an, bis sie zu dem Metropolit Samuel kamen.) Er prüfte das Material und verbrannte ein kleines Stück: Es roch nach Leder. Er ließ kein Mittel unversucht, sie identifizieren zu lassen. Es dauerte jedoch einige Zeit, bis er Erfolg hatte. Pater J. P. van der Ploeg, ein niederländischer Gelehrter, der das größte der Manuskripte untersuchte, war der erste, der sie als das Buch ›Jesaja‹ erkannte. Ein anderes Manuskript wurde Professor E. L. Sukenik von der Hebräischen Universität zur Untersuchung vorgelegt. Danach kaufte er, wie es in seinem Tagebuch steht, ›fünf Stücke Leder mit hebräischer Schrift‹ und zwei Tonkrüge, obwohl er von deren Wert nicht überzeugt war. (Eines der Lederstücke war eine nicht ganz vollständige Jesaja-Rolle.) Gleich darauf begann ein heftiger Streit um die Datierung, der sogenannte ›Erste Handschriftenkrieg‹. Es gab in der Gelehrtenwelt Kontroversen, ob die Rollen Fälschungen oder mittelalterliche Handschriften sind, die, ausgedient, nach judäischem Brauch nicht vernichtet wurden, sondern nur in einer Abstellkammer oder Höhle ihre rituelle Grabstätte fanden. Die Tonkrüge dienten als Sarg, so wie Sarkophage in Palästina eben bekannt sind.«

Krüge zum Aufbewahren von Buchrollen aus Qumran

Die in der runden Glasvitrine des Museums aufgerollte Jesaja-Handschrift ist das älteste Bibelmanuskript und stammt etwa aus dem Jahre 100 vor unserer Zeitrechnung. Es ist nur ein Faksimile, das Original wird in einem speziellen Tresor der Hebräischen Universität in Jerusalem aufbewahrt. Die Jesaja-Buchrolle, 7,34 m lang, 26 cm hoch, ist aus 54 zusammenge-

Signaturen der Korrektoren in Qumran

nähten Ziegenfellen hergestellt, mit Darm vernäht und auf eingeritzten Zeilen mit hebräisch-aramäischen Blockbuchstaben beschrieben.

In der Buchkapelle stand im Sommer 1977 ein Reiseführer mit einer Gruppe amerikanischer Theologiestudenten andächtig vor der Rundvitrine. Die Gruppe bestand aus Studierenden der Jeshiva-Universität in New York, manche mit Schläfenlokken, und der John-Hopkins-Universität in Baltimore, manche im Priesterrock. Beide konfessionell so verschiedene Gruppen hielten hebräische Lehrbücher in der Hand und verglichen Wort für Wort das zweitausendjährige Manuskript mit ihren modernen Buchausgaben. Nur belanglose Abweichungen konnten sie feststellen, keine nennenswerten Fehler. Der Schreiber der Buchrolle muß eine menschliche Präzisionsmaschine, ein Gedächtnisphänomen gewesen sein; es wäre nur allzu menschlich, wenn dem perfekten, asketischen, weltabgewandten Abschreiber durch Übermüdung beim Kopieren Fehler unterlaufen wären; geschah das, wurden die Fehler von einem Korrektor ausgekratzt, überschrieben oder am Rand verbessert. Die letzte Prüfung geschah durch Vergleichen mit einem Standardexemplar, das in drei Ausfertigungen in einer Vorhalle des Tempels aufbewahrt wurde. War eine Rolle zu Ende geschrieben – welch mühevolle, zeitraubende Arbeit auf den rauhen Ziegenfellen! –, zählten die Abschreiber vorschriftsmäßig jedes Wort, jeden Buchstaben, jeden Punkt. Alles mußte mit bestimmten tabellierten Zahlen übereinstimmen.

Noch heute elektrisieren die Worte, die die in der Buchkapelle ausgestellte Jesaja-Handschriftrolle* enthalten, jeden Besucher. Für beide Konfessionen, die christlichen und judäischen Studenten, haben sie, wie einst für die Pharisäer und Sadduzäer, nichts von ihrer Zündkraft, ihrem Ewigkeitswert und ihrer Aktualität verloren. Beide Studentengruppen lasen sie, legten ihnen aber einen anderen Sinn bei.

* Das Jesaja-Buch wurde nicht von einem, sondern von mehreren Dichtern in verschiedenen Zeiten verfaßt. Am beachtenswertesten ist der zweite Teil des Buches, der die Kapitel 40 bis 55 umfaßt und herkömmlicherweise Deutero-Jesaja genannt wird. Dieser größte Dichter, den der alte Orient hervorgebracht hat, lebte etwa um 540 v.C.

Das Lied vom Gottesknecht (Js. 53,2 ff.)

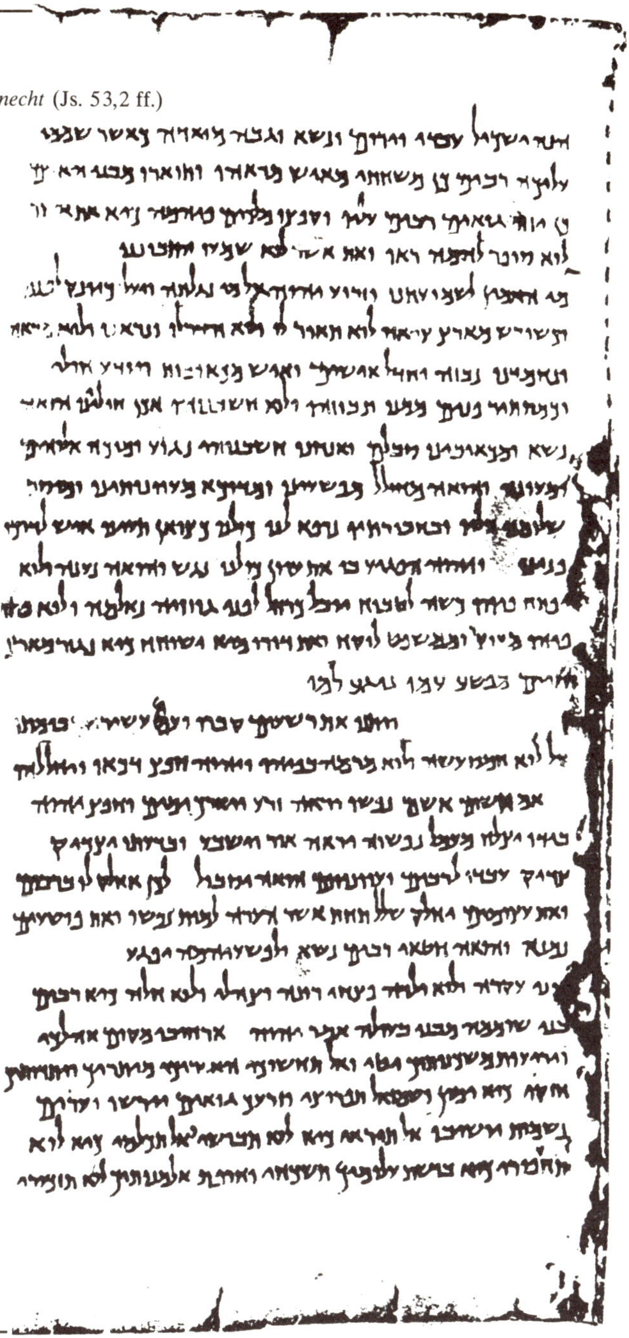

Er hatte weder Gestalt noch Pracht, daß wir seiner begehrt hätten. Verachtet und verlassen von Menschen, war er so von Schmerzen und Krankheiten entstellt, daß jedermann sein Antlitz verhüllte … Fürwahr, unsere Krankheiten hat er getragen und unsere Schmerzen hat er sich aufgeladen … Er wurde durchbohrt, zerschlagen, gezüchtet, um unserer Missetaten willen; durch seine Striemen ist uns Heilung zuteil geworden. Geschunden wurde er, aber er blieb demütig und still, wie ein Lamm, das zur Schlachtung geführt wird … Um der Sünde seines Volkes wegen wurde er zum Tode verurteilt und bei Ruchlosen begraben … Gott hatte Gefallen, ihn leiden zu lassen und da durchbohrten sie ihn.

Nach Jesajas Deutung führt die Weltgeschichte, so verworren sie erscheinen mag, zu einem Endpunkt: Sie führt die Menschheit zur Vollkommenheit, zur Völkergemeinschaft und zum Weltfrieden. Dieser Gedanke, so utopisch er erscheinen mag, war die treibende Kraft. Er forderte, die Schwerter in Pflüge zu verwandeln! Welch eindrucksvolle Parole! Wenn das Wettrüsten der Völker so umgewandelt wird, müssen Angst und Hunger, Aggression und Gier aus der Welt verschwinden. Mit Schwert, Krieg und Verwüstung verbindet Jesaja immer wieder das Bild der *Wüste.* Wüste, das ist Vernichtung, Verstoßenwerden eines Menschen aus der Gesellschaft, eines Volkes aus dem Völkerverband, eines Landes, das in »Verbrannte Erde« verwandelt wird. Jesaja hat das Ziel angegeben, aber nicht den Weg aus der Wüste markiert. Jeder glaubt, einen anderen Weg oder Ausweg zu finden. Jesaja erließ einen »Ruf aus der Wüste«, und ein jeder glaubte gerufen, berufen zu sein. Einer von den Studenten der Hopkins-Universität rezitierte halblaut mit amerikanischem Akzent:

Der Prophet Jesaja wurde durch seine Verkündigungen und Lieder gleichermaßen für das Juden- und Christentum bedeutend. Seine Lieder vom Gottesknecht bezog die Synagoge auf das Volk Israel als Ganzheit, das in seiner Geschichte das Martyrium, »mißachtet und geschunden«, öfter erleiden mußte; die Kirche dagegen sieht den Gottesknecht individuell auf eine bestimmte Person bezogen, nämlich in Jesus Christus erfüllt; die Qumraner Gemeinde wieder bezog die Verheißungen des Jesaja messianisch auf ihren Ordensmeister sowie auf ihren gesamten elitären Orden. (Rechts:) Prophetenkopf von Dura Europos, (links:) eine Seite aus der Jesaja-Rolle von Qumran.

»Horch, es ruft: In der Wüste bahnet den Weg des Herrn... Horch, es spricht: Rufe!! Und ich sprach: ›Was soll ich rufen? Alles Fleisch ist ja Gras und all seine Pracht wie die Blume des Feldes. Das Gras verdorrt, die Blume welkt, wenn der Hauch des Herrn darüber weht.‹ « (Jes. 40,5 ff.).

Welche Dichterworte! Die Worte, die die fanatischen Einsiedler in Qumran auf das Ziegenleder kritzelten, waren keine Dichtung, sondern für sie Befehle. Sie kämpften für Jesaja mit spitzer Feder, um seinen Ruf zu stärken, seinen Aufruf in die entlegensten Winkel der Welt zu befördern. Jesaja wurde dank der Qumraner Vielschreiber zum Weltbestseller. Er wird von den Hellenisten, den Pharisäern, von Jesus und von Vergil zitiert. Für die einen, die hellenismusfreundlichen Aristokraten, war er der Apostel der Völkerversöhnung und des Weltfriedens, für die anderen, die Partei der Unterdrückten, der Apostel sozialer Gerechtigkeit, der die herrschende Klasse als »Raubtiere« bezeichnete, als menschenfressende Bestien, die ihre eigenen Herden anfallen (Jes. 56,9. 58,3); für die dritten, die extremen Heilsucher, war er der Verkünder des kommenden messianischen Reiches, mit der Botschaft einer universalen Erlösungsreligion versehen. Auch Jesus wählte Jesajas Losungsworte im 61. Kapitel Vers 1–2, die er in der Synagoge von Nazareth aus der Handschriftrolle zitierte; aber nach *seiner* Auffassung:

»um zu verkünden das Evangelium den Armen, zu heilen die zerbrochenen Herzen, zu trösten den Gefangenen, den Erblindeten und den Zerschlagenen...«

In den Mittelpunkt seiner prophetischen Dichtung stellt Deutero-Jesaja die vier »Lieder vom Gottesknecht« (in den Kapiteln 42, 49, 50 und 52). Der Gottesknecht ist häßlich, von Krankheit ekelhaft entstellt, von Elend gezeichnet, von den Menschen verachtet, erniedrigt oder übersehen. »Wie sich viele über ihn entsetzten, so entstellt, nicht mehr menschlich, war sein Aussehen« (52,13). Die Vulgata nennt ihn einen Leprakranken. Ohne daß es jemand merkt, lädt er die Krankheiten aller Menschen, die Schmerzen der ganzen Welt, auf sich. Er läßt sich mißhandeln, wie ein Schlachttier treiben und stirbt einen schändlichen Tod. »Man gibt ihm bei Verruchten sein Grab« (53,9). In der Buchkapelle ist auch der Papyrus, Fragment der »Danksagungshymnen«, ausgestellt. Da heißt es:

»Weil ich (als Essener) für sie (die Ruchlosen in Jerusalem) ein Gegenstand des Spottes war, verkannt von allen..., aus meiner Heimat geschleudert, wie ein Vogel aus seinem Nest..., und behandelt wurde wie ein wertloses Ding...(erhörtest du mich, Herr) erlöstest meine Seele vom Abgrund des Todes und erhobest mich wieder auf den Gipfel der Welt.«

Ist der Gottesknecht die Gestalt eines einzelnen, der Dichter selbst, Jesus von Nazareth, das Kollektivum des Volkes Israel oder eine Gruppe Elitärer? Im Zusammenhang mit der alttestamentarischen Aussage vom »Herrn und seinem Knecht« empfanden sich die Qumraner als Gottesknechte, die ihm zum strikten Gehorsam verpflichtet waren.

Beim Auffinden der Jesaja-Rolle entstand im Lager der neutestamentarischen und alttestamentarischen Forscher eine heftige Kontroverse, die man den »Handschriftenkrieg« nennt. Am 9. 12. 1955 schrieb die katholische Zeitung »Commonwealth«: »Wir haben kein Verständnis für die semitische Welt, die in den Qumraner Schriften entdeckt wurde.« Die Zeitschrift »Christian Century« rügte am 26. 10. 1955 jene Forscher, »die auf keinerlei Glaubensbekenntnis Rücksicht nehmen, aus dem neuen Material unverantwortliche Schlüsse ziehen und über eine Revision der Anschauung über den Ursprung des Christentums debattieren«. Gegen alle Vorurteile warnte William F. Albright von der Johns-Hopkins-Universität seine Studenten:

»Das neue Qumraner Material zur Beurteilung der Glaubensbekenntnisse und der Bräuche jüdischer Sekten in den beiden letzten vorchristlichen Jahrhunderten verspricht unsere Ansichten über das Frühchristentum von Grund auf zu ändern...; alle das Urchristentum betreffenden Probleme sind in ein ganz anderes Licht gerückt, so daß wir gezwungen sind, sie völlig neu zu durchdenken.«

Das Für und Wider im »Handschriftenkrieg« erfaßte auch die beiden amerikanischen Reisegruppen, deshalb drängte der Reiseleiter zum schnellen Aufbruch:

»Ich bitte Sie, meine Herren, den Bus vor der Buchkapelle zu besteigen, wir müssen programmgemäß noch zu jenem Ort fahren, wo die Schreiber der Handschriftrollen lebten. Er ist nur eine halbe Stunde von Jerusalem entfernt. Vielleicht kann dort der Disput seine Lösung finden.«

Bauern und Propheten
(2. Teil: Die Prophetensöhne)

Tagebuchaufzeichnung des Reiseleiters J. M. vom 26. Juli 1977: »Wir sind am Toten Meer. 49°C im Schatten. Die Luft flimmert vor Hitze, steigert den Herzdruck und erschwert das Atmen. Dort, wo eine Dunstwolke den Horizont begrenzt, verdampft das Tote Meer. Dahinter liegen, nur vermutbar, die Gebirgszüge Moab. So weit das Auge reicht, nur Sand und kahler Fels, durchlöcherte Klippen und Geröllwüste. Die Landschaftserscheinung ist so bizarr, daß sie Jules Verne nicht phantastischer hätte erfinden können. Naturkatastrophen, extremes Wetter, Sturzregen und Stürme nagten und bohrten an den Felsen, formten sie zu einer völlig erodierten Landschaft mit Schluchten, wilden Abstürzen, Steilwänden, Tafelbergen und Höhlen. Auf dem Hochplateau, 500 m über dem Toten Meer, liegt die seit 1951 ausgegrabene Klosterburg, wo die schreibenden Bauernpropheten lebten. Lebten? Was für ein erbärmlicher Platz zum Leben!« –

Die bebaute Fläche innerhalb der Mauer beträgt 80 x 100 m, das Zentralgebäude, die eigentliche Klosterburg, mißt 35 x 30 m. In der Burg fand man Räume, deren Bestimmungen offensichtlich sind: Speisesaal, Küche, Geschirrkammer, Werkstätten und einen Schreibsaal. Wohnräume gab es nicht. Die Mönche mußten außerhalb der Mauer übernachten, »auf freiem Feld« in Zelten oder Höhlen. Die Dissidenten hatten einst aus politischem Protest ihre mit allem Komfort ausgestatteten Pa-

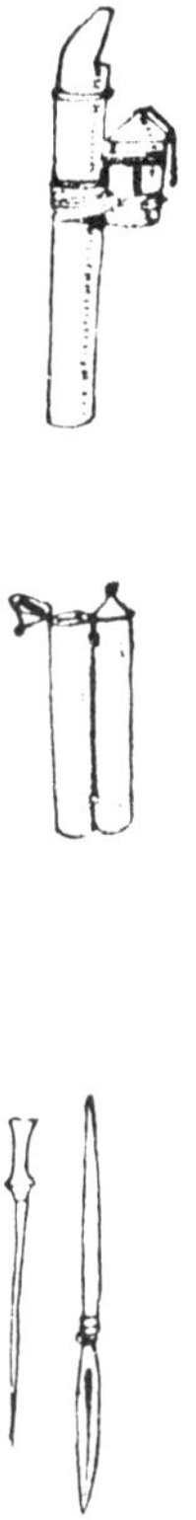

Röm. Tintenfässer, Griffel und Feder

trizierhäuser in Jerusalem verlassen und lebten auf einer weltabgelegenen Felsenklippe, wo es heute weder Vegetation noch Lebewesen gibt, in einer Kommune der Armut. Alle extremen Sekten propagandierten um die Zeitwende eine Art Kommunismus, auch die Essener und auch die ersten Christen. Ein Satz der Apostelgeschichte von historischem Gewicht lautet:

Die Siedlung Qumran hatte wie jede Wüstenfestung als Schutz vor Nomadenüberfällen Mauernring und Wehrtürme. Innerhalb der Mauern lagen öffentl. Gebäude, die Mönche selbst lebten meist wie Einsiedler in den Höhlen ringsum. Bis heute sind 40 Höhlen entdeckt und erforscht worden, in denen außer den Schriftrollen auch Dinge des Alltags, wie Kleidungsreste und Haushaltsgeschirr gefunden wurden:
1) Eingang, 2) Hof, 3) Wehrturm, 4) Küche, 5) Scriptorium, 6) Kapitelsaal, 7) Werkstätten, 8) Wasserbecken und Wasserkanäle für Taufen und Tauchen. (Nach P. Coüasnon)

»Die Menge der Gläubigen (Urchristen) war ein Herz und eine Seele, auch sagte keiner von seinen Gütern, daß sie sein wären, sondern es war ihnen alles gemein« (Apg. 4,32).

Die Dissidenten am Toten Meer lebten kontaktlos, ohne Geld, ohne Frauen, ohne Familie, ohne ein Minimum an Komfort, asketisch und diszipliniert; wofür?...um Bücher zu schreiben!

Qumran war der größte Buchproduzent, den Judäa je hatte. Hunderte von Schriftrollen und Zehntausende von Fragmenten, die in den letzten 30 Jahren gefunden wurden, bezeugen es. Das Scriptorium lag im linken Flügel des oberen Stockwerks des Zentralgebäudes. In seinen verkohlten Ruinen kamen niedrige Steinbänke, Steintische, ein bronzenes und ein tönernes Tintenfaß zum Vorschein. Die Schreibtische besaßen Vertiefungen für Weihwasser, in das die Schreibbesessenen ihre Finger tauchten, bevor sie den Gottesnamen schrieben. Der Schreibdienst in den großen Verlagen der Antike in Rom, Athen oder Alexandrien wurde von angeketteten Sklaven, »zur lebenslänglichen Knechtschaft« Verurteilten, ausgeführt. Die Qumraner empfanden die Schreibqual als Wonne und Gottesdienst. Nach der Menge der aufgefundenen Handschriftfragmente beschrieben sie eine Papier- und Lederrolle, welche

Steinbänke und Tintenfässer nach alexandrinischer Art aus Qumran. Auf diesen Bänken saßen fleißige Mönche und beschrieben nicht nach Vorlage oder Diktat, sondern aus dem Gedächtnis keine einzelnen Blätter, sondern komplette Rollen.

aneinandergereiht $7^1/_2$mal um die Erdkugel reichen würde. Trotz Fließbandarbeit waren die hochintelligenten Mönche keine mechanischen Abschreiber, die nach Vorlagen oder Diktat arbeiteten, vielmehr verfaßten sie ihre Schriften aus dem Gedächtnis und murmelten dabei die Verse im Takt vor sich hin. Im engen Scriptorium erklang stets ein Chor dumpfen Gemurmels. Die fertiggestellten Buchrollen, in Leinen verpackt, in mottensichere Tonkrüge gelegt, wurden in Höhlen, die als Magazine dienten, gelagert. Dank ihrer Intelligenz verstanden es die Mönche, ihrer Kommune durch eine gut ausbalancierte Agrar- und Industrieplanung die Unabhängigkeit zu garantieren. Alles Notwendige für die Buchproduktion, wie Schreibutensilien (Pergament-Leder), Verpackung (Leinen) und Tonkrugbehälter, wurde selbst hergestellt, selbst gezüchtet, selbst angepflanzt, gesponnen, gewebt und getöpfert.

Der Tag eines Mönchs am Toten Meer sah etwa so aus: Aufstehen um 4 Uhr (mit der Morgendämmerung), das Kleinvieh versorgen und ausmustern, die gesunden Tiere zur Weide, die kränklichen, schwachen zur Gerberei (Lederverarbeitung) führen; dann baden, beten und mit leerem Magen zum Schreibdienst antreten. Mittags das erste Mahl, ein Fladen in Öl getunkt, mit Gemüse und Gebeten bereichert. Vorher aber muß wiederum gebadet werden. Nach dem Essen verbringt er zwei Stunden in der Töpferei damit, Lehm zu stechen und zu kneten, dann wird bei En-Feschcha ein Hanffeld büschelweise ausgerupft, die Garben werden an der Weberei zum Trocknen ausgebreitet. Wenn es Abend wird, sinkt das Thermometer von 40° auf 25°C. Der starke Temperaturabfall gefährdet die Gesundheit, die wegen der physischen Überforderung und der asketischen Lebensweise wenig widerstandsfähig ist. Er zieht die Arbeitskutte aus, badet ausgiebig, legt einen weißen Priesterrock an und nimmt am Gemeinschaftsmahl teil, einem vegetarischen Eintopfgericht. Das Essen ist mager, aber die Stimmung überschwenglich. Sie singen. Die Männergesellschaft verbindet ein starkes Kameradschaftsgefühl, die unsichtbare Gottheit, die himmlische Heeresleitung, nimmt am spartanischen Mahl der Kampfgenossen teil. –

So lebten sie, in ständiger Bereitschaft, auf einen Ruf, einen Befehl wartend. Die quietistische Kommune kämpfte gegen das Chaos der Zeit, allerdings nicht wie die Radikal-Nationalisten in der Öffentlichkeit mit dem Schwert in der Hand, nur in der dämmrigen Schreibstube mit der spitzen Feder, mit billiger Bücherproduktion, die ein großes Publikum finden sollte.

Sie kämpften für die weite Verbreitung der hl. Schriften, die zur Erweckung und Weiterführung der alttestamentarischen Ethik führen mußte... Wenn alle diese Ethik befolgten wie sie, so meinten die Qumraner, »wird der Herr mit seinem erwählten Volk einen ›neuen Bund‹ schließen, der die Hingeschiedenen erweckt und (in dem) jeder ›Tausend Geschlechter‹ hin-

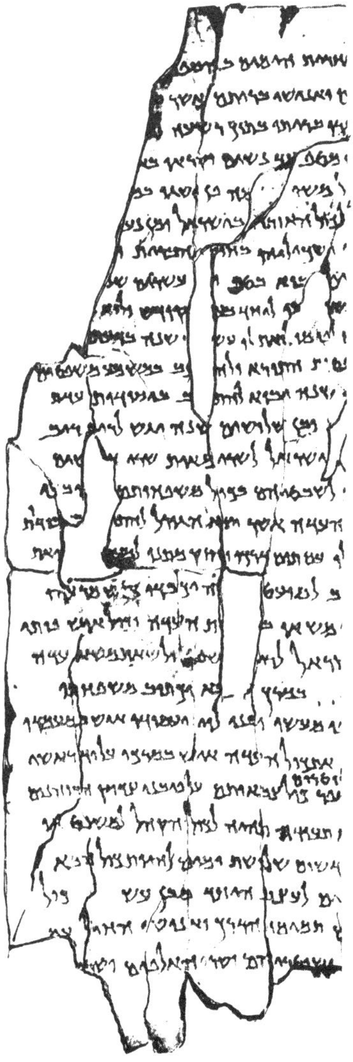

Ordensregeln (Fragment). Die Mitglieder der Sekte hielten die damalige Gesellschaft für moralisch verkommen und glaubten, durch asketisch-vorbildlichen Lebenswandel Erwählte des messianischen Zukunftsreichs zu sein. Darin heißt es u. a.: »Der Ordensmeister soll die Heiligen (Brüder) lehren, nach den Gemeinderegeln zu leben. Sie sollen Wahrheit, Recht und Gerechtigkeit üben und nicht ihren sündigen Herzen und gierigen Augen nachgeben. In den neuen Bund der Gnade werden nur die aufgenommen, die sich frei verpflichten, ein vollkommen reines, gesetzestreues Leben zu führen. Sie müssen als Söhne des Lichtes sich fühlen und alle Söhne der Finsternis bekämpfen.«

durch leben wird«. Israel müsse, um diese Utopie zu realisieren, genau wie sie dem Rufe folgen und in die Wüste gehen, zurück zum Ursprung, zum Berg der Offenbarung und Bundesschließung, zur Regeneration des Volkes, des Menschen und der Natur. Die winzige Gruppe der Schreiber kämpfte gegen den Weltkolossus der Unterdrückung, besessen vom Glauben, daß eine Utopieverwirklichung möglich ist.

Man darf diese Kämpfer für die Utopie und das Absolute nicht mit heutigem Maßstab messen, denn jede Zeit hat ihren Geist; dennoch scheint sie der Philosoph M. Heidegger in seinem Buch »Überwindung der Metaphysik« (1954) zu verstehen und die Möglichkeit einer Utopieverwirklichung zu bestätigen:

> »Das unscheinbare Gesetz der Erde wahrt diese in der Genügsamkeit des Aufgehens und Vergehens aller Dinge im zugemessenen Kreis des Möglichen, dem jeder folgt und das keiner kennt. So überschreitet das Bienenvolk nie sein Mögliches... Erst der Wille zwingt die Erde über den gewachsenen Kreis ihres Möglichen hinaus in solches, das nicht mehr das Mögliche und daher das Unmögliche ist.«

Der Reiseleiter erläuterte den amerikanischen Gästen die irrationale Landschaft, die irrationale Menschen zu ihrer Zuflucht gewählt hatten, vom luftgespiegelten Traumbild einer Stimme, eines Rufes zu irrationalem Handeln getrieben, weil sie sich in elitärer Überheblichkeit für die einzigen Ruf-Hörer und Ruf-Vermittler hielten. Ein Student aus Baltimore fragte: »Wo liegt die Täuferstelle?«

Der Reiseleiter wies in nördliche Richtung: »Dort, nahe an der Einmündung des Jordans ins Tote Meer, liegt die traditionelle Stelle, wo Johannes der Täufer lebte und wirkte, und dort am gegenüberliegenden Ufer liegt Machärus, wo er als Aufwiegler hingerichtet wurde. Beide Orte liegen nahe bei Qumran.«

Den Nachweis, daß Johannes der Täufer Mitglied der Kommune in Qumran war, erbringt der anglikanische Theologe und Forscher A. Pawell-Davies in seinem Buch »The Meaning of the Dead See Scrolls«:

»Was sollen wir von Johannes dem Täufer halten, der nach dem Evangelium-Bericht in der Wüste von Judäa aufwuchs? Es ist heute nicht vorstellbar, daß er in der Öde umherwandelte, sich einsam in der Wüste auf irgendeine Weise ernährte, plötzlich aber hervortrat und eine Lehre verkündete, die rein zufällig der Lehre der Sektierer (in Qumran) in seiner Nachbarschaft entsprach. Denn ihr Kloster befand sich ja im selben Gebiet, in dem Johannes, den Berichten zufolge, gelebt haben soll. Wie kam Johannes auf solche Gedanken? Auf seine asketischen Übungen? Auf seine Taufbäder? Wohin sollen wir sonst unseren Blick richten, da alle Indizien so überzeugend auf das Kloster von Qumran verweisen?«

Von Qumran übernahm Johannes das alttestamentarische Ethos, die Askese und die Existenzgleichgültigkeit; verließ aber die Kommune, um nicht in der Verborgenheit als Schreiber, sondern öffentlich als Rufer zu wirken.

Die höchste moralische Verpflichtung, die in der Taufe ein »Reinwaschen« sieht, hat er ebenfalls von seinen Lehrmeistern übernommen, ihr aber Initiationscharakter verliehen (Mt. 28, 19 f.). Sakrale Bäder in hellenistischen Mysterien, auch am Nil, Euphrat, Ganges und dann am Jordan gefördert, waren seit alters her in Israel bekannt. Vor der Zeitwende mußten sich Proselyten, auch die männlichen Neubekehrten, neben der Beschneidung auch taufen lassen; denn »Durch Wasser kommt die Erneuerung des Lebens und der Natur«.

Bei Jesaja, in den Handschriften der Qumraner und in den vier Evangelien heißt es, »wird Erneuerung«, »eine neue Erde, einen neuen Himmel zu schaffen« (Jes. 43, 19 orig.)! Die Bedeutung liegt auf beiden Wörtern »Neues« und »Schaffen«. Das »Neue« entsteht nicht von selbst, es muß »geschaffen« werden.

Haben es die Qumraner geschaffen?

Im Tagebuch des genannten Reiseleiters heißt es weiter: »Meine amerikanische Studienreisegruppe starrte in die Einöde, in den phantastisch-leeren Mondlandschaftsraum ohne Maß und Zeit. So ist die Erde entstanden, und so wird sie einst wieder sein... kein Baum, kein Strauch, kein Feldkraut, keine

Spur eines Lebewesens, ja nur der geringsten Lebensmöglichkeit. Und doch ist es einst ganz anders gewesen. Fanatismus, Disziplin und Trotzwille der Qumraner hatten die Wüste zeitweise besiegt.«

Die fleißigen Vielschreiber verstanden nicht nur virtuos mit der Feder, auch virtuos mit dem Pflug umzugehen. Der römische Naturwissenschaftler Plinius war höchst verwundert über dieses sonderbare, einsame Volk, das westlich des Toten Meeres ohne Weiber, ohne Geld, nur in der Gesellschaft ihrer Palmen lebte. Laut Plinius erstreckten sich ihre Palmen- und Balsamwälder vom Jordanfluß bis Engedi. Ein gelbfahles Stück judäischer Wüste verwandelte die utopische Kommune in eine grüne Oase! Daß Plinius' Behauptung keine Phantasterei und keine Fata Morgana war, kann heute jeder Besucher in Engedi nachprüfen. Engedi ist ein israelischer Kibbuz, der nur einige Kilometer südlich von Qumran liegt. In Ratsversammlungen und beim Gemeinschaftsmahl saßen sie nach strenger Sitzordnung. Den Vorsitz führte der »Oberhirte« als Stellvertreter des »Lehrers der Gerechtigkeit«. An seiner Seite befanden sich »die Zwölf«, die Mitglieder des Rates; nach der alten Stammesüberlieferung symbolisierten sie die »12 Patriarchen«, »die 12 Stämme Israels«, die »12 Apostel des Messias«. Sie erwarteten zwei messianische Gestalten, den messianischen König und den messianischen Hohenpriester. Die Elitären erhoben den Anspruch derer, die man *theis aner,* »göttliche Menschen«, im Griechischen nennt. In der Mysterienreligion erfolgte die Einweihung in die Gemeinschaft als Vereinigung mit der Gottheit. Durch das mystische Gemeinschaftsmahl war der Eingeweihte der Gottheit teilhaftig, also dem widrigen Schicksal überlegen.

Für die Qumraner war das Gemeinschaftsmahl ein Ersatz für den Tempelbesuch und für das von ihnen abgelehnte gemeinsame Opfer und Opfermahl im Tempel zu Jerusalem. Ihr asketisches Gemeinschaftsmahl bestand nur aus einer Schale Wein, einem Brotfladen und einem Eintopfgericht. Sie segneten den Wein, den sie selbst gepflanzt hatten. Es war »der Rebstock Israel«, und das Brot, das ihre schwieligen Hände erarbeitet hatten, stammte »aus der Erde«. Der Reiseleiter schloß seinen Bericht: »So saßen sie an den langen Tischen des Refektoriums, ›die Lichtsöhne‹, fremd in dieser Welt und fremd in ihrem eigenen Land. Draußen lag die böse Welt, lauerten die Söhne der Finsternis.«

10. TOD UND AUFERSTEHUNG

Der Friedhof der Besitzlosen

Östlich von Chirbet Qumran liegt der Zentralfriedhof mit etwa tausend dicht beieinanderliegenden doppelreihigen Gräbern der mönchischen Siedler. In seiner strengen Vollendung ist dieser Armenfriedhof wohl der älteste der Welt. Er stellt einen Protest gegen die aufwendigen Nekropolen und marmornen Mausoleen der Oberschicht in Jerusalem dar. Noch 1957 behauptete der polnische Archäologe K. Micholowski: »Bis jetzt sind noch keine Gräber von Proletariern entdeckt worden. Grabbauten sind das Privileg der besitzenden Klasse.«

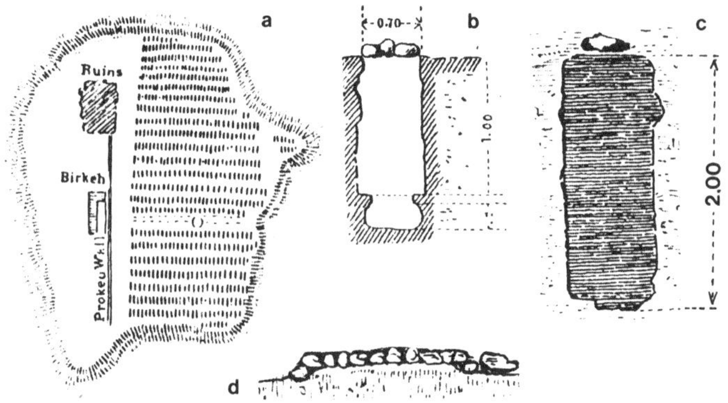

Als röm. Soldaten-Friedhof bezeichneten die ersten Forscher die große Begräbnisstätte bei Qumran wegen der streng angelegten Massengräber. a) Durch diese führt ein Weg zu einem künstlichen Wasserbecken und zum Trauerhaus. b) Querschnitt eines mit Steinen oder Ziegeln ausgelegten Grabes (1,20 x 0,30 x 2,00 m). Auf dem Grabhügel angehäufte Steine. c) Längsschnitt. Die Leichen lagen ohne Sarg, Kleider und Beilagen, mit dem Kopf nach Süden. Die Kopfseite markierte außen ein großer Stein. (Nach Clermont-Ganneau)

Leichen von Unbemittelten, Fremden oder Verbrechern warf man im Altertum einfach in Schächte oder Schluchten. Auch in Rom wurde der arme Mann, der »Erbsenesser«, in Brunnenschächte, *puticuli* genannt, gekarrt. Hier verweste er schnell und war ebenso schnell vergessen.

Ein Jahr nach Micholowskis Behauptung stießen Pater Roland de Vaux und G. Lankester Harding auf einen Friedhof in Qumran von ungewöhnlichen Ausmaßen mit etwa 1100 Gräbern; sie waren alle mit einer Lage ungebrannter Lehmsteine und Felssteine bedeckt. Jegliche Symbolik fehlte. Die altisraelitische Tradition fordert das Höhlengrab; da die Gemeinde in Qumran die Höhlen als Wohnstätten benutzte, wählte sie ein flaches Feld für ihre Bestattungsstätte. Die Kastengräber liegen bis 1,2 m tief unter der Erde. Die Leichen wurden mit dem Kopf nach Süden, ohne Leichentuch, ohne Kleidung und ohne Sarg bestattet, also unterschiedslos nackt. Im Altertum beerdigte man Verstorbene mit ihren Rangzeichen: den König mit dem Diadem, den Krieger mit dem Schwert, den Propheten mit dem Mantel; die Dissidenten aber wählten die Nacktheit als Zeichen der Anspruchslosigkeit und Gleichheit. Die Hebräer, ausgeprägte Individualisten mit starkem Stammesbewußtsein, bevorzugten Familiengräber. Die Ordensbrüder dagegen wollten nach der Auferstehung als große Familie zusammenbleiben und wählten darum die Form der Kollektivgräber. Auf dem streng ausgerichteten Friedhof sind nur Männer bestattet. Frauen und Kinder liegen, mit Gewändern und armseligem Schmuck bekleidet, außerhalb des heiligen Bezirkes. Bekanntlich wählten die Sektierer das Zölibat; nur zum Zwecke der Fortpflanzung durften sie zeitweise mit Frauen außerhalb der Siedlung leben. Plinius schildert eine Essener-Gemeinde mit den Augen eines Außenstehenden:

> »Ein einsames und merkwürdiges Volk, das ohne alle Frauen, jeder Liebesverbindung entsagend, und ohne Geld neben Palmen wohnt. Tag für Tag wird in gleichem Maße die Schar derer, die hinscheiden, durch zahlreiche Hinzukommende, die, des Lebens müde geworden, sich ihrer Lebensweise anschließen, erneuert. So ist durch Jahrtausende, es

klingt wunderbar, *ein Volk ewig,* in dem niemand geboren wird.«

Die reine Männergesellschaft, die Frauen selbst von ihrer Grabstätte ausschied, war überzeugt, daß auch im Himmel und in der künftigen Welt ein Leben ohne Frauen friedlicher sei. Saduzäer, die an eine Auferstehung nicht glaubten, stellten einmal Jesus die Fangfrage: Welchem Mann wird eine Frau, die hintereinander sieben Brüder heiratete, weil eine Erbkrankheit diese nach und nach dahinrafft, bei der Auferstehung Gattin sein? Jesus antwortete: »Wenn sie von den Toten auferstehen, heiraten sie nicht noch werden sie verheiratet sein, sondern sie sind wie Engel im Himmel« (Mk. 12,18 ff.).

Mit vielen antiken Völkern teilte Israel das Schaudern vor dem »Land ohne Wiederkehr« (Hi. 7,9), dem »Land des Dunkels« (Hi. 10,21). Es sah im Sterben nichts Unnatürliches, nur einen »ewigen Schlaf«. Andere wieder versuchten den Schock, den der Tod bei Hinterbliebenen zurückläßt, zu beheben: Es konnte nicht das endgültige Letzte sein.

Der apokryphische Henoch (170 v.–30 n. C.) scheint den Sektierern zuzurufen:

Auferstehung. Kein antikes Volk zweifelte an einem Weiterleben nach dem Tode. Die Auferstehungsidee, vom Iran übernommen, erhielt im Judentum eine gravierende Ausprägung und übte auf das Urchristentum einen nachhaltigen Einfluß aus. (Links:) Der Prophet beschwört die Toten. (Rechts:) Der Prophet und die Auferstandenen. – Man beachte, nur Männer sind auferstanden und bilden eine Armee von Glaubenskämpfern. Auf dem ersten Bild trägt der Prophet als Verkünder iranische Tracht, im zweiten als Erfüller der Botschaft griech. Tracht! (Wandbilder aus Dura Europos)

»Trauert nicht, wenn eure Seele in Trübsal, Jammer, Seufzer und Kummer ins Grab hinabfährt und ihr im Leben nicht das erlangtet, was eurem Wert entspricht... Ich schwöre euch, nach dem Tode erhaltet ihr euren Lohn, und eurer Los wird besser als das der Lebenden sein« (102 f.).

Die Auferstehungshoffnung erfuhr eine Steigerung während des großen Lebensverschleißes in den makkabäischen Kriegen. Eine lange Kette gewaltsamer Todesfälle, Morde, Selbstmorde und Hinrichtungen folgte, der Krieg verschonte nicht Säuglinge, Kinder, Jugendliche und Glaubenskämpfer; alle waren täglich vom Tod bedroht. Die Gedanken eines Menschen können eine mystische Richtung nehmen, wenn der Tod ihm täglich gegenwärtig ist. Der gefolterte sterbende Sohn der Hanna rief dem syrischen Henker des Königs Antiochus IV. Epiphanes zu:

»Du verruchter Mensch, du nimmst mir wohl das zeitliche Leben; aber der Herr der Welt wird uns, die wir für ihn sterben, auferwecken zu einem ewigen Leben« (2. Mkk. 7,9).

Sie, die Märtyrer, die Elitären, die Heilsarmee Gottes, auf Erden die Letzten, hofften und glaubten, im Himmel die Ersten zu werden. Josephus' Bericht, daß die Essener (die Qumraner werden eine den Essenern ähnliche Gemeinde gewesen sein) durch tugendhaften Lebenswandel ein hohes Alter erreichten, wurde durch Untersuchungen an den ausgegrabenen Skeletten nicht bestätigt. Die meisten waren unterernährt, krankheitsanfällig, vom asketischen Leben verzehrt und starben zwischen 20 und 30. Keiner erreichte das 40. Lebensjahr. Fast scheint es, daß diese Mystiker nicht nur aus der weltlichen Betriebsamkeit, sondern auch aus dem Jammertal des Lebens so schnell wie möglich fliehen wollten. Die Auferstehungslehre, die aus allen ihren Schriften als Hauptthema heraussticht, brachte für sie eine Veränderung der Werte, man lebte nicht für das Heute, sondern für die Zeit nach dem Tode. Der Tod war das Tor der Hoffnung auf eine gerechte, unbegrenzte Zukunft.

Wer gläubig einer Religion anhängt, die die Seligkeit verspricht, sollte sich logischerweise freuen, wenn ein geliebter Mensch in die Ewigkeit eingeht. Und trotzdem zwingt ihn der Instinkt dazu, sich darüber zu grämen und zu trauern. Der paläolithische Urinstinkt ruft zwei widersprechende Reaktionen hervor: die Furcht vor der vernichtenden Macht und die Hoffnung, ihr durch Versöhnung zu entfliehen. Der Prophet Jeremia empfand noch den Tod nach der altkanaanäischen Überlieferung als ein personifiziertes Wesen, das verschlossene Türen ignoriert, heimlich durch Fensterspalten steigt und den »Odem« raubt.

Der Odem, bzw. die Seele, von der Materie gewaltsam getrennt, blieb weiter am Körper haften, solange dieser nicht unter der Erde ruhte. Dieselbe Kraft, die Leben schafft, wird, wenn sie den Körper verläßt, zur zerstörenden Kraft. Deshalb war es Pflicht, jeden auf offenem Feld liegenden Leichnam, selbst den eines Feindes oder Verurteilten, zu bestatten, damit sein Geist zur Ruhe komme. Nicht begraben zu werden galt als größtes Unglück. Die assyrischen Könige, wohl die grausamsten Kriegsherren des Altertums, ließen nicht nur die Wohnstätten, sondern auch die Gräber der Besiegten zerstören. Zahlreiche antiken Grabinschriften, die jedem Grabschänder mit Fluch drohten, sind auf diese Barbarensitte zurückzuführen.

Primitive Klagefrau (phönizisch) 10. Jh. v.C.

Mit fortschreitender Zivilisation wurde das Bestattungswesen komplizierter und kostspieliger. Jeder, der es sich erlauben konnte, war um die Zeitwende in der Sterbekasse eines Vereins versichert. Das Bestattungswesen lag in den Händen der Gilden. Das Grundstück für einen Friedhof erwarben die Gilden, Vereine und Gemeinden kollektiv. Die Hinterbliebenen zahlten nur einen Bruchteil der Bestattungskosten. Ehrenwerte Mitglieder der Gilden und Vereine bildeten eine *hebra kadischa,* das waren heilige Mitbrüder des Todes, die dem Verstorbenen eine Ruhestätte sicherten, ihm die letzten Dienste erwiesen (wie das Waschen, Salben und Kleiden der Leiche) und die für die amtliche Abmeldung sowie für den Leichenschmaus sorgten. Kein Toter war tot, wenn er nicht amtlich abgemeldet war. Ulrich Wilcken (1862–1944), Leiter des Papyri-Archivs in Berlin, veröffentlichte folgenden in Fajum gefundenen Papyrus:

> »An Isidor, königlicher Schreiber des Gaus von Arsine, von Soteles, Sohn des Josephus ben Theomnas und der Erotion aus Apollonias. Mein Sohn Joseph, dessen Mutter Sara ist, noch der Klasse der Minderjährigen angehörend, starb...im Monat Tybi des laufenden Jahres des Kaiser Trajan. Somit beantrage ich, ihn in die *Liste des Todes* einzutragen und aus der Liste der *tributum capcitilis,* der Kopfsteuerzahler, zu streichen.«

In der mustergültigen, amtlich kontrollierten Organisation des Lebens und des Todes drückt sich ein beachtlicher Kulturfortschritt um die Zeitwende aus. Jedoch die Trauerbräuche blieben unverändert – wie in der Neandertaler Vorzeit.

Stille Klagefrau (griech.) 4. Jh. v.C.

Beim Eintritt des Todes war es bei den Römern und den Griechen Brauch, durch lautes Jammern und Wehgeschrei die befreite Seele zu erschrecken und wegzujagen. Straton fordert, nicht stumm zu trauern, sondern den Tränen freien Lauf zu lassen und so laut wie möglich seine Klage zu steigern; denn Zeus selbst habe es so angeordnet. Bei Hiob wurden die Trauerklagen zur Anklage der leidenden Natur gegen die Himmelsmacht. Die Trauernden zerrissen ihre Kleider, legten Sack oder Schurz an, bestreuten sich mit Asche, kasteiten, schlugen sich und weinten am Lager des Toten, der auf dem Boden aufgebahrt lag. Den schönen Brauch, den Zurückgebliebenen Trost zu spenden durch häufige Besuche und Gespräche, beweisen die Dialoge der Freunde Hiobs. Freunde oder Verwandte nahmen es den Hinterbliebenen auch ab, den Toten die Augen zuzudrücken, sowie die übrigen Bestattungszeremonien. Darauf eilten die Verwandten ins Bethaus oder an einen öffentlichen Platz; die Römer z. B. liefen zum Tempel oder zur *libitina* und riefen laut den Namen des Verstorbenen in aller Öffentlichkeit aus; das nannte man die Todesansage. Josephus berichtet, daß sich einmal eine ganze Stadt mit lauten Gefühlsausbrüchen an einer Trauer beteiligte. Überall in Rom, Athen und Jerusalem gab es professionelle Klagefrauen und Klagemänner. Sie trugen während des Leichenzuges Trauer- und Lobeshymnen zu Flötenbegleitung vor. In Judäa und in hellenistischen Ländern durfte kein Toter innerhalb der Stadtmauer begraben werden. In weiträumigen Städten kam dem Leichenzug eine besondere Bedeutung zu; überall schlossen sich Menschen dem Zug an. Die Bibel spricht von »öffentlicher Trauer«.

Berechtigte Skepsis gegenüber den übertriebenen Trauersitten drückt der Aristokrat Jesus Sirach aus. Er empfiehlt:

> »einen Tag oder zwei weinend Leid zu tragen, auf daß man nicht übel von dir reden möge; und tröste dich schnell wieder, daß du nicht allzu traurig wirst. Denn des Herzens Traurigkeit schwächt die Kräfte. Laß die Traurigkeit nicht in dein Herz, schlage sie von dir und denke ans Ende (das jeden erreicht), vergiß es nicht! Denn da ist kein Wiederkommen, es hilft den Verschiedenen nicht, und du tust dir Schaden« (38, 17 ff.).

Das Todesopfer »lieferte« den Leichenschmaus mit dem »Trostbecher«. Der fortschrittliche Jesus Sirach fragt: »Was nützt das Opfer einem Schatten? Und Leckerbissen auf verschlossenen Mund geschüttet?« (30, 18). Die Speisen, die man dem Toten ursprünglich mitgab, sollten die Trauergäste selbst verzehren.

Im heißen Klima, das die Zersetzung der Leiche beschleunigt, sollte eine Bestattung schnell, also noch am selben Tag, erfolgen (vgl. Apg. 5,5 f.). Es kamen allerdings extreme Fälle vor: Bei einigen Menschen setzten aus verschiedenen Gründen plötzlich Atem und Pulsschlag aus, und tiefe Bewußtlosigkeit befiel sie, aus der sie bis abends nicht erwachten. Fälle von beerdigten Scheintoten aus der Antike sind überliefert. Mehrere an Wunder grenzende Totenerweckungen werden vom griechischen Arzt Apollonios von Tyana erwähnt. Als Kaiser Alexander Severus Bilder von Wohltätern der Menschheit in seiner Hauskapelle sammelte, wählte er Alexander den Großen, Orpheus, Abraham, Christus und Apollonios von Tyana, den »Lebenswiederbringer«! Letzterer verstand es – als geschulter

Arzt absolut nicht dilettantisch –, Scheintote zu diagnostizieren. In Rom rief er eine Braut, die bei den Hochzeitsvorbereitungen tot umgefallen und zu Grabe getragen war, ins Leben zurück. Es heißt im Augenzeugenbericht:

»Ob er nun einen Funken des Lebens in ihr fand, der den anderen Ärzten unbemerkt geblieben war – das Gesicht des Mädchens soll gesprüht und gedunstet haben –, oder ob er das erloschene Leben therapeutisch wieder anfachte und zurückrief, dies zu entscheiden ist allen, die dabei zugegen waren, unmöglich zu ermitteln. (Das zum Leben wieder erwachte Mädchen eilte vom Grab schnurstracks zum Traualtar.)«

Die *zeit*weiligen Totenerweckungen brachten einen augenscheinlichen Beweis dafür, daß eine Auferstehung der »Toten« zum *ewigen* Leben im Bereich des Möglichen liegt. Das mit der Natur eng verbundene Volk brauchte keine handgreiflichen Beweise für die Möglichkeit einer Totenerweckung. Jedes Frühjahr erlebte es, wenn das »begrabene« Saatkorn als grünes Pflänzchen aus der Erde sproß, das Wunder der Auferstehung. Nach dem Gesetz des Kreislaufs allen Lebens, das auf Pflanzen, Tiere und Menschen einwirkt, muß Tod aus Leben und Leben aus Tod entstehen. Das niedere Volk wehrte sich trotz der verbesserten sozialen und wirtschaftlichen Verhältnisse gegen jede philosophische Indoktrinierung und ließ sich nur durch Emotionen bestimmen. Es war gerne bereit, alles, was Trost und Hoffnung versprach und ihm über sein trauriges Dasein hinweghalf, als »frohe Botschaft« zu akzeptieren (Mt. 11,5). Dagegen verhielt sich die »aufgeklärte« Oberschicht skeptisch gegenüber einer Wiedergeburt und Auferstehung (War das Leben so schön gewesen, daß man es wiederholen möchte?). Hiob verwünscht seine Geburt: »Ach, wäre ich nie geboren!« Jesus Sirach spricht von der »irdischen Misere« und verzichtet darauf, sie noch einmal zu »kosten«. Alexander von Athen (342–291 v. C.), der griechische Dichter und Philosoph, rät:

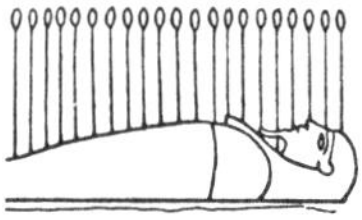

Ähren sprießen aus dem toten Osiris (ägypt.)

»Wenn dir ein Gott nach dem Tode ein neues Leben verspricht, so wünsche dir alles andere, selbst ein Esel lieber zu werden als wieder ein Mensch, ... denn alle Tiere sind glücklicher als der Mensch, weil er allein sich all sein Unglück selber schafft.«

Die unsterbliche Seele

Mit dem ständig wachsenden Wohlstand in spätmakkabäischer Zeit genügten den Reichen die bescheidenen, unscheinbaren Höhlengräberverstecke nicht mehr, sie übernahmen die hellenistische Sitte der Grabmäler, ›Nephesch‹ genannt.

Was bedeutet Nephesch? Blut, Odem, Hauch oder Seele? Der Urmensch nannte das Blut, das das Lebendigsein ausmacht, das Nephesch. Wenn ein Blutgerinnsel aus dem Mundwinkel eines Sterbenden dringt, ist das Leben in der Regel vorbei. Das Blut wurde als Sitz des Lebens und der Lebenskraft verehrt. Eine spätere Auffassung sah in der Kehle den Sitz des Nephesch, des Lebendigseins. Der Unterschied zwischen den Lebenden und den Toten besteht darin, ob ein Mensch atmet oder nicht. Man spricht vom Sterbenden, »der die Seele aushaucht«. Es ist Gottes Atem, der dem Lehmkloß, aus dem er den Menschen formte, Leben einhauchte. So steht es jedenfalls bei Elisa: Er hauchte dem scheintoten Knaben das Nephesch ein, und dieser wurde wieder lebendig. Erst in viel späterer Zeit wurde das Wort Nephesch als Teil des Menschen, als Seele, interpretiert. Durch eine Kombination von griechischen und ägyptischen philosophischen Gedanken entstand eine neue Begräbnissitte. Der Mensch, behaupten ägyptische Mythen, besteht aus Materie und Geist (den sie Ka nannten). Wenn der Mensch schlief, verließ das Ka den Körper und schweifte in Träumen im Weltall umher; kehrte es zurück, erwachte der Mensch, kehrte es nicht zurück, versank der Mensch im »ewigen Schlaf«. Als Geist verließ das Ka auch den Toten nicht und kehrte immer wieder zurück, um »bei« ihm, nicht »in« ihm zu wachen. Für den ägyptisch-hellenistischen Philosophen Philon von Alexandrien, der von beiden Schulen lernte, war ein Grab ein Zeichen der Vergänglichkeit des Fleisches, die Seele unsterblich: »Jedes Menschen Seele ist ein Splitter der göttlichen

Weltallseele und vereinigt sich, nachdem sie beim Tode die Materie verläßt, wieder mit ihr.«

Die Griechin Artemisia errichtete ihrem persischen Gatten, dem Satrapen Mausolos von Karien (350 v. C.) in Halikarnassos eine 50 m hohe griechische Totenkapelle mit ägyptisch-pyramidischem Dach – ein schönes Denkmal einer glücklichen griechisch-orientalischen Mischehe. Seit damals nennt man solche Prachtgrabmale Mausoleum.

Als erster übernahm der hasmonäische Fürst Simon 143 v. C. diese Begräbnisform und errichtete in Modeïn Grabbauten mit sieben Pyramiden zum Andenken an seine Eltern und Brüder. Von diesen sind noch Spuren erhalten. Eine Reihe eindrucksvoller Mausoleen aus hasmonäischer Zeit befindet sich in relativ gutem Zustand im Kidrontal östlich von Jerusalem. Eines gehört der Familie der Priester Hazir. Über einem dorischen Fries steht die Inschrift: »Das ist das Grab und das Nephesch des Eleasar Hanija...« Hier stoßen wir zum erstenmal auf das Wort Nephesch, ein (Grab-)Mal, das nicht *auf,* sondern *neben* dem Grab steht.

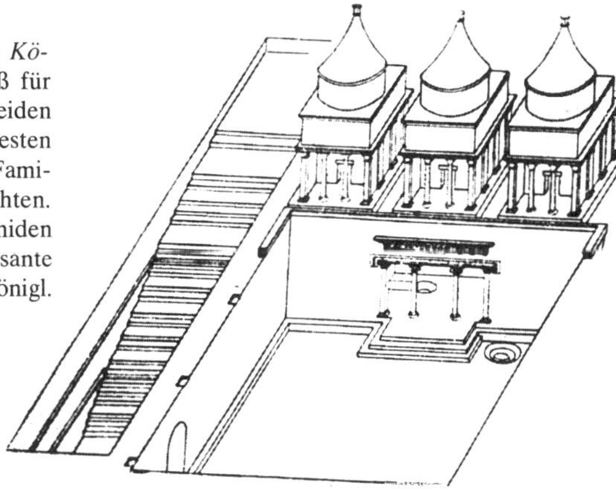

Die nordsyrische Königin Helena ließ für sich und ihre beiden Söhne im Nordwesten Jerusalems ein Familiengrab errichten. Die drei Pyramiden sind drei imposante Grabsteine d. königl. Toten.

Das zweite, wohl schönste Mausoleum ist das 23 m hohe Absalom-Denkmal mit treppenartigem Unterbau aus einem aus der Felswand herausgehauenen Monolith mit einem runden, barocken Pyramidendach. Es ist von einer geschlossenen Lotosblüte gekrönt. Im Nordwesten außerhalb Jerusalems bauten die zum Judentum übergetretenen Könige von Adiabene ein Familiengrab von besonderem Reiz mit drei ebenfalls barocken Pyramidendächern. Josephus schreibt:

»Monobazus (der älteste Sohn der Königin Helena von Adiabene) sandte die Gebeine der Königsmutter und die Gebeine seines Bruders nach Jerusalem und ließ sie in den Pyramiden beisetzen, die Helena, drei an der Zahl, nördlich der Stadt hatte erbauen lassen« (Ant. 20,4,3).

Die hellenistisch-ägyptische Grabsitte genügte Herodes I. nicht mehr, er wählte die Rundform des Tumulus, die sein Vorbild, Kaiser Augustus, in Rom zur Mode hatte werden lassen. Südlich von Bethlehem errichtete er auf dem künstlich aufgeschütteten Berg Schebel el-Furdes eine Akropolis mit rundem Mauerwerk, dem Tumulus nachgebildet. Sie erhielt den Namen Herodeion und sollte das Mausoleum der Herodes-Dynastie werden. Bei seinem Besuch in Rom im Jahre 23 v. C. sah Herodes das Mausoleum des Augustus, das der Kaiser für sich er-

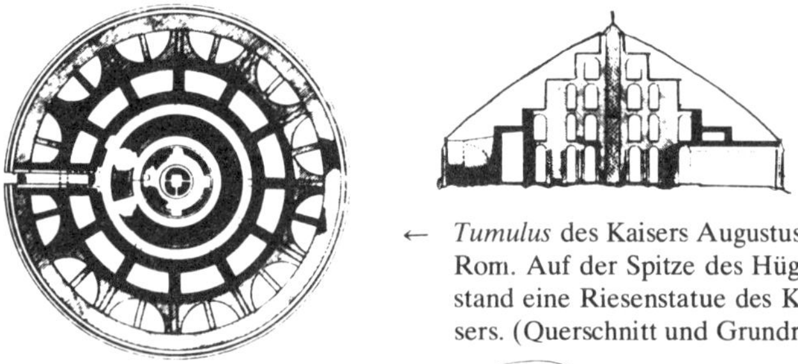

← *Tumulus* des Kaisers Augustus in Rom. Auf der Spitze des Hügels stand eine Riesenstatue des Kaisers. (Querschnitt und Grundriß)

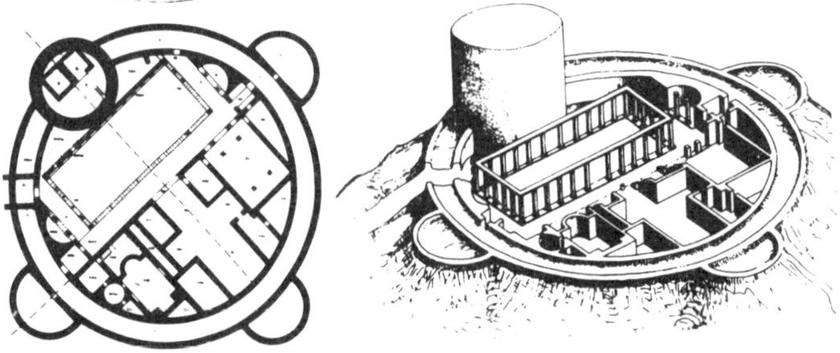

Herodeion, Siegesmal u. Grabmal Herodes' I., auf dem künstlich kegelförmig aufgeschütteten Dschebel el-furdes, dem »Schloßgartenberg«, ganz nach dem Vorbild des Augustus. (Querschnitt und Vogelperspektive)

richtet hatte, und ließ sich Zeichnungen anfertigen. Nach seiner Rückkehr gab er seinem Hofarchitekten den Auftrag, für ihn einen ähnlichen Bau zu entwerfen. Das Mausoleum Augustus' bestand aus mehreren verschieden großen Zylindern, der größte von 87 m Durchmesser und 44 m in der Gesamthöhe; über Bogenkonstruktionen war ein Erdhügel in Form eines Tumulus aufgeschüttet und mit immergrünen Bäumen bepflanzt. Auf der Spitze stand eine gewaltige Bildsäule des Kaisers. Der grüne Grabhügel Augustus' lag in einem Park, dagegen wählte Herodes als Baugelände für sein Monument einen 759 m hohen Wüstenhügel, den er künstlich erhöhen ließ und der nach den Worten Josephus' wie »eine Frauenbrust« aussah. Die Brustknospe bildete keine Statue, sondern ein hoher Turm. 1962/63 untersuchte der Franziskaner V. Corbo diesen Hügel. Viele interessante Bauten und Kleinfunde kamen dabei zum Vorschein, aber keine Spur eines Grabbaues oder eines Sarkophages des Herodes (siehe Tafel Nr. 12).

Felsengräber bei Jerusalem

In der vormakkabäischen Zeit räumte man in den Felsengräbern bei Neubestattungen die alten Knochenreste von der Steinbank und warf sie in eine Sammelgrube der Nebenhöhle. Dieses praktische, aber pietätlose Verfahren entsprach nicht mehr dem Auferstehungsglauben im 2. Jh. v. C.

Nach der persischen Lehre vom Überleben jedes einzelnen, verbunden mit dem Gedanken der Sündhaftigkeit des Fleisches, entstand die Sitte des *Doppelt*-Begrabenwerdens: Zuerst bettete man den Verstorbenen auf eine Steinbank. Wenn das Fleisch nach einem Jahr oder mehr verwest war, sammelte man säuberlich alle Knochen ein und bewahrte sie in einer Knochenkiste auf, die man Ossuar (plural Ossuarien) nennt. Ein Ossuar, etwa 45–75 cm lang, 25–40 cm hoch und 25–30 cm breit, war aus glattem Kalkstein mit flachem, halbrundem oder spitzem Deckel, hatte oft eine Zeichnung in ornamentaler Kerbschnittechnik im Zirkelschlag und war manchmal mit

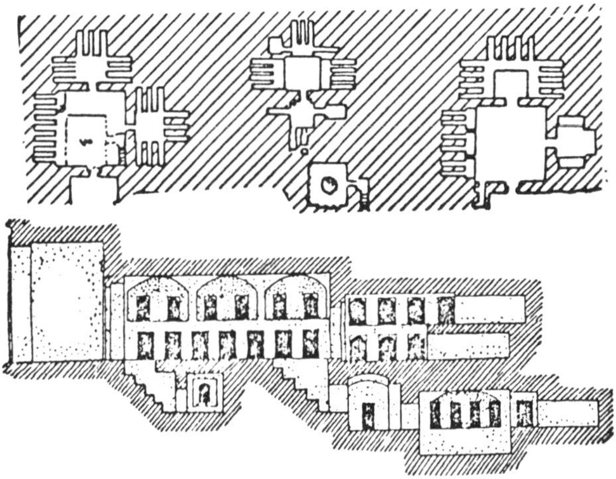

Die ältesten Bestattungsstätten der Menschheit waren Höhlen, deren Eingang mit einem Steinbrocken verstellt war. Auch die künstlich ausgehauenen Schacht- und Schiebegräber sowie die Katakomben der Zeitwende sind als Höhlenwohnungen der Verstorbenen geplant, deren Eingang ebenfalls wie in prähistorischer Zeit mit einem Verschlußstein gegen Tiere- und Räubereinfall versperrt war. Als Beispiel dienen die mehrstöckigen »Richter- oder Sanhedringräber« in Jerusalem, die 70 Nischen enthalten. (Querschnitt und Grundriß, nach Stousch)

Sternen, Blumen, Palmen oder architektonischen Motiven geschmückt. Der überwiegende Teil der vielen hundert Ossuarien, die seit 1953 auf dem Ölberg gefunden wurden, stammte aus dem ersten vor- und nachchristlichen Jahrhundert. Ein Ossuar aus Givat Hamivtar am Ölberg trägt folgende hebräisch-aramäische Inschrift: »Salome, Tochter des Saul, die in Wehen starb, ruhe in Frieden.« Im Kasten befanden sich die

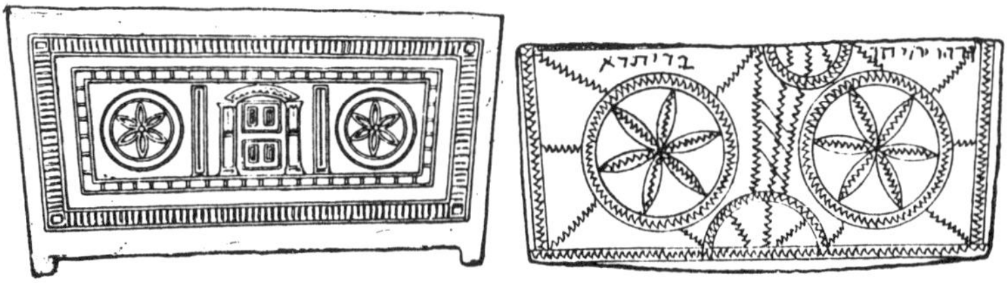

In die Nischen schob man, um Platz zu sparen, *Ossuarien* (Gebeinkästen) aus Gipsstein mit meisterhaft herausgeschnittenen Rosetten. (Links:) Ein Ossuar mit zwei Rosetten und dem Tempeltor; (rechts:) ein Ossuar mit der Aufschrift »Juda, Sohn des Johanan, Sohn der Jutra.« (Beide aus Jerusalem)

Knochen einer 28–32 Jahre alten Frau und ein Fötus. Überhaupt enthalten die Grabinschriften in Jerusalem viele Frauennamen. Ein Beweis dafür, daß die fortschrittlichen Stadtbewohner auch an eine Auferstehung der Frauen glaubten. Ja sogar Nasiräer, gottgeweihte Männer, die glücklich verheiratet waren, wünschten sich, mit ihren Frauen das Leben im Jenseits gemeinsam zu teilen. So lautet eine Inschrift auf dem Skopusberg: »Hier ruht Hananja ben Jonathan, der Nasiräer, mit seiner Frau.«

Im Jahre 1938 entdeckte Professor E. L. Sukenik in einem russischen Kloster auf dem Ölberg ein Ossuar, das, von der Weltpresse sensationell aufgebauscht, die gesamte Christenheit in Spannung versetzte. Die eingeritzte Inschrift lautet: »Jesus, Sohn des Joseph«. Aber alle phantastischen Identifikationsversuche zerplatzten wie Seifenblasen. P. B. Bagetti und J. T. Milik, die 1953–1955 die Nekropole auf dem franziskanischen Gelände »Dominus flevit« am Ölberg mit 64 Familiengräbern erforschten, veröffentlichten folgende Liste von Namen des Neuen Testamentes, die sich auf den ausgegrabenen Ossuarien fanden (in Klammern die Nummer des Ossuars): Eleasar-Lazarus (52), Jair(us) (?), Jesus-Jesu (31, 93), Jonathan (36), Joseph (75), Juda (21), Martha (27), Mirjam-Maria (27), Mattia-Matthäus (33), Salome (29), Saphira (21), Simon

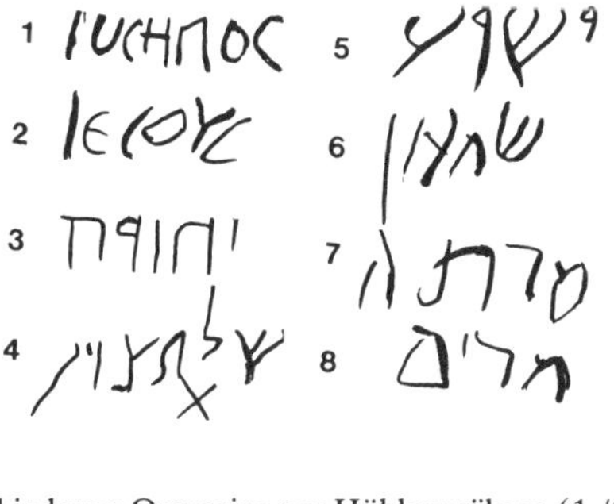

Namen von verschiedenen Ossuarien aus Höhlengräbern (1./2. Jh. n.C.) 1) Jesus, 2) Joseph, 3) Juda, 4) Schalomzion (= Salome), 5) Josu(a) (hebr. Form von Jesus), 6) Simeon, 7) Martha, 8) Miriam (hebr. Form von Maria). 1 und 2 in griech., alle anderen in hebr. Schrift.

(19), Zacharias und Lazarus (95). Namen wie Jesus, Joseph oder Maria waren damals so häufig wie heute Hans, Wilhelm oder Grete. Die Ossuarien in »Dominus flevit« stammen aus der Zeit von 135 bis 350 n. C., als den Judäern und Christen verboten war, in Jerusalem zu leben, aber nicht sich bei Jerusalem begraben zu lassen. Josephus erwähnte 20 Männer, die den Namen Jesus trugen, darunter vier Hohepriester. Jesu (Jesous) ist die hellenistische Kurzform des hebräischen Je (ho) su (a) und bedeutete ursprünglich »Gott (Jahwe) ist Rettung«, was von dem Evangelisten Matthäus mit »Einer, der (das Volk) erlöst« gedeutet wurde.

Eine noch größere Überraschung brachte 1971 ein Zufallsfund beim Bau des neuen Stadtviertels Givat Eschkol auf dem Skopus. N. Haas, Professor für Paläodemographie und Anatomie an der Universität in Jerusalem, der die zahlreichen Ossuarien, die ans Tageslicht kamen, untersuchte, fand in einem ein

Gekreuzigter. Rekonstruktion der Kreuzigungsart nach dem Befund der durchlöcherten Knochen, die in einem Ossuar in Gibeat ha'Mivtar am nördl. Ölberg gefunden wurden. (Nach Mazar)

Skelett mit zusammengenagelten Fußknöcheln. Der Gekreuzigte hieß laut Inschrift: Jonathan ben Hagekol. Josephus berichtet:

»Die Judäer entwickelten eine ungewöhnliche Fürsorge bei den Bestattungen der Toten, so daß selbst solche, die als

Verbrecher gekreuzigt werden, noch vor Sonnenuntergang herabgenommen und begraben werden müssen« (bell 4,5, 317).

Bei den Römern und Griechen bedeutete das Ende des Lebens für einen Verurteilten noch lange nicht das Ende der Strafe. Das römische Recht kennt noch eine verschärfte Begleitstrafe: den Verlust der Totenehre. Die Leiche des Hingerichteten warfen die Henker auf den Schinderacker. Die Freigabe des Leichnams eines Verurteilten durch die Behörden war ein Gnadenakt, der selten vorkam. Die Verwandten mußten vor den Richter oder den Prokurator treten und sagen:

»Gegrüßt seid ihr, im Frieden! Wir haben in unserem Herzen nichts gegen euch, denn ihr habt ein gerechtes Urteil gesprochen.«

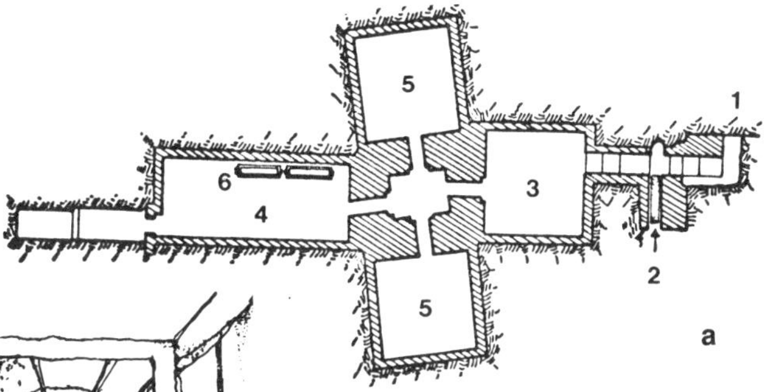

a

b

Das sog. Rollsteingrab der Familie Herodes: a) Grundriß:
1) Eingang,
2) Verschlußstein,
3) Vorraum,
4) Mittelraum,
5) Seitenräume,
6) Sarkophage.
b) Niedriger Eingang, dahinter schwerer mühlsteinartiger Verschlußstein und Treppen zu den Grabkammern.
Durch den Eingang kam man nur gebückt, fast kriechend hinein.
(Griech. Patriarchat v. Jerusalem)

Griech. Grabinschrift nur das Wort Schalom-Friede ist in hebr.

Sie sagten es mit knirschenden Zähnen, das Gesicht tief zur Erde gedrückt; denn sie empfanden ganz anders. Nach judäischer Überzeugung konnte ein irdisches Gericht kein letztes Urteil sprechen. Einem zu Recht oder Unrecht Verurteilten durfte ein öffentliches Begräbnis nicht verwehrt werden. Das war uralter Brauch. Schon den Leichnam ihres ersten Königs Saul, den die Philister besiegten und kreuzigten, hatten ihre Vorväter heimlich nachts vom Pfahl heruntergeholt und ihn ehrfurchtsvoll bestattet. Diesem alten Brauch fügte die neue eschatologische Lehre eine wichtige Nuance hinzu: Nur der in die heilige Erde Gebettete konnte nach dem Weltgericht wieder auferstehen. Eine völlige Überraschung bilden die seit 1938 erforschten 400 Sarkophage in der gewaltigen Nekropole von Beth Schearim, östlich von Haifa.

Eingang zur Katakombe Nr. 20 in Beth Schearim, südöstl. von Haifa, mit 300 Sarkophagen. b) Hebr. und griech. Grabinschrift des Rabbi Gamliel (II.). Obwohl hier nur fromme Männer begraben sind, fand man in den Katakomben auch reichgeschmückte Sarkophage mit heidnischen Motiven, wie z. B. Leda, die Zeus in der Gestalt eines Schwans verführt. Leda und der Schwan war ein um die Zeitwende beliebtes Thema und wurde auf Vasen, Fresken und Sarkophagen oft dargestellt.

Leda und der Schwan (Beth Schearim)

Ein Epigraph eines gewissen Justus in Beth Schearim zeigt eine innige Verschmelzung der griechischen Kultur im Formalen mit judäischem Empfinden im Inhaltlichen. Der gebildete Pharisäer kannte und verehrte griechische Literatur und schrieb das Epigraph in homerischen Versen, aber mit judäischem Inhalt. Achtzig Prozent der Grabinschriften in Beth Schearim sind griechisch abgefaßt. Einige Sarkophage tragen menschliche Darstellungen; neben mythologischen Gruppen erscheint die gewagte Darstellung der Leda mit dem Schwan.

Viel deutlicher als die Ossuarien drücken die Sarkophage die Lebensvorstellung der Oberschicht aus. 1973 kamen, wieder zufällig, beim Ausheben des Baugrundes für die neue Siedlung Afridar-Askalon in $1\frac{1}{2}$ m Tiefe zwei Prachtsarkophage zum Vorschein. Die Lokalpresse meldete in einer Balkenüberschrift: »Jedes neue Haus in Israel steht auf einem antiken Grab.« Michael Avi-Yona (1902–1974), Professor für Kunstgeschichte und Archäologie an der Universität in Jerusalem, zog die Stadtverwaltung als Experten heran. Er stellte fest:

»Beide Sarkophage sind aus attischem Marmor, also in Athen hergestellt, sie zeigen typische Standardmuster importierter griechischer Massenware aus dem 1. und 3. Jahrhundert n. C. und drücken vortrefflich die Todesvorstellung der oberen Gesellschaftsklasse aus. Beide sind prunkvoll mit theatralischen Szenen geschmückt. Auf einem Sarkophag steht der grimmige Unterweltgott, der Pluto-Hades, auf einem Rennwagen und raubt die junge Persephone. Die Pferde führt Merkur-Hermes, Götterbote, Seelenbegleiter und gleichzeitig Patron des Handels. Bezeichnenderweise tritt er mit dem Fuß auf einen Geldbeutel. Unter den Pferden ist auch ein Hahn abgebildet, der Vogel, dessen morgendlicher Alarmruf den Tag von der Nacht scheidet, die Nacht ist der Tod und der neue Tag die Auferstehung. Persephone, die Tochter der Erdmutter Demeter (das aus dem Erdschoß geborene Samenkorn), ist die personifizierte Auferstehung. Nach einem Schiedsspruch des Zeus mußte Persephone ein Drittel des Jahres im Reich der Unterwelt (der Toten), zwei Drittel des Jahres bei ihrer Mutter Demeter, der Göttin der

Erde und der Fruchtbarkeit, weilen. Wenn Persephone zur Erde zurückkehrte, bedeutete das neues Leben. Alles blühte und vermehrte sich. Es besteht kein Zweifel, daß die in diesen Sarkophagen Bestatteten Hellenisten oder Römer waren, Kaufleute oder Verwalter, die durch Orienthandel ihren Reichtum erworben hatten. Diese teilten den Glauben an einen Gott, der das ganze Schicksal der Menschen auf sich nimmt. Ein Gott, der nicht stirbt, weiß ja gar nicht, wie es den sterbenden Menschen zumute ist. Der sterbende Gott trägt im Hellenismus und im Orient viele Namen, im Grunde ist er aber derselbe.«

Die Auferstehung der Persephone aus der Unterwelt. Dahinter Hermes, der Seelenbegleiter, rechts ihre Mutter Demeter mit einer Fackel (siehe Tafel 23). (Vasenbild aus Kreta)

Der Schmuck beider Sarkophage, wie der vieler anderer römisch-griechischer Gräber aus ausgusteischer und späterer Zeit, verrät tiefen Pessimismus durch den Einfluß neupythagoreischer und orphischer Ideen. Es überrascht, daß im »Goldenen Zeitalter« der Friedensära des Augustus, wo die Welt eigentlich hätte glücklich sein müssen, eschatologische »Weltuntergangsstimmung« das Schaffen und Dichten jener Zeit erfüllte. Es war eine religiöse Welle, die alle ergriff, auch die Hellenisten und jene, die man Heiden nannte. Eschaton bedeutet »das Äußerste, das Letzte«, die Eschatologie ist die Lehre vom Weltende und vom Anbruch einer neuen Welt, von den letzten Dingen, dem Tode und der Auferstehung. Sie ist keine judäische oder christliche Erfindung, substantielle Einflüsse vom ägyptischen, mesopotamischen und iranischen Volksglauben wurden in diese Lehre aufgenommen; auch hellenistisches Gedankengut hat sie beeinflußt. Jeder Gedanke wächst und verändert sich mit der Zeit, wächst in jedem Zeitgenossen und verändert ihn unmerklich, ob er will oder nicht. Den Glauben an Eschaton teilten um die Zeitenwende alle Menschen, Hellenen und Judäer, Aufgeklärte und Skeptiker. Alle Menschen wurden von überhitzter Religiosität erfaßt. Es war die Zeit »der« Religion.

11. ROM UND JERUSALEM

Pilatus gegen Jesus

10 Jahre nach dem Tod Herodes' I. wurde Judäa zum römischen Prokurat erklärt, und eine schmerzliche Zeit begann. Der bekannteste Prokurator ist der dubiose Pontius Pilatus.

»Von besonderer Bedeutung (so heißt es in einem Grabungsbericht vom Jahre 1961 aus Cäsarea) ist der Fund eines fragmentarischen Bauinschriftensteines, der in die Sitzreihen des Römischen Theaters eingemauert war. Er trägt eine stark beschädigte dreizeilige Inschrift in lateinischer Sprache ... Tibericum (Tempel?) ... (Pon)tius Pilatus ... (Praef)ectus

Bauinschrift des Pontius Pilatus, 1961 im röm. Theater von Cäsarea gefunden, ist das erste und bis jetzt einzige schriftliche Zeugnis, das den Evangelienbericht bestätigt. (Stadtmuseum Cäsarea)

Judaea ... Es handelt sich hier um das erste schriftliche Zeugnis der Existenz des Pontius Pilatus, der von 26 bis 35 n.C. Judäa verwaltet und Jesus gerichtet hatte. Auffallend ist, daß er sich in dieser Inschrift nicht als Procurator Judaea, sondern als Praefectus Judaea bezeichnet.«

Der Fund hat in Fachwelt und Weltpresse großes Aufsehen erregt. Im »Book of the Year« nennt die Encyclopaedia Britannica ihn die wichtigste Entdeckung der letzten Jahre.

Was unterscheidet den Amtstitel Prokurator von dem des Präfekten?

Im Jahre 27 v.C. ordnete Kaiser Augustus die Provinzverwaltungen neu. Die westlichen wurden zu senatorischen Provinzen erklärt, d. h. zu dem Senat unterstellten Provinzen mit Zivilverwaltung. Die östlichen, dem Reich neueingegliederten Länder machte er zu imperatorischen Provinzen mit Militärverwaltung, die ihm, dem Imperator, direkt unterstanden und deren Steuereinnahmen in seine Privatkasse flossen. Der Prokurator mußte die Fähigkeiten eines cleveren Militärverwalters und eines geschäftstüchtigen Finanzagenten besitzen und die kaiserliche Domäne so bewirtschaften, daß sie die höchsten Steuereinkünfte erbrachte, aber »auch« für seine eigene Tasche genügend Profit abwarf. Die Doppelaufgabe eines Statthalters geht aus einer Verfügung des Augustus im Jahre 6. n.C. hervor, als er das freie Fürstentum Judäa aus einem fadenscheinigen Grund »wegen der Ungeschicklichkeit und Brutalität des Archelaus, eines Sohnes Herodes' I., zur römischen Provinz degradierte. Josephus zitiert aus römischen Reichsakten:

Münzen des Prokurators Coponius

»Coponius, ein Mitglied des Ritterstandes wurde zum (ersten) Prokurator der Judäer mit genereller Vollmacht (des Kaisers) delegiert. Gleichzeitig mit ihm kam (der Schatzmeister) Quirinius nach Judäa..., um hier das Vermögen der Judäer (und ihren Bodenbesitz für die Steuererhebung) zu schätzen und auch um die Kron-Güter des Archelaus (des abgesetzten judäischen Fürsten) zu requirieren« (Jos. ant. 18,1).

Um den aktiven Widerstand gegen die Schätzungsaktion zu brechen, ließ Quirinius mehrere Orte in Flammen aufgehen, darunter Sepphoris, nur wenige Kilometer von Nazareth entfernt. Den Brand dieser Stadt, der von Nazareth gut zu sehen war, erlebte der etwa 14jährige Knabe Jesus. Es war seine erste Begegnung mit dem »Werk« eines Prokurators.

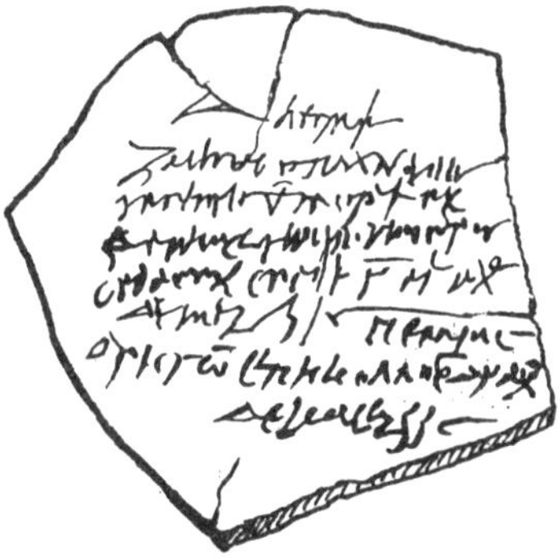

Beim Zensus spielte die antike Auffassung der Heimatberechtigung eine große Rolle: Jeder war mit seinen Rechten und Pflichten an seine Heimatgemeinde gebunden; auch wenn er wegzog, blieb er mit seiner ganzen Familie in der Liste der Heimatgemeinde und hatte dorthin seine Grund- und Kopfsteuer zu zahlen (vgl. Lk. 2). Ein ägypt. Papyrus vom Jahre 104 n.C. lautet: »Cajus Vibius Maximus, Prokurator von Ägypten, verordnet: Da der Zensus vor der Tür steht, wird allen Leuten, die sich aus irgendwelcher Ursache außerhalb ihres Heimatbezirkes befinden, aufgegeben, heimzukehren, um die üblichen pflichtmäßigen Verrichtungen des Zensus zu erfüllen.« (Zollquittung auf einem Scherben aus Ägypten)

Wie empfindlich Joseph von Nazareth durch die drastische Steuereinschätzung des Familienbesitzes in Bethlehem durch Quirinius getroffen wurde, ist unbekannt. Tiberius nannte die Prokuratoren, die sich durch Steuern, Erpressungen, List und Gewalt keinen goldenen Fischzug in den besetzten Ostprovinzen entgehen ließen, »Schmeißfliegen, die sich an einer Wunde vollsaugen und durch Sitzenbleiben andere Fliegen fernhalten«. Der Kaiser schrieb an seinen Bevollmächtigten in Ägypten, »es sei die Gewohnheit eines guten Hirten, seine Schafe zu scheren, aber nicht zu schinden.« Tiberius, in seiner Jugend ein erfolgreicher Feldherr, gelangte erst spät, durch tragische Verstrickungen verbittert, an die Regierung. Müde der innenpolitischen Ränke der Oppositionsparteien und der Eigenmächtigkeit seiner Verwaltungsbeamten, glaubte der menschenscheue Kaiser, durch Einsatz militärischer Mittel den Verfall der römischen Reichseinheit aufhalten zu können. Im Jahre 14 n.C. ernannte er darum seinen Prätorianerpräfekten Lucius Aelius Seian(us) zum Reichskanzler mit unumschränkten Vollmachten. Um »Rom vor Überfremdung zu retten«, um die »alten römischen Tugenden« wiederherzustellen, ließ dieser als Zeichen des Loyalitätsbeweises für die Reichseinheit den »Kaiserkult« strengstens durchführen. Gegen volksfremde orientalische Kulte und deren zahlreiche Anhänger, die Proselyten, ging er scharf vor. Alle Angezeigten, die öffentlich abschworen und

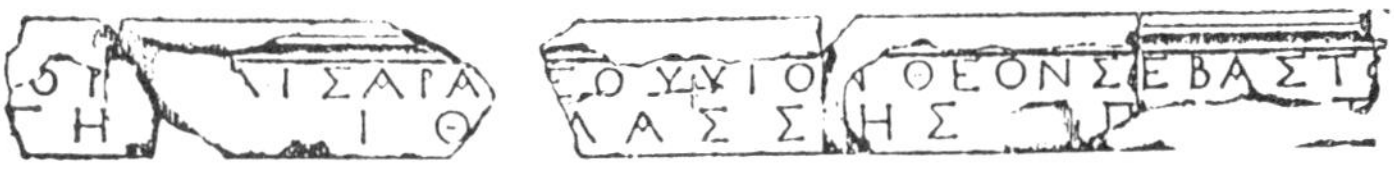

Der Kaiserkult (Gottkönigstum) wurde unter Kaiser Augustus zur Staatsreligion. Eine Inschrift von Helikasmos preist ihn als »Heiland der Menschheit, der gute Botschaft für die Zukunft und frohen Mut für die Gegenwart« allen bringt. Augustus wird als DIVI FILIUS (Sohn des Vergotteten) und SOTER (Erlöser, Retter) angesprochen. Er hieß Octavian und wurde seit 27 v.C. zum AUGUSTUS (Erhabenen). (Nach Mertens)

dem Kaiserkult opferten, gingen frei aus, die anderen Proselyten mußten als Staatsfeinde Rom verlassen. Bei dieser Gelegenheit konnte er auch mit mißliebigen aristokratischen Gegnern, die keine Sympathisanten waren, abrechnen. Die in Rom wohnenden Judäer wurden vertrieben. 4000 kräftige judäische Männer ließ Sejan in Arbeitsdienstlager nach Sardinien bringen. Der große römische Historiker Tacitus (55 – 120 n.C.) berichtet »mit trauriger Feder« ausführlich über die Amtszeit des Militärdiktators und gibt drei Gründe für sein »grausames Handeln« an: Sejan stellte *Rom, die Macht* und *sich selbst* als Retter über alles. (Als Tiberius im Herbst 31 n.C. feststellte, daß Sejan ihn ermorden und sich selbst auf den Thron setzen wollte, ließ er ihn als Hochverräter hinrichten.) Im Jahre 26 n.C. ernannte Sejan seinen Günstling, den zuverlässigen und ergebenen Hauptmann Pontius Pilatus aus römischem Rittergeschlecht, zum Statthalter Judäas, damit er dort im Sinne Sejans regiere. Pilatus nennt sich, wie anfangs gesagt, auf der Steininschrift in Cäsarea »praefectus« (und nicht Prokurator), um seine Militärzugehörigkeit und seine Verbundenheit mit

Münze
Tiberius
orig. Größe
(18 mm)

Kaiser Tiberius
(nach Münzbild)

Einen 18 mm großen Denar (in Lyon millionenfach geprägt) hielt Jesus in der Hand und fragte: »Wessen ist dieses Bild und die Überschrift?« (Mt. 22,20). Es ist das Bild des Kaisers Tiberius und trägt die Überschrift: TI(berius) CAESAR DIVI AUGUS(tus) F IMP(erator). Rückseite: PONTIF(ex) MAXIM(us) = Kaiser Tiberius, (Sohn des) vergotteten Augustus und Hohepriester (des Jupiters). Mit diesem Denar mußten alle unterworfenen Völker an Rom Kopfsteuer bezahlen; als ausgeprägtes Zeichen des Kaiserkults und der Unterjochung war die Steuermünze bei allen verhaßt. Auch die Urchristen lehnten die Steuermünze, ja eine Berührung derselben, ab, da das »einem Götzendienst« gleichkomme. (Münzkabinett Berlin)

seinem Gönner, dem »praefectus praetorio«, hervorzuheben. Auch die Evangelien betiteln ihn mit »hegemon«, was soviel wie Anführer bedeutet. Seine Hauptaufgabe sah er darin, beim halsstarrigen Volk mit »gepanzerter Faust« den Kaiserkult durchzusetzen.

Gleich bei seiner Ankunft ließ Pilatus nachts seine Truppen mit verhängtem Kaiserbild auf den Feldzeichen nach Jerusalem ziehen und diese gegenüber dem Tempel Position beziehen. Am Morgen, als sich die Menschen zum Gottesdienst versammelten, lösten die enthüllten Kaiserbilder öffentliches Ärgernis aus. Die Stadtabgeordneten intervenierten beim Statthalter, beriefen sich auf alte Rechte, die ihnen das Aufstellen von Kaiserbildern in der Heiligen Stadt erließen. Pilatus lehnte alle Verhandlungen ab. Am 5. Tag, als die Stadtabgeordneten ihn wieder bedrängten und auch nachts das Residenzschloß nicht verließen, drohte er, alle niedermetzeln zu lassen, wenn sie

Marschierende Kohorte mit dem Feldzeichen in der Mitte. Den Römern war es heilig, ein Verlust desselben galt als Schande. Außer magischen Zeichen trug es auch das Kaiserbild.

nicht augenblicklich die Demonstration einstellten. Die judäischen Abgeordneten waren eher bereit, das Martyrium zu erleiden, als den Kaiserkult zu akzeptieren. Rechtzeitig traf ein Befehl von Pilatus' Vorgesetztem aus Antiochien ein, die Aktion abzublasen. Der neue Statthalter mußte sich zähneknirschend fügen. Bald ergab sich für Pilatus die Gelegenheit zu einer neuen Schikane. Jerusalem brauchte dringend eine zusätzliche Wasserleitung. Für ihre Finanzierung griff Pilatus nicht in das mit Steuereinnahmen gefüllte Staatssäckel, sondern kurzerhand in die Tempelkasse. Wieder kam es zu Demonstrationen, die Pilatus durch Polizei in Zivil, die er unauffällig unter die Menge mischte, niederzuknüppeln befahl. Nach Lukas ließ Pilatus bei dieser oder anderer Gelegenheit viele Galiläer auf dem Tempelplatz umbringen. »Zur selben Zeit waren einige gegenwärtig, die ihm (Jesus) von den Galiläern berichteten, deren Blut Pilatus mit ihren Schlachtopfern (im Tempel) vermischt hatte.« Die Unruhen flackerten immer wieder auf, insbesondere an den Festtagen, wenn falsche Propheten auftauchten, die den baldigen Sieg über Rom verkündeten. Ein zeitgenössischer Chronist schildert Pilatus als »unbeugsam, eigenwillig, unerbittlich«, der mit »gehäuften Hinrichtungen ohne Gerichtsverhandlungen« regierte.

Röm. Feldzeichen

Wieder war das Osterfest (Passah) nahe. Es war das Jahr 30 n.C. Wieder kam Pilatus mit militärischer Verstärkung nach

Jerusalem, um den Festbetrieb zu kontrollieren. Der Statthalter, der auch als Militärrichter fungierte, saß auf dem Prätorium (Richtplatz) des ehemaligen Herodesschlosses und ließ sich aufgegriffene Ruhestörer vorführen. Unter diesen war ein Mann aus Galiläa, noch unbekannt in Jerusalem. Bald aber sollte er eine zentrale Gestalt der Weltgeschichte werden. Eine unübersehbare Volksmenge, zum Passah aus allen Teilen des Landes in die Hauptstadt geströmt, umstellte johlend oder schweigend den Richtplatz. Einer fragte den andern:

»Wer ist dieser Galiläer?« Es war Jesus von Nazareth. Laut Lukas (3,1) begann er seine Mission im 15. Regierungsjahr des Kaisers Tiberius (28 n.C.), hauptsächlich in kleinen Ortschaften Galiäas, die nicht im Regierungsbereich des Pilatus, sondern des judäischen Fürsten Antipas lagen. Auffällig ist, daß Jesus nie in den wichtigen Städten Tiberias, Sepphoris, Skytopolis und Ptolomäis (Akko), die in der Nähe seines Heimatdorfes lagen, auftrat. Offenbar hatte er eine Vorliebe für das offene Land mit schlichter Landbevölkerung und hegte Mißtrauen gegen Großstädte und Großstädter. Im Jahre 30 n.C. entschloß

Die röm. Münzen waren nicht nur Zahlungsmittel, sondern auch Propagandierer des Regierungsprogramms. Während alle anderen Prokuratoren das religiöse Empfinden der Judäer respektiert hatten, scheute sich Pilatus nicht, zur Durchsetzung des Kaiserkults als Staatsreligion statt der üblichen Götterbilder Symbole der röm. Gottheit einzusetzen, z. B. den Hirtenstab des Pontifex maximus (Hohepriester des Jupiters), dessen Amt der Kaiser ausübte. b) Das Simpulum (röm. Trankopfergefäß). (Münzkabinett Tel-Aviv)

sich Jesus, die Hauptstadt zu besuchen, um eine Entscheidung herbeizuführen. Zögernd, nur auf Umwegen, trat er die Reise an, mied die »samaritanischen« Städte und ebenso die »griechischen« Städte der Dekapolis (in den Evangelien mit »heidnische« Städte umschrieben) und reiste durch das ostjordanische Peräa, das auch zum Hoheitsgebiet seines Landesfürsten gehörte. Erst in Jericho betrat er, beziehungsweise mußte er die römische Besatzungszone betreten. In Bethphage (heute et-Tur) und Bethanien (heute el-Azarije), zwei Dörfer, kurz vor Jerusalem auf dem Ölberg gelegen, machte er halt. In der Hauptstadt selbst wohnte er nie, besuchte sie nur demonstrativ einige Male. Mit sanften Worten trat er für eine ungeteilte Liebe ein, forderte eine Umwertung aller Werte, stellte die normative Moral in Frage. Er, der keiner Partei angehörte, keine Machtgruppe anerkannte, nur in eigener Verantwortung sprach und handelte, agitierte auf den Straßen und Märkten der Hauptstadt gegen die weltliche und geistige Aristokratie, die mit der Besatzungsmacht zum eigenen Vorteil paktierte. Er verjagte aus dem Tempelhof die Plutokraten, die Geldwechsler, Votivverkäufer und Opferfleischhändler und provozierte öffentliche Diskussionen. Die Angst des von der römischen Verwaltung eingesetzten Stadtrates, durch Jesus' auffälliges Benehmen in einen Konflikt mit der Besatzungsmacht zu geraten, war so groß, daß er lieber bereit war, einen unbequemen Mann zu opfern, als neue Unruhen im Volk aufkeimen zu lassen. Jesus' Predigt der Nächstenliebe erklärte der Stadtrat in der Anklageschrift als »Liebeskommunismus« und seinen Aufruf zur Umwertung aller Werte, die »reale Macht durch ideale Macht« zu ersetzen, als Kampfparole gegen die bestehende Rechtsordnung. Bei seiner Verhaftung fand die Ortspolizei tatsächlich bei seinen Jüngern Waffen. Die Anklage lautete daher nach Auffassung moderner Historiker mit Recht auf »politische Unruhestiftung« und nicht – wie es nach früherer Auffassung hieß – auf Gotteslästerung oder Häresie. Bei Gotteslästerung und Gottesverleumdung war das geistliche judäische Gericht zuständig, dem der Hohepriester vorstand, und die höchste Strafe, die es verhängen konnte, war Steinigung. Politische

Römische Marterinstrumente

Verbrechen wurden allein vom römischen Militärgericht durch den Statthalter abgeurteilt, und zwar durch Kreuzigung.

Jedes Jahr, wenn Pilatus mit militärischer Verstärkung zum Osterfest nach Jerusalem kam, um den massiven Pilgerbetrieb zu kontrollieren, ließ er vorher hinter dem Richtplatz Kreuzgalgen für abzuurteilende politische Unruhestifter errichten. Nur zur Abschreckung, das versteht sich.

Der Prozeß begann also.

Pilatus saß in voller Rüstung, mit vergoldetem Federhelm auf dem Kopf, den Purpurmantel des Feldherrn über den Schultern, feierlich, auf dem erhöhten Richterstuhl.

Der Angeklagte, der tief unter ihm zwischen zwei Wächtern im Hof des Prätoriums stand, blickte zu ihm schweigend auf. Was er dabei dachte, ist nicht überliefert. Er schwieg.

Auch die Menge, die laut gestikulierend für und gegen den Angeklagten mit orientalischer Leidenschaftlichkeit Partei ergriff, erstarrte in schweigender Spannung. Wird der Angeklagte zu seinen Worten stehen oder alles widerrufen und sich , um sein Leben zu retten, dem Kaiserkult unterwerfen? Dem schwergepanzerten Römer rann plötzlich kalter Schweiß von der Stirne. Nachdenken war sonst nicht seine Sache. Nur für Augenblicke zögerte er. Der Blick des Galiläers machte ihn unsicher. Wer klagt diesen an? Wer bezeugt seine Schuld?

Pilatus, der ohne langes Verhör »kurzen Prozeß« zu machen pflegte, schob »später die Schuld am Justizmord von sich und wusch seine Hände in Unschuld«. Er fragte kurz:

»Bist du König der Judäer?«

Da sprach Jesus: »Du sagst es« (Mk. 15,2).

Die spannungsreiche, aber dialogarme Begegnung zwischen Jesus und Pilatus, einer der dramatischsten Höhepunkte der Weltgeschichte, wurde von bedeutenden Historikern neu untersucht. Durch die Verschiedenheit ihrer Methoden und der Unterschiedlichkeit ihrer Wissenschaftsauffassung kamen sie zu stark abweichenden Ergebnissen, von denen wir einige im Originaltext wiedergeben.

In seinem zweibändigen Werk »Geistesgeschichte des antiken Christentums« (1954) schreibt der bedeutende Panhellenist Carl Schneider:

»Die Datierung (des Lukas) ›unter Pilatus‹ ist noch kein fester Geschichtsbeweis (für den Prozeß Jesu), auch Plutarch datiert den mystischen Tod des Pan-Attis ›unter Tiberius‹.« Er fährt fort: »Daß Jesus sein Leiden provoziert hat, verbindet ihn mit Propheten und hellenistischen Rednern: vom jüngsten Cato bis zu den stoischen Gegnern Vespasians lassen sich solche Leiden hervorrufende Provokationen in großer Zahl nachweisen ... An der Gewinnung der Kyniker lag dem jungen Christentum viel, denn hier fühlte man Verwandtes... So fragt Diogenes, der große Lehrer der Kyniker: ›Denkt nicht jeder, der mich sieht, daß er seinen König und Herrn sieht?‹ Bei Johannes spielt sich eine ganz ähnliche kynische Szene ab:

Pilatus: Also bist du doch ein König?

Jesus: Ja, König bin ich.«

Ungenau zitiert. Bei Johannes 18,33 heißt es im Original: »Du bist (doch) der König der *Judäer?*« (ebenso bei Mk. 15,2, Mt. 27,11 und Lk. 23,3). Daß der Prozeß Jesu nicht judäische Geschichte, nur griechischer Mythos ist, will Carl Schneider mit dem Bekenntnis des Petrus in Cäsarea-Philippi (heute Banjas) am Fuße des schneebedeckten Hermon, der Hauptstadt der Nordprovinz Palästinas, bestätigt sehen. Der Bericht trage unverkennbar hellenistischen Charakter, er sei

»ganz durch die Landschaft um die Pan-Attisgrotte (in Cäsarea-Philippi) bestimmt, die als Pforte zur Unterwelt galt ... Jesus fragt im Angesicht des schimmernden Pantempels auf dem Felsen, an dessen Fuß eine Grotte liegt, die als einer der Eingänge zur Unterwelt galt, was die Jünger von ihm halten. Petrus gibt eine jüdische Erklärung ab, er sei der Messias, und eine griechische, er sei der Gottessohn. Jesus weist auf die großartige Szenerie hin und antwortet in der Art seiner Bildersprache: ›So wie dieser schimmernde Pan-Tempel auf seinem Felsen über der Hadespforte steht, wird meine Gemeinde unerschütterlich stehen, und Petrus soll der Fels sein, der sie trägt!‹«

Eingeschoben werden muß hier, daß Attis, ebenso wie Adonis und Tammuz, ein jugendlicher semitischer Vegetationsgott

Attis und Kybele. Der jugendliche phrygische Gott war der Geliebte der Kybele, einer kleinasiatischen Mutter- und Fruchtbarkeitsgöttin, hier mit einem Löwengespann. In einem Wahnsinnsanfall entmannte sich Attis unter einer Pinie und starb, beklagt von Kybele, die bei Zeus die Erhaltung seines Körpers erreichte. Dieses Ereignis wurde jedes Jahr vom 15. bis 27. 3. in Rom feierlich begangen. (Nach einem Taurobolien-Altar, 300 n.C.)

war. Alle drei wurden geopfert oder opferten sich aus Liebe zu einer mütterlichen Gottheit. Der phrygische Attis, Geliebter der Kybele, stirbt, als er im Wahnsinn sich selbst entmannt. Die Auferstehung des Attis wurde zu Ostern in Rom gefeiert. C. Schneider schließt seine Theorie folgendermaßen ab:

»›Unter Pilatus gekreuzigt‹ ließ *eine* christliche Wahrheit allein nicht mehr zu, sondern forderte zugleich immer eine christliche Wirklichkeit. Die Wahrheit lag im Mythos, die Wirklichkeit in der Geschichte.«

F. W. Albright, der Altmeister der biblischen Archäologie, gibt eine konkrete Antwort: Jesus kann nicht mit der griechischen Welt verbunden werden; er war Judäer, und seine aramäischen Aussprüche gehören zur judäischen Gedankenwelt:

»Der außerordentliche Einfluß Palästinas auf die Weltgeschichte hat pragmatisch eingestellte Historiker immer wieder vor den Kopf gestoßen. Daß ein so armes, kleines Land die Wiege des Judentums und des Christentums wurde, erscheint vielen, die das Land nicht kennen oder zum ersten Mal besuchen, unbegreiflich... Kein Historiker vermag dieses Geheimnis ganz zu ergründen, er kann aber Tatsachen sammeln, die ihn leichter erkennen lassen, wie außerordentlich gut das Land sich für die ihm zugefallene Rolle eignet.«

Zu dieser für uns grundsätzlichen Frage, ob Jesus zum Kreis der prohellenistischen Sadduzäer oder zu den antihellenistischen Pharisäern gehörte, möchte ich Johannes Leipoldt, Mitverfasser des dreibändigen Quellenwerkes »Umwelt des Christentums« (1965), zitieren:

> »Mit dem Gedankengut der Pharisäer, ohne jede philosophische Stütze (der Griechen) rein aus der Frömmigkeit heraus, schildert Jesus seine Stellung. Auch Form und Inhalt seiner Lehre entspricht pharisäischen Doktrinen, die seine Lehrmeister waren... Die Pharisäer erweitern die im Alten Testament gebotenen Sätze vorwiegend mit Hilfe persischer Elemente, die Sadduzäer mit Hilfe griechischer. Sie sagen: ›Wir werfen euch Pharisäern vor, daß ihr behauptet: heilige Schriften verunreinigen die Hände nicht; aber die Bücher Homers verunreinigen die Hände.‹ ... Die Sadduzäer nehmen an den Fragen der Frömmigkeit weniger Anteil, sind dazu in Galiläa kaum vertreten. Neben den jüdischen Hellenisten gibt es heidnische in Galiläa und seiner unmittelbaren Umgebung, besonders im sogenannten (griechischen) Zehnstädtegebiet ... Jesus sucht keine Verbindung mit diesen Griechen, meidet sie eher. Die Bewohner sind ihm fremd. Jesus hat also nicht das Gefühl, daß die Wurzeln seines Innenlebens außerhalb seines Volkes liegen ... Jesus lebt im Alten Testament, wir haben kaum Veranlassung, die Wurzeln des Evangeliums außerhalb des jüdischen Volkstums zu suchen.«

Aus den griechischen Orginalfassungen der Evangelien geht hervor, daß sowohl Pilatus wie auch die römischen Soldaten, die Jesus zur Aburteilung führten, in Jesus nicht irgendeinen König, sondern einen König der Judäer oder einen König des Judentums sahen. Seine Begegnung mit Pilatus war eine typische Konfrontation der judäischen Ideenwelt mit der hellenistisch-römischen Wirklichkeit. Messiaskönigtum oder Kaiserkult: Gab es keine Möglichkeit, die Barrieren zwischen beiden Welten abzubauen?

Die Entspannung unter Claudius

Kaiser Claudius (nach Münzbild)

Im Jahre 37 n.C. starb einsam Tiberius in seiner selbstgewählten Verbannung auf Capri. Sein Nachfolger Caligula (37–41 n.C.) entwickelte krankhaft einen orientalisch-hellenistischen Allmachtsdünkel. Von seiner eigenen Größe eingenommen, nagte an ihm die Furcht, daß nicht alle Menschen ihn als Gott verehrten. Er befahl, sein Kaiserbild auf allen Märkten und in allen Tempeln, also auch in allen Synagogen seines Imperiums, aufzustellen. In Alexandrien kam es dabei zum Widerstand mit darauf folgendem Raub, Mord und Brandstiftung im Judenviertel. In Jerusalem hätte Caligulas Befehl noch katastrophalere Folgen gehabt, wenn der syrische Legat Petronius, ein geschickter Politiker, die Ausführung desselben nicht dauernd verschoben hätte, bis die Nachricht kam, daß der kaum 29jährige Caligula bei einer Verschwörung durch seine Prätorianer ermordet wurde. Die Soldaten entdeckten Caligulas verschrockenen Onkel Claudius, einen physisch geschwächten, aber hochintelligenten Sonderling, hinter einem Vorhang, zerrten ihn heraus und setzten ihm die Kaiserkrone auf. Den »Lahmen«, wie er genannt wurde, hielt Kaiser Augustus nicht für fähig, einen Staatsapparat zu dirigieren, schloß ihn als

Das judäisch-römische Bündnis, durch eine Münze des Königs Agrippa I. verewigt. Vorderseite: zwei verschlungene Hände, darüber Medaillon des Kaisers Claudius. Rückseite: zwei Göttinnen, Tyche und Nike, krönen den »Basileus megas Agrippas philokaisar«, den König Agrippa I., den Freund des Kaisers. Agrippa lernte in langen Jahren der Gefangenschaft in Rom die guten und schlechten Seiten der Römer kennen und wußte, welche Konsequenzen man daraus zu ziehen hatte. (Münzkabinett Tel-Aviv)

Thronprätendenten aus und schenkte dem »Intellekt« statt einem Reich Schreibtisch und Schreibutensilien. Aber Augustus irrte hier ganz und gar. Claudius entwickelte sich als Kaiser (44–54 n.C.) zu einem fortschrittlichen, toleranten, »aufgeklärten« Herrscher, der Rom und der Welt zehn Jahre der Entspannung schenkte. Claudius sah ein, daß die Römer beziehungsweise ihre Provinzialverwaltungen Unrecht und Willkür in die besetzten Gebiete im Osten trugen. Als Zeichen einer Restitution sandte der weise Herrscher im Jahre 41 n.C. seinen Freund Agrippa, der in Rom gefangensaß, in die Heimat zurück und belehnte ihn mit der Krone von Großjudäa. Im Jahre 41 n.C. prägte Agrippa I. aus Dankbarkeit eine Gedenkmünze zur Bestätigung der Allianz der Judäer mit dem römischen Volke. Das Münzenbild zeigt zwei verschlungene Hände als Zeichen der feierlichen Bundesschließung und das Medaillonbild des Kaisers Claudius (Abb.). Welche Überraschung! Welche Wandlung! Noch zur Zeit Pilatus' war eine zahlreiche Gesandtschaft der Jerusalemer Bürger bereit, sich als Märtyrer niedermetzeln zu lassen, um die Aufpflanzung der Standarten mit den Kaisermedaillons in Jerusalem zu verhindern. Nur 15 Jahre nach dem dramatischen Bürgerprotest akzeptierte anstandslos jeder Krämer im Bazar, jeder Geldwechsler im Tempelhof die gängige Münze des Agrippa I. mit dem Medaillon des römischen Kaisers! Agrippa ließ die Ketten, die er als Gefangener im Rom trug, vergolden und vor dem Tempel aufhängen, ein Symbol der frisch gewonnenen Freiheit. Das Volk atmete nach 33jähriger Besatzungszeit unter der Knute der Prokuratoren erleichtert auf. Als Preis für die überraschend zurückgewonnene Selbständigkeit waren sie bereit, die Herausforderung religiösen Empfindens hinzunehmen, auch als Agrippa auf einer anderen Münze sich selbst porträtieren ließ. Er, der Enkel des verhaßten Herodes, durfte alles tun, was vor ihm kein Herrscher gewagt hätte. Agrippa, der in Rom, wie Cäsar und Augustus in ihrer Jugend, das Leben eines Lebemannes führte, wuchs mit seiner Aufgabe zu einem befähigten Herrscher. Innenpolitisch brachte er durch kluge Balancepolitik das Kunststück fertig, die adlige (sadduzäische) Partei und die

Münzen des Königs Agrippa I.

(pharisäische) Volkspartei zufriedenzustellen. Auf Drängen der Pharisäer mußte er das radikale Sektentum unterdrücken, so auch das Ur-Christentum, das damals in schärfster Opposition zum Establishment stand (Apg. 12,1 ff.). Diesen seinen Fehlgriff haben ihm spätere Historiker schärfstens angekreidet. Sie konnten nicht verstehen, daß er, wie es in der Bibel heißt, nur ein König »von Fleisch und Blut« und mit allen menschlichen Schwächen behaftet war. Als kluger Staatsmann und kleiner Klientenfürst war sein Blick begrenzt auf die ständig wechselnden, sich überstürzenden Tagesereignisse gerichtet, die fortwährend wechselnder dringender Abhilfe bedurften. Er war kein Prophet, der die phänomenale Entwicklung der urchristlichen Gemeinde Jerusalems vorausahnen konnte, sondern er versuchte den religiösen Status quo in seinem Reich aufrechtzuerhalten. Von der Entspannungspolitik Claudius' unterstützt, konnte er innenpolitisch Außerordentliches zum Wiederaufbau Judäas leisten. Es gelang ihm, die Wirtschaft, die durch Ausbeutung und Erpressung der Prokuratoren arg darniederlag, mit Hilfe eines großzügigen Arbeitsbeschaffungsprogramms anzukurbeln. Der Tempelneubau wurde auf Staatskosten wiederaufgenommen, ein neuer Stadtmauergürtel im Norden gebaut und die Straßen neu gepflastert, der requirierte, brachliegende Landbesitz wieder zurückerstattet oder verpachtet. Der Überschuß der Landwirtschaft konnte wieder im Ausland Absatz finden und Devisen einbringen. Die Arbeitslosigkeit verschwand. Geld zirkulierte, der Handel blühte. Die Lebensqualität stieg wieder an. Zahlreiche Funde von Gewichtsteinen aus Agrippas Regierungszeit weisen auf den starken Auftrieb hin, den der lokale Handel erhielt. Langsam wich unter seiner segensreichen, aber so kurzen Regierung der Schatten Pilatus' und seiner prokuratorischen Nachfolger von Judäa. Das Land konnte wieder frei aufatmen. Durch seine freundschaftliche Beziehung zu Kaiser Claudius stieg das Ansehen des Judentums in der ganzen Welt. Durch Agrippas Einmischung wurde den Ausschreitungen des griechischen antisemitischen Pöbels in Alexandrien und Delos Einhalt geboten, durch seine Fürsprache erhielten zahlreiche Kriegsgefangene in Rom ihre Freiheit zurück und gründeten zum Dank die große Libertinersynagoge der Agrippinenser, der »durch Agrippa Freigelassenen«. Auch die »Kulturpropaganda«, in Syrien durch hochherzige Spenden an hellenistische Städte gefördert – er ließ in Berytus (Beirut) ein Theater auf seine Kosten errichten –, zeigte reiche Früchte. Als außenpolitischen Triumph konnte Agrippa den Übertritt zum Judentum des Königs Izates und der Königsmutter Helena von Adiabene in Nordsyrien für sich buchen. Die benachbarten Klientenfürsten baten ihn, ihre Interessen kollektiv beim Kaiser Claudius zu vertreten. Obwohl er das Musterbeispiel eines frommen Königs darstellte, täglich den Tempel besuchte und die Pharisäer bevorzugte, blieb er ein großer Freund hellenistischer Kultur und trat in fürstlichem Glanz eines hellenistischen Herrschers auf. Diese Schwäche sollte ihm nach Aussage seiner Gegner (Apg. 12,21 ff.) zum Verhängnis werden. Im Jahre 44 n.C. veranstaltete er zu Ehren seines kaiserlichen Freundes Claudius im Stadium von Cäsarea Festspiele. Ein geschichtsträchtiger Ort! 63 Jahre vorher hatte sein Großvater Herodes I. dieses Stadium eröffnet und Festspiele zu Ehren Augustus' veranstaltet. Augustus stiftete für die Eröffnungsspiele 500 Talente. In diesem Stadium ließ Pilatus die Jerusalemer Stadtdelegierten versammeln und drohte, sie niedermetzeln zu lassen, wenn sie die Kaiserbilder auf den Feldzeichen der Kohorten nicht anbeten würden. Jetzt gibt es keine Prokuratoren mehr, dachte Agrippa stolz im feierlichen Augenblick der Festspieleröffnung, jetzt bin ich König von Judäa! In kostbaren silbernen Ornat gekleidet, ließ er sich wie ein Akteur von den zahlreichen Zuschauern beklatschen, bejubeln, ja vergöttern. Plötzlich stürzte der König zu Boden...

König Agrippa I. auf einem vierspännigen Rennwagen (Münze desselben)

Josephus, ein Sympathisant Agrippas, berichtete im 19. Buch der »Altertümer« (8,2) über den Tod des Königs:

»Agrippa begab sich in einem kunstvoll aus Silber gewirkten Gewand ins Theater. Das Silber schimmerte in den Sonnenstrahlen dermaßen, daß die Zuschauer die Augen geblendet abwenden mußten. Seine Schmeichler wollten darauf in ihm ein überirdisches Wesen sehen. Der König wies ihre gotteslästerlichen Schmeicheleien nicht zurück. Als er aber seinen Blick nach oben wandte, sah er einen Uhu, einen Unglücksvogel, der ihm seinen baldigen Tod anzeigte. Bald stellten sich heftige Schmerzen in seinem Leib ein, und er sprach: ›Seht, ihr Freunde, euer Gott muß jetzt sterben.‹ Er wurde schnell aus dem Stadium getragen und in seinen Palast gebracht. Bei dieser Nachricht warf sich das ganze Volk nieder, und überall erhob sich Jammer und Klagen...«

7 Jahre hatte Agrippa regiert, davon nur 3 Jahre über ganz Israel. Unter seiner Herrschaft erreichte die Hellenisierung, ja Romanisierung Judäas ihren Höhepunkt. Nie wieder gab es eine so gute Gelegenheit, beide Kulturen zusammenzuführen. Kaiser Claudius, der die Entspannung herbeiführte, wurde 54 n.C. nach 13jähriger Regierung von seiner 2. Gattin Agrippina vergiftet, wodurch ihrem Sohn Nero der Thron gesichert war.

Die Vernichtung durch Rom

Kaiser Nero (nach Münzbild)

Nach dem Grundsatz »divide et impera« beschloß der römische Senat nach Agrippas Tod, Judäa wieder zu teilen, das Prokurat einzuführen, den Mauerbau zu stoppen, die Wirtschaft zu drosseln und die Allianz Judäa-Rom aufzukündigen. Ein kurzer Traum war zu Ende. Viele Forscher behaupten, das plötzliche Abreißen aller schönen Hoffnungen des Wiederaufstieges unter der allzu kurzen Regierung des Agrippa hätten jene Depressionen und Aggressionen hervorgerufen, die zur aktiven Römerfeindschaft und schließlich zum Krieg Rom-Jerusalem führten.

Im Jahre 54 n.C. bestieg der 16jährige Lucius Domitius Nero den römischen Thron. Über seine sonderbare »ästhetische Natur ohne Moral« wurden bereits unzählige Bücher geschrieben, die sich bemühen, seinen komplizierten Charakter zu enträtseln. Durch Beeinflussung erlauchter griechischer Geister in seiner Kindheit wurde er begeisterter Philhellene. Er glaubte eine Offenbarungsform des Apollos und des Augustus zu sein.

Im Jahre 61 n.C. brach unter der syrogriechischen und der judäischen Bevölkerungsgruppe in Cäsarea ein Kulturstreit aus, den Nero als Philhellene prompt gegen die Judäer entschied. Er sprach ihnen die Gleichberechtigung ab. In einem inszenierten Pogrom kam es zu Brandschatzungen und Plünderungen im judäischen Stadtteil von Cäsarea; unter den Augen der römischen Polizei wurden bei einem Massaker 20 000 judäische Bürger niedergemetzelt. Nicht nur das Judentum, bald sollte auch das Christentum Ziel des Wahnwitzigen werden. Drei Jahre nach dem Pogrom in Cäsarea brach in Rom ein Großfeuer aus, das viele Bürger obdachlos machte; den Verdacht planmäßiger Brandstiftung wälzte Nero wie selbstverständlich auf Judäer und Christen ab, letztere galten damals in Rom als judäische Sekte und Gegner des Kaiserkultes. Neros Extravaganzen, die kostspieligen Aufbauarbeiten im abgebrannten Rom und die Verstärkung der Ostarmee wegen der ständigen Bedrohung durch das Partherreich hatten gesteigerten Steuerdruck in den Kolonien zur Folge. Zum politischen Druck kam also noch die wirtschaftliche Misere. In vielen Kolonien flammten Aufstände auf, am heftigsten und tragischsten in Judäa. Als Grund für den Aufstand nennt Josephus:

> »Die Aufständischen eilten, die Schuldverschreibungen des Steueramtes zu vernichten, um die Eintreibung der Schulden unmöglich zu machen« (bell. II 427).

Michael Rostorzeff, der russisch-amerikanische Forscher, gibt eine ähnliche Erklärung für die Ursache des Aufstandes:

> »Die Interessen Roms im Osten zielten darauf hin, Großstaaten in Kleinstaaten zu zerspalten und die verschiedenen Bevölkerungsgruppen gegeneinander auszuspielen. Die römischen Statthalter waren oberste Finanzbeamte und hatten völlig freie Hand, skrupellos die Kolonien auch zu ihrem eigenen Vorteil zu erpressen. Rom betrachtete den Osten ausschließlich als Ausbeutungsobjekt und Geldquelle. Das römische Großkapital half dem Staat bei der Ausbeutung des umfangreichen unbeweglichen Eigentums in den besetzten Ländern, des Ackerlandes und der Weiden, sowie des beweglichen Teils der Kriegsbeute an Menschen und Vieh. Die

katastrophale Verarmung auf wirtschaftlichem, aber auch auf geistigem Gebiet und die radikale soziale Verschiebung aller Volksklassen explodierte in zahlreichen Aufständen.« Dem mit Sensen, Knüppeln und erbeuteten Waffen ausgerüsteten Volksheer gelang es in der ersten frischen Begeisterung im November 66 n.C., die aus Syrien anrückenden Legionen Neros völlig aufzureiben. Stolz prägte die revolutionäre Versammlung eigene Münzen mit der Aufschrift »Das erste Jahr der Befreiung« und »Das erlöste Jerusalem«. Mit der Vernichtung des Steueramtes proklamierten die Freiheitskämpfer die Parole der Steuerverweigerung und stellten das tägliche Opfer für den Kaiser ab. Die wirtschaftliche Misere war der Funke, der im Pulverfaß der eschatologisch-religiösen Erregung die Explosion auslöste. Josephus unterstreicht für sein römisches Lesepublikum die wirtschaftlichen und politischen Ursachen des Kriegsbeginns, verschweigt aber den eschatologischen »Hintergrund«, den Nichtjudäer nicht verstehen konnten. Nur die religiös-gesteigerte Massenerregung gab dem kleinen Häuflein der Machtlosen den wahnwitzigen Mut, gegen die größte Weltmacht zu rebellieren, und den Glauben, daß das Recht und der Himmel auf ihrer Seite kämpften. Waren auch die Urchristen am Aufstand gegen Nero und Rom beteiligt?

Das neue, reiche Material der Handschriften aus Qumran enthüllt die religiös-seelische Erregtheit, die in jener politisch wirren Zeit alle erfaßte, Judäer ebenso wie Christen. Alle glaubten an einen bald bevorstehenden Weltuntergang, an einen mörderischen Endkampf und daß in der Endphase ein Engelheer als entscheidender Faktor eingreifen würde. Auch Jesus glaubte an den bald bevorstehenden Weltuntergang und sagte, er könne ohne weiteres 12 Legionen Engel zur Unterstützung erhalten (Mt. 26,53). Bis zu seiner Verhaftung war das bescheidene Grüppchen seiner Anhänger überzeugt, bei einer kriegerischen Auseinandersetzung mit den Römern siegreich zu sein.

Paulus gebraucht dieselbe Parole: »Laßt uns ablegen die Werke der Finsternis und anziehen die Waffen des Lichtes!« (Röm. 13,12). Josephus erwähnt einen Essener namens Johannes, der das Kommando über das strategisch wichtige Dreieck Lydda-Jaffa-Emmaus auf der Verbindungsstraße von Jerusalem zur Meeresküste führte. Hippolyt spricht, wenn auch nur legendär, von einem judenchristlichen Zweig kämpferischer Essener. Es ist nicht literarisch belegt, ob die Qumraner Essener am Krieg teilnahmen, aber archäologisch einwandfrei bewiesen ist die Zerstörung der Burg Qumran im Jahre 68 n.C. durch die Römer. Ebenso ist es nicht literarisch nachweisbar, ob die Ebjoniter, die urchristliche Jerusalemer Gemeinde, aktiv an der Verteidigung der auch für sie heiligen Heimatstadt teilnahmen. Auch unter ihnen gab es hitzige Galiläer, »Donnersöhne«, wie Simon den Eiferer, ein Mitglied der zelotisch-patriotischen Partei, von dem es heißt: »Er verkaufte sein Gewand und kaufte ein Schwert.« Aus dieser Zeit gibt es nur eine kurze Notiz des Kirchenhistorikers Euseb (–340), die urchristliche Gemeinde hätte im Jahre 70, durch einen Traum gewarnt, Jerusalem verlassen und sich nach Pella im Ostjordanland abgesetzt. Ob die Urchristen vor dem Jahre 70 an der Verteidigung der Stadt beteiligt waren oder nicht, verschweigt sein Bericht.

Ein Parallelereignis zum Auszug der Urchristen nach Pella bildet die Legende vom Schriftgelehrten Johanan ben Sakkai, der sich ebenfalls im Jahre 70 kurz vor Kriegsende von seinen Jüngern, in eine Thorahandschriftrolle gewickelt, in einem Sarg aus dem belagerten Jerusalem herausschmuggeln ließ und in Jabne (Jamnia) eine Thorahochschule (juristische Fakultät) gründete, die den Fortbestand des Judentums sicherte.

Und wie sah es auf römischer Seite aus? Zu dieser Zeit wurde das römische Heer, immer mehr von barbarischen Legionären überfremdet, zum eigentlichen Machtfaktor. Die Reichspolitik entschied nicht der Senat in Rom, sondern jeder Feldherr, der über ein Provinzheer verfügte. Vespasian, ein in Britannien und Afrika erprobter General, erfolgreich im Niederwerfen von Aufständen einheimischer Querulanten, wurde von Nero eingesetzt, die Unruhen in Judäa zu unterdrücken. Zur Säuberungsaktion rückte er 67 n.C. mit 60 000 Legionären und einer noch größeren Zahl von Hilfstruppen der Vasallenkönige gegen das Häuflein unerfahrener, unorganisierter, schlecht bewaffneter Freiheitskämpfer vor. Nach Vespasians Verschleppungstaktik wälzte sich das große Heer langsam vorwärts, meist lag es in Winterquartieren, die auch den Sommer überdauerten. Der kalt kalkulierende General schonte seine Armee für künftige Aufgaben. Sein Ohr war nach dem Westen gerichtet. Von dort tauchten wüste Gerüchte über die bankrotte Regierung Neros auf. Hohe Politik wurde in Rom durch das Heer entschieden. Der Marsch der westlichen Generäle Galba, Otho und Vitellius auf die Metropole stand bevor. Es brodelte im ganzen Imperium. Nicht nur die Unterdrückten murrten, auch die besoldeten Unterdrücker. Die unterbezahlten Legionäre in den westlichen und nördlichen Kolonien erhoben gleichzeitig oder hintereinander denjenigen ihrer Feldherren, der ihnen mehr Sold, mehr Beute versprach, zum Imperator. Nero endete durch Selbstmord. Vespasian wartete in Judäa ab, was in Rom geschah, um die anderen Generäle, seine Mitbewerber, durch bessere Angebote an die Armee überbieten zu können. Die Finanzmittel dazu schöpfte er nicht aus der eigenen Tasche, sondern aus dem vom Krieg überzogenen Land; was nicht niet- und nagelfest war, wurde enteignet, requiriert, verpachtet. Vespasian erklärte das gesamte eroberte Land zu seinem Privatbesitz, verpachtete die Böden an Veteranen und gründete Kolonien; die Krondomäne der hasmonäisch-herodesischen Fürsten und die Latifundien des Tempels waren eine fette Beute. Er wurde nicht nur der mächtigste, auch der reichste General unter den Mitbewerbern um den Cäsarenthron. Erst als Vespasian die Getreidezufuhr aus dem Osten sperrte, erzwang er durch die dadurch entstandene Hungersnot in Rom im Januar 69/70 seine Ernennung zum Kaiser. Das Oberkommando übergab er seinem Sohn Titus, der, um eine schnelle Entscheidung bemüht, zu der 5., 10. und 15. Legion seines Vaters noch die 12. Legion hinzuzog und in Eilmärschen auf Jerusalem zustürmte. Die Belagerten vergaßen alle ihre innenpolitischen Widersprüche und verteidigten heroisch ihre Heimatstadt. Mit Termitenfleiß gruben die Verteidiger Tunnels unter den Mauern durch, gelangten so zu den Dämmen der Angreifer und setzten die 30 m hohen Angriffstürme in Brand. Durch unermüdliche Ausfälle vernichteten sie die Artillerie des Feindes. Aufgegriffene Freiheitskämpfer ließ Titus daraufhin an der Stadtmauer ans Kreuz schlagen, manchmal gab es 500 Gekreuzigte pro Tag. Das schreckte die Belagerten nicht ab. Dann kam der Hunger, er war verheerender als alle von den Römern entwickelten neuen Waffen. Er zerbrach physisch und psychisch die Belagerten. Frauen und Greise, die außerhalb der Mauer nach eßbaren Kräutern suchten, ließ der römische Feldherr aufgreifen und mit abgehauenen Händen zurückschicken. Trotz dieser unbarmherzigen Methoden dauerte die Blockade ein halbes Jahr, bis die römischen Legionäre eine Bresche

Die wichtigste Belagerungsmaschine war der Widder. Er steht in einem mit feuchten Fellen geschützten mehrstöckigen Angriffsturm. Eine Truppe röm. Soldaten schwingt den balkenartigen Widder mit großer Wucht gegen die Stadtmauer, bis eine Bresche entsteht. Die Verteidiger Jerusalems (70 v.C.) schleuderten Brandfackeln und Felsbrocken auf die Sturmmaschine, gruben sodann in einer verwegenen Aktion einen Stollen unter der Mauer und legten Feuer am Turm an. »Da stürzte der klobige Belagerungsturm mit furchtbarem Dröhnen, in Staubwolken und Rauchqualm gehüllt, ein.« (Jos. bell. V 4)

schlagen und in erbitterten Straßenkämpfen die Stadt und den Tempel »gegen den Willen des Oberkommandos« (so lautete der offizielle Bericht Titus' zur Kriegslage) einäschern konnten. Als das Tempeldach in Rauch und Flammen zusammenstürzte, proklamierten die letzten Priester die Weltherrschaft Gottes, indem sie, statt des vernichteten Gotteshauses in Jerusalem, die ganze Welt zu seinem Tempel ernannten. Wieviel Sarkasmus liegt in den Worten des römischen Truppenführers, der diese Priester hinzurichten befahl: »Der Priester soll seinen Tempel nicht überleben!« und hinzufügte: »Die Zeit der Gnade ist vorbei!«

Zwei Ellipsen: Jerusalem und Rom

Der Fall Jerusalems löste nach wiederholten Aufständen einen weltgeschichtlichen Prozeß aus, in dem Geburt und Tod verschwistert sind. Jede Kultur steht, wie alles, was lebt, unter dem Gesetz von Werden und Vergehen. Der nationale Tod des Judentums erfolgte, als Rom um 135 n.C. auf den Trümmern Jerusalems die römische Garnisonstadt Aelia Capitolina errichtete, das Prokurat Judäa annullierte und in die römische Provinz Syria-Palaestina verwandelte, die zurückgebliebene Bevölkerung entrechtete und sie auf den Status staatenloser Peregrini (Fremde) herabdrückte. *Sie wurden Fremde in der eigenen Heimat.* Emigration und Deportation bedingten, daß die meisten Judäer im 2. Jahrhundert im Ausland zerstreut wohnten. Geographisch ausgedrückt, entstanden 2 Ellipsen: die eine mit dem geistig unzerstörbaren Mittelpunkt Jerusalem und die andere, existentiell bedingt, die Diaspora mit dem Mittelpunkt Rom.

Auch im Christentum entstanden zwei Ellipsen: Die jakobischen Urchristen, auch Judenchristen genannt, sahen weiter Jerusalem als ihren Mittelpunkt an, und die paulinischen Heidenchristen verlegten ihren Mittelpunkt nach Rom.

Durch das römische Gesetz, das jede neue Vereinsgründung verbot, war die Kirche gezwungen, als Untergrundbewegung zu wirken. Die Urchristen, von den Römern als Judäisten anerkannt, profitierten von den Sonderrechten des Judentums, die sie seit Cäsars Zeiten auch im 1./2. Jahrhundert im Imperium ungeschmälert weiter behielten, und konnten sich dadurch kräftig ausbreiten. Die neue Entwicklung mußte, als sie größere Ausmaße annahm, staatliche Abwehraktionen notwendigerweise auslösen.

Kaiser Domitian (81–96 n.C.) und seine Nachfolger versuchten durch Religionsverfolgungen die missionarischen Erfolge der jungen Christenheit, die gegen die Staatsreligion rebellierte, zu vernichten oder einzuschränken. Besonders hart war das kaiserliche Vorgehen gegen abtrünnige Römer, insbesondere aus höheren Kreisen. Der Historiker Dio Cassius, der um 200 n.C. in Rom lebte, berichtet über Religionsprozesse des Kaisers Domitian gegen Proselyten, »Leugner des Kaiserkultes..., die sich von *Judaisten* dazu treiben ließen«. Das war etwa 170 Jahre nach Jesus' Tod. Dem gelehrten Mann ebenso wie der breiten römischen Öffentlichkeit war das Christentum als Sonderreligion nicht bekannt, nur als Sekte des Judentums. Die Bezeichnung Christianoi (Apg. 11,26) für Christenanhänger, die in Analogie zum lateinischen Caesarianoi (Cäsaranhänger) in Kleinasien als Bezeichnung von »Partei«-angehörige gebräuchlich wurde, war im Westen noch nicht bekannt. Als Judäisten empfand sich auch die aus Judenchristen gebildete Muttergemeinde, selbst als sie nach 70 Jerusalem verließ und zeitweise nach dem griechischen Pella im Ostjordanland übersiedelte. Sie blieb den mosaischen Gesetzen treu, ließ sich nicht zu Konzessionen an die griechische Umgebung verleiten, erwartete die Wiederkunft des Menschensohnes in seinem Heimatland und betete täglich: »Maranatha« (komm, Herr!). Schließlich wurden die Urchristen aus der etablierten »römischen« Kirche um 150 n.C. ausgestoßen.

Mit der Zeit führte die Entwicklung des Urchristentums im Osten und Westen durch die Aufnahme von verschiedenen Elementen der lokalen Volksreligionen, die in starken Maßen die ursprüngliche christliche Botschaft der Evangelien überwucherte, zu zwei völlig differenzierten Formen. Während die

Ostgemeinde sich orthodox »hellenisierte«, übernahm das paulinische Heidenchristentum im Westen von der »römischen« Umwelt neben dem Volkstum auch das vorbildlich Organisatorische und die straffe Disziplin und konnte eine fördernde Größe darstellen. Es entstanden zwei Ellipsen, eine mit dem Mittelpunkt Rom (die römisch-westliche Kirche) und eine mit dem Mittelpunkt Jerusalem (die griechisch-orthodoxe östliche Kirche). Die Aufspaltung des Schwergewichts sollte auch weltpolitische Folgen für das gesamte Imperium zeitigen.

12. NACHWORT

Die Synagoge und der Tod der Antike

Der Tempel ging in Flammen auf; an seiner Stelle wurde seit 138 n.C. die Synagoge Mittelpunkt des Judentums. In jenem Jahre bestieg Kaiser Antonius Pius (138–161 n.C.), ein Stoiker mit starkem Gerechtigkeitssinn, den Thron in Rom. Er annullierte alle Verfolgungsedikte seiner Vorgänger, stellte die entrechteten Judäer allen anderen Reichsangehörigen im Imperium gleich, festigte ihr politisches und wirtschaftliches Gefüge und erlaubte ihnen wieder, die Synagogen zu öffnen und neue zu bauen. Über den Kriegsruinen wuchs Gras, die Wunden vernarbten, eine neue Generation folgte, die von den geschichtlichen Ereignissen nicht belastet war. Mit der Zeit normalisierte sich das römisch-judäische Verhältnis und blieb – mit kleinen Unterbrechungen – über 200 Jahre lang ungestört. Eine respektable Zeitspanne!

Die Anfänge der Synagoge liegen im dunkeln. Sie wird wahrscheinlich im 6. Jahrhundert vor der Zeitrechnung in den babylonischen und ägyptischen Exilen entstanden sein und bildete für das Auslandsjudentum »die Heimat in der Fremde«, in Jerusalem dagegen »die Fremde in der Heimat«; denn um die Zeitwende besaß jede Landsmannschaft vom Tigris bis zum Tiber eine eigene Synagoge mit angeschlossener Pilgerherberge (Apg. 6,9; 9,29). Nach der Tempelzerstörung ließ die Synagoge, früher nur Vereinstreffpunkt, die regionalen und konfessionellen Schranken fallen, ihre Tore waren für jedermann offen. Auch nichtisraelitische Gottesfürchtige und Neuchristen besuchten die Synagoge, predigten, diskutierten und missionierten in ihr (Apg. 13,4).

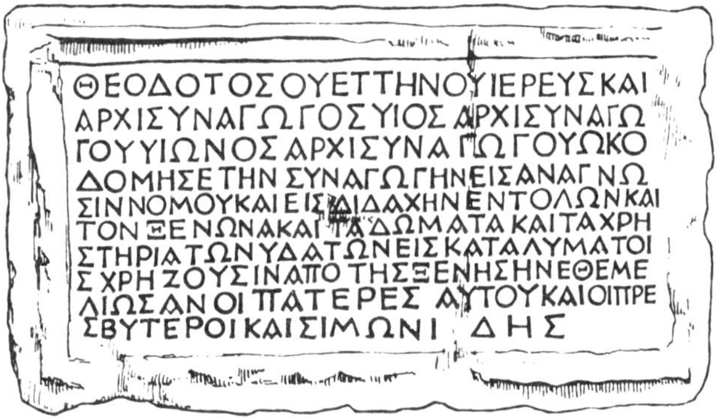

Griech. Inschrift einer Synagoge in Jerusalem (Anfang des 1. Jh. n.C.): »Theodotos... Sohn eines Gemeindevorstehers, Enkel eines Gemeindevorstehers, erbaute die Synagoge, zur Vorlesung des Gesetzes und zur Belehrung über die Gebote, und das Fremdenheim und die Zimmer und (beschaffte) das Geschirr für das Wasser, zur Beherbergung für den, der es nötig hat, aus der Fremde...« Diese Inschrift sichert, daß es neben dem Tempel Synagogen gab, in denen griech. gesprochen wurde.

Nach Juvenal, dem römischen Komödiendichter (60–140 n.C.), erhielt jeder Arme, gleich welcher Konfession, in den Synagogen einen Breitopf und Asyl. Die Kirchenväter erwähnten »Judaizantes«, mit dem Judentum sympathisierende »Christianoi«, die Trost und Nahrung in den »Proseuchen«, wie damals Synagogen genannt wurden, suchten.

Man darf sich eine Synagoge der Antike nicht als eine düstere, weltfremde, asketische jüdische Kultstätte des späten Mittelalters vorstellen. Noch herrschte das Bild des sonnendurchfluteten, säulengetragenen, offenen Gotteshauses vor. Neben ihrem kultischen Zweck hatte die antike Synagoge noch mannigfache Aufgaben als »Haus der Zusammenkünfte« und »Ort der Begegnung«. Das griechische Wort *synagein* bedeutet »zusammenführen«. Sie war ein Haus der Volksversammlungen*, diente als Vereinslokal, Gemeindeverwaltung, Gericht, Herberge, Darlehensbank, Musiksaal für religiöse und weltliche

* Auch die ursprüngliche Bedeutung für Kirche *(ecclesia)* ist eine lateinische Wiedergabe des griechischen Wortes, das ebenfalls Volksversammlung bedeutet.

a

b

Synagoge in Baram (Kefr Birim) in Galiläa aus der Frühperiode (um 220 n.C.): a) Die Eingangsfront liegt im Süden nach Jerusalem gerichtet; b) über dem Mitteleingang ein Kranz, der von zwei Engelwesen gehalten wird. Darüber das obligatorische große Rundbogenfenster. Über dem linken kleinen Fenster der Name des Erbauers: Eleasar bar Jodan. Der Innenraum mißt 13 x 17 m. (Nach Kohl und Watzringer)

Feste und kümmerte sich um Armenspeisung und Arbeitsnachweis. Hier ertönte Choralgesang am Sabbat. Der Kultraum war jedem zugänglich, alle waren am Gebet, am Vortrag aus der Bibel, am Gesang beteiligt. Ein Gemeindediener wirkte als Chorleiter, er gab der Gemeinde das Zeichen, wenn sie den Vorsänger mit einem lauten »Amen« bekräftigen oder mit dem Chorgesang einsetzen sollte. Der größte frühchristliche Hymnendichter, der Byzantiner Romanos, war judäischer Abstammung. In einer antiken Synagoge von Kairo fand man das Fragment eines Psalms, der Romanos als Vorlage für eine Hymne diente. Der gesteigerte Gesang, das Intensivieren des Gebets, geschah als Ersatz für den aufgegebenen Opferkult mit blutigen Opfertieren. Früher waren die Volksmassen nur passive Zuschauer im Tempel*vorhof* bei den Opferhandlungen gewesen. Das Heiligtum hatten nur Priester zu betreten. Jetzt war die Gemeinde im Kultraum versammelt und wirkte als Akteur und nicht als Statist an den Kulthandlungen mit. Der deutsche Theologe R. Bultmann betont, daß in der Antike alle Völker nur den Opferdienst kannten, und kommt zu dem Schluß:

> »Einmalig in der Geschichte der Antike entstand (in der Synagoge) ein wesentlich kultloser Gottesdienst.«

Dem Geist des Kollektivs entsprechend, mußten bei jedem Gottesdienst mindestens zehn Männer versammelt sein. Ein Sprichwort sagt: Neun Schriftgelehrte sind keine Gemeinde, aber zehn Eseltreiber bilden eine Gemeinde.

Synagoge in Hippos (Susita) aus dem 5. Jh. n.C. Wichtig für das Gemeindeleben war der geräumige Hof, von drei Seiten mit Wandelhallen eingefaßt (16 x 9 m). Er war größer als der Kultraum. (Nach Qadmoniot)

Es gab keine beamteten Vorsänger und Vorleser. Der Vorstand bestimmte, wer die liturgische Funktion innehaben und wer die Predigt halten sollte (Apg. 13,15). Jeder konnte aus der Bibelrolle den Wochenabschnitt ablesen und ihn den Verhältnissen der Zeit entsprechend interpretieren sowie die dunklen Stellen im vorgelesenen Teil erhellen. Der hebräische Originaltext wurde in die ortsübliche Sprache, den aramäischen und griechischen Dialekt, übersetzt. Die allen verständliche Sprache und die Ausschmückung mit volkstümlichen Midraschim verschaffte den Synagogenveranstaltungen eine interessierte Zuhörerschaft.

Ihre besondere Aufgabe sah die Synagoge im Unterricht von Knaben und in der Weiterbildung von Erwachsenen. Diese

Funktion war so vorherrschend, daß Luther eine Synagoge Schul(e) nannte. Zu der Zeit, als die Welt noch keine allgemeine Schulpflicht kannte und das Studium nur Aristokraten vorbehalten war, sorgte die Synagoge auf demokratische Weise dafür, daß Armen und Reichen – allerdings nur Knaben und Männern – ein Höchstmaß an elementarer Bildung zukam. Der Unterricht sicherte den »Fortbestand des Geistes« und die Kontinuität dieses einzigen Volkes, das die Antike überlebte.

Synagoge in Kapernaum (um 400 n.C.). An den Längsseiten des Hauptgebäudes (18,60 x 20,40 m) sind doppelreihige Sitzbänke. Die 6 m hohen korinthischen Säulen tragen Emporen der Frauenabteilung. An der Südwand (die nach Jerusalem gerichtet ist) das große 8 m breite Halbbogenfenster, davor zwei gekrönte Nischen. Links Vorhof mit Becken für rituelle Waschungen (siehe Tafel 20).

Die kommunale Verwaltung, der Außendienst und der Kontakt mit der Staatsbehörde lagen in den Händen eines dreiköpfigen Vorstandes. Ein Kollegium von drei Richtern durfte zum Schutz der Familie und der Gemeinde Delikte kleineren Umfangs entscheiden; Kapitalprozesse aber, bei denen es um Leben und Tod ging, mußte es an die Behörden überweisen.

Wie sah eine antike Synagoge aus? Sie lag auf dem höchsten Punkt des Ortes oder an einem Wasser. Ihre Architektur und ihr Schmuck entsprachen trotz mancher Abwandlungen der Basilika, den altgriechischen Amtsgebäuden und den altrömischen Markt- und Gerichtshallen.

Zwei Säulenreihen trennten das Mittelschiff von den niedrigeren Seitenschiffen, die manchmal Emporen für das Frauenabteil enthielten. Längs der Säulenwände verliefen ein- oder zweistufige Steinbänke. Man unterscheidet zwei Bauphasen. In der ersten Phase, die zur Zeit des Kaisers Antonius begann, war das Portal der Synagoge nach Jerusalem ausgerichtet und offen. Der hölzerne, transportable Schrein mit den heiligen Buchrollen stand in einem Nebenraum und wurde zur Vorlesung hineingefahren oder -getragen. In der späteren Bauperiode entstand die Apsis an der nach Jerusalem weisenden Wand. Hier erhielt die heilige Lade einen festen Platz. In der Mitte des Kultraumes stand das Vorlesepult, daneben das besonders herausgestellte »Moses-Kathedra«. Über seine Verwendung be-

Mose-Kathedra von der Synagoge in Chorozin aus schwarzem Basalt (um 300 n.C.). Inschrift: »Zum Andenken an die guten Werke des Judan, des Sohnes Ismael, der diese Stoa und die Stufen erbaute. Als Lohn sei ihm das Los der Gerechten zuteil« (vgl. Mt. 23,2). (Nach Avi-Yona).

stehen Meinungsverschiedenheiten: Entweder diente es als Sitz des ehrenamtlichen Gemeindevorstehers (Mt. 23,2), oder es wurde hier während der Andacht die Thorarolle abgestellt. Trotz des Bilderverbotes (2. Mose 20,4) finden wir schon in den ältesten Synagogen Säulenkapitelle, Friese, Wandgemälde und Fußbodenmosaike mit Pflanzen- und Tiermotiven, aber auch mit mythischen Symbolen und gewagten Menschendarstellungen. Diese erklärt Michael Avi-Yona folgendermaßen:

> »Abgesehen von den üblichen griechischen Pflanzenelementen, den herkömmlichen Symbolen der jüdischen Religion und den Fruchtbarkeitssymbolen des Heiligen Landes finden wir im Synagogenschmuck altorientalische, magische Glückszeichen, wie das Hexagramm (»Siegel Salomo«) und das Pentagramm (»Davidsstern«), ferner eine ganze Gruppe den syrisch-römischen Mischreligionen entlehnte Symbole: Sonnenadler, Viktorien, Fabelwesen wie Greife und Meerungeheuer, Löwen, Stiere usw. Manchmal ging die rabbinische Toleranz so weit, daß sie Elemente des griechischen Mythos wie Herakles, Medusa, Helios und Zentauren bei der Ausschmückung gestatteten. Der plastische Schmuck und die freisinnige Innenausstattung der Synagogen stellen den größten Kompromiß des judäischen Volksbewußtsein in bezug auf den Hellenismus dar.«

Einen weiteren Beweis dafür bildet der 1922/23 unter Leitung von J. H. Breested ausgegrabene Wandschmuck in der antiken Synagoge von Dura Europos. Die von den Seleukiden am mittleren Euphrat gegründete und 256 n.C. untergegangene Grenz- und Handelsstadt wird ihrer reichen Funde wegen »Pompeji des Ostens« genannt. Obwohl weit von westlichen Kulturzentren entfernt, nahe am parthisch-sassidischen Reich gelegen, ist gerade hier der Hellenisierungsprozeß erstaunlich und überraschend gut zu erkennen, überraschend deshalb, weil auf den Wandfresken der Synagoge zum ersten Mal nachweisbar die alttestamentarische Bildungsfreundlichkeit durch judäische Künstler überwunden ist und die »heiligen« Personen durchweg griechische Kleidung tragen. Nur die Nichtjudäer sind orientalisch gekleidet. Diese »moderne« vorbehaltlose

Synagogenschmuck

Kunstauffassung von hohem Niveau und individuellem Stil war kein Einzelfall. Die Fresken in den römischen Katakomben lassen vermuten, daß die Abbildungsfreundlichkeit auch anderswo in judäischen Kulträumen verbreitet war; laut Clark Hopkins, dem Leiter von weiteren Ausgrabungen in Dura Europos, ging sie auf die frühchristliche Kirchenkunst über. Erwähnenswert ist, daß in Dura Europos auch die erste christliche Kirche in einem Privathaus entdeckt wurde.

Zwar verhielten sich die ersten Christen anderen Kulturen gegenüber streng abweisend und sahen in ihnen ein Werk aus Betrug und Wahn, jedoch war ihre Vorstellungswelt eine Verbindung des antiken und des biblischen Weltbildes. Das Alte Testament betrachteten sie als ihr Erbe, das sie »im neuen Licht der Erfüllung« interpretierten. Hopkins glaubt deshalb, daß die spezifische »europäische« christliche Kunst nicht in Rom, sondern im Osten aus der synagogalen Kunst entstanden sei.

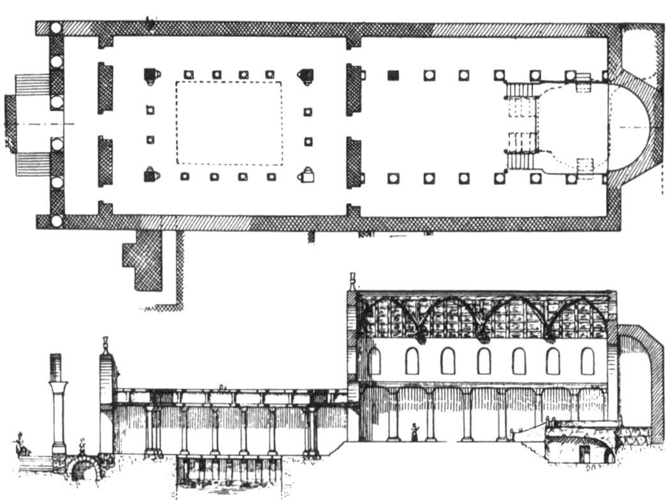

Geburtskirche in Bethlehem vom 4. Jh. Kaiser Konstantin errichtete 326 über der Geburtsgrotte Jesu eine Basilika, die Kaiser Justinian im Jahre 550 größer und prächtiger umbaute. 1934 wurden unterhalb des heutigen Innenraums und Hofs die Pflastersteine, Säulen- und Mosaikfußbodenreste aus dem 4. Jh. entdeckt. (Nach Vincent)

Die Urchristen trafen sich in Privathäusern und besuchten täglich den Tempel (Apg. 1,13 f.). Die erste ausgegrabene urchristliche Kirche, die in Dura Europos (250 n.C.) gefunden wurde, lag in einem Privathaus im Hinterhof versteckt. Kaiser Konstantin, der das Christentum zur Staatsreligion erhob, errichtete 326 die ersten repräsentativen Kirchen und wählte als einheitlichen Bautyp die langgestreckte röm. Basilika für den Andachtsraum und den Kuppelbau, ursprünglich Mausoleen vergötterter röm. Kaiser, über dem Grab Christi. In der Apsis der röm. Basilika stand ein Götterbild oder der kaiserliche Thron, in den konstantinischen Kirchen stand in der Apsis dementsprechend der Sitz des Bischofs, der als Vertreter des Kaisers, des geistigen und weltlichen Oberhaupts des Reiches, den Gottesdienst leitete. Die Front der ersten morgenländischen Kirchenbauten war streng, ernst und schlicht, dafür wurden die Innenräume mit byzanthinischer Pracht geschmückt. Zunächst kamen nur geometrische und pflanzliche Schmuckmotive zur Anwendung, später erst, durch weitere Anpassung an die heidnische Umwelt, auch menschliche Darstellungen. Wie der Tempel in Jerusalem war auch der antike Kirchenbau dreigeteilt: Die Apsis als Raum für Bischof und Priester, das Langhaus als Versammlungsraum der Gläubigen und der Vorraum (Atrium) für die Katechumenen. Die Kirche betrachtete sich als das wahre Israel und als Erbe des alten Israel.

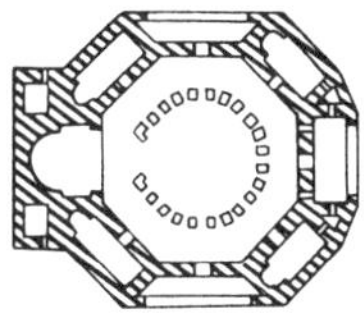

Kuppelkirche der »hl. Gottesgebärerin« auf dem Berg Garizim bei Nablus (5. Jh.). Typ einer Märtyrergedächtnisstätte.

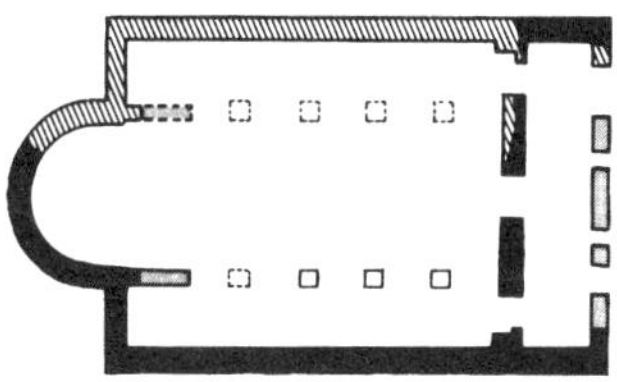

Von der Urkirche Eleona (4. Jh.) auf dem Ölberg wurden 1910/18 nur Fundamente und Reste eines Mosaikfußbodens entdeckt.

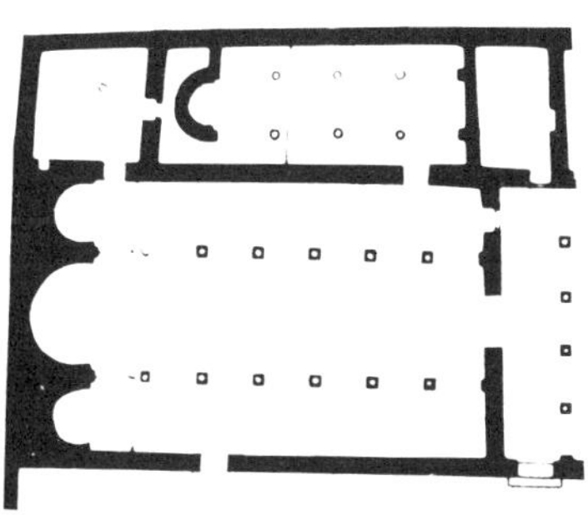

Antike Kirche in Nizana im Negev (6. Jh.), bezeichnend für die reichere spätere Bauform. An der »Limes Palaestinae« im Negev lagen viele Soldatensiedlungen mit Neubekehrten, daher gab es hier zahlreiche Kirchen.

Die Zeit des römisch-judäischen Kompromisses ging im Jahre 379 n.C. zu Ende, als Theodosius I. den Cäsarenthron bestieg. Die Kirche gab ihm den Namen »der Große«, weil er die katholische Lehre zur Staatsreligion erhob und die Rechtsgleichheit der römischen Staatsangehörigen nichtchristlichen Glaubens aufhob. Der Kodex Theodosianus (Abb.) bestimmte,

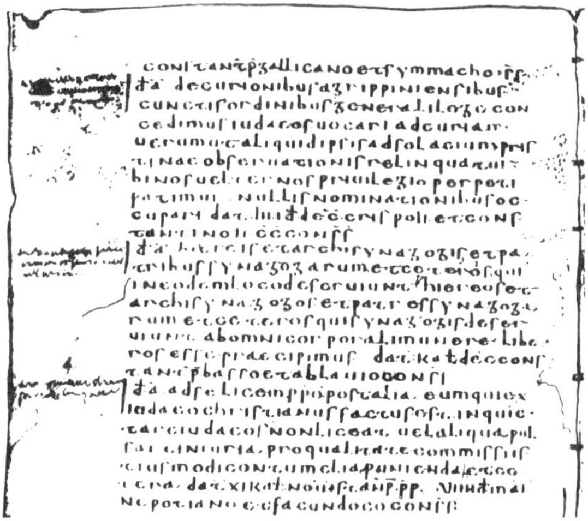

Codex Theodosianus, Gesetzeserlaß vom 11. 12. 421 an die Stadtverwaltung von Köln zur Beschränkung des Synagogenbaus und der Kultausübung der Judengemeinde. Dieses Dokument gibt gleichzeitig Zeugnis für das Vorhandensein einer bedeutenden israelitischen Gemeinde im Rheinland vor dem 5. Jh. n.C. (Biblioteca Apostolica Vaticana, Rom)

daß kein Ort mehr als eine Synagoge besitzen durfte, die zudem an versteckter Stelle liegen mußte, von christlichen Bauten abgesondert; alte Synagogen durften nur bei bestehender Einsturzgefahr ausgebessert werden; Neubauten wurden nicht gestattet. Dieses Gesetz gab das Signal für Eiferer und den Pöbel, Pogrome zu entfachen, Synagogen zu zerstören oder sie in Kirchen zu verwandeln. In einem Erlaß Theodosius' II. von 423 n.C. heißt es:

»Es ist unsere Aufgabe, die Macht und den Übermut der abscheulichen Hellenen, der Judäer und der Häretiker zu zügeln.«

Hier werden Hellenen und Judäer auf eine Stufe gestellt! Die nachfolgenden Kaiser, außenpolitisch durch die germanische Bedrohung engagiert, fiskalisch an der Steuer der Judäer interessiert, befolgten nicht oder nicht im gleichen Ausmaß die theodosiusischen Gesetze der politischen und sozialen Entrechtung der Minderheiten. Trotz des Niedergangs der Gemeinden erreichten die Synagogenbauten der letzten Periode, die bis an die Schwelle des 7. Jh. n.C. reicht, ihre höchste kulturelle Blüte. Von außen unansehnlich, nicht aus soliden Quadersteinen erbaut, zeigen sie im Inneren meistens die schönste Ausstattung. Von kleinsten Spenden, wie die Bauinschriften melden (von 1/3 bis zu 5 Denaren), die aber in reicher Zahl aus dem Ausland kamen, wurden diese verborgenen vollendeten Wunderwerke errichtet. Das Erstaunliche ist, daß der Schmuck der Synagogen der Spätzeit immer fortschrittlicher, kühner und bilderreicher wurde.

Auf Grund der theodosiusischen Gesetze drängten fanatische, monastische Mönche darauf, alle herrlichen antiken Statuen in Konstantinopel und an vielen anderen Orten als Götzenbilder zu zerstören. Die Akademien in Athen und Alexandrien wurden geschlossen und die Philosophen als Gottesleugner verfolgt. In diesem blindwütenden »Bildersturm« ging auch frühchristlicher Kirchenschmuck zugrunde.

Die Antike war tot.

»Obwohl diese Welt altert, starb und verschwand sie nicht«, schreibt Michael Rostovzeff. »Sie lebt in uns fort als tragender Grund unseres Denkens, unserer religiösen Haltung, unserer Kunst, unserer sozialen und politischen Entwicklung, selbst unserer materiellen Kultur.«

ZEITTAFEL

539 Kyros erobert Babylon und errichtet das iranische Weltreich
333–323 Siegeszug Alexanders des Großen in Asien. Beginn der »hellenistischen Epoche«
301–200 Palästina unter der milden Herrschaft der Ptolemäer
283–264 Ptolemäus II. Philadelphus unterstützt die Gräzisierung des Judentums und die Übersetzung der Bibel ins Griechische
260–255 Zenon reist durch Palästina
200–167 Palästina fällt unter die Herrschaft der Seleukiden
175–164 Antiochus IV. Epiphanes. Religiöse Unterdrückung und Zwangshellenisierung
167 Beginn des Aufstandes der Makkabäer.
153–143 Jonathan der Hasmonäer
143–134 Simon, sein Bruder, erreicht die Anerkennung der Autonomie von Judäa
134–104 Johanan Hyrkanus. Unterwerfung Samarias und Idumäas
104–103 Aristobul. Unterwerfung und Judaisierung von Galiläa
103–76 Alexander Jannäus, glänzende außenpolitische Erfolge und innenpolitische Zerwürfnisse
76–67 Salome Alexandra, bevorzugt die klerikale Partei und stellt den Status quo wieder her
67 Thronstreitigkeiten und Parteikämpfe in Jerusalem
63 Pompejus erobert Jerusalem
55 Crassus plündert den Tempel
37 Einsetzung Herodes' I. als König Judäas
31 Seeschlacht bei Aktium. Sieg Oktavians über Marc Anton
31 v.–14 n.C. Kaiser Augustus
20 Neubau des Tempels durch Herodes
10 Einweihung von Cäsarea
7 oder 6 Geburt Jesus' von Nazareth
4 Tod Herodes' I.
4 v.–6. n.C. Archelaus, Ethnarch von Judäa-Samaria
4 v.–39 n.C. Antipas, Tetrarch von Galiläa-Peräa
4 v.–34 n.C. Philippus, Tetrarch von Nordtransjordanien
6 Judäa und Samaria von den Römern besetzt, wird Prokurat
6–37 1. Prokurat
14–37 Kaiser Tiberius
23–31 Saian(us), Kanzler und Gardepräfekt

26–36 Pontius Pilatus
28 Auftreten Johannes des Täufers
30 oder 33 Kreuzigung Jesus'
33 oder 35 Bekehrung Saulus-Paulus
37–41 Kaiser Gaius Caligula
41–54 Kaiser Claudius
41–44 Agrippa I. Letzte Blüte Judäas
43 oder 49 Apostelkonzil in Jerusalem
44 Abermalige Teilung, Judäa wird wieder Prokurat
45 Hungersnot in Jerusalem
54(?) Galater-Brief des Paulus
54–68 Kaiser Nero
61 Pogrom in Cäsarea
64 Feuersbrunst in Rom. Verfolgung der Judäer und Christen
66–73 1. Krieg Jerusalems gegen Rom
68 Vernichtung von Qumran
69–79 Kaiser Vespasian
70 Eroberung Jerusalems durch Titus
70 Gründung eines Lehrhauses in Jabne
70–100 Entstehung der synoptischen Evangelien
73 Fall Masadas
79–81 Kaiser Titus
81–96 Kaiser Domitian. Religionsverfolgungen
98–117 Trajan. Erneute Religionsverfolgungen im Osten
100 Kanonisierung der Bibel. Entstehung des frühen Talmud
106 Liquidation des Nabatäischen Reiches durch Trajan
117–138 Kaiser Hadrian
130 Jerusalem wird in eine römische Garnisonstadt verwandelt, Judäa wird römische Kolonie
132–135 2. Krieg gegen Rom unter Führung des Fürsten Simon bar Kochba
150 Die Urchristen werden aus der etablierten Kirche ausgestoßen

BIBLIOGRAPHIE

Abel, F. M., Stareky, J., Les livres des Maccabeis, Paris 1961
Albright, W. F., From the Stone Age to Christianity, Baltimore 1946
Allegro, J. M., Die Botschaft vom Toten Meer, Frankfurt/M. 1957
Altheim, F., Weltgeschichte Asiens in griechischer Zeit 1947, 1948
Arntz, H., Vinum siccum, Bonner Jahrbuch (139), Bonn 1959
Avi-Yona, M., Geschichte der Juden im Zeitalter des Talmud, Berlin 1962
Avigad, N., Antike Synagogen in Galiläa, Ariel (23), Jerusalem 1968

Baeck, L., Paulus, die Pharisäer und das Neue Testament, Frankfurt 1961
Bardtke, H., Die Handschriftenfunde in der Wüste Juda, Berlin 1962
Bardtke, H., Die Handschriftenfunde am Toten Meer, I, II, Berlin 1952–1958
Barrows, M., The Dead Sea Scrolls, New York 1955
Barrows, M., More Light on the Dead Sea Scrolls, New York 1958
Bauer, A., Vom Griechentum zum Christentum, 1910
Bell, H.I., Jews and Christians in Egypt, 1924
Ben-David, A., Talmudische Ökonomie I, Hildesheim 1974
Benoit, P., J. T. Milik, R. de Vaux, Discoveries in Judaean Desert (Les Grottes de Murabba'at), Oxford 1961
Bernal, J. D., Science in history, 1954
Bevan, E. R., A History of Egypt under the Ptolomie Dynasty, London 1927
Bichermann, E., Die Makkabäer, 1935
Bieber, M., Entwicklungsgeschichte der griechischen Tracht, ²1967
Blinzler, J., Der Prozeß Jesu, 1951
Blümner, H., Technologie und Terminologie der Gewerbe und Künste bei Griechen und Römern, I–IV, Leipzig ²1912
Bodenheimer, F. S., Animal and man in Bible Land, Jerusalem 1960
Bömer, F., Untersuchungen über die Religion der Sklaven in Griechenland und Rom I–IV, 1957–1963

Bohlen, L., Die Bedeutung der Fischerei im Altertum, Diss. Hamburg 1936
Bommer, S. und L., Die Ernährung der Griechen und Römer, 1943
Bowersock, G. W., Augustus and the Greek World, Oxford 1965
Brentano, L., Das Wirtschaftsleben der antiken Welt, Neudruck 1961
Brünnow, R. E., und v. Domaszevski, A. V., Die Provincia Arabia I–III, Straßburg 1904–1909
Büchner, A., Der galiläische Am' Haarez des zweiten Jahrhunderts (Repro), Hildesheim 1968
Bultmann, R., Das Urchristentum im Rahmen der antiken Religionen, [2]1962

Carcopino, J., Daily Life in Ancient Roma (engl. Ausgabe), London 1946
Casson, L., The sails of the ancient mariners, Archaeology 7, 1954
Casson, L., Ancient two-masted ship, Archaeology 13, 1960
Chonowicz, S., Das Arbeitsrecht im Talmud, Berlin 1933

Dalman, G., Arbeit und Sitte in Palästina, I–IV, Gütersloh 1928–1942
Deissmann, A., Licht im Osten, Tübingen 1923
Dictionnaire Archéologique des Techniques I–II, 1963/4
Dudley, D. R., Tacitus und die Welt der Römer, Wiesbaden 1969
Dupont-Sommer, A., The Essene Writings from Qumran, Paris 1959; Oxford 1961

Earl, D., Augustus und seine Zeit, Wiesbaden 1969
Edgar, C. C., Zenon Papyri in the University of Michigan Collection, 1931
Entienne, R., Pompeji, Stuttgart 1974

Feldhaus, F. M., Die Technik der Antike und des Mittelalters, 1931
Feldhaus, F. M., Kulturgeschichte der Technik I, II, 1928
Feliks, J., Agriculture in Palestine in the Period of Mishna and Talmud, Tel Aviv 1963
Forbes, R. J., Studies in Ancient Technology I–IX, Leipzig 1955–1966
Forbes, R. J., Bibliographia antiqua I–XII, 1939–1962
Frank, T., An Economic History of Rome, Baltimore 1927
Friedländer, L., Darstellungen aus der Sittengeschichte Roms I–IV, Leipzig 1920
Fuchs, L., Die Juden Ägyptens in ptolomäischer und römischer Zeit, Wien 1924

Gerhan, A., Von antiker Architektur und Topographie, 1959
Gerhan, A., Griechische Städteanlagen, 1924
Ginsburg, C. D., The Essenes, Neudr. 1955
Goldschmidt, L., Der babylonische Talmud I–XII, 1929–1936
Goodenough, E. R., Jewish Symbols in the Greco-Roman-Period I–XII, New York 1953–1965
Goodenough, E. R., Philo Iudacus, New York 1938
Grant, F. C., The Economic Background of the Gospels, Oxford 1926
Grant, M., Herod the Great, London 1971
Griffith, G. F., The Mercenaries of the Hellenistic World, Cambridge 1935

Hadas, M., Aristeas to Philocrates, 1951
Harnack, A. von, Die Mission und Ausbreitung des Christentums in den ersten drei Jahrhunderten, [3]1915
Haussig, H. W., Kulturgeschichte von Byzanz, Stuttgart [2]1966
Heinemann, J., Philos griechische und jüdische Bildung, 1932
Heichelheim, F.M., Wirtschaftsgeschichte des Altertums I–II, Leiden 1938, Nachdruck 1969
Hengel, M., Judentum und Hellenismus, Tübingen 1969
Hengel, M., Die Zeloten, Leiden/Köln 1961
Herrmann, J., Studien zur Bodenpacht im Recht der graeko-ägyptischen Papyri, München 1958
Herz, D. J., Großgrundbesitz in Palästina im Zeitalter Jesu, PJ 24, (1928)
Heuss, A., Stadt und Herrscher des Hellenismus, [2]1963
Heuss, A., Römische Geschichte, [2]1964
Hölscher, G., Der Sadduzäismus, Leipzig 1906
Houston, M. G., Ancient Greek, Roman and Byzantine costume, [2]1917

Jeremias, J., Jerusalem z. Zt. Jesu, Göttingen 1963
Jones, A. H. M., The Cities of the Eastern Roman Provinces, London-Oxford 1937
Josephus Flavius, Jüdische Altertümer (übers. von H. Clemens), Halle 1900

Kahrstedt, U., Kulturgeschichte der römischen Kaiserzeit, Bern [2]1958
Keith, K. E., The Social Life of a Jew in the Time of Christ, London 1926
Klein, S., Jüdisch-palästin. Corpus Inscriptionum, Wien-Berlin 1920
Klein, S., Handel, Industrie und Gewerbe im alten Palästina (hebr.), Jerusalem 1937
Kohl, H., Watzinger, C., Antike Synagogen in Galiläa, Leipzig 1916
Kraeling, E. G., The Excavations at Dura-Europos, New Haven 1956

Krauss, S., Griechische und lateinische Lehnswörter im Talmud Midrasch und Targum, Berlin 1899
Kreissig, H., Die sozialen Zusammenhänge des judäischen Krieges, Berlin 1970
Krenkel, W., Vom Korn zum Brot, Altertümer II, 1965

Leipoldt, J., War Jesus Jude? Leipzig 1923
Leipoldt, J., Grundmann W., Umwelt des Christentums I–III, Berlin [2]1967
Liebermann, S., Hellenism in Jewish Palestine, New York 1950
Lüthi, K., Das Pergament – seine Geschichte und seine Anwendung, (1938)

Machey, A. J., Farming and Gardening in the Bible, 1950
Magie, D., Roman Rule in Asia Minor I, II, Princeton 1950
Marquard, J., Privatleben der Römer (Neudruck), Darmstadt 1964
Mau, A., Pompeji in Leben und Kunst, Leipzig 1913
Meyer, Ed., Ursprung und Anfänge des Christentums, I–III, Stuttgart-Berlin 1921–1923
Meyer, Ed., Blüte und Niedergang des Hellenismus in Asien, 1925
Miller, E. K., Die Peutingersche Tafel, Stuttgart 1962
Mommsen, Th., Römische Geschichte, München [13]1976

Nebel, F., Die Giessner Zenonpapyri, 1964

Oesterley, W. O. G., The Jews and Judaism during the Greek Period, 1941
Oldfather, C. H., The Greek literary texts from Greco-Roman Egypt, 1923
Otto, W., Herodes, Beiträge zur Geschichte des letzten judäischen Königshauses, Stuttgart 1913

Perowna, St., The Life and Time of Herod the Great, London 1956
Pritchard, J. B., u. a., The excavations at Herodian, Jericho 1958
Préaux, C., Les Grecs en Égypte d'après les archives de Zenon, 1947

Ramsay, W. M., Anderson, J. G. C., The Social Basis of Roman Power in Asia Minor, (1941)
Reicke, B., NT Zeitgeschichte, Berlin 1965
Reifenberg, A., Ancient Jewish Coins, Jerusalem 1963
Rider, B. C., The Greek house, 1916, Neudruck 1965
Rostovtzeff, M. J., Gesellschafts- und Wirtschaftsgeschichte der hellenistischen Welt I, II, Stuttgart 1955–1956 (engl. Ausgabe Oxford 1941)

Safari, S., Stern, M., The Jewish People in the First Century, Assen 1974
Schalit, A., Römische Palästinaverwaltung (hebr.), Jerusalem 1937
Schalit, A., König Herodes, der Mann und sein Werk, Berlin 1969
Schlatter, A., Geschichte Israels von Alexander dem Großen bis Hadrian, Stuttgart [3]1925
Schnebel, M., Die Landwirtschaft im hellenistischen Ägypten, München 1925
Schneider, C., Kulturgeschichte des Hellenismus I, II, München 1967
Schneider, C., Kulturgeschichte des antiken Christentums I, II, München 1965
Schürer, E., Geschichte des judäischen Volkes im Zeitalter Jesu Christi, I–III, Hildesheim 1901–1911, Neudruck 1964
Snaith, N. H., The Jews from Cyrus to Herodes, 1949
Schneller, H., Beiträge zur Geschichte der Technik in der Antike und bei den Arabern, 1922
Schweitzer, A., Geschichte der Leben-Jesu-Forschung, [6]1951
Strack, H. L., Billerbeck, P., Kommentar zum NT aus Talmud und Midrasch I–IV, München [5]1959
Strack, H. L., Einleitung in Talmud und Midrasch, München 1921
Sukenik, E. L., Ancient Synagogue in Palestine and Greece, London 1934

Thiersch, H., Painted tombs in the necropolis of Marissa, 1905
Tscherikover, V., Palestine under the Ptolemies, New York 1937
Tscherikover, V., Hellenistic Civilisation and the Jews, Philadelphia 1959

Überweg, F., Praechter, K., Grundriß der Geschichte der Philosophie des Altertums, [12]1926
Ürögdi, G., Reise in das alte Rom, Budapest und Leipzig, 1966

Weismantel, L., Der Prozeß Jesu, 1949
Weiskopf, E. C., Die Produktionsverhältnisse im Alten Orient und in der griechisch-römischen Antike, 1957
Wendland, P., Die hellenistisch-römische Welt in ihren Beziehungen zum Judentum und Christentum, Tübingen [2]1912
Wilcken, U., Griechische Ostraka aus Ägypten und Nubien, I, II, Leipzig, Berlin 1899
Wilcken, U., Griechische Geschichte im Rahmen der Altertumsgeschichte, [9]1962

Yadin, Y., The Finds from the Bar Kokhba Period in the Cove of Letters, Jerusalem 1963
Yadin, Y., Masada, New York 1966 (deutsch Hamburg 1967)

Nachweis der Bibelstellen

Personen- und Sachregister

ägy.	– ägyptisch	ö.	– östlich
ame.	– amerikanisch	parth.	– parthisch
deut.	– deutsch	pers.	– persisch
engl.	– englisch	phry.	– phrygisch
grie.	– griechisch	pto.	– ptolomäisch
hell.	– hellenistisch	röm.	– römisch
isr.	– israelisch	s.	– südlich
ital.	– italienisch	seleu.	– seleukidisch
jud.	– judäisch	sw.	– südwestlich
n.	– nördlich	w.	– westlich
nab.	– nabatäisch	v.C.	– vor Christi
		n.C.	– nach Christi

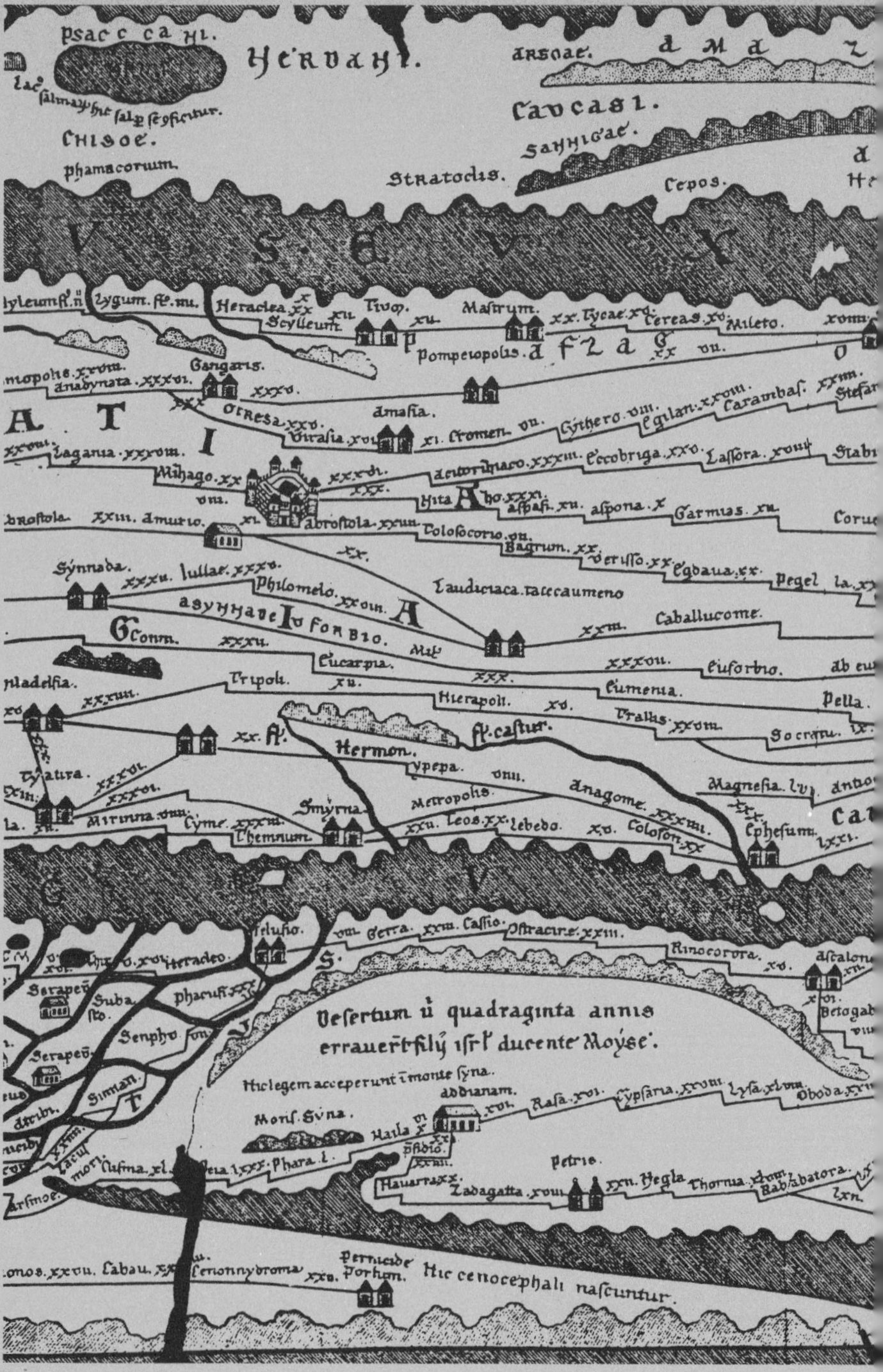

Judäa um die Zeitwende (Peutingersche Weltkarte)
Siehe Seite 257